本中译本系上海市哲社规划课题（编号：2013BFX009）、教育部青年项目（编号：08JC820015）、日本学术振兴会项目（编号：P11311）、上海社会科学院一般项目（编号：20001063001）、湖南师范大学青年项目（编号：09XGG15）的研究成果。

日本公法译丛

国家补偿法

[日] 宇贺克也 著

肖 军 译

中国政法大学出版社

2014·北京

国家补偿法

KOKKAHOSYOUHOU
by KATSUYA UGA
Copyright © 1997 by KATSUYA UGA
Original Japanese language edition published by
Yuhikaku Publishing Co. , Ltd.

本书由宇贺克也授权中国政法大学出版社出版
版权登记号：图字 01 – 2014 – 1021 号

中文版序

在肖军副研究员的努力下，《国家补偿法》的中文翻译终于完成了。

国家补偿法是我研究生活头十年的中心课题。《国家补偿法》是在约 50 篇论文、约 50 篇判例评析，与约 30 个政府委员会实务人士共同研究的基础上写成的体系书。本书出版至今虽过去了较长时间，但我认为书中的内容基本上还通用于现在。

本书若能为中国法律人士提供参考，有助于日中两国学术交流的话，我将甚感荣幸。

最后，我谨向完成本繁重翻译工作的肖军副研究员的专业能力和毅力表示深深的敬意和谢意。

宇贺克也

2013 年 2 月

序

受托要写此书时（1987 年），国家补偿法的体系还很模糊，还有很多需要研究的领域。所以，著者决定设定如下两个目标来投入本项工作：一是撰写国家补偿法主要领域的论文，为此，要尽力阅读所有的既有论文、判例等；二是对行政法学而言，判例虽是重要的研究对象，但实务上的很多重要问题并不出现在判例中，所以，要尽量花时间研究行政实务。在这个方针下，迄今为止，著者已撰写此领域的论文、判例评析各约 50 篇，与行政实务人士共同参加了约 30 个委员会、研究会。

但是，随着研究的推进，一方面，想写论文的领域不断增加；而另一方面，随着年轮的前行，校内外的工作也急速增加，从而不得不放弃"尚有无限研究时间"这一幻想。而且，像行政程序法的制定、信息公开法的立法化等，给行政法理论带来重大影响的重要研究对象在不断扩大。只要自称为行政法研究人员，就不能只专心于国家补偿法的研究，要分配好研究时间，这样一来，著者就想应该以目前为止的研究成果为基础，撰写国家补偿法的体系书，以此作一小结。

本书是以如下读者阶层为对象而撰写的。

第一，公法（尤其是行政法）的研究人员。损失补偿是宪法学的重要研究领域，而在行政法学上，国家补偿法是行政救济法的一大支柱。行政法研究人员只要写国家补偿法的体系书，就当然要整理、评价该领域的学说。之所以在国家赔偿的违法性论上花较大篇幅，是因为在此论点上呈现出一种倾向：判例在不说明理由的情况下，与通说不断背离。

第二，法官、检察官、律师等（狭义的）法律人。对法律人而言，国家补偿法也是重要领域，已累积了很多判例。本书在整理、分析本领域的主要判例方面也花了不少力气。

第三，国家补偿的行政实务人士。著者也是尽可能地研究国家补偿的行政实务，尤其是不得不注意损失补偿领域中学界与实务界的背离。一方面，公法学者也应该在"用对联标准"的水平上展开立法论、解释论；另一方面，行政实务也最好在回溯宪法后再检讨"一般补偿标准"。本书也提出了旨趣方面的问题。

第四，学生。在课程上学习了国家补偿法的学生想进一步学习时，可以将本书作为辅助教材。为此，本书第 1 章（国家赔偿）、第 2 章（损失补偿）、第 3 章（国家补偿的盲区）的篇幅分布几乎与行政法教科书中国家补偿法章节的标准比例相对应。

著者对国家补偿法给予很大关心的契机是：在助手时代，著者从盐野宏老师那里获得了旧西德划时代的国家赔偿法案，并进行了阅读。从那以后，著者通过研究会等，又从盐野老师那里获得了很多指导，并时常得到宝贵的启发。

著者也通过研究会等，从小早川光郎老师那里获得了很多的教诲。

本书出版时正值著者助手时代的指导老师雄川一郎逝世 13 周年。谨将此书献给雄川老师，想到无法获得老师的批评指正，真是遗憾不已。

上述三位老师都是在从事最前端的研究，培养后人，为学界的整体发展而尽力。能在他们手下从事研究，真是著者的万幸。本书若能对他们的学术恩情予以微薄回报的话，著者将不胜欣喜。

　　对出版社而言，出版像本书这种分量的书籍是一项很费力的工作。最后，向给予了很大帮助的有斐阁书籍编辑部的各位，尤其是副岛嘉博先生致以深深的谢意。

宇贺克也

1996 年 12 月

中日文对照缩略语表

日　文	中　文
一、文献略語	一、文献缩略语
秋山：秋山義昭・国家補償法（1985，ぎょうせい）	秋山：秋山义昭《国家补偿沄》（1985，ぎょうせい）
阿部：阿部泰隆・国家補償法（1988，有斐閣）	阿部：阿部泰隆《国家补偿沄》（1988，有斐阁）
今村：今村成和・国家補償法（1965，有斐閣）	今村：今村成和《国家补偿法》（1965，有斐阁）
今村・損失補償：今村成和・損失補償制度の研究（1968，有斐閣）	今村《损失补偿》：今村成和《损失补偿制度研究》（1968，有斐阁）
今村・入門：今村成和・行政法入門（6版）（1995，有斐閣）	今村《入门》：今村成和《行政法入门》（第6版）（1995，有斐阁）
宇賀・分析：宇賀克也・国家責任法の分析（1988，有斐閣）	宇贺《分析》：宇贺克也《国家责任法分析》（1988，有斐阁）
遠藤・上・中：遠藤博也・国家補償法上巻・中巻（上巻1981・中巻1984，青林書院）	远藤《上》《中》：远藤博也《国家补偿法上巻》《中巻》（上巻1981、中巻1984，青林书院）
小澤・収用法上・下：小澤道一・逐条解説土地収用法上・下（改訂版）（1995，ぎょうせい）	小泽《征收法》（上、下）：小泽道一《逐条解说土地征收法》（上、下）（改订版）（1995，ぎょうせい）

日　文	中　文
加藤・不法行為：加藤一郎・不法行為（増補版）（1974，有斐閣）	加藤《不法行为》：加藤一郎《不法行为》（增补版）（1974，有斐阁）
研究ノート：村重慶一・国家賠償研究ノート（1996，判例タイムズ社）	《研究笔记》：村重庆一《国家赔偿研究笔记》（1996，判例时报社）
古崎：古崎慶長・国家賠償法（1971，有斐閣）	古崎：古崎庆长《国家赔偿法》（1971，有斐阁）
古崎・研究：古崎慶長・国家賠償法研究（1985，日本評論社）	古崎《研究》：古崎庆长《国家赔偿法研究》（1985，日本评论社）
古崎・諸問題：古崎慶長・国家賠償法の諸問題（1991，有斐閣）	古崎《诸问题》：古崎庆长《国家赔偿法的诸问题》（1991，有斐阁）
古崎・理論：古崎慶長・国家賠償法の理論（1980 年，有斐閣）	古崎《理论》：古崎庆长《国家赔偿法理论》（1980 年，有斐阁）
塩野・Ⅱ：塩野宏・行政法Ⅱ（第 2 版）（1994，有斐閣）	盐野《Ⅱ》：盐野宏《行政法Ⅱ》（第 2 版）（1994，有斐阁）
芝池・救済法講義：芝池義一・行政救済法講義（1995，有斐閣）	芝池《救济法讲义》：芝池义一《行政救济法讲义》（1995，有斐阁）
司法と行政：田中二郎・日本の司法と行政（1982，有斐閣）	《司法与行政》：田中二郎《日本的司法与行政》（1982，有斐阁）
下山：下山瑛二・国家賠償法（1973，筑摩書房）	下山：下山瑛二《国家赔偿法》（1973，筑摩书房）
田中・行政法上：田中二郎・新版行政法上巻（全訂 2 版）（1974，弘文堂）	田中《行政法》（上卷）：田中二郎《新版行政法》（上卷）（全订第 2 版）（1974，弘文堂）
西埜・国賠責任：西埜章・国家賠償責任と違法性（1987，一粒社）	西埜《国赔责任》：西埜章《国家赔偿责任与违法性》（1987，一粒社）
西埜・損失補償：西埜章・損失補償の要否と内容（1991，一粒社）	西埜《损失补偿》：西埜章《损失补偿的要否与内容》（1991，一粒社）

日　文	中　文
賠償補償：田中二郎・行政上の損害賠償及び損失補償（1954，酒井書院）	《赔偿补偿》：田中二郎《行政上的损失赔偿与损失补偿》（1954，酒井书店）
原田・要論：原田尚彦・行政法要論（全訂3版）（1994，学陽書房）	原田《要论》：原田尚彦《行政法要论》（全订第3版）（1994，学阳书房）
藤田・Ⅰ：藤田宙靖・行政法Ⅰ（総論）（3版改訂版）（1995，青林書院）	藤田《Ⅰ》：藤田宙靖《行政法Ⅰ（总论）》（第3版改订版）（1995，青林书院）
法理：雄川一郎・行政の法理（1986，有斐閣）	《法理》：雄川一郎《行政的法理》（1986，有斐阁）
森島・不法行為法：森島昭夫・不法行為法講義（1987，有斐閣）	森岛《不法行为法》：森岛昭夫《不法行为法讲义》（1987，有斐阁）
課題と展望：損害賠償法の課題と展望（石田喜久夫、西原道雄、高木多喜男先生還暦記念論文集〈中〉）（1990，日本評論社）	《课题与展望》：《损害赔偿法的课题与展望》［石田喜久夫、西原道雄、高木多喜男老师还历纪念论文集（中）］（1990，日本评论社）
救済法Ⅱ：杉村敏正編・行政救済法2（1991，有斐閣）	《救济法Ⅱ》：杉村敏正编《行政救济法2》（1991，有斐阁）
行政分析：兼子仁＝宮崎良夫他編・行政法学の現状分析（高柳信一先生古稀記念論集）（1991，勁草書房）	《行政分析》：兼子仁、宫崎良夫等编《行政法学的现状分析》（高柳信一老师古稀纪念论集）（1991，劲草弓房）
行政法大系6巻：雄川一郎＝塩野宏＝園部逸夫編・現代行政法大系6巻（1983，有斐閣）	《行政法大系6卷》：雄川一郎、盐野宏、园部逸夫编《现代行政法大系6卷》（1983，有斐阁）
行政法の諸問題上・中：行政の諸問題上・中（雄川一郎先生献呈論集）（1990，有斐閣）	《行政法的诸问题》（上、中）：《行政法的诸问题》（上、中）（雄川一郎老师献呈论集）（1990，有斐阁）

续表

日　文	中　文
衆参法制局・第 1 回国会審議要録：衆議院法制局・参議院法制局・第 1 回国会制定法審議要録	众参法制局《第 1 次国会审议要录》：众议院法制局、参议院法制局《第 1 次国会制定法审议要录》
注民 19 卷：加藤一郎編・注釈民法 19 卷（1965，有斐閣）	《注民 19 卷》：加藤一郎编《注释民法 19 卷》（1965，有斐阁）
補償法大系 1 卷・2 卷・3 卷：西村宏一＝幾代通＝園部逸夫編・国家補償法大系（1 卷・2 卷 1987，3 卷 1988，日本評論社）	《补偿法大系 1 卷》、《2 卷》、《3 卷》：西村宏一、几代通、园部逸夫编《国家补偿法大系》（1 卷、2 卷 1987，3 卷 1988，日本评论社）
争点：成田頼明編・行政法の争点（新版）（1990，有斐閣）	《争点》：成田赖明编《行政法的争点（新版）》（1990，有斐阁）
百選Ⅱ：塩野宏＝小早川光郎編・行政判例百選Ⅱ（3 版）（1993，有斐閣）	《百选Ⅱ》：盐野宏、小早川光郎编《行政判例百选Ⅱ》（第 3 版）（1993，有斐阁）
二、判例・判例集の略語	二、判例、判例集缩略语
大（民刑連）判：大審院（民刑連合部）判決	大（民刑连）判：大审院（民刑联合部）判决
最（大）判：最高裁判所（大法廷）判決	最（大）判：最高法院（大法庭）判决
最（大）決：最高裁判所（大法廷）決定 高判：高等裁判所判決	最（大）决：最高法院（大法庭）决定 高判：高等法院判决
地判：地方裁判所判決	地判：地方法院判决
支判：支部判決	支判：支部判决
簡判：簡易裁判所判決	简判：简易法院判决
行集：行政事件裁判例集	行集：行政案件裁判例集
金判：金融・商事判例	金判：金融・商事判例

日　　文	中　　文
刑集：最高裁判所刑事判例集	刑集：最高法院刑事判例集
刑録：大審院刑事判決録	刑录：大审院刑事判决录
高民：高等裁判所民事判例集	高民：高等法院民事判例集
交民：交通事故民事裁判例集	交民：交通事故民事裁判例集
裁集民：最高裁判所裁判例集	裁集民：最高法院裁判例集
訟月：訟務月報	讼月：讼务月报
新聞：法律新聞	新闻：法律新闻
東高民報：東京高等裁判所民事判決時報	东高民报：东京高等法院民事判决时报
判時：判例時報	判时：判例时报
判夕：判例タイムズ	判夕：判例时代
民集：大審院民事判例集、最高裁判所民事判例集	民集：大审院民事判例集、最高法院民事判例集
民録：大審院民事判決録	民录：大审院民事判决录
労経速：労働経済判例速報	劳经速：劳动经济判例速报
三、法令名の略語	三、法令名称缩略语
特別のものを除いて、概ね有斐閣「六法全書」巻末の「法令名略語」による	除特殊情况外，都依据有斐阁《六法全书》卷末的"法令名称省略语"。
四、雑誌名の略語	四、杂志名缩略语
熊法：熊本法学	《熊法》：《熊本法学》
神院：神戸学院法学	《神院》：《神户学院法学》
自研：自治研究	《自研》：《自治研究》
時法：時の法令	《时法》：《时代法令》
ジュリ：ジュリスト	《法律人》：《法律人》
上法：上智大学論集	《上法》：《上智大学论集》

续表

日　文	中　文
曹時：法曹時報	《曹时》：《法曹时报》
東社：社会科学研究	《东社》：《社会科学研究》
南山：南山法学	《南山》：《南山法学》
新潟：法政理論	《新泻》：《法政理论》
判評：判例評論（判時付録）	《判评》：《判例评论》（判时附录）
法学：法学（東北大学）	《法学》：《法学》（东北大学）
法協：法学協会雑誌	《法协》：《法学协会杂志》
法教：法学教室	《法教》：《法学教室》
法雑：大阪市立大学法学雑誌	《法杂》：《大阪市立大学法学杂志》
法資：法令解説資料総覧	《法资》：《法令解说资料总览》
法時：法律時報	《法时》：《法律时报》
法セ：法学セミナー	《法学讨论》：《法学讨论》
法政：法政研究（九州大学）	《法政》：《法政研究》（九州大学）
北法：北大法学論集	《北法》：《北大法学论集》
宮崎産：宮崎産業経営大学法学論集	《宮崎产》：《宮崎产业经营大学法学论集》
民月：民事月報	《民月》：《民事月报》
民商：民商法雑誌	《民商》：《民商法杂志》
立命：立命館法学	《立命》：《立命馆法学》
論叢：法学論叢	《论丛》：《法学论丛》

目 录

序　章
国家补偿的涵义与功能

第一节　国家补偿的涵义

一、实务中的用法

（一）第二次世界大战时的用法

国家补偿一词在学界首先为田中二郎博士所用,[1]而在行政实务中的使用，最迟也不晚于第二次世界大战。即 1942 年 6 月 10 日的"关于战时灾害保护法施行的奉命通告"（午社发第 252 号）写道"战时灾害保护法不是对灾害的国家补偿"，同年 4 月 30 日的"关于战时灾害保护法施行的奉命通告"（厚生省发生第 57 号）也就该法写道"不是依据对损害进行国家补偿这一观念而发出的"。通告在没有进行特别定义的情况下使用国家补偿一词，由此可以推测：在当时的行政实务中该词已相当普及。

只是我们有必要思考一下，当时该词的涵义是否与现在相同。当时，关于战时灾害保护，存在救济主义与补偿主义的对立；前者只是仁慈地救济真正需要国家保护的战争受害者，后者主张国家补偿、填补所有的战争损害。[2]

---

〔1〕　今村成和："田中先生的国家补偿论"，载《法律人》1982 年 767 号 60 页。
〔2〕　赤泽史朗："战时灾害保护法小论"，载《立命》1993 年 225～226 号 1161 页。

上述通告中的"国家补偿"一词是在补偿主义的意义上使用。补偿主义在是否以国家起因性——肯定与国家作为（不作为）损害之间的因果关系——为概念前提方面并不明确，其思维是只要是全额填补损害，那就是国家起因性的损害。所以，上述救济主义基本可以对应社会保障，而补偿主义基本可以对应今天的国家补偿。

但可以推测的是：即使是补偿主义，也不主张在战时对战争损害给予损害赔偿，而是主张合法行为下的损失补偿，或者不问侵害合法性的结果责任下的补偿。所以，将损害赔偿作为重要支柱之一的今日国家补偿概念与战时国家补偿概念也有难以完全对应的一面。

（二）第二次世界大战后的用法

国家补偿一词在战后实定法，如《战伤病者战没者遗属等援护法》第1条、《战伤病者特别援护法》第1条中被使用。前者制定于1952年，国家补偿一词在战后没多久就使用于与战争灾害相关的法律，反映出在此领域，该词已在《明治宪法》下，比照救济主义而使用了，并在实务上固定了下来。

在判例方面，"最判53·3·30民集32·2·435"写道"对此类特殊的战争损害，《原子弹医疗法》也有'作为战争实施主体的国家通过自我责任来实现救济'的一面，关于这一点，实质上，国家补偿式考虑是制度的根本，这是不能否定的"；该判决是在对国家所致损害（失）进行救济的意义上使用国家补偿一词。

众所周知，最近围绕着《被炸者援护法》的制定，对是否使用国家补偿一词进行了讨论。有人主张明确使用国家补偿一词，其最大目的是认可国家起因性，即遭受原子弹爆炸是日本政府的责任。

但有人反对，其担心的是对原子弹爆炸损害来肯定国家起因性会引起如下讨论，即国家应该作为原因人对我国的一般战争受害人承担责任。可以说，在"国家——原因人——填补起因于国家行为的损害（损失）"这一意义上使用国家补偿一词，在实务上已经比较固定。

二、学术上的用法

自今村成和教授的著作《国家补偿法》以来，国家补偿一词在学界也已经固定。同名著作虽已出版了几部，但未必都在相同的意义上使用国家补偿一词。例如，远藤博也教授说：对损害的发生，国家被认为有直接或间接的责任，对损害的填补，国家被认为有直接的义务，这种情形就是国家补偿，将与该义务的要件、内容等相关的法体系作为国家补偿法者就是狭义的国家补偿法；与此相对，还包括如下情形的是广义国家补偿法，即国家有责任采取措施让直接原因人有效地填补损害。[1] 本书以远藤教授的狭义国家补偿法为中心，同时兼顾广义国家补偿法，展开论述。

第二节　国家补偿的功能

一、解释论、立法论上的功能

（一）国家无答责的克服

学界提倡使用国家补偿法概念在于一种认识，即从被害人角度看，区别侵害的合法与违法并不重要，有必要统一把握两者。田中二郎博士在 1933 年出版的论稿中说道：如果说国家赔偿责任制度最终在于实现经济价值的分配正义，那统括以前在原理上区别使用的、以国家合法行为为基础的损失补偿与以违法行为为基础的损害赔偿，建构统一的法理论——以公平负担原则为核心——是可能且必要的，据此，国家的一般责任就有了基础。[2]

该学说受到了奥托·迈耶尔的统一补偿理论的影响，在我国具

---

〔1〕　远藤《上》24 页。简洁归纳各种国家补偿法概念的有秋山 10 页以下；稻叶馨："'国家补偿'与法令用语"，载《法教》1992 年 145 号 56 页以下。

〔2〕　田中二郎："不法行为的国家赔偿责任"，载《赔偿补偿》24 页。

有划时代的意义，并出现了很多的赞同者。但是，如今村教授指出的那样，该论稿公开时，我国否定以公权力行使为基础的国家责任，可以推测的是统一补偿理论在当时隐藏着克服国家无答责这一实践意图。[1]

（二）发现问题的功能

在国家补偿法概念广泛普及的背景下，伴随着行政活动的复杂多样化，以个人道义责任为基础的传统损害赔偿制度和以团体主义思想为基调的损失补偿制度无法处理的领域，或者通过扩张解释也无法覆盖的领域不断出现，人们既意识到了既有救济制度的缺陷，也意识到了损害赔偿制度与损失补偿制度的交错。[2]

统一补偿理论式思维大大促进了我国行政救济法的发展，对这一事实应该予以高度评价。今村教授的著作考察了"基于结果责任的国家补偿"，显示国家补偿概念具有发现问题（heuristish）的功能。

即用国家补偿这一上位概念来统合考察国家赔偿与损失补偿，据此，将光射在国家赔偿或损失补偿都无法予以救济的"国家补偿的盲区"，促使人们努力从解释论、立法论角度填平该"盲区"。时至今日，国家补偿的这一有用性也未丧失，有必要继续深入研究。

（三）事业损失通过《国赔法》第 2 条获得救济

而且可以推测的是：或许立法者并未预想到，国家补偿这一理论体系在如下方面也发挥了一定的作用：创造出将事业损失——赔偿与补偿的融合领域——作为公共设施使用的关联瑕疵，并通过《国家赔偿法》第 2 条给予救济这一灵活解决方式。

（四）统一国家补偿理论的问题点

但是，本书在国家补偿法概念下统括性地论述国家赔偿与损失补偿，并不源于让两者的差异相对化，应制定统一补偿法这样的实践意图。因为在法治国家，违法侵害原本就应消除，而对合法侵害

---

〔1〕 今村成和："田中先生的国家补偿论"，载《法律人》1982 年 767 号 62 页。
〔2〕 雄川一郎："国家补偿总说"，载《法理》483 页。

则应承担忍受义务，不能无视两者的这一本质差异。国家赔偿不但 5
具有被害人救济功能、损害分散功能——避免向损害的特定人集中，
还有制裁功能、违法行为抑制功能、违法状态排除功能（合法状态
恢复功能），这一点与损失补偿不同。[1]

在以奥托·迈耶尔为代表的德国统一补偿理论中，"特别牺牲
（besonderes Opfer）"是赔偿与补偿的共同标识，但合法性问题未被
完全舍去，[2]另外，在西德联邦普通法院的类似征收侵害的补偿理
论中，"特别牺牲"的认定方式在合法侵害与违法侵害情形中被二元
化了，若是违法侵害，则可直接肯定"特别牺牲"的存在。[3]

二、与法治国国家责任论的关系

（一）国家赔偿在法治国国家责任论中的地位

1981 年的旧西德《国家赔偿法》虽然因联邦与州的权限分配而
被判违宪，但其仍将国家赔偿视为基于法治国原理的救济制度。[4]
为实现法治国原理，通过行政复议或行政诉讼来直接处理违法行为
被看作第一次权利救济手段，对损害进行金钱填补的国家赔偿被看
作第二次权利救济手段。

在我国，人们更重视国家赔偿法的被害人救济功能、损害分散
功能，并将国家赔偿法作为国家补偿法的一环来论述，而且，占支
配地位的理论体系主张国家补偿法与行政争讼法一起被包含在行政
救济法之中。若将重点置于国家赔偿法所具有的制裁功能、违法行
为抑制功能、违法状态排除功能（合法状态恢复功能）中的话，那
就应该首先从与行政争讼法关系的角度考察国家赔偿法。

有必要留意的是：制定不区分侵害合法与违法的统一补偿法会
让国家赔偿应有的制裁功能、违法行为抑制功能、违法状态排除功

---

〔1〕　宇贺克也："国家责任的功能"，载《行政分析》42 页。
〔2〕　宇贺《分析》108 页。
〔3〕　宇贺《分析》141 页以下。
〔4〕　宇贺《分析》220 页。

6　能（合法状态恢复功能）丧失。旧西德有种思维主张：要像行政争讼那样，作为法治国原理的保障手段来建构国家赔偿（法治国国家责任论的思维）。正是因为有该思维，原状恢复请求——通过行政争讼与金钱来请求消除国家赔偿盲区导致的结果——问题才受到关注，并通过判例学说为大家所认知。

（二）本书的基本视角

但是，对统一补偿法的制度采取慎重态度并不意味着否定统一补偿理论的有用性。国家赔偿制度具有被害人救济功能、损害分散功能、制裁功能、违法行为抑制功能、违法状态排除功能（合法状态恢复功能），所以统一补偿理论的思维与法治国国家责任论的思维不是二选一的关系，通过观察两者，或许可以照亮损失补偿与行政争讼之间的、易遗漏的问题，激发人们从解释论、立法论上作更多努力，进而多角度发展行政救济法。本书以此认识为基础，考察国家补偿法。虽不将行政争讼法作为直接对象，但在考察国家补偿法时，法治国国家责任论的思维会反映在违法性概念的把握方法上。这样，虽不完全依据统一补偿理论的思维，但又认可其有用性，在一定的情形中，在解释论、立法论层面反映该理论。

第一章
国家赔偿

第一节　第二次世界大战前的国家赔偿、官吏赔偿制度

一、国家赔偿

（一）国家无答责法理的确立

我国早在明治初期，就已经存在提起国家赔偿诉讼的途径，虽然以正院——太政官制下的最高行政机关——的许可为条件。[1] 但是否给予许可，正院具有自由裁量权，所以，即使诉讼被许可，国家赔偿被认可，也与国家恩惠下的救济没有太大差别，很难称得上是司法救济。

明治政府很早就开始关注国家赔偿问题，一方面，通过咨询波索纳德（Boissonade）、罗斯拉（Roesler）、莫瑟（Mosse）等法律顾问及其他方法，调查欧美各国法制，尤其是在民法和行政裁判法的制定过程中，认真讨论了国家赔偿问题。1890年6月30日公布的《行政裁判法》以莫瑟草案——对权力行政，采用国家赔偿否定论——为基础制作而成，第16条规定"行政法院不受理损害赔偿诉讼"。

另一方面，在波索纳德起草的民法草案中，关于公权力行使，国家与私人一样承担雇主责任，官吏也与私人一样承担不法行为责

---

〔1〕　行政法院：《行政法院50年史》，内阁印制局1941年版，第3、4页。

任，但该规定还是从旧民法典中删除了。[1]这表明立法者对权力行政，否定民法上的国家赔偿。所以，在旧民法和行政裁判法颁布的 1890 年，与权力行政相关的国家无答责这一基本政策得到了确立。[2]

但是，与行政法院不同，司法法院对国家赔偿诉讼的管辖未被明文否定，所以尽管有上述立法者的意志，但对权力行政，并非完全不能在国家赔偿请求中适用民法。但是，司法法院还是一贯坚持了如下立场，即对公权力行使，不适用民法不法行为的规定。

（二）判例中实体根据论的不存在

即使是先进的欧美国家，也曾经采用过国家无答责法理，所以当时我国采用它并不值得特别惊奇。根据我国《行政裁判法》第 16 条和司法法院对以公法私法二元论为基础的权力行政的不管辖，还没等到实体根据，用诉讼法上的理由就已关闭了对高权活动请求国家赔偿的途径（实际上，司法法院不是不受理，而是以不适用民法不法行为的规定为由，驳回了请求）。

权力行政的国家无答责的实体根据没有通过判例得到显现，这对国家赔偿论的研究而言，也是一大障碍。与 20 世纪初期对"公权力行使"也肯定国家赔偿责任的德法、20 世纪上半叶原则上废止主权免责的英美法相比，不得不说战前我国的国家赔偿责任论是不发达的。

但即使在战前，渡边宗太郎博士就主张在公法关系中，只要没有反对性规定，就应该认可国家赔偿责任。另外，受法国法影响，还有见解认为应该将国家责任建构成自己责任。[3]但通说的立场是：关于权力行政，只要没有特别的规定，就不认可国家赔偿责任。[4]

---

〔1〕 近藤昭三："波索纳德与行政不法行为责任"，载《法政》1975 年 42 卷 2~3 号 179 页以下。对波索纳德的国家赔偿论、官吏赔偿法进行了精细的分析。

〔2〕 宇贺《分析》412 页。

〔3〕 渡边宗太郎：《日本行政法》（上），弘文堂 1935 年版，第 160 页。

〔4〕 美浓部达吉：《行政法撮要》（上卷），有斐阁 1933 年版，第 231 页。佐佐木总一：《日本行政法论总论》，有斐阁 1922 年版，第 810 页。

（三）私法活动中国家赔偿责任的肯定

但是，只强调我国战前国家赔偿责任法制的落后也未必妥当。因为即使在明治宪法下，对国家的私法活动，司法法院还是适用民法不法行为的规定给予了救济。支配战前英美（美国的自治体除外）的主权免责法理也常常适用于私经济活动，在这一点上我们不能无视的是：战前我国比英美更加广泛地认可了国家赔偿责任。

民法、行政裁判法的立法者是有意采用德国国库理论——拟制一个作为财产权主体的国库法人，并对财产权的关系适用私法，还是有意采用英美型主权免责理论——在私经济活动中也否定国家赔偿，并不明确。假使是后者，那当时的判例学说对国家的私经济活动适用民法，承认损害赔偿请求就值得给予高度评价。[1]

二、官吏赔偿

（一）官吏赔偿责任的肯定

明治初期，允许向官吏个人请求损害赔偿，而且，即使在国家赔偿请求需要正院许可这一制度确立后，向官吏个人请求损害赔偿时，也没有需要正院许可这一限制（1874 年 9 月 2 日司法省 24 号达）。在 1882、1883 年左右，我国行政机关起草了详细的《官吏赔偿责任法案》（共 23 条），但因波索纳德认为对官吏个人的损害赔偿适用民法就已足矣，罗斯拉以维护政府尊严，防止官吏畏缩不前，妨碍公务的公正执行为由予以反对，所以最终没有成为法律。

在井上毅等开始研究行政裁判法时，受欧美的影响，有影响的观点认为在公法领域，也可以针对官吏个人，向司法法院提起损害赔偿请求。明治政府似乎也以此为前提，对是否应该认可预先裁决制度——行政法院的事前许可——予以了关注。行政裁判法实施后，通说所采取的立场是：官吏的违法行为不属于国家，而属于官吏个

---

〔1〕　宇贺《分析》418 页。

10　人，所以，官吏根据民法来承担不法行为责任。[1]

（二）判例采用否定说

但判例最初就认为：关于起因于公权力行使的损害，只是没有特别规定，即使官吏有过失，也不承担不法行为责任，只有在滥用职权——不能说是官吏行为——情形中，才例外地认可个人责任。[2]

（三）学说的变迁

战前判例的一贯立场是原则上否定官吏个人的不法行为责任，而学说却发生着耐人寻味的变化。

与明治时期，几乎所有的公法学者对公权力行使肯定官吏个人的不法行为责任相比，大正时期，官吏个人不法行为责任否定论却很有影响。进入昭和时期后，在故意、重大过失情形中肯定官吏个人之不法行为责任的有限官吏责任论变得很有影响。[3]另外，在昭和时期，也有不仅限于故意、重大过失情形中认可官吏不法行为责任的见解。[4]

近代欧美国家一般都根据违法行为不属国家而属于个人这一法理，肯定官吏个人的不法行为责任。战前我国的判例对权力行政，不仅主张国家无答责，还主张官吏也无答责，这是一大特点。但也有国家像奥地利那样，1949 年前原则上既否定国家赔偿责任，又否定官吏赔偿责任。《明治宪法》下的我国可以说是采用了近似于奥地利的体制。

（四）个别法的官吏赔偿责任

11　即使在战前，也并非没有根据个别法律，认可官吏个人不法行为责

---

〔1〕　上杉慎吉：《行政法原论》，有斐阁 1904 年版，第 252 页以下；佐佐木总一："官吏违反职务；给他人造成损失时，应该根据民法不法行为的规定承担责任吗"，载《京都法学会杂志》1906 年 1 卷 4 号 43 页；织田万：《行政法》（和法法律学校第 3 期讲义录），和法法律学校 1897 年版，第 93 页。

〔2〕　关于判例状况，参见田中二郎："从判例看行政不法行为责任"，载《赔偿补偿》69 页以下。

〔3〕　宇贺《分析》430 页。

〔4〕　宗宫信次："村吏代行村税滞纳处分后的不法行为责任"，载《民商》1940 年 6 卷 3 号 115 页。

任的例子。但此时，多以故意、重大过失为要件。具体例子有公证人（《公证人法》）、掌管户籍事务的市町村长及其他官吏（《户籍法》）、登记官吏（《不动产登记法》）。另外，关于执行官，《民事诉讼法》第532条规定"因债权人委托而作的行为，以及违反职务义务而给债权人及其他关系人造成损害时"，承担损害赔偿责任。此处没有附加故意、重大过失等限制。《国家赔偿法》附则第2~5款废止了这些规定。

另外，需要注意的是1890年的《刑事诉讼法》（1890年法律96号）第14条规定，被告人被判无罪后，法官、检察官、法院书记员、执行官、司法警察或巡查、宪兵故意损害被告人或构成犯罪的，可以对这些人提起损害赔偿诉讼。但是，该规定没有被1922年的《刑事诉讼法》（1922年法律75号）所继受。

第二节　国家赔偿法的制定过程

一、政府草案的制作

（一）《日本国宪法》第17条

第二次世界大战前，我国对权力行政主张国家无答责。在日本国宪法草案的众议院审议中，加入了第17条，规定"任何人因公务员不法行为而遭受损害时，可以根据法律的规定，向国家或公共团体请求赔偿"。这一条文需要实施性法律。

如此一来就形成一大特色，即《日本国宪法》第17条既不是SCAP草案，也不是政府草案，而是国会的创制。时至今日，《美利坚合众国宪法》也没有国家赔偿请求权的规定，根据《联邦不法行为请求权法》而被迫放弃主权免责也是战后1946年的事情，所以，SCAP草案中没有国家赔偿的规定也就不稀奇。国会修改草案，设立《日本国宪法》第17条，值得人们关注。

《日本国宪法》第17条有这样一个诞生经过，其实施性法律的制定工作也是由日本主导。即不是GHQ制作草案后要求日本接受，

12

或者日本政府接受 GHQ 的指示后制作草案，而是日本政府自发地制作草案后请求 GHQ 的理解。

（二）司法法制审议会的起草工作

国家赔偿法的起草工作是以司法法制审议会为中心而展开的。1946 年 7 月 2 日，作为内阁总理大臣的咨询机关，临时法制调查会成立，该调查会的第三分会负责司法法案纲要的起草，但在短期内由该分会制作很多法案纲要是困难的。所以同月的 11 日，内阁决定在司法省设立司法法制审议会，作为与该分会相关的审议会。第二日，该审议会设立了三个小委员会。第二小委员会负责民法，起草民法修改纲要草案和国家赔偿法草案。[1]

关于实施性法案，当初就有讨论：是应该修改民法呢，还是应该制定国家赔偿法这一单独法律。我妻荣博士、中川善之助等民法学者主张只要在民法的不法行为中添加一条有关国家赔偿的条文即可。对此，田中二郎博士等反对，其理由是不管在民法中添加怎样的规定，都很难明确一直以来在学说判例上颇有歧见的国家或公共团体的不法行为责任；另外，民法采用的是过失责任主义，很难从社会公正角度认可特别责任。[2]

同年 9 月 5 日第二小委员会起草委员会的纲要草案[3]拟采用民法修改方式，但后来转向了制作国家赔偿法草案方式。

关于国家赔偿责任的要件，当初纲要草案只限定于故意重大过失，但该方针在初期就被否定了。田中二郎博士以法国最高行政法院的判例法为例，认为国家或公共团体应该比一般私人承担更重的责任；而民法学者主张在民法以过失责任主义为原则的现阶段，对国家责任采用无过失责任还为时尚早；最终还是采用了过失责任主义。[4]

13

---

〔1〕 根据我妻文库所藏资料。

〔2〕 田中二郎："战后立法一瞥——关于国家赔偿法的制定"，载《司法与行政》157 页。

〔3〕 关于该纲要草案，参见古崎《研究》8 页。

〔4〕 田中二郎："战后立法一瞥——关于国家赔偿法的制定"，载《司法与行政》157 页。

　　就国家赔偿法草案，日本与 GHQ 进行了十次交涉。[1] GHQ 认为无需制定独立的国家赔偿法，对民法进行部分修改就足矣。对没有采用公法私法二元论的美国来说，很难理解日本的解释。鉴于日美两国法制在基本结构上的差异，GHQ 最终还是理解了日本政府的说明。[2]

　　1947 年 7 月 1 日形成了请求报告，请求内阁会议研究决定向第一次国会提交民法部分修改法案，7 日该请求获得 GHQ 的认可，15 日内阁会议通过，23 日提交到了第一次国会。

二、国会审议

（一）众议院司法委员会的审议

　　国家赔偿法草案是内阁提交的法案，1947 年 7 月 7 日，众议院司法委员会收到草案，同月 9 日，该委员会开始审议。司法委员会审议政府草案 9 次，进行了多次重要询问，这些询问几乎网罗了国家赔偿法的基本问题。[3]

　　针对《国家赔偿法草案》第 1 条的过失责任主义，有人问到了无过失责任主义、过失举证责任之转换的是与非。政府委员拥护政府草案，认为应该结合责任保险制度之确立和法制整体之修改来实施无过失责任主义；在举证责任的转换方面，列举了如下理由：无过失的举证很难，不能无视财政方面的影响，让公务员犹豫于公务执行，有滥诉之弊，失去与一般不法行为的均衡。

　　针对"应创设不限于公权力行使，也包含非权力性活动的统括性国家赔偿制度"这一意见，政府委员答道：以前不能救济的部分已成为救济对象，其余部分则交由民法及其他特别法的赔偿责任规定的解释来处理，这已充分满足了《日本国宪法》第 17 条的要求。

14

---

〔1〕　国家赔偿法研究会："我国与外国的国家赔偿制度之概观（小泽文雄发言）"，载《法资》1979 年 12 号 120 页。

〔2〕　国家赔偿法研究会："我国与外国的国家赔偿制度之概观（小泽文雄发言）"，载《法资》1979 年 12 号 120～121 页。

〔3〕　众参法制局：《第 1 次国会审议要录》176 页以下。

也出现了有关公务员个人责任的询问，对此，政府委员回答说交由解释来处理。针对应该不问过失轻重而认可追偿权的意见，政府委员反驳道：对公务员而言，因较轻过失也被追偿是残酷的，这会让其怠于公务执行。

虽然也有人问设置与《民法》第 717 条同旨趣的《国家赔偿法草案》第 2 条的意义，但更令人关注的是有很多议员询问了《国家赔偿法草案》第 3 条。

即政府草案持费用负担者说。有人批评说这违反过失责任原则；还有意见认为若站在受害人保护角度，那就应该对管理者和费用负担者都可以提出诉求。对此，政府委员答道：损害赔偿也是费用负担，为省去向费用负担者——最终责任者——追偿的程序，可以对外，只让费用负担者承担损害赔偿责任。

也有人质疑《国家赔偿法草案》第 6 条的相互保证主义，政府委员对此答道：在现状下作为立法政策，相互保证主义是妥当的。

佐濑昌三议员提交了《国家赔偿法草案》第 1 条的修正案——让国家或公共团体对没有故意或过失承担举证责任——和第 3 条的修正案——不但可以向费用负担者，还可以向管理者提出诉求。其提案因赞成者不多而被否决。同年 8 月 7 日，政府草案原封不动地在众议院大会上获得通过。

（二）参议院司法委员会的审议

因《国家赔偿法草案》是重要的宪法附属法案，所以在参议院司法委员会上也被慎重审议，召开了 6 次大委员会，2 次小委员会，2 次恳谈会，还与"治安与地方制度委员会"召开了 1 次联合恳谈会，总计 11 次审议。审议内容都关涉国家赔偿法草案的根本，可见该委员会对《国家赔偿法草案》高度关心。[1]

该委员会集中审议的是《国家赔偿法草案》第 1 条的责任要件。在该委员会的委员之间有种观点很强烈，即由国民来举证故意或过失是困难的，所以应该采用无过失责任主义或转换故意或过失的举

---

〔1〕 众参法制局《第 1 次国会审议要录》181 页以下。

证责任。政府委员还是用众议院司法委员会上的理由来拥护草案。另外，还讨论了"违法"一词的使用问题，政府委员答道：这只不过是将《民法》第709条的"权利侵害"换成"违法"，不是在附加责任限制要件。

议员对《国家赔偿法草案》第3条的费用负担者说也有强烈质疑，松村议员提出将"费用负担者"改为"费用负担者也"，并增加一款——"在前款情形中，赔偿损害者对在内部关系上有责任赔偿该损害者具有追偿权"。该修正案因没有反对意见，获得了通过。[1]

同年9月20日，草案在参议院大会上获得一致通过，并根据《国会法》第38条，移送到众议院。众议院在同年10月15日认可了参议院的修正。《国家赔偿法》于同月27日公布，同日实施。

第三节　宪法与国家赔偿法的关系

一、关于国家赔偿法实施前行为所致责任的各种学说

（一）《国家赔偿法》附则第6款

在讨论国家赔偿法内容之前，想对日本国宪法第17条与国家赔偿法的关系进行若干探讨。

《国家赔偿法》附则第6款规定"对本法实施前行为所致损害，还依据以前的例子来处理"，所以毫无疑问，对明治宪法时期公权力行使所引发的损害，既不适用国家赔偿法，也不适用民法不法行为的规定。[2]但国家赔偿法实施前作出了违法的有罪判决，基于该判　16

---

〔1〕　关于国会讨论《国家赔偿法》第3条的详细情况，参见宇贺克也："国家赔偿法上的费用负担者概念（一）"，载《自研》1990年66卷6号43页以下。

〔2〕　札幌地判昭25·3·7下民1·3·351、最判昭25·4·11裁集民3·225、大阪地判昭36·9·11讼月7·11·2139、东京地判昭41·6·24判时450·12、名古屋地判昭60·10·31判时1175·3。但是，有学说对波茨坦公告被接受后的情况，保留了疑问。下山40页。

决的刑罚执行延续至国家赔偿法实施后的，实施后的刑罚执行适用国家赔偿法。[1]

（二）责任否定说

但是，应该怎样理解日本国宪法实施后，国家赔偿法实施前的公权力行使所引发的损害，对此存有争论。一种观点认为《日本国宪法》第 17 条宣告废止权力行政的国家无答责状态（该规定是否只考虑权力行政？其是否也包含非权力行政的一般性规定？对此有不同意见），虽然课赋了为宪法实施而制定法律的义务，但并不是说不等该法律实施，就变更制度，所以在上述期间内，与明治宪法下一样，对公权力行使不认可国家赔偿（责任否定说）。持该立场的判例有："东京地判昭 27・12・22 下民・3・12・1810"，"东京高判昭 29・9・30 下民・5・9・1646"，"东京高判昭 30・4・19 下民 6・4・754"，"东京地判昭 33・4・10 国家赔偿法的诸问题（追补一下）1282"，"大阪高判昭 43・2・28 讼月 14・5・520"等。

（三）责任肯定说

也有学说认为：《日本国宪法》第 17 条废止了权力行政的国家无答责状态，剥夺了国家的特权，将国家置于与私人同等地位，所以，日本国宪法实施后，国家对公权力行使适用民法不法行为的规定或作类推适用（肯定责任说）。

判例中，也有的像"东京高判昭 32・10・26 高民 10・12・671"那样，站在肯定说立场，驳回了《国家赔偿法》附则第 6 款违宪论。

（四）折中说

也有学说认为：应由立法政策管理的领域可暂且不管，而在关涉国家赔偿核心的领域，即使没有法律的规定，也可以直接通过《日本国宪法》第 17 条来行使赔偿请求权（折中说）。[2]

根据该学说，在前述期间内，核心部分可以不依据民法，而直

---

〔1〕 大阪地判昭 48・4・25 下民 24・1～4・226、大阪高判昭 50・11・26 判时 804・15、广岛地判昭 55・7・15 判时 971・19、广岛高判昭 61・10・16 判时 1217・32。

〔2〕 佐藤幸治：《宪法（第 3 版）》，青林书院 1995 年版，第 614 页。

接基于《日本国宪法》第17条来请求损害赔偿。

二、国家赔偿法修改废止情形

（一）国家赔偿法废止情形

根据《国家赔偿法》第4条，可以适用《民法》第724条的20年除斥期间。在已经过该20年除斥期间的今日，不管采用前述何种学说，都已失去了实际利益，但若假设国家赔偿法已废止，则会有重要问题。

在该假设之下，依据责任否定说，不能对公权力行使所引发的损害请求赔偿；依据责任肯定说，可以通过民法的适用或类推适用来请求损害赔偿；依据折中说，核心部分可以基于《日本国宪法》第17条来请求损害赔偿。

（二）国家赔偿法修改情形

假设国家赔偿法被修改，规定只有在公务员存在故意时才发生赔偿请求权，情况将会如何？《日本国宪法》第17条的"不法行为"一般是指民法的不法行为，根据前述折中说，"仅限于故意"的规定缩小了国家赔偿的核心领域，是违宪的，在只是过失的情形中，也可以直接基于《日本国宪法》第17条来请求损害赔偿。

若站在责任否定说立场上，则不能直接依据《日本国宪法》第17条来请求损害赔偿。如"东京高判平2·7·12判时1355·3"所判道的那样，"当内容明显不合理——受宪法第17条而制定的法律无条件或无限制地否定或近乎否定国家对公务员不法行为应承担之责任，且明显脱离国会所给予的裁量范围时"，该法律违宪无效。一般而言，将国家赔偿限定于故意的法律正因为明显超越立法裁量而无效（在特别情形中，允许例外性地限定责任的成立要件、赔偿数额。见"札幌地判昭26·1·16下民2·1·39"，"前揭东京高判平2·7·12"）。

即使该法律被视为无效，但只要在国会怠于制定新法期间，只要不采取折中说，就不能直接基于《日本国宪法》第17条而作请

18

求。此时，根据责任肯定说，即使对公权力行使，也适用或类推适用民法不法行为的规定。另外，若依据责任否定说，则不能援用民法，因为这样，司法救济的道路就被封闭了。

在责任否定说下，也可能会出现违宪的《国家赔偿法》并非无效的主张。此时，对故意的公权力行使，修改后的《国家赔偿法》仍然留有救济的渠道，而且，像"将责任仅限于故意"这样的修法行为本身在《国家赔偿法》上若可看作是源于违法且故意的话，则这一点也有讨论的余地。

（三）各种学说的检讨

以上三种观点都是成立的，除《国家赔偿法》的改废这一假定状态外，都已是没有实际利益的讨论，为了不陷得太深，或许可以进行以下思考。

战前，我国的立法者认为：《行政裁判法》第16条规定不能受理"损害索赔"诉讼，而此时对属于公法的权力行政，司法法院又不能管辖，所以可形成权力行政的国家无答责状态。

但是，国家无答责法理并未在实定法上明确确立，也未被宣告为判例法。因为面对国家赔偿请求，行政法院只要援用《行政裁判法》第16条就足矣，司法法院只要说不适用于民法就足矣。[1]

司法法院作判决的前提是公法私法二元论，其制度基础是行政法院与司法法院这一二元裁判体制。但是，日本国宪法实施的同时，行政法院被废止，实现了向司法法院这一一元裁判制度的转变，司法法院不能以行政法院管辖为由，拒绝与权力行政相关的国家赔偿请求。

所以，遗留的问题是在《日本国宪法》下能否说与权力行政相关的国家赔偿请求是公法问题，不能适用民法。只要废除了以公法私法二元论为制度基础的二元裁判体制，就失去了维持二元论的意义，对权力行政，也可适用民法不法行为的规定，《国家赔偿法》作为特别法而被制定，这是一种理解方法，该理解方法是妥当的。

---

〔1〕 宇贺《分析》434页。

与此相对，也有观点认为：即使二元裁判体制崩溃，公法私法二元论也应该维持，起因于权力行政的国家赔偿请求是公法问题，不适用民法，所以在《国家赔偿法》制定前，其没有救济渠道。

上述二元论在《日本国宪法》下也妥当这一见解即使被认可，也不能说基于公权力行使的损害赔偿请求就当然是公法问题，不适用民法。实际上，我国的国家赔偿请求不是作为当事人诉讼，而是作为民事诉讼来处理的。

即使让一百步，将权力行政的国家赔偿请求作为公法问题，但前述的责任肯定说也谈到了类推适用，所以否定其可能性是有问题的。因此，对国家赔偿法实施前的行为所致的损害，采用责任肯定说是十分可能的。[1]

第四节　公权力行使的国家赔偿
——一般考察

一、责任的性质

（一）代位责任说与自己责任说

《国家赔偿法》第1条规定了基于公务员不法行为的国家或公共团体的责任，关于该责任的根据，存在代位责任说与自己责任说的对立。前者认为不法行为责任首先归属于公务员个人，其后国家或公共团体代位行之。后者认为，公务员只不过是作为国家或公共团体的手足而行动，实施不法行为的是国家或公共团体，损害赔偿责任也首先归属于国家或公共团体。

从比较法角度看，在欧美各国，如下法理曾经起了支配作用，即公务员被赋予了作合法行为的权限，没有作不法行为的权限，作了不法行为时，就看作不是执行职务，而是该公务员的个人行为。

20

---

〔1〕 支持责任肯定说的有：今村84页；盐野《Ⅱ》225页；阿部44页等。

该公务员个人责任法理与主权免责法理相互结合，形成了国家无答责法理。

（二）德国的委任理论

德国的委任理论（Mandatstheorie）认为公务员只被委任了作合法行为的权限。即使在公务员关系被视为公法问题以后，起源于委任理论的公务员个人责任法理仍然存续。自19世纪末以来，德国若干州采用职务责任（Amtshaftung）制度——不法行为责任虽然首先归属于公务员个人，但国家代位承担该责任。1909年，作为德国最大州的普鲁士导入了该制度，此后，德国实定法上的国家责任制度由职务责任构成。

但是，普鲁士之所以采用职务责任制度，与其说是理论上的理由，还不如说是缘于以下考虑：政府执政党虽然同意导入国家责任，但担心滥诉之弊，故对国家赔偿请求，拟设立当时已在公务员损害赔偿请求中存在的行政法院的预先裁决制度，而职务责任有利于该制度的实施。[1]

一般认为，《波恩基本法》第34条也规定了职务责任。但在职务责任制度中，责任首先归属于公务员个人是国家责任的理论前提，所以必须要有主观归责要件。该主观归责要件通过举证责任的倒置或过失的客观化这一解释方法得到了缓和，但主张扩大国家责任的一方将其作为代位责任制度的边界而予以了强烈的批判。

另外，与其说国家赔偿请求的多数情形缘于公务员的个人故意过失导致的损害，还不如说其中不少的情形应看作是组织过失。所以在理论上，认为自己责任说更为妥当的主张越来越有力。

实际上，与实定法上的职务责任相区别，判例法所创设的基于类似征收侵害的补偿请求、基于类似牺牲侵害的补偿请求、后果消除请求都站在自己责任说上，1981年的《国家赔偿法》也废除了职务责任制度，规定了基于自己责任说的国家责任。[2]

---

〔1〕 宇贺《分析》70页以下。

〔2〕 众所周知，法国的基于公务瑕疵的国家责任也持自己责任说立场。

（三）英美的雇主责任

英美的国家赔偿制度一般以公务员的过失为要件，很容易与采用代位责任主义的德国职务责任制度等同视之。但若将代位责任制度定义为国家或公共团体为公务员个人责任承担免责性债务的话，那英美就不是代位责任制度。

在英美，长久以来，即使发生雇主责任，若国家是雇主，也认可主权免责。随着主权免责的放弃，国家赔偿请求成为可能，但人们并非已意识到此时的国家责任与私人的雇主责任基本不同。所以，对公务员个人的损害赔偿请求不因国家赔偿请求被认可而被否定，在这一点上，与德国的职务责任制度有着性质上的差异。

但是，1988年美国修改了《联邦不法行为请求权法》（Federal Tort Claims Act），规定处理联邦公务员普通法上的不法行为时，要将合众国作为排他性被告（在宪法上的不法行为情形中，或在联邦法认可了针对公务员个人的不法行为诉讼的情形中，可以和以往一样，向公务员个人提出请求），所以只限于此，才可理解为免责性债务的承担。

（四）立法者意思

在我国制定《国家赔偿法》的过程中，也进行了若干比较法研究，德国的职务责任制度成为重要参考，参加立法过程的田中二郎博士等也认为《国家赔偿法》第1条是站在代位责任说之上。[1] 22

但是，在司法法制审议会有关国家赔偿法的立法过程中，探讨过是否像德国职务责任那样，使用"代替公务员"这一表述方式来明确代位责任，但最终还是放弃了，起草委员对是否采用代位责任制度，没有达成共识。[2]

但立法资料表明：为强烈表达出代位责任的韵味，特意在"国家或公共团体"后使用"が"这一助词。[3] 作为文理解释，代位责

---

〔1〕　田中二郎："关于国家赔偿法"，载《赔偿补偿》170页。

〔2〕　田中二郎："战后立法一瞥——关于国家赔偿法的制定"，载《司法与行政》157页。

〔3〕　根据我妻博士对我妻文库所藏的司法法制审议会资料的注解，"国家或公共团体が"增强了"只由国家或公共团体承担责任"这一韵味。

任说更直接。

（五）判例

在判例中也有明确采用自己责任说者（"东京地判昭39·6·19下民15·6·1438"，"东京地判昭45·1·28下民21·1＝2·32"，"冈山地津山支判昭48·4·24判时757·100"，"札幌高判昭53·5·24高民31·2·231"）。

例如，上述"东京地判昭39·6·19"是关于安保教授团事件的判例。在难以确定机动队员（加害人）的案子中，判决判道，"国家赔偿责任不是代替公务员承担代位责任，而是对公务员的行为直接承担自己责任；此时，若行使公权力的公务员在行政组织上处于什么地位，或曰在行政机构上属于哪个部门能够明确的话，再满足国家赔偿法上的其他要件，就可以追究国家或公共团体的赔偿责任了"；并在没有确定公务员个人（加害人）的情况下，认可了部分请求。

另外，也有明确主张代位责任说者（"旭川地判昭42·10·26判时552·49"，"札幌高判昭43·5·30判时552·50"）。[1]

许多判例没有言及这一点，在最高法院判例中也没有明确论述该问题者。这或许在暗示人们：若灵活解释代位责任说的话，其与自己责任说的差异会消失。

（六）代位责任说的检讨

严格贯彻代位责任说会产生一个难点：公务员个人没有责任能力时，国家赔偿也无法得到认可。此时，不将其作为该公务员个人的主观过失，而作为客观化过失（想象成平均公务员），或者作为对该公务员具有监督责任的公务员的过失问题。据此，在代位责任说之下，也可能得出妥当结果。

另外，当无法确定公务员个人、加害行为时，还严格解释代位

---

〔1〕 前揭"旭川地判昭42·10·26"、作为前揭"高判昭43·5·30"之最高法院判决的"最判昭44·2·18判时552·47"维持了下级法院判决的结论，没有言及是代位责任，还是自己责任。

责任说，则会失去认可国家赔偿请求的前提。基本无异议的是：明显是公务执行上的瑕疵导致损害时，以无法确定公务员个人或加害行为为由来否定国家赔偿是不妥当的。

关于这一点，"最判昭 57·4·1 民集 36·4·519"判道，"在国家或公共团体的公务员作一连串职务行为的过程中让他人受到损害时，即使无法确定其具体起因于哪个公务员的、怎样的违法行为，但若被认为该一连串行为中如无行为人故意或过失下的违法行为，则不会产生上述损害的，那么不管是什么行为，该行为人所属的国家或公共团体对损害也应承担法律上的赔偿责任。此时，国家或公共团体不能以加害行为不确定为由，免除国家赔偿法或民法上的损害赔偿责任"（只是该判决说道：该法理只限于下述情形，即组成一连串行为的各个行为都是国家或同一公共团体之公务员的职务行为；部分行为中有非此情形行为的，该法理不妥当）。

采用代位责任说的学说在上述案件中也并非不认可国家赔偿请求。

而且，判例认为，即使在因行政行为违法而请求国家赔偿的情形中，也不是将行政厅的个人过失作为问题，而是基于组织决策形态来判断组织过失。

可以看到这些判决虽然采用代位责任说，但在朝着案件的妥当解决过程中，进行了灵活解释。将其看作是自己责任说也并非不可能。总之，不管采用何种学说，似乎都没有影响到结论。

（七）立法论

若抛开《国家赔偿法》第 1 条的立法者意思来看的话，确实有不少地方让人倾向于自己责任说。即只要今日许多的国家赔偿请求是在争论组织决策，那就可以认为自己责任说是更符合实际状态的理论，也就能实现与《国家赔偿法》第 2 条——立足于自己责任说——的统一。另外，今日的判例、通说都将《国家赔偿法》第 1 条第 1 款的"国家或公共团体"理解为公权力的归属主体，它们的

24

解释更容易通过自己责任说得到说明。[1]

而且,作为德国代位责任制度的职务责任与其说是作为理论性结论而被采用,还不如说是基于政策考量而被采用。[2]不能否定的是,在从理论上解释国家责任的根据方面,自己责任说有优势。[3]1981年的旧西德国家赔偿法废除了立足于代位责任主义的职务责任制度,创设了自己责任的国家责任制度。作为立法论,我国也更应该采用自己责任说。

二、公权力行使

(一)"公权力行使"概念的功能

《国家赔偿法》第1条中的"公权力行使"概念是区分适用该条,还是适用民法不法行为之规定的重要概念。若公务员的职务行为是公权力行使,则适用《国家赔偿法》第1条;若不是,则适用民法不法行为的规定。

行使公权力的人不管是否具有国家公务员法、地方公务员法上的公务员身份,都被视为《国家赔偿法》第1条的公务员。例如,因为律师协会所实施的惩戒是该条的"公权力行使",[4]所以惩戒委员虽不是国家公务员、地方公务员,但就该惩戒而言,构成国家赔偿法上的公务员,该惩戒委员会就成为《国家赔偿法》第1条的公共团体。

(二)"公权力行使"涵义的相关学说

关于《国家赔偿法》第1条中"公权力行使"的涵义,存在狭义说、广义说、最广义说。

狭义说主张将公权力限定在命令、强制等传统权力作用内,这

---

[1] 芝池义一:"公权力行使与国家赔偿责任",载《救济法Ⅱ》131页。

[2] 宇贺《分析》62、72、76页。

[3] 今村《入门》187页。

[4] 东京地判昭55·6·18下民31·5~8·428。

被认为是立法者的立场[1]。

广义说认为，国家或公共团体作用中除去纯粹的私经济性作用和《国家赔偿法》第2条的（公共）设施设置管理作用外，其余所有的作用都属于这里的公权力。

最广义说主张纯粹的私经济性作用也属于公权力的对象。这更着眼于主体（与功能相比），将国家赔偿法理解为民法不法行为的特别法。在这些学说中，最广义说从文理上难以被采用，但因依功能分类有困难，而私经济性作用仍然要服从国家或公共团体依法行政的原理，所以将国家赔偿法定位为法治国原理之保障手段时，作为主体说、立法论，最广义说也是一种见解。

一般而言，各学说之间存在重要差异，但从具体作用看，有时结果并没有什么不同。例如公证行政，某广义说论者将其作为非权力性行政作用，而狭义说将其作为传统权力作用，但结果都将其作为《国家赔偿法》第1条的适用对象。[2]

（三）"公权力行使"涵义的相关判例

虽然不是没有像"东京地判昭28·11·21下民4·11·1740"那样主张狭义说者，但大多数判例采用广义说。明确表达此意的有"东京高判昭56·11·13判时1028·45"。

该判决判道："'公权力行使'是指国家或公共团体作用中，除去纯粹的私经济性作用和通过《国家赔偿法》第2条得以救济的公共设施设置或管理作用后的所有作用。"

如下信息提供行为包含在"公权力行使"中：区长为回复律师法上的照会而向律师协会报告前科与犯罪履历、[3]在有关风景区内

---

〔1〕 众参法制局《第1次国会审议要录》178页；田中二郎："关于国家赔偿法"，载《赔偿补偿》168页；小泽文雄："国家赔偿法案"，载《法律新报》739号14页（1947）。

〔2〕 关于这一点，参见稻叶馨："与公权力行使相关的赔偿责任"，载《行政法大系6卷》28页。

〔3〕 最判昭56·4·14民集35·3·620。

设置加油站的事前协商中作答[1]。如下行政指导也包含在"公权力行使"中：市从保护自然环境角度出发，为让开发商改变高尔夫球场建设计划而作的劝告；[2]以金属玩具手枪（コンドルデリンジャー）违反枪炮刀剑类持有等取缔法为由而提出的中止制造销售该玩具、回收已售出产品等希望；[3]厚生大臣所作的预防接种鼓励行为。[4]

但是，金属玩具手枪事件判决采取的立场是：这里的行政指导背后紧靠法令规定的行政行为权限，有符合"公权力行使"的理由，而无该权限的行政指导不是"公权力行使"。

另外有必要留意的是：预防接种事件的判决认为实践中强制接种与鼓励接种的差异未被一般人所认识，国民感觉鼓励接种也像强制接种一样，是一种义务而接受接种，这一事实是其符合"公权力行使"的理由；这些判决未必站在行政指导一般都符合"公权力行使"这一前提上。

还有的像"高知地判昭 57·6·10 判时 1067·114"那样，认为从《国家赔偿法》第 1 条第 1 款、《民法》第 709 条的旨趣来看，地方公共团体职员所作的请求协助行为和调解指导行为构成违法，但却未明确应该适用哪一条。

将国立公立学校的教育作用、国立公立医院的医疗作用看做纯粹的私经济性行为是有问题的，但也很难找到其与私立学校、医院区别处理的合理理由。

与对公立学校课外小组活动实施教育监督相关的"最判昭 58·2·18 民集 37·1·101"、与公立学校体育时间的教师教育活动相关的"最判昭 62·2·6 判时 1332·100"等大多数判例，都将国立公立学校的教育视为"公权力行使"（但也有少量判例不视为公权力行使："前揭东京地判昭 28·11·21"、"东京高判昭 29·9·15 高民 7·11·848"、"松山地四条支判昭 40·4·21 下民 16·4·662"），

---

[1] 京都地判昭 47·7·14 判时 691·57。
[2] 静冈地判昭 58·2·4 判时 1079·80。
[3] 东京地判昭 51·8·23 下民 27·5~8·498。
[4] 东京地判昭 59·5·18 判时 1118·28。

而将国立公立医院中的普通医疗行为[1]不视为公权力行使。但是，此区别对待的根据尚未充分显现。

但"熊本地玉名支判昭 44·4·30 下民 20·3＝4·263"判道：地方公共团体所做的规划变更在性质上没有将权力行使作为本体，所以是民法不法行为的责任（民第 709 条）问题，不是国家赔偿法上的责任问题。

另外，即使获得了国有财产、公有财产的使用许可，或被支付了补助金，也不能据此就说私人的这些活动应该被看成公权力行使。"大阪高判昭 60·6·26 判时 1176·102"认为：社会教育法中的社会教育相关团体即使获得了市营游泳馆的使用许可，而且被免除了使用费以及接受了其他援助，也不是公务委托，市不承担损害赔偿责任。

根据旧《清扫法》，清扫业务的最终责任由市町村负担，该法第 6 条规定了市町村委托市町村以外者收集处理废物的制度。与此不同，该法第 15 条规定了针对废物处理业者的许可制度。

"大阪高判昭 49·11·14 判时 774·78"认为：受托者收集处理废物只不过是代行市町村的工作，而许可业者实施的收集处理是以独立经营者的地位所做的经营者自己的行为，不能说是市町村的公权力行使。

（四）广义说的实益

大多数判例与立法者的意思相反，主张广义说，大部分学说对此予以支持。这或许源于一种认识：适用《国家赔偿法》第 1 条比适用《民法》第 715 条更有利于保护被害人。

确实，与《民法》第 715 条第 1 款不同，《国家赔偿法》第 1 条

---

[1]　在医疗行为中，强制接种与鼓励接种也被视为"公权力行使"。见"东京地判昭 52·1·31 下民 28·1～4·50"、"东京地判昭 53·3·30 判时 884·36"等。另外，为旧《精神卫生法》上的"措施入院"而实施的诊察等（"大阪高判昭 55·12·24 判タ 444·124"。但宇都宫地足判昭 50·12·23 下民 26·9～12·993 反对）、措施入院（"福冈地判昭 55·11·25 判时 995·84"）、对"措施入院患者"实施的治疗等（"静冈地判昭 57·3·30 判时 1049·91"）也被理解为"公权力行使"。

没有雇主免责的规定。但是，众所周知，《民法》第715条第1款但书的规定渐渐变得不怎么适用了，也就不能说《国家赔偿法》第1条当然就比《民法》第715条更有利于救济被害人。此外，两者的差异还有追偿（国赔第1条第2款、民第715条第3款）、费用负担者的责任（国赔第3条）、相互保证主义（国赔第6条）。

但是，还有最重要的差异。通说判例认为不能根据《国家赔偿法》第1条，对公务员个人提起诉讼，提出请求；与此相对，根据《民法》第715条，国家或公共团体承担雇主责任时，对公务员个人请求《民法》第709条的损害赔偿是可能的（虽然有学说在尝试限制雇工的对外责任）。鉴于此，在关乎边界的事例中，或许也可以从让公务员个人成为诉讼被告是否妥当这一角度，目的论式地解释公权力范围。

（五）广义说的问题点

广义说带来的一个问题是《国家赔偿法》第1条第1款中的违法、过失概念的多元化。即不仅将像狭义行政那样，行为规范已经明确者，还将像学校教育那样，行为规范并不明确者纳入公权力概念之中，所以确定统一的违法概念、过失概念变得困难。关于这一点，还将在后面论述。

（六）国家、地方公共团体以外的公权力

《国家赔偿法》第1条第1款的公权力不仅限于国家、地方公共团体。

例如，有判例判道：作为特殊法人的日本自行车振兴会的会长、副会长、理事对自行车赛选手所作的撤销登记与暂停出场是《国家赔偿法》第1条第1款的公权力行使。所以此时，日本自行车振兴会成为该条的"公共团体"。[1]

同样，律师协会对律师实施的惩戒也是《国家赔偿法》第1条第1款的公权力，此时，律师协会是该条款的"公共团体"。[2]

---

〔1〕 东京地判昭47·12·25下民23·9～12·703。
〔2〕 东京地判昭55·6·18下民31·5～8·428。

（七）不作为

虽然《国家赔偿法》第 1 条使用的表述是"公权力行使"，但也包括不作为，这并无异议。司法法制审议会的立法资料也能确认这一点。[1]

最高法院在审查警察没有暂时保管"明显有可能危害他人生命或身体者所持"刀具的不作为、[2] 警察没有采取措施防止因旧陆军炮弹爆炸而导致人身事故的不作为、[3]《宅地建筑物交易业法》中知事之监督权限下的不作为、[4]《公害健康损害补偿法》（昭和 62 年法律 97 号所作修改前）中对水俣病认定申请的延迟处理等时，[5] 都是将其视为《国家赔偿法》第 1 条的"公权力行使"而判决的。

（八）立法权与司法权

这里的公权力是否不仅限于行政权，是否包括立法权、司法权？在司法法制审议会的立法过程中，曾一度出现了一个将立法权、司法权免责的纲要案。

1946 年 9 月司法法制审议会第二小委员会的起草委员会制作的《国家或公共团体损害赔偿责任相关法律纲要案》写道，"第五，国家或公共团体在下列情形下不承担损害赔偿责任。但法律有特别规定者，不受此限：①因法律、命令、条例之制定而生的损害；②因条约之缔结而生的损害；③因司法而生的损害"。但它们也只能从立法资料中窥见。

即国家赔偿法案在国会的审议过程中，政府委员回答道：公权力行使是警察权、司法权，像税的课赋征收这样的财政权的行使，公务员概念没有刑法那样的限定性规定，所以可以广义解释。[6]

---

〔1〕　我妻文库收藏的司法法制审议会资料记载：栗林干事对"公权力行使是否包括不作为"的提问，回答道"包括"。

〔2〕　最判昭 57 · 1 · 19 民集 36 · 1 · 19。

〔3〕　最判昭 59 · 3 · 23 民集 38 · 5 · 475。

〔4〕　最判平元 · 11 · 24 民集 43 · 10 · 1169。

〔5〕　最判平 3 · 4 · 26 民集 45 · 4 · 653。

〔6〕　众参法制局《第 1 次国会审议要录》178 页。在司法法制审议会中，针对"公权力行使是否包括司法权行使、议会的证人传唤"的提问，井出成三委员回答道"原则上没有设置例外"。这可以通过我妻文库收藏的司法法制审议会资料得到确认。

这里没有明确言及立法权，但司法权被列举，故不仅限于行政权，可以广义解释。

另外，《国家赔偿法》是应日本国《宪法》第 17 条而制定的，这里的"公务员"可以理解为包括国会议员。因为第一，在日本国宪法案审议过程中，政府委员在回答提问时说道：法官、检察官同样是国家公务员，所以包含在"公务员"之中。[1]这虽然不是直接言及国会议员，但从同样是国家公务员这一逻辑来看，没有排除国会议员的理由。

第二，从与日本国宪法其他条文的关联来看，也能自然得出《宪法》第 17 条的"公务员"包含国会议员的结论。即审议过程显示：《宪法》第 15 条的"公务员"包含国会议员，[2]《宪法》第 99 条列举了国会议员。当排除立法部门的公务员时，就会像《宪法》第 73 条第 4 项那样，使用"官吏"一词。

"札幌高判昭 53·5·24 高民 31·2·231"也指出：只要《宪法》其他条文的"公务员"包含国会议员，那么，第 17 条只要没有特别理由，就应该相同。

参加国家赔偿法立法的田中二郎博士、[3]小泽文雄法官[4]在关于"公权力"含义的说明中，也明确主张包括立法权。

对这一点，判例、学说几乎没有异议。

"最判昭 60·11·21 民集 39·7·1512"、"最判昭 62·6·26 判时 1262·1005"将立法权符合这里的公权力行使作为前提，"最判昭 57·3·12 民集 36·3·329"、"最判平 2·7·20 民集 44·5·938"将审判是公权力行使作为前提。

（九）"公权力行使"这一用语的再检讨

在广义说已经扎根的今天，仍有必要从立法论角度再次检讨"公权力行使"这一用语。

---

〔1〕 冈田亥三郎：《日本国宪法审议要录》，盛文社 1947 年版，第 285 页。
〔2〕 冈田亥三郎：《日本国宪法审议要录》，盛文社 1947 年版，第 273 页。
〔3〕 田中二郎："关于国家赔偿法"，载《赔偿补偿》168 页。
〔4〕 小泽文雄："国家赔偿法案"，载《法律新报》1947 年 739 号。

该用语也使用在行政诉讼法、行政复议法中，但其中的公权力涵义与《国家赔偿法》第 1 条的公权力涵义有很大差别。相同的词汇在不同的法律中以不同的涵义使用并不稀奇，它们都是旨在保障法治国原理的行政救济手段，实践中撤销诉讼与国家赔偿诉讼也合并提起，所以还是要尽可能地让同一用语具有同一涵义。另外，也要尽量避免法律用语与日常用语之间有太大隔阂。

德国的情况是："魏玛宪法"第 131 条使用"公权力（Öffentliches-Gewalt）"一词，德意志帝国最高法院（Reichsgericht——译者）的判例将这一概念扩张到私经济性作用以外的所有国家作用中，《波恩基本法》第 34 条对此予以追认后，采用了"公务（Öffentliches Amt）"这一表述。

另外，如前所述，因"行使"中包含了不作为，所以取代"公权力行使"，使用"公务执行或不执行"、"公务运营"这样的表述似乎更好。

（十）外国的"公权力行使"

《国家赔偿法》第 1 条第 1 款的公权力由日本的国家或公共团体来行使，但也有例外，即外国公权力在我国[1]行使。此时，日本国有时取代该外国，承担赔偿责任。

《实施〈日本国与美利坚合众国相互协助与安全保障条约〉第 6 条中的设施与区域以及日本国中的合众国军队之地位相关协定的民事特别法》（以下称《民事特别法》）第 1 条规定：对合众国军队的成员或雇佣人员违法行使公权力造成的损害，日本国承担赔偿责任。

其他方面，《核原料物质、核燃料物质与原子炉规制法》第 68 条第 5 款向国家原子能机构所指定的人或供给国际规制物资的当事国政府所指定的人，给予了在国际条约规定的范围内，在内阁总理大臣所指定的职员在场的条件下，进入国际规制物资使用人等的事务所等进行必要调查的权限。同条第 7 款规定，"国际原子能机构所指定的人，在内阁总理大臣所指定的职员在场的条件下，在国际条

[1]　此处"我国"即指日本。

约规定的范围内，为监视国际规制物资的移动，可以在国际规制物资使用人的工厂或事务所内，实施必要的查封或设置装置"。但没有制定像《民事特别法》第 1 条那样的规定。

另外，在被视为化学兵器禁止条约实施法的《化学兵器禁止与特定物资规制法》第 30、31 条中，也规定了国际机构之指定人的检查行为，但对该检查行为违法时的损害赔偿责任应如何处理，并无特别规定。

三、国家或公共团体

（一）通过公权力概念确定主体

《国家赔偿法》第 1 条中的"国家或公共团体"概念，一般认为不是一个很重要的概念。因为通常认为公权力被肯定后，若其归属主体被确定，那该归属主体就是这里的"国家或公共团体"。

此处的"国家或公共团体"由公权力的归属来决定，但这在《国家赔偿法》的文理上并不明确。只是从《国家赔偿法》第 3 条的文句来看，公务员的选任监督者或者公务员工资、津贴及其他费用的负担者是这里的"国家或公共团体"，通常这两者是一致的；不一致时，依据该法第 3 条，以其中任何一方为被告都可以——这是朴素解释下所采取的方针。

另外，如后所述（第八节），以公权力的归属主体来解释"国家或公共团体"未必违反立法者的意思，《行政诉讼法》第 21 条第 1 款使用了"针对该行政行为或复议事务所属的国家或公共团体的损害赔偿"这一表述，故可以将《国家赔偿法》第 1 条第 1 款的"国家或公共团体"作为公权力的归属主体来对待，以此为标准来确定"国家或公共团体"的立场基本上是获得认可的。

例如，《优生保护法》第 14 条赋予各都道府县设立的社团法人医师会以指定"可实施终止妊娠手术"的医师的权力，该指定被认为是《国家赔偿法》第 1 条的公权力行使。[1]如果都道府县医师会作为国家机关行使该权力，那国家就作为该公权力的归属主体，成为国家赔偿诉讼的被告，如果都道府县医师会自身被法律赋予了该权力，那该医师会就作为《国家赔偿法》第 1 条的"公共团体"，成为国家赔偿诉讼的被告。对此，学说分立，但厚生省主张后者。

确定公权力的归属主体并不容易，有时会成为诉讼的争点。关于都道府县警察的犯罪侦查，曾经的判例也是各有说法。"东京地判昭 42 · 1 · 28 民 18 · 1 = 2 · 77"认为是国家和都道府县双方的公权力，而"最判昭 54 · 7 · 10 民集 33 · 5 · 481"判道：因为《警察法》与《地方自治法》在都道府县设置了都道府县警察，规定警察管理与运营事务是都道府县应处理的事务，所以都道府县警察实施属于警察职责范围内的交通犯罪侦查，除像辅助检察官实施犯罪侦查这样的例外情形外，应该看作是该都道府县的公权力行使。

这样，一般都要判断有无公权力性，若有，就通过确定归属主体来确定该案的"国家或公共团体"。

34

（二）通过主体性质确定公权力概念

但是，并不是在所有场合这个方法都是妥当的。让我们在广义说之下，考察一下一般认为包含公权力的国立公立学校事故。即使是完全相同的事故，若发生在私立学校，则适用民法不法行为的规定。

即在这种情况下，不应仅通过该作用的性质来判断是否是公权力，而对该作用主体的判断成为决定公权力性的重要要素。仅限于此，"国家或公共团体"概念具有不从属于公权力概念的独立涵义，相反，则具有让公权力概念服从的功能。

所以，根据《学校教育法》第 2 条第 3 款，广播电视大学学园可以设置大学，在判断广播电视大学学园的教育是否是《国家赔偿法》第 1 条的公权力时，有必要确定广播电视大学学园是否是"国

---

[1]　在抗告诉讼中认可行政行为性的判例有"仙台地判昭 57 · 3 · 30 行集 33 · 3 · 692"。

家或公共团体"。[1]

这种情况下，应该根据公共团体的一般涵义来判断。公共团体通常作为地方公共团体、公共组合、（公共）设施法人的总称而使用，因为广播电视大学学园符合这里所说的（公共）设施法人，所以广播电视大学学园的教育是公权力行使。

必须留意的是：广义说不仅会导致违法以及过失概念的多元化，也会使公权力性的认定方式二元化。

当采用最广义说时，"国家或公共团体"概念就自然能发挥出划定《国家赔偿法》第 1 条之适用范围这一最重要的功能，公权力概念就丧失了意义。

四、公务员

（一）与公务员法上之公务员的不同

《国家赔偿法》第 1 条第 1 款中的公务员概念与国家公务员法、
35 地方公务员法上的不同。通常情况下，首先判断是否符合公权力，若符合，行使该公权力的人就被看作是《国家赔偿法》第 1 条第 1 款的公务员。

因为该条的公权力行使的权限不仅只给了国家公务员法、地方公务员法上的公务员，所以，该条的公务员也不仅限于国家公务员法、地方公务员法上的公务员。[2]

这就产生了公务员一词的使用妥当性问题。表述为公务承担者似乎更好。在德国，《魏玛宪法》第 131 条第 1 款使用了公务员一词，而《波恩基本法》第 34 条第 1 款则改为"某人在受托公务的执行上"。

---

〔1〕 盐野《Ⅱ》232 页。
〔2〕 "GHQ 的布兰克·诺伯特尼上尉国家赔偿法案的备忘录"（1947 年 5 月 8 日）也记载说：在如下一点上，日本司法省的事务官之间意见一致，即参照《宪法》第 17 条，不应该限定《国家赔偿法案》第 1 条第 1 款的"公务员"。来自美国国立公文书馆收藏的资料。

（二）符合公务员的情形

所以，以《民法》第414条第3款、（根据1979年法4号而修改前的）《民事诉讼法》第733条第1款的授权决定为基础的代执行是实现国家强制执行权的行为，是《国家赔偿法》第1条第1款的公权力行使，故债权人将该权限委任于执行官后，该执行官就成为《国家赔偿法》上的公务员。[1]另外，作为执行官的辅佐者，参与执行行为的人也可看作是同条同款的公务员。

当然，即使是非专职的公务员，只要是在行使《国家赔偿法》第1条第1款的公权力，也符合同条的公务员。[2]

另外，《国家赔偿法》第1条第1款的公务员不仅不需要公务员的身份，即使从事公务的时间很短或者是临时的，都不要紧，也不以不收报酬为要件。

"金泽地判昭50·12·12判时823·90"认为：作为特殊法人的地方赛马全国协会的职员只要被派遣去做由地方公共团体主办的地方赛马的裁判员，负责该地方公共团体的部分裁判事务，即使该职员的工资、旅费、津贴还由协会支付，没有从该地方公共团体处获得任何补助、津贴，但就该裁判事务而言，该职员被视为该地方公共团体的公务员。

（三）不符公务员的情形

债权执行人不是执行官的辅助机关，不是在行使公权力（"福冈高宫崎支判昭31·3·26讼月2·5·63"），执行法院所选任的评价人也不是执行法院、执行官的辅助机关，只不过是作为独立于法院的专家陈述自己的见解，所以不是《国家赔偿法》第1条第1款的公务员。

另外，即使在国家公务员法、地方公务员法上具有公务员身份的人，其行为若不是执行职务，也不能视为公权力行使，其不能视

---

[1]　最判昭41·9·22民集20·7·1367。

[2]　将非常勤的消防队成员作为市公务员的有"岐阜地判昭56·7·15判时1030·77"，将拘留所的非常勤医生作为国家公务员的有"大阪地判昭58·5·20判时1087·108"。

为国家赔偿法上的公务员。

例如，证人面对询问，就过去的事实讲述自己的经验认识，这只不过是服从我国司法权的人履行其所平等承担的作证义务，所以具有警察身份的人在刑事审判中，作为证人证明执行警察职务时所知道的事项，不是警察职务的执行，不能认可公权力性，所以，此时警察不是国家赔偿法上的公务员（"东京高判昭61·8·6判时1200·42"）。

（四）行政委托的志愿者

行政委托的志愿者存在多种情况。被视为公务执行时，该行政委托的志愿者可以视为《国家赔偿法》第1条第1款的公务员；即使有委托的形式，但其宗旨只不过是鼓励本来的志愿者活动时，该行政委托的志愿者是在从事私人活动，不符合同条同款的公务员。[1]

（五）组织性决定

如在责任性质部分谈及的那样，对《国家赔偿法》第1条第1款之公务员的确定，判例要求不严。另外，虽然采用的形式是行政厅决定，但实质上、事实上是辅助机关、咨询机关在作意思决定时，应采用组织过失这一判断方法。认可厚生大臣之过失的"东京高判平4·12·18高民45·3·212"就是其典型。

组织过失的概念也适合于合议组织的决定。即合议组织的各个成员意见不一致，最终以多数派的判断作为合议组织的意思对外公布后，以该决定违法为由而提起国家赔偿诉讼的原告没有必要去确定作出错误判断的各个委员，也没有必要证明他们的故意过失。即使内部意见分立，但只要对外作为合议组织整体的意思予以公布，那合议组织本身就可视为《国家赔偿法》第1条第1款的公务员，就可以讨论该组织过失。

判例（"名古屋高金泽支判昭32·10·9讼月3·11·23"）也采

---

〔1〕 宇贺克也："行政委托自愿者与灾害补偿、损害赔偿"，载《旨在促进居民自发参加地方公共团体事业的调查研究报告书》，自治省1988年版，第77页以下。

取了如下立场："在性质上，由公务员组成的合议机关的行为是公务员所作意思活动的结果，公务员的多数意思即被看作是机关的意思，所以，应该与公务员作为自然人情形下一样，来理解机关的行为。"〔1〕

如前所述，从《国家赔偿法》第 1 条第 1 款的解释论角度看，公权力也包括立法权、司法权，所以同样的情况也适用于国会的决议以及作为合议组织的法院的判决。"札幌地小樽支判昭 49·12·9 判时 762·8"判道：关于《国家赔偿法》第 1 条第 1 款的公务员的故意过失，当是合议制机关的行为时，没有必要将组成国会的各个国会议员的故意过失作为问题，对统一国会议员意思活动的国会本身的故意过失进行讨论即足矣。可以说这获得了一般认可。关于这一点，本节"七（五）"将再述。

（六）《国家赔偿法》第 1 条第 1 款的公务员与同条第 2 款的公务员的关系

根据《宪法》第 51 条，各个国会议员有免责特权，但这不能妨碍以国会不法行为为由而追究国家赔偿责任。

但该免责特权成为否定《国家赔偿法》第 1 条第 2 款之追偿的理由。由此可以看出，《国家赔偿法》第 1 条第 1 款的公务员与同条第 2 款的公务员不总是一致的。前者多为组织性、整体性的把握，而后者将作为个人的公务员置于重要位置。

五、就行使职务

（一）立法者的意思

关于国家赔偿法案的参议院司法委员长报告说明道：《国家赔偿法》第 1 条第 1 款的"就行使其职务"比"职务行为本身"要广，比"职务行为时"狭窄。〔2〕

---

〔1〕 此外，关于教育委员会的有"大阪高判昭 58·7·29 下民 33·5~8·1261"，关于农业委员会的有"熊本地判昭 43·5·23 讼月 14·9·981"等。

〔2〕 众参法制局《第 1 次国会审议要录》184 页。

所以，也可以包含如下情形：为完成职务而实施拷问，构成特别公务员暴行凌虐罪。

也可能包含社会普遍观念下与职务执行有关联的行为，其虽然不是"职务行为本身"。处于侦查组长地位的警察十分清楚新闻记者是来采访其侦查的案件，面对记者讲了该案件，有判例认为即使其不是正式发言，也符合"就行使其职务"。[1]

结束派出所的夜间值勤，驾驶公车回本署途中的警察发生了交通事故，对此，"东京高判昭59·10·30交民17·5·1206"肯定了职务行为关联性。

警察即使驾驶了公车，但若是为了私人交际而驾驶该车，并发生事故，也不符合"就行使其职务"。[2]

另外，有的判例认为：刑事案件中被检举的警察面对侦查机关的调查，作为知情人作供述，刑事审判中作为证人作证言，都不是行使职务。[3]

"行使职务时"的例子有：扣押官在职务执行中盗窃被扣押人的物品等，此时，多数认为不符合"就行使其职务"。

39 但是，因为这样的盗窃发生在扣押中，且懈怠警戒，影响扣押官的可信度，所以还是有适用下述外形标准说而肯定职务行为关联性的可能（此情形中认可国家赔偿责任的话，会产生如下讨论：关闭追究公务员个人之损害赔偿责任的大门是否妥当？从抑制违法行为的角度出发，应该认可责任的重复。这一点交由后述"十一（七）"。

对该盗窃，还存在另一种选择，即否定职务行为关联性，以上司的监督责任为由开辟国家赔偿之路。

（二）《民法》第715条第1款的外形标准说

《国家赔偿法》第1条第1款的"就行使其职务"准用于《民

---

〔1〕"广岛地吴支判昭34·8·17下民10·8·1686"。但"福岛地判昭30·3·18下民6·3·488"反对。

〔2〕札幌高函馆支判昭29·9·6下民5·9·1436。

〔3〕东京高判昭61·8·6判时1200·42。

法》第 715 条第 1 款的"就其事业的执行"。

根据《民法》第 715 条第 1 款，雇主承担雇工"就其事业的执行"给第三人造成损害的赔偿责任。对这一条款的涵义，判例最初采用一体不可分说，[1]受到学界的批判后，改为外形标准说。[2]

其根据是交易行为中相对人的信赖保护。[3]所以，交易行为中的相对人有恶意或重大过失时，就没有满足"就其事业的执行"的要件。[4]

也有将该外形标准说适用于事实行为的判例。例如，"最判昭37·11·8 民集 16·11·2255"判道：公司司机即使在工作时间外，基于私人目的驾驶公司汽车，发生交通事故，但若从外形看该汽车驾驶属于该公司司机之职务行为范围内的话，也不妨认可其为该公司的事业执行。

但是，学说上区分交易行为和事实行为，关于后者，很有影响的观点是应该以雇工的行为是否处于雇主的支配领域内为标准。[5]　40

（三）外形标准说是否适用于国家赔偿法

关于《国家赔偿法》第 1 条第 1 款"就行使其职务"的解释，在相对人的信赖保护成为问题的情形中，站在被害人救济角度采用外形标准说可以说是一种能够成立的法解释。但是，国家或公共团体与私人间的交易，即使根据广义说，也不符合公权力行使，要适用民法不法行为的规定，所以，在国家赔偿诉讼中，"就行使其职务"的解释问题通常出现在事实行为中。

这个问题的先例性判决是"最判昭 31·11·30 民集 10·11·1502"。警视厅的巡查员以骗取金钱为目的，在非执勤日，在职务管辖区域外，穿戴制服制帽，假装盘问，以保管为名让相对人提交现金，打算逃走时，因相对人呼喊，而用从同事处偷来的手枪射杀该

---

〔1〕 大判大 5·7·29 刑录 22·1240。
〔2〕 大民刑连判大 15·10·13 民集 5·785。
〔3〕 最判昭 42·4·20 民集 21·3·697。
〔4〕 最判昭 42·11·2 民集 21·9·2278。
〔5〕 加藤《不法行为》183 页；森岛《不法行为法》44 页。

人。对该案件，最高法院判道，"应该这样理解同条（《国家赔偿法》第 1 条）的立法旨趣：不限于公务员在主观上有权限行使之意，即使有牟取自己利益之意，只要实施了客观上具备职务执行之外形的行为，并因此给他人造成损害的，国家或公共团体就要承担损害赔偿责任，以此广泛地维护国民的权益"。

但有人批判道：对这样的事实行为采用外形标准说的理由只有国民权利保护；其射程不明确。

可在该案例中，该警察穿制服，戴制帽，也带手枪，正是因为这些，相对人才相信他，把钱给他，所以不能说没有适用外形标准说的基础。

假如其他条件完全一样，在该案中该警察没有假装职务盘问，而是立即射杀，那适用外形标准说就显得困难。但对此否定国家赔偿请求是否妥当又是另外一个问题。

在我国这样枪炮持有被严格规制、其携带原则上仅限于执勤中的警察的国家，警察的枪炮管理责任极其重大。所以，从枪炮管理责任的角度出发，也是可以认可国家赔偿责任的。

事实上，在警察不经允许带出手枪，射杀情人的案件（以相对人的信赖保护为由的外形标准说难被采用的案例）中，"大阪地判昭 61·9·26 判时 1226·89"认可了上司的手枪管理过失，认可了《国家赔偿法》第 1 条第 1 款的责任，作为二审判决的"大阪高判昭 62·11·27 判时 1275·62"将手枪视为公共设施，以管理瑕疵为由，认可了《国家赔偿法》第 2 条第 1 款的责任。

回头看的话，即使在前揭"最判昭 31·11·30"的案件中，因同事的手枪被盗，不适用外形标准说，也能追究手枪的管理责任（国赔第 1 条第 1 款）或管理瑕疵（第 2 款），也就有可能肯定国家赔偿责任，若是这样，就没有必要使用外形标准说了。

另外，1980 年制定了《犯罪被害人给付金支付法》，对损害生命或身体的犯罪行为，可以向受害人实施一定的给付，从这个角度看，国家赔偿法的被害人救济功能被部分取代。[1] 所以，也可以从被害人救济角度来检讨是否适用外形标准说，从而限定该说的射程。

而且，外形标准说是将"与（有事务管辖权的）公务员职务行为的关联性"作为问题时的理论，不是关于是否具有公务员外形的法理。所以，私人假扮公务员，假装职务行为实施犯罪的，即使相对人信赖其公务员外形，并遭受损害，也并不产生国家赔偿责任。[2]

但是，任命行为有瑕疵，在尚未撤销时该人作了"公权力行使"，对此，还是可以适用外形标准说，适用"事实上的公务员"的法理。[3]

六、违法性

（一）立法者的意思

《国家赔偿法》第 1 条第 1 款的"违法"的涵义是该法的基本问题。根据该法的立法资料，该词吸收了《民法》第 709 条之解释中"从权利侵害走向违法性"这一判例学说的发展成果，将违法作为客观要件，将故意过失作为主观要件。[4]

参加该法立法工作的田中二郎博士说："或许应该这样理解：这里的违法不是严格意义上的违反法律规范，而是比民法的'权利侵害'还要广，包含违反公序良俗、不正当等，说明行为在客观上不具有正当性；但当行为在客观上具有正当性时，那只能以违法阻却为由来否定赔偿责任。"[5]

同样参加该立法工作的小泽文雄法官说："《民法》第 709 条只不过简单地规定了'权利侵害'，解释字义时失之过狭，为缓和之，

42

---

〔1〕　阿部 89 页。

〔2〕　关于具体的例子，参见远藤《上》161 页、阿部 89 页。

〔3〕　古崎 108 页；稻叶馨："与公权力行使相关的赔偿责任"，载《行政法大系 6 卷》25 页。

〔4〕　众参法制局《第 1 次国会审议要录》183 页。

〔5〕　田中二郎："关于国家赔偿法"，载《赔偿补偿》169 页。

学说判例进行了多年的努力。本条为直接简明地表达这一点,规定'违法地造成损害的'。这里当然包含了权利侵害,即使不具体侵害特定权利,但若违反法律规范或公序良俗,给他人造成损害的,适用本条。"[1]

我妻荣博士也从民法学者的立场,参加了国家赔偿法的起草工作。我妻博士的民法不法行为法中的违法性论认为,"即使不侵害个人的权利,脱离社会规范的加害行为也不得不说是不法行为。而且,不只是简单地违反社会的法律规范,违反公序良俗也必须认可是不法行为"。[2]

最终,立法者几乎是沿着当时我妻荣的民法不法行为法学说,将违法性导入《国家赔偿法》第1条。没有出现立法者将《国家赔偿法》第1条的违法性与民法不法行为法的违法性相区别的迹象。若对两个违法概念作相同理解就足矣的话,那就没有必要探究国家赔偿法所固有的违法概念了。

但是,国家赔偿中存在与民法不法行为不同的特有问题,对直接采用后者的违法概念必须持谨慎态度。

(二)法律上的争讼

国家赔偿诉讼也是将《法院法》第3条第1款中的"法律上的争讼"作为对象,而不能争论经济政策是否妥当——不能说是"法律上的争讼"。

在有名的邮政存款缩减诉讼中,内阁以及公正交易委员会为实现安定物价的政策目标,采取了错误的应对方法,加剧了通货膨胀,使原告的邮政存款缩减,原告认为该行为违法而提出损害赔偿请求。"最判昭57·7·15判时1053·93"判道,"为了平稳地实现上述上诉人所述的各项目标,在当时的国内外形势下,政府应该采取哪些具体措施?从事物性质上讲,这应该交由政府作裁量性政策判断,

---

[1] 小泽文雄:"国家赔偿法案",载《法律新报》1947年739号15页。

[2] 我妻荣:《事务管理、不当得利、不法行为》,日本评论社1939年版,第100~101页。

即使政府作出了错误判断，或者其措施不适当而未能实现上述目标，或者导致了相反的结果，就此追究政府的政治责任那是另当别论，但不能作为法律上的义务违反或违法行为，而追究国家赔偿法上的损害赔偿责任"。

关于经济政策，既不能说成是政治意义上的行为规范，也不能说成是法律意义的行为规范，不能视为合乎"法律上的争讼"。所以，以经济政策违法为由的国家赔偿请求原本就不被允许。

（三）判例学说的状况

1. 公权力概念的广泛性。众所周知，在民法不法行为法中，关于违法性的涵义、过失概念，有着种种议论。[1]那么，应该怎样看待国家赔偿法中的违法概念、过失概念？将此问题复杂化的是《国家赔偿法》第 1 条第 1 款的"公权力"概念的广泛性。

如前所述"六（一）"，就此概念的含义，立法者采用狭义说，而后的通说判例逐渐采用广义说。在国立公立学校——与私立学校状态相同——事故等的不法行为诉讼中，可以适用国家赔偿法。在这样的案件中，通常作出与民法不法行为法中的判例相同的处理。[2]

2. 过失一元性判断。很多情况是：不从违反注意义务来认定过失，[3]不太言及违法性，或者用"过失所致违法行为"这一表述来作一元性判断——从过失直接导出违法。[4]

在这样的案例中，因基本与民法不法行为法中的状况相同，故就违法概念、过失概念，吸取民法不法行为法的发展成果即可，用民法不法行为法来处理也是值得充分讨论的。[5]

3. 与《民法》第 715 条的比较。但或许可以这样考虑：《国家赔偿法》第 1 条第 1 款比《民法》第 715 条第 1 款更有利于被害人

44

---

〔1〕　森岛《不法行为法》170 页以下。

〔2〕　盐野《Ⅱ》239 页。

〔3〕　熊本地判昭 45·7·20 判时 621·73，大阪地判昭 51·2·27 判时 337·75，神户地判昭 51·9·30 判时 856·73。

〔4〕　福冈地久留米支判昭 53·1·27 判时 896·70。

〔5〕　同旨，原田《要论》243 页。

救济，所以不应该将非权力性行政领域交给民法不法行为法。

的确，因《国家赔偿法》第 1 条第 1 款不存在雇主免责规定（《民法》第 715 条第 1 款但书），所以比民法上的雇主责任规定更有利于被害人保护，以此为前提的广义说具有扩大被害人救济这一实践意义。但是，在《民法》第 715 条第 1 款但书的免责渐渐不被认可的今天，不管怎么适用，也没有实质性差异。

关于公务员的保护，在追偿权规定方面存在不同（国赔第 1 条第 2 款，民第 715 条第 3 款），但在民法不法行为法中，也有限制追偿权行使的趋势，国家或公共团体在追偿权行使上特别慎重。所以，即使扩大《民法》第 715 条的适用领域，这一点也几乎不会有什么变化。

但是，当公务员个人成为诉讼被告时，是适用《国家赔偿法》第 1 条，还是适用《民法》第 715 条，有着重要的差异。如后所述（十一），向公务员个人提起损害赔偿诉讼时，原则上应该慎重，在这一点，广义说有实质性优点。

所以，对国立公立学校事故即使适用民法不法行为法，立法、解释原则上也可以不让教师个人站上诉讼被告席的话，[1]那为了消解因公权力概念的广泛性而生的《国家赔偿法》第 1 条的违法概念、过失概念的多样性、不统一性，将其交由民法不法行为法来处理也是可以充分考虑的。

4. 关于违法性的基本学说。在民法不法行为法中可以看到结果不法说、行为不法说、相关关系说——综合考量结果不法（被侵害法益）与行为不法（侵害行为的样态）——的对立。在国家赔偿法的违法概念方面，也有同样的学说差异。这些见解相对立的背景是对国家赔偿制度的意义与功能有着不同的理解。

5. 结果不法说。将国家赔偿法的意义与功能的重点置于被害人救济与损害分散的人有对结果不法说表达亲近感的倾向。如果比这还彻底，那从被害人角度出发，侵害行为的合法与违法就变得不重要，国

---

〔1〕 主张"不让教师个人站在被告席上"符合教育法原理的有兼子仁：《教育法》（新版），有斐阁 1978 年版，第 518 页。

家赔偿与损失补偿的区别也会相对化，甚至两者会被统一、融合。

　　田中二郎博士说道：不管是基于合法行为，还是基于不法行为，怎样分配调节特定人的现实损失最符合正义公平要求？必须据此来决定是否补偿及其补偿金额。[1]从立法论角度，他提倡设立统合损害赔偿与损失补偿的制度，这是一种结果不法说式思维。[2]

　　6. 行为不法说。与此相对，行为不法说的支持者一直认可国家赔偿制度的被害人救济功能与损害分散功能，而且有重视制裁功能、违法行为抑制功能、违法状态排除功能（合法状态恢复功能）的倾向。

　　换言之，国家赔偿制度具有保障法治国原理的意义与功能。如果重视这一点，那么侵害行为的合法性、违法性就有非常重要的意义，就应该区分损害赔偿与损失补偿。[3]

　　在行为不法说中有两种学说的对立。即"公权力启动要件缺失说"——以公权力启动要件的缺失来理解违法——和"职务行为基准说"——以公务员懈怠职务上应尽注意义务为违法——的对立。

　　7. 相关关系说。它是两者的折中立场，从侵害行为的样态与被害人利益角度来判断违法性。那么，两者中何者为重点，因论者不同而各异。[4]

　　8. 以前判例的一般倾向。以前判例一般倾向于公权力启动要件

──────────

　　[1]　田中二郎："关于公法上的损失补偿制度"，载《赔偿补偿》244 页。

　　[2]　最明确采用结果不法说的有松冈恒宪："国家赔偿法第一条的违法概念"，载《北九州大学商经论集》1972 年 8 卷 1～2 号 28 页。

　　[3]　盐野《Ⅱ》246 页；藤田《Ⅰ》470 页；阿部泰隆："广告诉讼判决对国家赔偿诉讼的既判力"，载《判夕》1984 年 525 号 25 页；西埜《国赔责任》53 页；高木光："国家赔偿中'行为规范'与'行为不法论'"，载《课题与展望》139 页；村上敬一："法官的职务行为与国家赔偿责任"，载《新实务民事诉讼讲座 6 卷》，日本评论社 1983 年版，第 87 页以下。今村教授也说"若站在受害人的立场来看，当然就不要问原因行为是否合法，此时就产生了统一考察国家补偿法的必要性"（今村 42 页），还说道"'违法'是指超出边界地行使国家公权力"，所以可以说他基本采用了行为不法说。

　　[4]　采用相关关系说的有：秋山 71 页；国井和郎："国家赔偿法第一条"，载《补偿法大系 3 卷》83 页；村重："国家赔偿法上的违法论"，载《研究笔记》34 页。

缺失说——法令明确规定了行政行为的启动要件，以启动要件的缺失来理解国家赔偿法上的违法，应认识到此意义上的违法而没有认47 识到的，构成过失。[1]

如后所述（第五节三），在手枪使用这样的权力性事实行为、行政指导这样的非权力性事实行为中，公权力启动要件缺失说也占据判例的多数。

可以说，同样情况也出现在应申请行政行为的不作为上。即在无延迟的正当理由的情况下，未在相当期间内作行政行为的，构成国家赔偿法上的违法，这是判例的一般倾向。[2]即一般而言，行政行为不启动要件的缺失构成违法。[3]

可见，以前的判例大多数采用公权力启动要件缺失说——不是以被侵害法益，而是以公权力（不）启动要件的缺失这一行为样态作为标识来判断违法性。该说在行政行为领域，与违法性同一说——将撤销诉讼中的违法与国家赔偿法上的违法等同视之——相关联。实践中也有以公权力启动要件缺失说为前提，将撤销诉讼判决的既判力置于国家赔偿诉讼中的判例。[4]

9. 初期的违法性相对说。与此相对，存在重视被害人救济功能、损害分散功能的违法性相对说。有仓教授[5]、渡边教授[6]早就主

---

〔1〕 代表性判例有：东京高判昭 29·9·15 下民 5·9·1517、东京高判昭 29·3·18 高民 7·2·220、大阪地判昭 30·3·14 下民 6·3·468、静冈地判昭 38·7·12 下民 14·7·1391、东京地判昭 44·7·8 行集 20·7·842。

〔2〕 东京地判昭 53·5·19 判时 893·12、东京地判昭 53·7·17 判时 908·62、神户地判昭 52·12·19 判时 887·66、神户地判平元·9·25 判夕719·145、最判昭 56·2·26判时 996·42。

〔3〕 关于危险管理（防止）责任，多数情况是，预见可能性与结果避免义务都包含在不作为的违法要件中，实施违法一元性判断（例如，东京地判昭 53·8·3 判时 899·48），要认可违法性，就必须存在作为义务，这与申请型不作为情形相同，公权力不启动要件的缺失还是可能构成违法的。后面详述［第五节四（一）〕。

〔4〕 东京地判昭 39·3·11 讼月 10·4·620、大阪地判昭 40·11·30 讼月 12·3·367、津地判昭 43·3·21 讼月 14·7·753、札幌地判昭 45·4·17 判时 612·48。

〔5〕 有仓辽吉："国家赔偿法逐条解说"，载《法时》1953 年25 卷9 号19 页。

〔6〕 渡边宗太郎：《新版日本国行政法要论》(上卷)，有斐阁 1963 年版，第 338～339 页。

张国家赔偿法上的违法广于抗告诉讼中的违法。但直到昭和 40 年代 　48
（1965～1974）后半期，其与既判力的关系才被意识到，被讨论。[1]

可以推测的是这些论者的主张都有尽可能扩大国家赔偿请求中被害人救济的实践意图。即使在撤销诉讼中没有被认可的违法，也可以在国家赔偿中得到认可，所以可以说它们是结果不法说或者是以结果为重点的相关关系说。

所以，它们的前提是国家赔偿法上的违法广于撤销诉讼中的违法。撤销诉讼中的驳回请求判决的既判力不能达致国家赔偿诉讼，但若是请求被认可的判决，则可以达致国家赔偿诉讼。

只要采用违法性相对说，就自然强调撤销诉讼与国家赔偿诉讼在意义、功能上的不同。即对这些论者而言，撤销诉讼的目的是否定已作行政行为的效力，而国家赔偿诉讼与已有损害的公平分配相关，不直接影响行政行为的效力，所以没有必要对两者的违法概念作相同理解。[2]

另外，"东京高判昭 52・11・17 高民 30・4・431"、"福冈地判昭 53・11・14 判时 910・33"所持的前提是：以不作为为由的国家赔偿请求中的违法，比赋义务诉讼中权限不行使的违法要广。

10. 违法性相对说的变容。这样一来，当初的违法性相对说就有了扩大被害人救济的实践意图。但该说本身有向反方向，即国家赔偿法的违法比抗告诉讼中的违法要窄的方向，被使用的内在可能性。

藤田宙靖教授也说道，"让'违法性'相对化，在'违反行为规范'这一意义之外认可由来于其他一定事由的'违法性'观念，这就和曾经的'私权（Privat‐Recht）'概念下的情况一样，因认可'即使违反法律的规定，因另外更被要求的'权利侵害'没被认可，故不能说违法'这一论理，而不能否定如下理论可能性：出现比　49
'依法行政原理'之一元支配下，还要缩减'违法性'范围，缩小

────────────

〔1〕　村重："国家赔偿诉讼"，载《研究笔记》196 页；下山 136 页；松本博之："行政行为撤销诉讼中撤销对象的消灭与诉益"，载《法杂》1973 年 19 卷 3～4 号 255 页。
〔2〕　佐藤英善："食品药品公害的国家责任"，载《法时》1979 年 51 卷 4 号 80 页。

国民利益救济可能性的结果"。[1]赞成违法性相对说的远藤博也教授将国家赔偿法上的违法定义为"造成他人损害是否为法所允许这一角度下的行为规范性",[2]故与撤销诉讼中的违法并不相同,这样一来,在抗告诉讼中即使违法,但在国家赔偿法上违法性也有可能被否定。

远藤教授的国家赔偿法上的违法概念在重视行为规范性的同时,强调对被侵法益的考量,即使与民法不法行为法不同,但也可以说是相对关系说的一种。

站在这样的立场上,不只是撤销诉讼中请求被驳回的判决,请求被认可的判决的既判力也不能当然地达致国家赔偿诉讼。[3]所以,以前的违法性相对说专门以扩大国家赔偿法上的救济为目的而被原告所主张。与此相对,近来,被告通过"在撤销诉讼上即使违法,但在国家赔偿法上并不当然违法"这一文脉来主张违法性相对说的情况不少。

1985年以后,违法性相对说也渐渐在判例中获得了力量,其特色是不依据结果不法说、相关关系说,而是依据行为不法说中的职务行为基准说。

11. 与结果违法说相对比的"职务行为基准说"的登场。在检察官提起公诉、警察实施逮捕中,存在"职务行为基准说"与结果违法说的对立。在前者中,只要有合理嫌疑,检察官就可提起公诉,即使判定无罪,也不能说起诉当然违法。正如"最判平元·6·29民集43·6·664"判道,"在提起公诉时,检察官在综合考察已收集的证据资料以及经过一般侦查即可收集的证据资料的基础上,经过合理的判断过程,认为有犯罪嫌疑的,则上述公诉的提起就没有违法性"。

50

---

〔1〕 藤田宙靖:"法治主义与现代行政",载《现代法哲学三》,东京大学出版会1983年版,第81页。

〔2〕 远藤《上》166页。也有见解像芝池《救济法讲义》207页那样,在基本持违法性同一说的同时,例外地认可违法性相对说。

〔3〕 远藤《上》177页。

同样，关于警察的逮捕，若在实定法上有"足以怀疑已犯罪的相当理由"（刑诉），就可逮捕，结果即使是不起诉决定或无罪判决，逮捕也并不当然违法。

与此相对，结果违法说认为：只要无罪判决已经生效，那起诉、逮捕在国家赔偿法上就当然违法，只要作出了不起诉决定，那逮捕就当然违法。之所以称其为结果违法说，就是因为采用了"只要无罪判决已经生效，或者作出了不起诉决定，那该起诉、逮捕在结果上就变得违法"这一理论结构，它并不直接言及被侵法益。

但是，起诉、逮捕所致损害的重大程度被视为当然前提，正因为如此，只要无罪判决已生效，或者作出不起诉决定，那就从结果论角度出发，视起诉、逮捕为当然违法，所以并非不能将其归类为结果不法说式思维。[1]

12. 作为公权力启动要件缺失说的"职务行为基准说"。这里的"职务行为基准说"因主张缺失起诉、逮捕这样的公权力启动要件，导致违法，所以属于行为不法说中的公权力启动要件缺失说。虽然最高法院在芦别事件[2]中采用了"职务行为基准说"，但应留意的是，此时的"职务行为基准说"是公权力启动要件欠缺说。

即该判决认为"在刑事案件中，不能说只要是无罪判决，那起诉前的逮捕、拘留，公诉的提起、行进，起诉后的拘留就违法"，否定了结果违法说，判道："只要逮捕、拘留在当时有（犯罪嫌疑上的）相当理由且有必要，就是合法的，公诉的提起只是检察官向法院就犯罪的成否、刑罚权的存否请求审判的意思表示，故起诉时或公诉行进时的检察官的心证，从性质上讲，有别于判决时法官的心证，只要综合考量起诉时或公诉行进时的各种证据资料，经过合理判断后被认定有犯罪嫌疑即足矣。"

之后，最高法院也在与冲绳大罢工诉讼相关的前揭"最判平

51

---

〔1〕　西埜《国赔责任》70页。另外，此时的结果违法说也有可能被视为在性质上与结果不法说不同。远藤博也：《实定行政法》，有斐阁1989年版，第265页。

〔2〕　最判昭53・10・20民集32・7・1367（以下称"芦别最判"）。

元·6·29"中沿袭了这一立场。而且，对在二审中被判无罪的检察官的公诉提起、行进，"最判平2·7·20民集44·5·938"也作了同样的判旨。

在逮捕→起诉→判决的过程中，各个阶段所要求的嫌疑程度不同。所以，不能因如下情况，就当然认为欠缺起诉、逮捕要件，即对犯罪未达到超过合理怀疑的确信，故作出无罪判决。这也适用于不起诉决定。[1]

所以，被迫在公诉的提起、逮捕中的"职务行为基准说＝公权力启动要件缺失说"与结果违法说中作选择的最高法院认为如下情况是有问题的，故选择了前者，即作出无罪判决、不起诉决定的话（包括公权力启动要件不缺失情形），那当然就视起诉、逮捕构成国家赔偿法上的违法。

前者相对于后者而言的理论优越性还有：与起诉有关的"职务行为基准说"因是公权力启动要件缺失说，所以不限于无罪判决生效后，也适用于刑事诉讼进行中或有罪判决生效后提起国家赔偿诉讼的情形。

52　　　与此相对，结果违法说的射程仅限于无罪判决直接生效的情形。所以，只要在无罪判决已生效情形之外的情形中不采用适用限制说——不能以公诉违法为由请求国家赔偿，那该说就必须回答如下问题，即在此以外的情形中如何认定违法性。

所以，芦别事件中最高法院判决没有采用结果违法说是适当的，但也只不过是一直适用于一般行政行为中的公权力启动要件缺失说在此得到了确认，这里原本就没有必要用"职务行为基准说"这一特别名称。

在此使用了"职务行为基准说"、"结果违法说"这样的表述，这对国家赔偿法上的违法性的今后发展而言，不得不说是遗憾的。

---

〔1〕　没有空——列举与检察相关的国家赔偿的文献。暂且只列出对问题予以全面处理的最近文献：村重："公诉的提起、行进"载《研究笔记》90页；稻叶馨："检察赔偿诉讼的动向"，载《法律人》1988年907号50页；宝金敏明："逮捕、拘留、起诉、有罪判决"，载《判例实务大系18卷》，青林书院1987年版，第337页。

这是因为：在特殊事例中"'逮捕→起诉→判诀'这一连续过程所要求的心证不同"被认可为一种法结构；此特殊事例中的用语在其特殊性未被充分认识的情况下就用于一般行政行为的话，会有不同的语义，会造成表述方法的错综复杂。

13. "职务行为基准说"的变容。众所周知，在司法中也存在职务行为基准说[1]与结果违法说[2]的对立。两说的意思与公诉的提起、逮捕情形未必相同。这是因为：在一审的有罪判决被二审撤销，而（向最高法院的）三审上诉被驳回的情形中，即使将三审制度看作连续过程，也不可以将作有罪判决的心证程度降低至下级审那样低。

在这一点上，与如下制度设计是有区别的，即像"逮捕→起诉→有罪判决"这样的案例那样，情况不同，则必要的心证程度也不同。在此，就不能说结果违法说在司法中毫无成立的可能。

但是，与在提起公诉情形中所论述的一样，结果违法说只考虑下级审的判决在上级审中被撤销，或者已生效判决被再审撤销的情形；存在射程被限定的问题。所以，对法院在国家赔偿法上的违法，只要不采用适用限制说——只有在上述情形中才可以请求国家赔偿，则结果违法说就只能提供部分答案。

53

所以，法院在国家赔偿法上的违法也不是结果违法说，还是从行为规范上的适当性来判断更为妥当。采用行为不法说后，选择公权力启动要件缺失说，还是职务行为基准说，已经成为问题。

即使是司法行为，也存在程序要件——应该履行民事诉讼法、刑事诉讼法等所规定程序——和实体要件——不得弄错法令解释等，所以公权力启动要件缺失说也是可以考虑的。另外，在斟酌自由心证主义、司法独立、为避免判决相互抵触而考量、三审制度等司法的特殊性后，聚焦于违法性阶段的"职务行为基准说"也可以是一

---

〔1〕　古崎《研究》67 页、村上敬一："法官的职务行为与国家赔偿责任"，载《新实务民事诉讼讲座 6 卷》，日本评论社 1983 年版，第 91 页。

〔2〕　村重："国家赔偿诉讼"，载《研究笔记》185 页。

种理论立场。

但是，在"公权力启动要件缺失说"中，职务行为基准说所指出的司法的特殊性也会作为过失、违法阻却事由，被大家所考虑，采用哪个学说也不直接影响诉讼请求被认可的难度。两者的主要不同在于在过失的水平上斟酌司法的特殊性，还是违法的水平上斟酌，这也可以说是一个理论结构问题。

在考虑前述司法的特殊性后，就可以理解"最判昭 57·3·12 民集 36·3·329"为何采用职务行为基准说了。但是，该判决不止停留在通常的职务行为基准说，还采用限定违法性的违法性限定说，这是否妥当，是个问题。

对这个问题，后面将详细考察（第五节二），在此先要确认以下几点：在该判决中，最高法院采用了与公权力启动要件缺失说相区别的职务行为基准说；虽然使用与芦别事件最高判决中的"职务行为基准说"相同的文句，但意义不同；变容后的职务行为基准说处于司法这一特殊事例中。

14. 在家投票事件。在与立法相关的国家赔偿判例中，以前，违宪即违法说——法律若违宪，该立法就构成国家赔偿法上的违法——是前提。这是以立法中所行使的公权力的启动要件的缺失为由，主张国家赔偿法上的违法，符合本书的公权力启动要件缺失说。但是，"最判昭 60·11·21 民集 39·7·1512"（以下称"在家投票最判"）判道，"国会议员的立法行为（含立法不作为，下同）是否是该款适用上的违法？这是一个国会议员立法过程中的行为是否违背职务上对个别国民所肩负的法义务的问题，应该与该立法内容的违宪性问题相区别，即使该立法内容存在违反宪法规定的情形，也不能据此让国会议员的立法行为直接受到违法性评价"。该判决选择了职务行为基准说，而且在论述了立法的政治性质后，明确主张违法性限定说。

在立法中，并非只有公权力启动要件缺失说、职务行为基准说中的一方能成立。只要不像"札幌地小樽支判昭 49·12·9 判时 762·8"那样，持国会有避免违宪立法的高度注意义务这一立场，那么采用

54

哪种学说都不直接关系诉讼请求被认可的难易程度。这与司法相同。

可是，对此的评价与对司法和立法之关系的认识紧密相关。根据议会制民主主义的宗旨，立法问题本来应该通过政治过程来处理，对案件的处理而言没有必要，不应该进行合宪性判断，在此立场上职务行为基准说就更好。相反，站在司法积极主义的立场上，公权力启动要件缺失说就更妥当。

15. 职务行为基准说的一般化。在家投票最判的最大问题是：不从立法的特殊性[1]来寻求之所以采用职务行为基准说的根据。

即从判决的结构来看，存在如下一般论，即"《国家赔偿法》第 1 条第 1 款规定：行使国家或公共团体之公权力的公务员针对个别国民，违反职务上的法义务，并给该国民造成损害时，国家或公共团体对此承担赔偿责任"。从此出发，作为"所以"，演绎出前述否定公权力启动要件缺失说 = 采用职务行为基准说的判旨。

以此为前提，立法的特殊性得到强调，这成为导出职务行为基准说中的违法性限定说的理由。但对作为出发点的、重要的一般论，却没有说明理由。

该一般论尽管与以往判例在国家赔偿法之违法上表现出的倾向相反，但还是在未说明理由的情况下就出现了，被作为先例来使用是有问题的。实际上，此后最高法院自身对行政行为也没有一贯性地使用职务行为基准说。

例如，"最判平 3·7·9 民集 45·6·1049"认为只要作为其根据的《监狱法施行规则》第 120 条与第 124 条超越了《监狱法》第 50 条的委任范围而无效，那不允许会面的决定就违法；否定了过失。

或许可以这样看：这是在家投票最判的一般论没有经过充分斟酌，尤其是"行政行为也处其射程内"的理论根据较脆弱的表现。但并不是没有该判决的射程扩张到行政行为的征兆。

16. 行政行为在国家赔偿法上的违法。关于行政行为在国家赔偿法上的违法，如前所述"六（三）8"，较多的判例将公权力启动要

---

[1]　在后面的类型考察中探讨立法的国家赔偿（第五节一）。

件的缺失理解为违法。但判例并不都一致，也有判例区分公权力启动要件的缺失与国家赔偿法上的违法。

关于对建筑不予确认的决定，一审判决（"东京地判昭52·4·22下民28·1～4·412"）虽然认为违法，但由于对建筑用地的重复使用有着不同的解释，所以否定了过失。与此相对，"东京高判昭54·9·27判时939·26"认为"暂且不管其作为行政行为时的效力"，否定了国家赔偿法上的违法。

56   但该判决认为即使违法，也无过失，引用了"最判昭44·2·18判时552·47"，所以不能肯定其主张职务行为基准说。另外，该行政行为被建筑审查会的复议决定（前揭"东京地判昭52·4·22"）撤销了，但也不能说它主张撤销诉讼上的违法与国家赔偿法上的违法有区别。

同样，"东京地判昭62·12·14判时1260·69"中的案情也否定了课税决定在国家赔偿法上的违法性，而该课税决定被复议决定撤销，并不是被撤销诉讼撤销。

也并不是没有像"大阪高判昭53·9·26判时915·33"（不能因违反《水道法》第15条，就可以直接说是不法行为法上的违法）、"东京高判昭53·10·17判时916·35"（即使违反"警察职务执行法"，但鉴于各种情形，也不认为是《国家赔偿法》第1条的违法行为）那样，虽违反根据性法令，但也不视为国家赔偿法上之违法的判例。它们不与行政行为相关，不会产生与撤销诉讼中的违法进行对比的问题。实际上，在撤销诉讼中被认为违法的行政行为在国家赔偿法上却被视为合法的例子现在几乎没有了。

或许是受"在家投票最判"对违法性所作的一般论的影响，"东京地判平元·3·29判时1315·42"在撤销吊销驾照决定的同时，认为国家赔偿法上的违法应该从公务员在具体情形中是否违反职务上应尽法律义务这一角度来判断，所以是与瑕疵判断——行政行为是否客观缺失作为其根据的行政法规范所规定的实体或程序要件——不同的判断标准，进而否定了国家赔偿法上的违法性。

该判决不仅对行政行为明确使用违法性相对说——主张撤销诉

讼中的违法与国家赔偿中的违法不同，还在判断行政行为是否构成国家赔偿法上之违法方面，采用职务行为基准说。这是因为在从前的判例中——主张根据性法令要件的缺失不直接与国家赔偿法上的违法相关联，有的从损害的公平负担角度来考虑被害人的情况，而不会从职务行为基准说角度。

例如，前揭"东京高判昭53·10·17"、前揭"大阪高判昭53·9·26"这两个判决都从相关关系说角度否定国家赔偿法上的违法，而不是从职务行为基准说角度。职务行为基准说是行为不法说的一种，明显与前者相区别。

在此意义上，前揭"东京地判平元·3·29"也是很独特，一点也没沿袭一直以来的通说、[1]大多数判例。关于该事件，有评论说大多数判例与学说对以行政行为违法为由的国家赔偿请求都主张职务行为基准说（"判时1315·42"），从所引用的文献来看，该评论舍去了相关关系说与职务行为基准说、逮捕起诉与一般行政行为、司法与行政行为的差异。

这样，尽管与一直以来的通说或大多判例不同，但该判决对作为"行政行为是否构成国家赔偿法之违法"的判断基准来使用职务行为基准说，没有说明任何理由。在这一点上，同判决所依据的"在家投票最判"的一般论部分也一样，先验地拿出了职务行为基准说。

在"在家投票最判"的调查官解说中，也没有相关说明，只不过是作为先例引用了"芦别最判"与前揭"最判昭57·3·12"[2]。所以可以推测的是："在家投票最判"的前提是职务行为基准说在判例上已经确立。

17. 所得税的更正决定。此后，"最判平5·3·11民集47·4·

---

[1] 即使今日，行政行为的通说也不是职务行为基准说，而是公权力启动要件说。盐野《Ⅱ》246页；原田《要论》248页；藤田《Ⅰ》470页；阿部14页；西埜《国赔责任》80页；杉村敏正："'国赔法第1条之违法'论的备忘录"，载《宫崎产》1992年4卷1～2号45页；芝池义一："公权力行使与国家赔偿责任"，载《救济法Ⅱ》106页。

[2] 泉德治："判批"，载《曹时》1986年38卷4号953、967页。

2863"（以下称"奈良民商最判"）对更正决定也采用职务行为基准说。在本案中，税务署长在认定原告的收入数额超过纳税申报额后，作出纳税申报的变更决定；而原告认为其所得额被过大认定，提起了撤销诉讼。该判决认可了原告的部分请求。

58　　而后，原告提起了国家赔偿诉讼，"奈良民商最判"判道，"税务署长所作的所得税更正即使过大地认定了所得金额，也不能据此就直接说构成《国家赔偿法》第 1 条第 1 款上的违法，只有当税务署长在收集资料，基于此而认定、判断课税要件事实上，被认为未尽职务上一般应尽注意义务而胡乱作更正时，才可以接受上述违法评价"。

　　但是，在该判决中，对将公权力启动要件缺失视为违法后，为什么不能以无过失为由来处理？职务行为基准说的优势是什么？没有作出任何说明，职务行为基准说被作为前提来对待。

　　在该判决的调查官解说中，也舍去了如下区别：职务行为基准说、相关关系说、结果不法说的区别，立法、司法与行政行为的区别，提起公诉与一般行政行为的区别。[1] 其在这一点上也是继承了"在家投票最判"的调查官解说存在的问题。

　　关于职务行为基准说，本判决在字面上只限于"税务署长所作的所得税更正"，不是该学说的一般化表达方式。所以，该判决的射程只限于课税决定。

　　为此必须说：基于课税决定的特殊性，课税阶段所要求的心证程度可以与复议决定、判决阶段所要求的心证程度不同。

　　易言之，在课税决定阶段，税务署长没有为实现事实认定百分之百正确而努力的调查义务，可以基于该阶段合理获得的资料而做更正、决定，这是暂时性决定，可以通过事后的复议获得改正，这是制度上的安排。

59　　这里拟对课税决定，也采用与提起公诉时一样的论理。但在后者中，法院采用抗辩式审理案件，作出判决，提起公诉只不过是获

―――――――――

　　〔1〕 井上繁规："判批"，载《曹时》1994 年 46 卷 5 号 1020 页。

得法院判决的一个步骤。而在前者中，不总是进行事后复议，还要看行政行为接收人的意思。

对违法不当的课税决定，接收人若不以通过行政争讼手段来实现课税决定的适当化为前提，或者说不以期待国民履行"要防卫，要清算（wehre dich und liquidiere）"这样的高层次义务为前提的话，就很难将课税决定视为暂时性决定。我国的现状是若持该前提则会让人踌躇不已。

但"东京高判昭 59·9·19 高民 37·3·173"判道："国税违规取缔法"第 14 条的通告行为可以在有了"违规的心证"后实施，所以，依据与通告行为相同的资料而作出的部分课税决定即使随后被撤销，通告行为也并不当然违法。

从公权力启动要件缺失说角度看，该判旨也是成立的。因为通告行为阶段所要求的心证程度与课税决定阶段所要求的心证程度不同，制度就是这样设计的。

但通告行为尽管使用"行为"这一名称，但并没有行政行为性，[1]接收人没有遵从的义务，正因为如此，若有了"违规的心证"，就可实施它，所以前揭"东京高判昭 59·9·19"也将实施课税决定所需的心证程度高于实施通告行为所需的心证程度作为前提。所以，课税决定与通告行为不同，难以看出其有暂时性质。

但存在《所得税法》第 156 条、《法人税法》第 131 条的推算课税制度。或许有人认为这是在课税决定阶段，没有向税务署长课赋实额举证义务的根据。

但原则上都是实额课税，只限有合理必要性时才认可挂算课税，另外，就青色申报中的所得，原则上不认可推算课税（《所得税法》第 155 条、《法人税法》第 130 条），所以，不能以推算课税的规定为根据，减轻一般课税决定的调查义务。

在奈良民商最判的情形中，国家主张实额课税，但因收入额只

60

---

〔1〕　关于《关税法》第 138 条的通告行为，参见"最判昭 47·4·20 民集 26·3·507"。

是通过反面调查下的间接资料计算所得，故实际上应看作推算课税，只在因合理必要性而实施推算课税的情形中才采用职务行为基准说，这样说也并非完全不能理解。

从在国家赔偿请求中也重视租税法治主义——只有在满足法律要件后才能课税——的角度出发，很难赞成在无前述限定的情况下对一般课税决定采用职务行为基准说。另外，即使在有必要实施推算课税的情形中，也要重视租税法治主义，课税额在客观上不正确的，视为违法，只是与实额课税情形相比，可以减轻注意义务，有限认可过失，相对人不配合调查的，可以作为过失相抵事由予以处理。[1]

18. 司法警察对嫌疑人所作的留置。"最判平 8·3·8 民集 50·3·408"判道，"司法警察对嫌疑人所作的留置只有在如下情形下，才接受《国家赔偿法》第 1 条第 1 款的违法评价，即在综合考察通过侦查所收集的证据资料，对《刑诉法》第 203 条第 1 款规定的留置进行必要性判断方面，客观、明显地缺乏合理根据，但司法警察还是实施了留置"。这个领域也采用职务行为基准说，但与其他情形一样，没有说明其理由。该判决附上了河合伸一法官的反对意见，其认为多数意见中的标准虽然对检察官的公诉提起——向法院请求审判的意思表示——是妥当的，但对未有此种特质的（逮捕后的）留置并不妥当。多数意见应该对少数意见中的重要观点发表看法。

19. 依法行政原理的重视。当考虑行政行为在国家赔偿法上的违法问题时，应该重视依法行政原理。从里面看，该原理认可行政厅若满足法律规定的要件，可以合法地侵害权利；此时损失补偿即使能成为问题，但也认为有损害赔偿问题的话，那两者的区别就会变得模糊。[2]

当然，抛开损害赔偿与损失补偿之区别的统一补偿理论也可以

---

〔1〕 岩崎政明："以课税决定违法为由之国家赔偿的可能性与范围"，载《所得税研究》，有斐阁 1991 年版，第 484 页也是相同的意思。

〔2〕 盐野《Ⅱ》246 页；西埜《国赔责任》80 页。

是一种理论立场，在严格区别两者的现行法制下，将该侵害是否符合法律要件作为区别的标识是妥当的。所以，应该采用行为不法说，而不是着眼于被侵害法益的结果不法说。

那么，应该选择在行为不法说中的公权力启动要件说呢，还是职务行为基准说？此时的公权力启动要件说对撤销诉讼上的违法与国家赔偿法上的违法作相同理解，所以与违法性同一说相关，而后者与违法性相对说相关。

另外，前者进行违法性与过失的二元审查，而后者一般是违法性一元审查。从理论上看，虽不能说只有一方是绝对成立的，但前者的说法更妥当。其理由如下。

第一，国家赔偿制度不仅具有被害人救济功能、损害分散功能，还有制裁功能、违法行为抑制功能、违法状态排除功能（合法状态恢复功能）。即国家赔偿制度在被害人救济、损害（损失）分散方面，与损失补偿制度有着共通的意义与功能，是国家补偿制度的一环。在制裁、违法行为抑制、违法状态排除（合法状态恢复）方面，与行政争讼制度功能相同，成为法治国原理保障制度的一环。

尤其是在像我国这样行政争讼制度难以充分发挥作用的国家，作为"法治国之终极根据（ultima ratio）"的国家赔偿制度的比重就更大。暂且不说司法、立法这样的特殊领域，对行政行为采用"职务行为基准说"明显损害国家赔偿法的制裁、违法行为抑制、违法状态排除功能（合法状态恢复功能）。

例如，假定遭受违法行政行为所致的损害，但撤销诉讼的诉讼时效已经过去。在此情形中，被害人为了让法院确认该行政行为缺失实体、程序要件，就只有选择国家赔偿路径了。

若法院采用公权力启动要件说，因没有过失，违法性之有无可暂且不管，只要不作出驳回请求这样的不正常判决，[1]就可以获得缺失公权力启动要件的司法判断。

62

---

〔1〕 认为"即使在可认定为无过失时，也应该在判决中对违法性作出判断"的有：村重："国家赔偿诉讼"，载《研究笔记》178 页。

当然，不能据此产生撤销该行政行为的效果，但该司法判断具有间接批评、制裁缺失公权力启动要件之行政行为的功能，甚至促使行政厅依职权撤销。所以，即使以无过失为由，请求被驳回，但在国家赔偿中对违法（公权力启动要件缺失）进行判断也有很大的意义。

与此相对，若采用职务行为基准说，那公权力启动要件缺失这一意义上的违法性很可能不会直接出现在判决文本中。因为公权力启动要件缺失说中的虽违法但无过失情形，在职务行为基准说中会被作为违法来处理。所以，为让国家赔偿法最大限度地发挥法治国原理保障功能，公权力启动要件说更为适当。

第二，在职务行为基准说下，会出现前揭"东京地判平元·3·29"那样的情况：当撤销诉讼与国家赔偿诉讼同时被提起时，前者视行政行为违法，而后者不视为违法。

前者与后者因目的不同，故相同用语的意思也不同。即使如此，两者也有共通的目的，可能的话，作为相同概念来建构，这样就不会混乱，国民也容易理解。[1]

关于让前者和后者的违法概念一致，会产生如下疑问：若两者的目的不能完全重合，能否作为同一物来建构？的确，前者是以行政行为效力的排除为直接目的的诉讼，而后者是以已生损害的分担为直接目的。

但由此并没有产生两个违法概念必须不同这一论理要求。这种目的的不同被反映为撤销诉讼与国家赔偿诉讼在请求被认可要件上的不同，与前者不同，后者以过失为要件。

通过此过失要件来考量国家赔偿法——损害的公正分配法——的

---

〔1〕 关于抗告诉讼中的违法与国家赔偿法上的违法的关系，还有要讨论的地方。关于违法性相对说的代表学说，参见远藤《上》167 页以下；远藤博也：《行政法素描》，有斐阁 1987 年版，第 120 页以下。关于反论者，参见森田宽二："与行政行为撤销诉讼之诉讼物的同一性"，载《行政法的诸问题》（中）529 页以下；同"行政行为撤销诉讼的诉讼物论与既判力论"，载《法学》1990 年 54 卷 1 号 33 页以下、2 号 77 页以下。关于其他学说，参见阿部泰隆："国家赔偿法上的违法与抗告诉讼中的违法"，载《争点》176 页以下。

特性就足矣，没有必要采用与撤销诉讼之违法不同的、一般国民难以理解的违法要件来考量。前揭"东京地判平元·3·29"的案件就是虽违法，但只要认可无过失就足矣。[1]

进一步说，"撤销诉讼请求与国家赔偿诉讼请求被认可的要件应该不同"这一前提本身就不清不明。旧西德的 1981 年《国家赔偿法》对基本权利侵害采用无过失责任主义，将公权力启动要件的缺失作为撤销诉讼中的撤销要件，同时作为国家赔偿的认可要件，两者的要件是一致的。

在该法的立法过程中，有影响的意见认为：因国家赔偿也处于保障法治国原理的位置上，故"在撤销诉讼中不需要的过失要件在国家赔偿中视为需要"这一情况无法在论理上得到整合。

由此也可以窥见从如下前提出发是不正当的：撤销诉讼请求与国家赔偿诉讼请求被认可的要件在论理上未必一致。

第三，对行政行为采用职务行为基准说会让《国家赔偿法》第 1 条第 1 款最核心的适用领域失去过失要件的独立意义，就会违反条款的旨趣——将违法与过失作为不同要件予以明示。

20. 不成文的法原则。站在"将行政行为在《国家赔偿法》第 1 条第 1 款中的违法性作为公权力启动要件之缺失来建构"这一立场上，应如何理解"最判昭 53·5·26 民集 32·3·689"？

在该案中，为阻止带包间浴场的开设，县与町协商后，将附近的儿童乐园认可为儿童福利设施，但本案最高法院基于原审所认定的事实关系，判决儿童福利设施设置认可行为因明显滥用行政权而违法；并认可了国家赔偿请求。

厚生大臣根据《儿童福利法》第 45 条第 1 款，规定儿童福利设施之设备、运营的最低标准。本案中的儿童乐园符合该标准，且如一审[2]判道的那样，该认可是羁束行政行为，县知事承担认可义务，本案中的认可不缺失公权力启动要件。

64

---

[1] 秋山义昭："与抗告诉讼的关系"，载《法律人》1992 年 993 号 158 页。

[2] 山形地判昭 47·2·29 判时 661·25。

但公权力启动要件不仅只在明文规定中被规定，也受到平等原则、比例原则、权利滥用禁止、诚实信用原则等不成文法理的约束。[1]

本案中认可的动机是阻止原告开设带包间浴场，若认为这符合裁量权的滥用或权限滥用，违反权利滥用禁止这一不成文法原则的话，那本案最高法院判决也可以通过公权力启动要件缺失说得到说明。

21. 行政过程的宏观考察。是否应该将该认可看作违法，还有讨论的余地。的确，在本案中町因为财政理由，暂时没有请求将该儿童乐园认可为儿童福利设施的安排，但因已有了儿童乐园的实际状态，也达到了作为儿童福利设施的客观要件，所以，即使有不适当的地方，也还是有不视其为违法的可能性。

也可以这样来看：本案原审判决认为在与原告的带包间浴场业的关系中，本认可行为违法且无效，同时采用相对违法这一结构，未全面主张违法无效，这也是出于对上述情形的考虑（本案最高法院判决的旨趣是否是只在与原告的关系中主张本认可行为违法，不甚明了）。

在本案中，与其从微观上把握儿童福利设施的认可行为，将其违法作为问题，还不如采取如下追究行政过程整体违法的问责结构：为阻止原告营业，怂恿町作儿童福利设施的认可申请，违背原告明显不服从之意，实施了行政指导，在此期间，暂停了原告的公众浴场业许可，用异常的速度认可了儿童福利设施。

22. 违反行为规范时的一元性把握。应该将《国家赔偿法》第1条第1款的违法性理解为违反行为规范，这在过失一元性处理情形中也是妥当的，这样就可以统一理解该条款的违法性。即在做了过失一元性处理的案件中，一般不会在事前详细明示行为规范，所以，

---

[1] "东京地判昭51·5·31判时843·67"判道：《国家赔偿法》第1条第1款的"违法不仅指违反严密的法规，还包括如下情况，即参照法律、习惯、道德、健全社会的普遍观念等来看，该行为（含不作为）在客观上缺失正当性"。

法院针对各个案件，考量被侵法益等各种情形后，在事后明示行为
规范。

在此看到的是违反以预见可能性为前提的结果避免义务，行为
规范作为结果避免义务出现。

对此，在行政行为情形中，事前，行为规范通过法令得到明示，
法定该行为规范时，因会斟酌被侵法益等，故在判断违法性时，只
审理有无行为规范即可，没有必要再去考察被侵法益。

23. 用语的混乱。经过以上讨论，可总结如下：芦别最判所采用
的学说一般称为"职务行为基准说"，必须留意的是它是公权力启动
要件缺失说。即它与一般行政行为中的结果违法说相对应。

公权力启动要件缺失说在一般行政行为中被称为结果违法说，
而在公诉提起、逮捕情形中被称为"职务行为基准说"。所以两者容
易被错认为立场相同。

若使用与一般行政行为情形时相同的表述，那就应该将"将公
权力启动要件的缺失（从客观看，缺失合理怀疑的起诉）视为违
法"的学说称为结果违法说，应该将"将'检察官违反具体情形中
应尽职务上的法义务'视为违法"的学说（将过失判断纳入违法判
断中）称为职务行为基准说。

在如下假定中，这个道理就很明显，即假定起诉、逮捕成为抗
告诉讼对象，而对此作出撤销判决是因为存在公权力启动要件缺失
意义上的违法。

但对公诉的提起作出有罪判决的话，主张公诉的提起构成违法
的学说当然就被称为结果违法说，与其相对，公权力启动要件缺失
说就被称为"职务行为基准说"。

"芦别最判"采用了"职务行为基准说"，用一般行政行为情形
下的表述方法来说的话，这是结果违法说，用本书的表述方法来说
的话，这成为公权力启动要件缺失说的先例，而不是职务行为基准
说的先例。

另外，关于司法，前揭"最判昭57·3·12民集36·3·329"
采用了职务行为基准说中的违法性限定说，这是考虑到了司法的特

殊性，不能在行政行为情形中直接将其作为先例来使用。

67　　关于行政行为，判例的多数情况是将公权力启动要件的缺失理解为国家赔偿法上的违法。鉴于此，"在家投票最判"在没有任何说明的情况下，作为一般论主张职务行为基准说，难免让人觉得唐突。该案与立法有关，是一个从立法的特殊性就足以导出"作为职务行为基准说一类型"的违法性限定说的例子。也鉴于此，认可该判决具有先例意义是有疑问的。[1]

24. 用语的整理。以上叙述表明，关于国家赔偿法上之违法概念的学说大体可分为行为不法说、结果不法说、相关关系说。而在行为不法说中存在结果违法说与职务行为基准说的对立。

结果不法说与结果违法说完全不同，但因论者不同，其用法也不一样。也有在前者的意义上使用后者的例子。[2]

另外，在逮捕、起诉情形与一般行政行为情形中，职务行为基准说这一用语的意思也不一样。同样的情况也出现在结果违法说中。

而且还有逮捕起诉情形中的职务行为基准说与一般行政行为情形中的结果违法说相对应这一错综复杂的关系。

"在家投票最判"的一般论让人觉得唐突，这源于用语上的错综复杂。这是实践中的一种情况。有时违法性相对说在学说上也很有影响，此时，也不区分本应相互对立的相关关系说、结果不法说与职务行为基准说，都成为违法性相对说的论据。

违法性相对说者有必要明确以何者为根据，并进行分类整理，以推进相关讨论。我痛感到首先需要确立表述方法上的共识，接着整理至今为止的学说判例。

为此，对行政行为，最好避免使用一直以来的结果违法说，而
68　使用公权力启动要件缺失说。结果违法说这一表述原来是在与公诉提起、司法相关的特殊意义上被使用，是饱含上述理论难点的学说，

---

〔1〕　持相同旨趣的有：稻叶馨："国会议员的立法行为与国家赔偿（四）"，载《熊法》1991 年 69 号 204 页。

〔2〕　在结果不法说意义上使用"结果违法说"这一表述的例子有村重："国家赔偿法上的违法论"，载《研究笔记》30 页。

故在行政行为的公权力启动要件缺失说的意义上使用它的话，容易产生公权力启动要件缺失说落后于职务行为基准说的误解。

25. 类型考察的必要性。因为《国家赔偿法》第 1 条第 1 款的"公权力"概念很广泛，所以很多性质不同的东西都成为其对象，这使得在该条款中统一的违法概念难以形成。这从前面的论述中可明显得知。

另外，不仅是对作为，还对不作为，也适用同一条文，这也成为违法概念复杂化的原因。

所以，在论述《国家赔偿法》第 1 条第 1 款的违法概念时，类型考察是不可或缺的。

在此认识下，下节将论述立法、司法、事实行为、行政权的不作为、规划（政策）变更等，它们在违法性判断方面，包含了深刻理论意味的问题。

七、故意过失

（一）故意

对行政行为的违法性作了上述理解后，应该怎样判断故意过失才好呢？对故意而言，违法性认识是否必要？这在民法学者间有讨论。只要符合实体、程序要件，就可以启动行政行为，而且，多数情况是必须启动，当然是在认识到会产生结果这一事实后启动。

所以，对产生结果这一事实有认识后，不管对违法性有无认识，都视为有故意的话，那法院判定为违法的行政行为就都缘故意，也就失去了独立于违法性来审查故意过失要件的意义。这违背了采用过失责任主义的立法者的意思。所以，为了让"故意导致的违法行政行为"这一说法成立，违法性认识是必要的。

认为"对故意而言，违法性认识是必要的"的判例有"东京高判昭 29·3·18 高民 7·2·220"。不仅是行政行为的作为，也有不作为的案例，水俣病认定等待费诉讼中，"熊本地判昭 58·7·20 判时 1086·33"判道，"《国赔法》第 1 条第 1 款的'故意'是指，公

69

务员执行职务时，虽然认识到其行为会客观上导致违法事实，但还是实施"；认为不需要违法性认识。

（二）违法过失二元判断中的过失

违法行政行为的过失是指应该认识到该行政行为违法，但没有认识到。它不以各个公务员的主观认识为标准，而应该将公务员的平均水平作为标准进行客观判断，若不这样理解，就会在采用严格代位责任说的情形中出现不协调。

着眼于每个公务员来判断有无过失的话，会出现对同样的损害，有的认可过失，有的否定过失的不公平现象。

在法律解释中观点对立，存有疑义，无可靠而明确的判例学说，实务上处理不一，适用何者都有理由时，公务员持其中的一种解释而执行了公务，不能因为而后认定其执行违法，就直接说该公务员有过失，这是"最判昭 46·6·24 民集 25·4·574"、"最判昭 49·12·12 民集 28·10·2028"的判旨。

同样的判例还有很多，如"东京高判昭 29·3·18 高民 7·2·220"、"大阪地判昭 30·3·14 下民 6·3·468"、"静冈地判昭 38·7·12 下民 14·7·1391"、"东京地判昭 44·7·8 行集 20·7·842"等。

但不能说只要是基于自身的见识和信念而实施了行政行为，就没有过失。[1] 很多情况是作出与判例学说不同的处理后，不管公务员是否遵从了自己的信念，都会肯定过失。[2] 但也有必要留意的是它可能具有判例学说的固定功能。[3] 所以，不应该在遵从少数但却有影响的学说的情形中轻易地认可过失。

另外，即使作为行政行为根据的政令、省令等违法，也不能说作行政行为的公务员也应该对此有认识，此时，不能肯定该公务员的过失。

关于拘留所所长不允许因诉前羁押而被拘禁者与未满 14 岁者见

———

〔1〕 东京高判昭 29·9·15 下民 5·9·1517。关于逮捕证记载事实与公诉状记载事实之同一性的判断，参见最判昭 28·11·10 民集 7·11·1177。

〔2〕 富山地判昭 54·9·28 判时 958·99。

〔3〕 阿部 173 页。

面，违反《监狱法》第 45 条之事，"最判平 3·7·9 民集 45·6·1049"认为：该不许可决定是以（依据 1991 年法务省令 22 号而修改前的）《监狱法施行规则》第 120 条为基础的，只要该规则第 120 条和规定例外的第 124 条规定不允许因诉前羁押而被拘禁者与未满 14 岁者见面，就超越了《监狱法》第 50 条的委任界限，构成无效，但该规则的上述规定自明治 41 年（1908 年）公布以来，一直长期实施（只是对该规则第 124 条进行了若干修改），只要到本不许可决定时止，若其在行政实务上、司法上的有效性没有成为问题，那就不能说拘留所所长在作本决定时预见到或应该可以预见到《监狱法施行规则》第 120 条与第 124 条违反《监狱法》第 50 条；拘留所所长没有过失。

同样的情况也适用于依据通知而实施的行政行为。"札幌地判昭 32·10·11 讼月·3·11·42"认为：农地委员会在处理其事务时，当然是依据主管官厅的通知，很难期待其作出有别于通知的判断。

还有个下达违法通知的行政厅的过失问题。"东京高判昭 41·4·28 东高民报 17·4·78"认为：只要国税局局长尽了一般公务员所要求的注意义务而下达通知，那即使该通知的解释在撤销诉讼中被认定为违法，也不能说其有过失。该判决不但对税务所所长基于该通知而作的行政行为，还对作为根据的通知，进行了有无过失的判断。

（三）过失一元判断

以上讨论考虑到的情形是公权力启动要件的缺失被认为是违法，即作出了违法与过失的二元判断，但学校事故这样的案件中，出现了过失一元判断，判断有没有违反避免义务（针对可预见结果）的过失。

这些情形中的过失要以预见可能性和违反结果避免义务为要素。这是"最判昭 58·10·20 民集 37·8·1148"明确判道的。在本案中，以因海关关长交付拍卖的羽毛球的瑕疵而遭受损害为由，请求国家赔偿。

为了认可海关关长的过失，最高法院判道，"有必要作如下两点认定：①在上述海关关长根据法第 84 条第 5 款的规定，通过该货物是否能废弃等的检查过程而实际知晓该货物有结构缺陷等瑕疵，或者被认为依海关关长一般应有知识经验而可容易知晓的情形中，将该货物交付拍卖时，预见到或者应该预见到该货物有可能在有上述瑕疵的状态下被最终消费者所取得，而且在合理的期间内依通常的用法被使用，上述瑕疵导致最终消费者等受到损害；②而且，尽管海关关长可以采取措施以防止给最终消费者等带来损害，且有这样做的义务，但却懈怠了"。

接着说道"海关关长有过失，为了能向国家请求损害赔偿……"；在没有言及违法性的情况下，作出了过失一元判断。

"最判昭62·2·6判时1232·100"是就公立学校体育时间发生的事故，追究教师有无违反注意义务，最高法院判道：学校的教师有义务保护学生远离因学校教育活动而可能产生的危险，在指导有危险的技术时，有采取足够措施防止事故发生的注意义务。

这里也没有采用首先判断有无违法性，再审查有无过失的二阶段思维，采用的是有无违反注意义务的一元审查。该判决不仅仅是为注意义务一词而使用过失一词，而是认为"违反注意义务＝过失"。

这是因为最高法院在别的学校事故案件中说道，"虽是课外的兴趣小组活动，但只要是学校教育活动的一部分，就不能否定作为顾问的教师、学校对活动的实施具有指导、监督学生，避免事故发生的一般注意义务"（"最判昭58·2·18民集37·1·101"）；虽使用了注意义务一词，但在别处判道：作为该兴趣小组活动顾问的教师若对本事故没有预见可能性，则不能追究本事故的过失责任；很明显所持的前提是"违反注意义务＝过失"。

似乎可以这样说：除几个像教师行使惩戒权、体罚这样的以违法性为中心展开论述的例子外，[1]在国立公立学校事故的案件中，过失（＝违反注意义务）一元处理占据压倒性多数，这证明新过失论[2]的正当性。

---

〔1〕 东京地判平元·4·24判时1330·64、浦和地判平2·3·26判时1364·71。

〔2〕 平井宜雄《损害赔偿法的理论》324页以下，东京大学出版会1971年版；同"不法行为中"过失"的涵义"，载《法教》1990年123号25页以下。

另外，最近也出现了对国立公立学校的事故，适用安全考虑义务之法理的判例，[1]此时的债务不履行（＝违反安全考虑义务）的判断在实质上被视为与不法行为法中的过失判断相同。[2]

（四）违法一元判断

在规制权不作为情形中，预见可能性、结果避免可能性这样的过失要件纳入不作为违法的判断后，就可以作违法一元判断，过失就失去了独立存在的意义。

另外，像立法、司法的违法判断那样，采用违法性限定说时，因为故意（依据解释，也可以包含重大过失）成为违法的要件，所以没必要作违法性判断和独立的故意过失判断，也就作违法一元判断。

而且，关于违法性判断，一般当采用职务行为基准说时，如前所述"六（三）18"，过失判断就包含在违法性判断中，就是实施违法一元判断。

但是，该职务行为基准说的一般化会出现一个问题：会背离立法者的意思——独立于作为客观责任要件的违法性而规定作为主观责任要件的故意过失，而且，作为文理解释，也会失去独立于违法性而规定故意过失要件的意义。

（五）组织过失

虽说过失是主观责任要件，但并不意味着公务员的个人心理状态成为问题，时至今日，这似乎没有异议。在考虑平均公务员后，判断有无过失。

所以，当没有责任能力者作为公务员而工作，并违法行使公权力，给国民造成损害时，对其工作的监督责任问题暂且不论，只要该公务员懈怠了平均公务员应尽的注意，那即使在代位责任说之下，

---

〔1〕　长野地判昭54·10·29判时956·104、福冈高判平元·2·27高民42·1·36。

〔2〕　"学校事故与损害赔偿责任"的文献不胜枚举，此处只列举如下：兼子仁：《教育法》，有斐阁1978年版，第497页以下；伊藤进：《学校事故的法律问题》，三省堂1983年版26页以下；伊藤进、织田博子：《实务判例解说学校事故》，三省堂1992年版；同"学校事故"，载《法律人》1992年993号88页。

也会认可过失责任。

在这种场合，被问责的正是组织体的过失。如前所述"一（七）"，作为立法论，站在自己责任说上来论述组织过失是适当的，即使采用自己责任说，也应该在必要的时候使用组织过失这一思维。

判例在没有明示自己责任说，还是代位责任说的情况下，广泛认可组织过失。像国会这样的合议组织，其组织过失也成为问题。"札幌地小樽支判昭49·12·9判时762·8"也判道，"应该这样理解：在合议制机关的行为中，没有必要将组成国会的各个国会议员的故意、过失作为问题，讨论作为国会议员统一意思活动的国会本身的故意、过失就足矣"。

另外，即使是独任制机关实施的行政行为，实质上也不是行政厅单独作意思决定，而是含辅助机关、咨询机关在内的组织决定，所以不应仅着眼于行政厅来作过失判断，还应该判断有无组织过失。

例如，在日工展诉讼中，前揭"东京地判昭44·7·8"判道：通商产业大臣所作的不许出口决定虽然违法，但不认为缺失公务员所需的注意力，通商产业大臣没有故意过失。将此时的过失判断视为通商产业省的组织决定有无过失的判断是符合实际的。

另外，即使与行政行为无关，行政厅的过失也有被问责的时候，此时，很多情况也是追究的组织过失。

试举一例，"东京高判平4·12·18高民45·3·212"认可了厚生大臣的过失，但这里认可的过失可以说正是组织过失。

即该判决认为：预防接种有时可能导致严重的不良反应，为了消除这种危险，医师有必要进行充分的预诊，建立准确识别、排除禁忌者的机制，厚生大臣应该有采取如下措施的义务，即根据上述旨趣起草具体政策，据此制定省令等，而且依据《地方自治法》第150条，指挥监督作为预防接种工作之实施主体的市町村（根据《预防接种法》实施接种时），或者根据《地方自治法》第245条，建议、劝告地方公共团体（鼓励接种时）向接种工作的医师、国民宣传预防接种的不良反应、禁忌等。

这里所追究的，与其说是厚生大臣的责任，还不如说是厚生省整体的组织过失。换言之，追究的不是行政官厅理论中的行政官厅的过失，而是国家行政组织法上的行政机关的过失。

可是，"旭川地判昭 42·10·26 判时 552·49"判道，"原告以承担登记事务的国家机关在执行公务中有瑕疵为由，主张国家赔偿责任，《国家赔偿法》第 1 条就公务员违法过失后的违法加害行为所致的损害，规定了国家的代位责任，不是规定国家的自己责任或无过失责任[1]，所以在不能认可登记官或法务省民事局局长有故意过失的本案中，原告的主张是不当的"。作为二审判决的"札幌高判昭 43·5·30 判时 552·50"也判道，"二审原告的见解——不管公务员的故意过失，国家或公共团体的前揭损害赔偿责任因公务执行上的瑕疵而发生——尚不能为《国家赔偿法》第 1 条的解释所采用"。但这些判决并非都在否定组织过失观念。

即一审判决说道"不是规定无过失责任"，从此可以看出：这些事件中的原告使用"公务运营上的瑕疵"——与通常所说的组织过失不同义——是为了在无组织过失情形中认可国家责任。所以，不能将这些判例作为否定组织过失的先例。

八、损害

（一）"反射利益论"

对《国家赔偿法》第 1 条第 1 款的损害所进行的讨论并不多。但是，在与规制权不作为的国家赔偿责任的关联中，有时讨论"反射利益论"。以规制权不作为为由请求国家赔偿时，该理论成为与行

---

〔1〕　关于无过失责任的有：雄川一郎："行政上的无过失责任"，载《我妻荣先生还历纪念·损害赔偿责任研究》（下卷），有斐阁 1958 年版，第 361 页；石本雅男：《民事责任的基础理论》，有斐阁 1979 年版；同《无过失损害赔偿责任原因论 1 卷》、《2 卷》，法律文化社 1983 年版；古城诚："'法经济分析'的意义与界限（中）——不法行为的经济分析模式"，载《法时》1981 年 56 卷 7 号 59 页；山田卓生："过失责任与无过失责任"，载《现代损害赔偿法讲座 1 卷》，日本评论社 1976 年版，第 72 页；冈松参太郎：《无过失损害赔偿责任论》，有斐阁 1953 年版；山田准次郎：《国家的无过失责任研究》，有斐阁 1968 年版。

政便宜主义——认可行政厅对是否行使规制权有裁量权——并列的障碍。下面讨论一下这个问题。

在撤销诉讼中，因为只有"有法律上利益者"才有原告资格，所以判例一般采用法律保护利益说，认为除此以外的利益只不过是反射利益，主张反射利益受到侵害的人不具有原告资格。

即使在国家赔偿诉讼中，也有很多被告认为原告所主张的利益只不过是"反射利益"。采用"反射利益论"的下级法院判例有"东京地判昭 34·8·4 判时 200·19"——违反公众浴场设置场所配置基准条例而实施的许可致使既有业者遭受不利；"东京地判昭 40·12·24 下民 16·12·1814"——对违反《建筑基准法》之建筑物的代执行权不作为；"东京地判昭 44·12·25 判时 580·42"——以通商产业大臣没有规制无登记织机为由，正规业者向国家请求营业利益的损害赔偿；"东京地判昭 47·2·26 判时 676·49"——检察官的不起诉决定；"福冈高判昭 53·7·3 判夕370·107"——大藏大臣基于《银行法》的监督权限不作为；"静冈地判昭 58·4·7 讼月 29·11·2031"——劳动安全卫生关系法令上的第一种压力容器爆炸事故后，企业主的请求；"高知地判昭 59·3·19 判时 1110·39"——县知事基于《急倾斜地坍塌灾害防止法》、《灾害对策基本法》，或者市长基于《灾害防止基本法》而提供危险信息、加强警戒之权限的懈怠（但只对物质损害）；"东京高判昭 59·7·19 判例地方自治 13·131"——警察对侦察的懈怠和检察官的不起诉决定。

但是，这些主张在斯蒙诉讼的诸判决中未被法院采纳。以定期诊察有误为由，税务署人员提起国家赔偿请求的"冈山地津支判昭 48·4·24 判时 757·100"；警察搁置侦察，造成超过公诉时效，告诉人以遭受精神痛苦为由提起国家赔偿请求的"东京高判昭 61·10·28 判夕627·91"都驳回了被告的"反射利益论"。另外，也有学说对将"反射利益论"带入国家赔偿请求之中一事进行了有力的批判。

但主张在国家赔偿请求中不能完全驱逐"反射利益论"的学说也很有影响。

（二）最高法院判决

"最判平 2·2·20 判时 1380·94" 也判道：被害人、告诉人因侦查或公诉而获得的利益只不过是因公益立场上实施的搜查或公诉而反射性地产生的事实利益，不是法律保护的利益，所以被害人、告诉人不能以搜查机关的搜查不适当或检察官的不起诉决定违法为由，请求国家赔偿法规定的损害赔偿。最高法院也明言道在国家赔偿请求中可以使用"反射利益论"。

"最判平元·11·24 民集 43·10·1169" 虽然没有使用"反射利益"这一词，但判道："宅地建筑物交易业法"上的执照制度"最终有利于保护交易关系人的利益，……但很难说该制度的直接目的是一般性地保证接受执照的宅地建筑业者的人格、资质等，进而防止、救济因该业者的不正当行为而让交易关系人受到的具体损害，应该说上述损害的救济被委托给了一般的不法行为规范等，所以即使知事等所作的执照颁发或更新本身不符合（宅地建筑物交易业）法所规定的执照标准，在该业者与各个交易关系人的关系中，也不能说其直接构成《国家赔偿法》第 1 条第 1 款的违法行为"。

换言之，法院所作的判断是：因知事等向宅地建筑物交易业者适当实施执照颁发或更新而让交易关系人获得的利益原则上[1]不值得国家赔偿法保护。

"最判昭 60·11·21 民集 39·7·1512" 将《国家赔偿法》第 1 条第 1 款的违法性定义为违反"对个别公民所承担的职务上的法义务"。前揭"最判平元·11·24"或许也是以此定义为前提，检讨了宅地建筑物交易业法上的执照、更新规定，并认为不存在对交易关系人所承担的职务上的法义务。

（三）最高法院判决的检讨

但很难直接赞成本判决的结论。的确，如前揭"东京地判昭

---

[1] 该判决说道"并非直接符合《国家赔偿法》第 1 条第 1 款所说的违法行为"，所以各个交易关系人的利益也有可能进入保护范围。但为什么可以认可例外，其要件是什么，该要件在本案中是否存在，判决对此毫无涉及。

44·12·25"那样，即使在国家赔偿请求中，也有可能将某个行为规范的保护范围作为问题，[1]即使在本案的情形中，也可以将竞争者的利益置于保护范围之外。

但是，从《宅地建筑物交易业法》设置了交易关系人利益的保护规定——《宅地建筑物交易业法》非常明确地将购买人的利益保护作为目的（第1条）；给交易关系人带来损害或有可能带来损害时，给予行政厅向宅地建筑物交易业者作必要指示的权限（第65条第1款第1项），等等——来看，将执照或执照更新中的交易关系人的利益置于保护范围之外是有疑问的。另外，本案的一审判决虽否定了被告所主张的"反射利益论"，却认为本案执照的交付、更新与损害间没有因果关系，但是，在本案中可以认可执照、更新与损害之间的相当因果关系。[2]

（四）在国家赔偿法之要件中的位置

国家赔偿请求中的"反射利益论"是违法要件的问题，还是损害要件的问题，判例对此并不一致。[3]但前揭"最判平元·11·24"将其作为违法性问题来处理。

其前提是将前揭"最判昭60·11·21"的"对个别公民所承担的职务上的法义务"视为《国家赔偿法》第1条第1款的违法。该判决在如此短的表述中包含了与行为规范的保护范围相关的保护规范问题和职务行为基准说问题，在这一定式下，在与"保护规范外之利益侵害"的主张者的关系中违法问题原本就不会产生。

但是，若像本书这样，以公权力（不）启动要件之缺失，来基本统一理解国家赔偿法上的违法与抗告诉讼中的违法的话，那将保

---

〔1〕　盐野《Ⅱ》248页；原田尚彦："判批"，载《民商》1985年92卷3号396页、阿部185页；远藤博也："危险管理责任中的不作为违法要件"，载《北法》1985年36卷1~2号462页；芝池义一："判批"，载《民商》1988年88卷6号835页。

〔2〕　田村悦一："判批"，载《民商》1991年104卷4号518页；西埜章："判批"，载《平成元年度重要判例解说》（《法律人》957号）1990年，53页。

〔3〕　对该问题作了最为精细分析的有稻叶馨："国赔诉讼中的反射利益论"，载《宪法与行政法》，良书普及会1987年版，第595页以下。

护规范问题纳入违法性认定中就未必妥当，甚至所产生的损害会作为是否值得法保护问题来处理。当然，即使被视为保护规范外，现实中也会产生损害，就会有诉讼中被救济的损害和不被救济的损害。

例如，在因误判而被执行死刑的情形中，该囚犯的父母、配偶、子女可以就所受的精神痛苦，请求赔偿。但很难认可死刑废止论者所受精神痛苦的赔偿。

此时，与其在与死刑废止论者的关系上，主张该死刑执行不违法，还不如在与任何人的关系上，主张其是违法行为，但死刑废止论者所受的精神痛苦不值得国家赔偿法保护。这一说明方法，在"缺失公权力启动要件的行为并不违法，故不予以处理"这一点上，更忠实于国家赔偿法所具有的法治国原理保障功能。

另外，在前揭"高知地判昭59·3·19"那样的案例中，若将"反射利益论"置于违法性问题的地位，那在沙土灾害导致同一人既受伤又失去财产的情形中，就不得不作如下不易理解的说明：同一权限的不作为在与受伤的关系中违法，在与失去财产的关系中并不违法。此时，作如下说明或许更容易被理解：虽是明显的违法，但与生命、身体这样的法益不同，财产性法益不值得保护。

这样做对狭义的权力行政情形是妥当的，而对本来是非权力作用、在广义说下被包含在"公权力行使"之中者来说，则没有必要这样考虑。因为此时即使在实质上作与民法不法行为法相同的处理，也没有关系。

所以，例如，关于规划（政策）变更所致的损害，从与单方面相信规划（政策）能实现的投资者的关系看，该规划（政策）的变更原本就不违法，但当地方公共团体保证实现规划（政策），并以此为前提鼓励投资时，从与该鼓励的接受者的关系看，该变更也可以理解为违法。

此时，若依据民法不法行为法的有力见解，依据相关关系说来判断违法性的话，两者在违法的有无上会产生差异。即被侵害利益的性质本身影响违法性的判断。

"最判昭56·1·27民集35·1·35"也将规划（政策）变更本身一般都可合法实施作为前提，但同时判道，"在与特定人的关系中，在不采取补偿措施的情况下变更规划（政策）是违法的。"[1]

反过来看的话，在此情形中，同一行为在与某人的关系中合法，但在与其他人的关系中违法，这样的说明方法并不容易被人理解，所以，能避免的话，就尽量避免。

前揭"最判昭56·1·27"的规划（政策）变更在与任何人的关系中也是合法的，因原告与村之间建立起了信赖关系，故原告所投资的金额成为值得保护的利益，所以，村变更规划（政策）本身可合法实施，但此时产生了向原告作填补损害等补偿措施的义务，正是懈怠了此义务，才只对原告承担损害赔偿责任。

实际上，该最高法院判决也并没有说规划（政策）变更在与原告的关系上直接违法，而是说"地方公共团体在没有采取用于填补上述损害的补偿措施的情况下变更了政策，除非有不得已的客观情况，否则，因其不当破坏当事人业已形成的信赖关系而构成违法，进而产生地方公共团体的不法行为责任"。其立场是：若采取补偿措施，那在与原告的关系上，也不会产生违法问题。

换言之，因原告与村之间有特别的关系，故原告的投资成为值得保护的利益，若别人没有这样的特别关系，即使信赖规划（政策）而投资，那也只不过单纯的期待，不值得法律保护，所以只对前者产生实施补偿措施的义务，只有原告才可以以懈怠该义务为由请求损害赔偿。

（五）与撤销诉讼中的反射利益论的异同

在狭义权力行政的事例中，国家赔偿法上对值得保护利益的处理与抗告诉讼中反射利益论有相通的一面，但这并不意味着抗告诉讼与国家赔偿诉讼在被救济的损害范围上必须一致。

不管如何，诉讼中被救济的损害范围是个问题，在抗告诉讼与国家赔偿诉讼中，因诉讼的性质不同，故会对应各自的诉讼目的、功能，在被救济的损害范围上产生差异。

在撤销诉讼中，通过划定原告适格——排除违法公权力的行

---

〔1〕 但这部分判旨是针对《民法》第709条的请求而作出的。关于规划（政策）变更下的责任，也有可能建构不法行为以外的理论，对这一点，将后述（第五节五）。

使——的范围来防止滥诉，这也是反射利益论的重要功能。但国家赔偿诉讼是已实际遭受损害者在事后提起的，从像撤销诉讼那样防止滥诉这一角度看，限定性地理解保护规范的必要性就没那么大。[1]

关于保护规范的判断，即使采用法律保护利益说，同一规范在抗告诉讼中所保护的范围与国家赔偿诉讼中所保护的范围也未必要一致。同样，关于保护规范的判断，即使在司法中采用值得保护利益说，也很有可能对应不同的诉讼形态而在值得保护利益的范围上有差异。实际上，在国家赔偿请求中保护规范性应被否定的情形很少。

"大阪地判平2·10·29判时1398·94"也判道：假使《电气事业法》第19条与《燃气事业法》第17条不保护使用人的个别性权利利益，该使用人没有《行政诉讼法》第9条所规定的"法律上的利益"，但通商产业大臣在行使供给规程的认可权限与供给条件的变更权限时，还是要根据法律规定正确执行职务，在与各个使用人的关系上承担着避免因违法行政行为而给使用人造成财产损害的义务。其采取的立场是：撤销诉讼中的反射利益在国家赔偿诉讼中，并不是"当然不值得保护的利益"。

以此为前提，可以确认是或许不应在国家赔偿中否定"反射利益"一词的使用。但需要十分留意的是：该词的使用可能会将"作为抗告诉讼中原告适格之判断标准"的反射利益直接带入国家赔偿请求之中。[2]

九、赔偿

(一) 名义损害

损害若值得国家赔偿法保护，那就不管它是财产性的，还是精神性的，也不管是积极损害，还是像逸失利益这样的消极损害，都

82

---

〔1〕　芝池义一："公权力行使与国家赔偿责任"，载《救济法Ⅱ》125页。

〔2〕　在国家赔偿请求中所主张的"反射利益论"不是原告适格问题，而是案件的主要问题，所以前揭"最判平2·2·20"的说法——"不能根据《国家赔偿法》的规定来请求损害赔偿"，稍微有些误导。

是赔偿的对象。

那么，英美所认可的名义损害赔偿（nominal damages）能被认可吗？在民法不法行为法中，通说持否定态度，在国家赔偿法中也一样。

但值得注意的是有见解说道，"不法行为法的功能未必是尽量填补损害，也必须考虑满足民众所抱有的正义感情。应该注意的是：尤其是在国家赔偿案件中，与填补损害并列，还有民众监督公务员执行公务，抑制公权力滥用的功能，虽然是间接性地"，对名义损害赔偿充满期待。[1]

该问题最终与如何理解国家赔偿制度的功能相关。若只着眼于被害人救济、损害分散功能，那就没有必要认可名义损害赔偿。若重视制裁、违法行为抑制、违法状态排除（合法状态恢复）的功能，那就会肯定名义损害赔偿。

但是，即使站在后者立场来看，国家赔偿制度只有在损害实际发生的情形下，才能发挥制裁、违法行为抑制、违法状态排除（合法状态恢复）的功能，名义损害赔偿不适合区分行政争讼制度与国家赔偿制度的现行行政救济法制。

立法论暂且不管，解释论应该检讨的是：不是通过认可名义损害赔偿，而是通过灵活地、广泛地解释国家赔偿法上的保护规范［已在"八（五）"中讨论过］来强化制裁、违法行为抑制、违法状态排除（合法状态恢复）的功能。

（二）制裁性赔偿

在国家赔偿请求中，尚未出现认可制裁性赔偿的例子。在氯喹药害诉讼中，原告不止向制药公司，还向国家请求了制裁性赔偿，主张抚慰金数额为民事交通诉讼中抚慰金数额的三倍左右（含惩罚意味）是妥当的。但"东京地判昭57·2·1判时1044·19"判道，"加害人的故意是计算抚慰金时一项应考量事项，在此之上，还在'填补实际损害之外实现原告们所主张的制裁作用'这一目的下将故意作为另一个归责加重事由，这是有悖于以损害的公平负担为目的

---

〔1〕《注民19卷》410页（乾昭三执笔）。

的损害赔偿制度的理念，在以明确区分民法与公法，特别是在明确区分民法与刑法为理想的我国法制下不能被采用"。

另外，作为该案二审判决的"东京高判昭 63・3・11 判时 1271・3"也说道：我国民法中有关不法行为所致损害的损害赔偿制度的目的只是让加害人赔偿受害人因其不法行为所遭受的损害，所以在影响精神痛苦程度的范围内考虑加害行为的样态就可以了，超过此限度，像制裁、惩罚加害人、防止不法行为再次发生、提高抚慰金等都不是不法行为制度所预想的。

这些判决都将不法行为制度的目的限定于损害填补，无视制裁、抑制违法等目的，是有问题的。[1] 现行的国家赔偿制度也是通过损害填补来发挥被害人救济、损害分散、制裁、违法行为抑制、违法状态排除（合法状态恢复）的功能。但是，通过支付超过实际损害的赔偿来强化制裁、违法行为抑制、违法状态排除（合法状态恢复）之功能在解释论上是否可能？这又是另外一个问题。

那么，从立法论角度看，是否有可能在国家赔偿中导入制裁性赔偿呢？

国家赔偿中的制裁性赔偿最终还是成为国民的负担，故有财政方面的担心，另外，是否真能起到制裁效果，也有疑问。即使在广泛认可制裁性赔偿的美国，"联邦不法行为请求权法"也没认可制裁性赔偿，[2] 过半数的州对自治体的赔偿额也设置了限制。

但是，对"联邦不法行为请求权法"禁止制裁性赔偿也有批评的声音。基于以下理由，并非不能从立法论角度，探讨、认可国家赔偿之制裁性赔偿的意义。

第一，在填补性赔偿的情形中，宣布违法被认为有制裁、违法行为抑制功能，同样，在制裁性赔偿的情形中，宣布制裁性赔偿本身也被认为有最大的制裁、违法行为抑制功能，故在国家赔偿中没

---

〔1〕　从实务角度指出这一点的有后藤孝典：《现代损害赔偿论》，日本评论社 1982 年版，第 1 页以下。

〔2〕　28U. S. C. §2674.

有必要扩大制裁性赔偿数额本身。

所以，在国家赔偿中认可制裁性赔偿时，可以压低制裁性赔偿数额。这样一来，制裁性赔偿作为例外得到认可，同时几乎不担心财政负担，虽然数额少，但可以十分期待制裁赔偿对国家所产生的制裁、违法抑制功能。

第二，提起诉讼需要很大的成本，即使有实际损害，有时也难于举证，只给予填补性赔偿很难调动起提起诉讼的积极性。若制裁性赔偿不被认可，依据诉讼费用便宜分析，那就只能让人忍气吞声了。

第三，即使填补性赔偿让人产生了提起诉讼的积极性，基于以下理由也可以认可制裁性赔偿。

尽管罚金由国库支付，制裁性赔偿进入私人之手的目的不只是产生提起诉讼的积极性，更是着眼于不法行为诉讼所具有的一般预防效果，具有为"原告作为私人司法长官（private attorney general）而行动"支付报酬的性质。[1]

原告提起国家赔偿请求可以说也具有很浓的私人司法长官——有利于抑制违法，实现依法行政原理——这一公共性质。

85　　第四，很难期待在国家赔偿制度以外有制度来保障针对国家违法行为的制裁、违法行为抑制功能。将民法不法行为法限定于被害人救济功能的见解认为制裁、违法行为抑制功能应该交给刑罚、行政手段，但很难想象国家接受刑罚，当国家的违法行为成为问题时，也不能采用纠正命令、撤回许认可等监督手段。

虽然有时可以通过公务员个人的刑罚、惩戒处分来发挥制裁、违法行为抑制功能，但当组织过失成为问题时就难以处理。行政争讼制度很多情况下也难充分发挥作用。

实际上，在美国曾经提出过针对违宪行为认可（针对合众国的）制裁赔偿的法案，[2]将制裁性赔偿导入我国的国家赔偿也并非没有

---

〔1〕　田中英夫、竹内昭夫：《法律落实中的私人作用》，东京大学出版会1987年版，第165页。

〔2〕　关于美国国家赔偿请求中的制裁性赔偿肯定论，参见宇贺克也："国家责任的功能"，载《行政分析》454页。

探讨的余地。

（三）金钱赔偿与原状恢复

《国家赔偿法》第 1 条第 1 款中的"赔偿"在没有个别法律特别规定的情况下，是否还认可恢复原状？讨论此问题的判例有"最判昭 35·12·23 民集 14·14·3166"。上诉人在上诉理由中主张，"国家赔偿法所规定的赔偿义务是针对公务员不法行为的国家赔偿义务，只不过是在'一定条件下公务员的不法行为责任归属于国家'这一当然论理上，将故意过失——不法行为的要件——作为公务员方面的要件，而不能理解为：因国家赔偿法对不法行为有规定，故否定与国家的违法行政行为相关的原状恢复义务和无法恢复原状时的赔偿义务"。但最高法院判道，"拍卖行为即使因违法而被撤销，但只要没有法令认可国家有原状恢复义务，就应该否定它。"

从《民法》第 417 条、722 条第 1 款、《国家赔偿法》第 4 条的解释来看，《国家赔偿法》第 1 条第 1 款的赔偿是以金钱赔偿为原则，这是毫无疑问的。

但在德国的判例法上，被称为结果消除请求权的原状恢复请求权得到了认可，在 1981 年《国家赔偿法》中，结果消除请求权也被置于与金钱赔偿并列的位置。[1]也可以从立法论角度讨论原状恢复请求权的一般化。

86

（四）一次性赔偿金与分期赔偿金

国家赔偿金应该是一次性支付呢，还是也认可分期支付。对此，国家赔偿法没有规定，适用《民法》的规定（国赔法第 4 条），但《民法》对此也没有特别的规定。与民法不法行为法规定相关的判例也有分歧，[2]肯定说很有影响，[3]只是在前提条件方面呈现差异。

有在国家赔偿请求中，针对原告所要求的一次性赔偿金，被告主张分期支付的例子。"最判昭 62·2·6 判时 1232·100"判道：在

---

〔1〕 宇贺《分析》230 页。

〔2〕 肯定的判例有"名古屋地判昭 47·11·29 判时 696·205"、否定的判例有"东京地判昭 53·8·3 判时 899·48（388）"。

〔3〕 加藤《不法行为》216 页。

此情形中，不能作出分期支付赔偿金的判决。

在分期支付赔偿金的情形中，若没有担保制度，则有可能因被告后期资产恶化而无法实现债权，所以，没有原告的申请，一般不应认可。国家是被告时，虽没有这样的担心，但也没有必要允许完全能一次性支付赔偿金的国家违背原告的意思而分期支付赔偿金。

十、追偿权

（一）要件

《国家赔偿法》第 1 条第 2 款规定："在前款情形中，公务员有故意或重大过失的，国家或公共团体对该公务员有追偿权。""在前款情形中"是指国家或公共团体"承担赔偿责任"的情形，所以可以理解为：国家或公共团体有承认责任、给予赔偿的意思时，即使在实际支付前，也可以向公务员追偿。

但一般认为，追偿一词使用于实际支付后行使返还请求权的情形；在参议院司法委员长参加的参议院大会的报告中也有"国家赔偿后追偿"的发言记录，[1] 故应理解为：国家或公共团体已实际赔偿是追偿权行使的要件。

另外，在国家赔偿诉讼中，即使公务员的故意、重大过失被认可，该判决的既判力也不达致追偿诉讼，因《国家赔偿法》第 1 条第 1 款与同条第 2 款中的过失并非一样，故有必要在追偿诉讼中独立审查故意、重大过失。

（二）消灭时效

在国家行使追偿权时，是否适用《会计法》第 30 条成为问题。关于《会计法》第 30 条的旨趣，"最判昭 50 · 2 · 25 民集 29 · 2 · 143"判道"《会计法》第 30 条就金钱给付为目的的国家权利以及针对国家的权利，规定了 5 年的消灭时效期间，这主要是考虑行政上的便宜——尽早结算国家的权利义务，所以，5 年消灭时效期间这

---

〔1〕 众参法制局《第 1 次国会审议要录》184 页。

一规定应理解为适用于有必要考虑上述行政便宜时的金钱债务，以及其他对时效期间无特别规定者"。

国家根据《国家赔偿法》第 1 条第 1 款支付损害赔偿后，有必要向有故意、重大过失的公务员追偿的情况很少，没有必要在考虑行政上的便宜后，适用《会计法》第 30 条。同样，对地方公共团体行使的追偿权，也应理解为不适用《地方自治法》第 236 条第 1 款。追偿权的消灭时效期间或许应该根据民法第 167 条第 1 款，为期 10 年。

（三）履行期限的特别约定与免除

关于国家具有的追偿权，根据《国家债权管理法》第 24 条，当该公务员处于无财力或近乎无财力状态时，可以作延期履行的特别约定。

关于有履行期限特别约定的追偿权，从当初的履行期限起（在当初的履行期限后作了履行延期之特别约定的，为最初作覆行延期之特别约定的日子）经过 10 年后，该公务员被认为处于或者近乎处于无财力状态，而且没有赔偿可能性时，可以免除该追偿权以及相关的滞纳金与利息。

同样，关于地方公共团体具有的追偿权，可以作《地方自治法施行令》第 171 条之 6 的履行延期的特别约定等，作该施行令第 171 条之 7 的免除。

（四）追偿权的活用

《国家赔偿法》第 1 条第 2 款的追偿具有如下功能，即通过国家赔偿，将从被害人分散至全体国民的损害集中于公务员个人。[1] 损害集中于公务员的话，会产生让公务员一定程度的畏缩不前。

尽管如此，也应该维持追偿制度。因为在有故意、重大过失情形中，没有必要让损害分散功能优先于制裁、违法行为扣制功能。另外，此时，公务员不会直接站在被害人所提起诉讼的被告席上，

---

〔1〕 关于国家赔偿的损害分散（loss spreading）功能，参见宇贺克也："国家责任的功能"，载《行政分析》444 页。

不会出现从报复、私怨来主张故意、重大过失的情况，公务员不会被卷入诉讼之中。

在我国，《国家赔偿法》第 1 条第 2 款的追偿权几乎没有被行使，也没有关于该追偿权行使的诉讼判例。

公务员被发现有故意后，被惩戒免职，或者被刑事起诉的情况不少，故常出现该公务员缺乏赔偿财力的情况。另外，在国家或公共团体以公务员无过失而进行争论的情形中，国家或公共团体败诉后，很难再通过主张公务员有故意、重大过失来追偿，而且，同事意识也成为追偿权难以有效使用的原因。

但是，在与国民的关系中否定公务员个人责任时，有必要适当行使追偿权。关于追偿权的适当行使，或许有必要从立法论角度，探讨设置被害人向会计监察院申请调查等制度，以此监督追偿权的行使。

十一、公务员个人责任

（一）学说

此处的公务员个人责任是公务员与被害人之间关系中的对外责任，不是内部关系中的责任问题。

战前我国怎么处理公务员（官吏）个人责任，前面已述（第一节二）。这里讨论一下与公务员个人责任相关的战后我国的判例学说，并说说我个人的看法。

《国家赔偿法》第 1 条第 1 款规定："行使国家或公共团体之公权力的公务员，就行使其职务，因故意或过失而违法地给他人造成损害的，国家或公共团体承担赔偿责任。"接着，第 2 款规定："在前款情形中，公务员有故意或重大过失的，国家或公共团体对该公务员有追偿权。"

但是，国家赔偿法对公务员个人责任没有设置明文规定。所以，学说分立，有肯定说、有限肯定说——只限于公务员有故意或重大过失时才认可被害人对公务员的损害赔偿请求，除此之外还有否定说。

但《国家赔偿法》第1条第2款将追偿权仅限于故意或重大过失情形，所以，很难采用肯定说。这样，有限肯定说、否定说中有一个是妥当的吧。

（二）司法法制审议会的议论

1946年9月18日～20日，司法法制审议会第二小委员会的起草委员会制作完成了《公务员不法行为赔偿责任法案纲要》。

最初制作完成的《国家或公共团体损害赔偿责任法案纲要》规定："第一，承担国家或公共团体之公权力行使的公务员，就行使其职务，因故意或过失而违法地给第三人造成损害的，（只有）国家或公共团体承担对此予以赔偿的责任。"

就纲要"第一"中"（只有）国家或公共团体"部分，围绕着是否完全否定公务员个人责任，好像有过讨论。从我妻博士的资料[1]可以推测，公务员个人责任否定论占据优势，因有反对之声，故使用"が"这一助词来强烈表达只有国家或公共团体承担责任这一意蕴的同时，又不完全否定作相反解释的余地，形成了一种妥协状态。

（三）与GHQ的交涉

在与GHQ的交涉阶段，司法省采取了明确否定公务员个人责任的立场。即在司法省对GHQ的说明中有如下表述："公务员承担责任的话，就有可能害怕执行日常公务，而通过规定国家承担责任，可以期待公务员积极行政。"在此可以窥见司法省的担心：认可公务员个人责任后，公务员会畏缩，进而妨碍公务的正当执行。

在GHQ的资料中，有只让国家或公共团体支付受害人赔偿的记述。[2]

参照美国法制来看的话，对公务员个人责任的否定，GHQ应该

90

---

〔1〕　根据我妻文库所收藏的司法法制审议会资料。

〔2〕　源自芳贺文书和美国国立公文书馆所收藏的1947年5月8日布兰克·诺伯特尼大尉所作的"国家赔偿法案备忘录"。

会提出批判，但却没有。比较美国的国家赔偿法和欧洲大陆的国家赔偿法的各自优点，难以取舍，所以 GHQ 才同意日本采用与日本法有着渊源的欧洲大陆法制。[1]

GHQ 认可针对公务员的追偿权，目的之一是抑制公务员的故意或重大过失行为。[2]不让公务员直接站在诉讼的被告席上，而通过追偿权，达到抑制有故意或重大过失的不法行为。

（四）国会的审议

从众议院司法委员会中政府委员的答辩来看，对公务员个人责任有着较激烈的讨论，起草人对此既不肯定，也不否定，而主张交由解释来处理。[3]

但众议院司法委员会似乎理解为《国家赔偿法》否定了公务员的对外个人责任。在该委员会制作的《国家赔偿法案（提交内阁）报告书》中，清楚记载了该意。[4]

另外，在参议院大会上伊藤修参议院司法委员长的同法附则相关说明中有如下发言：《国家赔偿法》首先让国家负责，只有在公务员有故意或重大过失的情形中才可以追偿，故公务员个人依据公证人法、户籍法等的特别规定而承担责任是违反该旨趣的。[5]该发言的前提是同条的旨趣在于否定公务员的对外责任。

所以，政府委员方的认识与国会方的认识有差异。此时，何者

---

〔1〕 美国国立公文书馆所收藏的 1947 年 5 月 8 日布兰克·诺伯特尼大尉所作的国家赔偿法案备忘录。通过 Supreme Commander for the Allied Powers, Political Reorientation of Japan, Report of Government Section, Vol. 1（Republished 1968），at 219 也可以确认到：美国政府当时已有如下认识，即我国的国家赔偿法在"让国家或公共团体承担对外的、第一次责任"这一点上，不是美国型，而是欧洲大陆型。

〔2〕 美国国立公文书馆所收藏的 1947 年 5 月 8 日布兰克·诺伯特尼大尉所作的"国家赔偿法案备忘录"。

〔3〕《第 1 次国会众议院司法委员会议录》1947 年 11 号 121 页。

〔4〕《第 1 次国会众议院司法委员会议录》13 号 143 页。这在宫内竹和："针对公务员个人的损害赔偿请求"，载《民法学的现代课题》，岩波书店 1972 年版，第 348 页中已经被指出。

〔5〕《第 1 次国会众议院司法委员会议录》1947 年 32 号 401 页。

作为立法者的意思而受到重视成为问题。即使是政府提交法案，只要法律的制定权属于国会，那国会的意思就应受到尊重。

另外，如前所述"十一（二）"，一方面，关于公务员个人责任，在政府草案制作阶段就没有完全达成一致，在此，国会中政府委员的说明是正确的。但另一方面，即使在政府草案制作过程中，公务员个人责任否定论很有影响也是事实。参与立法的田中二郎博士也认为：《国家赔偿法》第1条第1款的旨趣是专门由国家或公共团体对外承担责任。[1]

参考以上讨论就会发现，立法者的意思虽没有统一，但更倾向于否定说。

（五）文理解释

《国家赔偿法》第1条第1款规定"国家或公共团体承担赔偿责任"；而《民法》第715条第1款规定"为事业而雇用他人者对雇工就事业执行而给第三人造成的损害，承担赔偿责任"；第44条第1款规定"法人对理事及其他代理人就其职务执行给他人造成的损害，承担赔偿责任"。后两者一般性地肯定了雇工、理事及其他代理人的对外个人责任。[2]

92

《国家赔偿法》第1条与后两者不同，其旨趣是专门由国家或公共团体对外承担责任，根据之一就是使用"が"这一助词。[3]

因为《国家赔偿法》第1条第2款、第2条第1、2款、第3条第2款使用的都是"は"这一助词，只有第1条第1款使用"が"这一助词。

所以，在《国家赔偿法》第2条第1款的情形中，国家或公共团体对外不承担排他性责任，也不否定直接向对损害原因有责任的第三人请求损害赔偿的权利（但从与第1条第1款保持平衡的角度出发，第2条第1款情形中的公务员也应该不承担对外责任。立法

---

〔1〕　田中二郎："关于国家赔偿法"，载《赔偿补偿》170页。

〔2〕　关于《民法》第715条的是"大判昭12·6·30民集16·1285"、关于《民法》第44条的有"大判昭7·5·27民集11·1069"。

〔3〕　田中《行政法》（上）209页。

者关于第2条，原本就没想过公务员个人责任问题）。

而且，上述情况可以通过与民事特别法的对比得到证明。

即《民事特别法》第1条与《国家赔偿法》第1条相对应，《民事特别法》第2条与《国家赔偿法》第2条相对应。《民事特别法》第1条、第2条都使用"が"这一助词。所以，《民事特别法》为了表达免除美国政府、美军相关人的责任，专门由日本承担责任这一旨趣，不仅在第1条，在第2条也使用"が"这一助词。

另外，《驻日美军行为所致特别损失的补偿法》第1条第1款也基于同样的旨趣，而使用"が"这一助词。

关于《国家赔偿法》第1条否定公务员个人责任的文理解释根据还有：《国家赔偿法》第1条第2款只规定了追偿；同法附则废止了此前个别法所规定的官吏责任规定等。对此，也有人反论道：追偿权的规定不能约束对外关系；同法附则设想的是对公务员一律适用《民法》第709条。[1]

（六）判例

对此问题，判例持什么态度？

有若干下级法院判例认可公务员有故意或重大过失情形下的个人责任。[2]也有的对公务员故意的职权滥用行为，让该公务员作为个人承担损害赔偿责任。[3]

另外，"福冈地久留米支判昭53·1·27判时896·70"在对町认可《国家赔偿法》第1条第1款之责任的同时，也对该公务员认定过失后，认可了个人责任。在该案中，被告公务员也没主张否定个人责任，本判决确实没有采用否定说。但也不敢断言本判例所持的不是有限肯定说，而是肯定说。

---

〔1〕 真柄久雄："公务员的不法行为责任"，《行政法大系6卷》189页。

〔2〕 东京地判昭40·3·24判时409·14、东京地判昭46·10·11下民22·9～10·994、札幌地判昭46·12·24判时653·22。但前揭"东京地判昭40·3·24"否定了故意或重大过失的存在。

〔3〕 大阪高判昭37·5·17高民15·6·403。

虽然有以上例外，但绝大多数判例还是否定公务员个人责任，[1]尤其是最高法院，一贯都否定公务员个人责任。最高法院的先例是"最判昭30·4·19民集9·5·534"，其判道"上述请求应该理解为以被告人等的职位行为为理由的国家赔偿请求，故国家或公共团体承担赔偿责任，公务员在作为行政机关的地位上不承担赔偿责任，另外，公务员个人也不承担个人责任"。

该判决的射程不明确。判决说道，在作为行政机关的地位上以及在作为个人的地位上，公务员个人都不承担赔偿责任。从此似乎可以读出如下意思：在非行政机关之行为、外形标准说下可视为"就行使职务"的情形中，只要国家赔偿得到认可，就可不追究公务员个人责任。但该案不是以外形标准说的适用为问题的案件，故应该看作没那么深的含义。

最高法院此后也作了否定公务员个人责任的判决。原审（仙台高判昭46·2·18判例集不登载）判道，在涉及公务员个人故意下的越权行为或滥用职权的情形中，不能说是在执行本来职务，而是公务员个人的不法行为，对故意过失下的其他不法行为，公务员对被害人不承担直接责任；结果是没有认可诉讼请求。[2]面对这样的案例，"最判昭46·9·3判时645·72"附上了"在本案这样的事实关系之下"这一保留，否定了公务员个人责任，但又有肯定公务员个人责任的意蕴。

但"最判昭47·3·21判时666·50"等此后的最高法院的判例都没有附带上述保留。最高法院的意思应该是：含故意情形在内，否定公务员个人责任。

但在适用外形标准说的"最判昭31·11·30民集10·11·1502"中，没有针对公务员个人的损害赔偿请求，即使在依据外形标准说而认可国家或公共团体之责任的案例中，最高法院判例是否

94

---

〔1〕 也有的像"仙台地判昭52·6·20判时868·72"那样，不对实体进行审查，就驳回请求，但一般都是对实体进行审查后驳回请求。"福冈地饭塚支判昭45·8·12判时613·30"、"名古屋高判昭47·2·10判时678·46"等。

〔2〕 "判时645·74"的（向最高法院的）上诉理由。

否定公务员个人责任，也并不明确。

在一系列判例中，最高法院几乎没有陈述采用否定说的理由。这或许是因为最高法院认为：《国家赔偿法》第 1 条否定公务员个人责任之意在立法上很明确，这样一来（违宪除外），就没有必要论述该立法政策的妥当性。

在适用外形标准说的情形之外，当行为违法明显到"无需作为公务来保护"这种程度时，公务员自己已经认识到了违法性，而该违法行为作为公务而被组织性地实施后，在国家赔偿责任之外，公务员个人也应该向被害人承担损害赔偿责任吗？"东京地判平 6·9·6 判时 1504·40"对此予以了肯定。

接着判道：在此情形中，即使在国家赔偿责任之外，认可公务员个人责任，也不用担心会发生如下弊害，即公务员因担心损害赔偿义务而踌躇于公务执行；相反，在抑制违法公务执行方面会产生令人期待的效果。

（七）公务员个人责任的长处与短处

认可公务员个人责任的长处是满足被害人的报复情绪、抑制违法行为。与国家或公共团体相比，公务员更倾向于和解，所以也有见解从被害人救济角度出发来认可公务员个人责任的意义。[1]短处是让公务员个人畏缩，有可能妨碍公务的适当执行。这样，认可公务员个人责任既有长处，也有短处，最高法院判例的立场一般应该得到支持。

在行政极为多样复杂的今天，很多情况下公务员难以判断自己职务行为的合法性，公共部门多数主张通过积极果敢的行为来增进公益；与此相对，若自己的行动给国民造成损害的话，就会遭致强烈批评。

公务员有义务提供难以由市场机制调节的公共服务，其不作为导致的机会费用很大，不作为导致的损害与作为导致的损害相比，一般不容易发现，所以因前者而提起诉讼的可能性比后者要低。所

---

〔1〕 植村荣治："公务员个人的责任"，载《法律人》1992 年 993 号 163 页。

以，认可公务员个人责任有可能让公务员置于风险忌讳之中，阻碍公务的适当、果敢实施，甚至难以稳定公共部门的人才队伍。

不能无视公务员个人责任的短处，在比较平衡长处与短处后，有不少根据来否定公务员个人责任。为满足被害人的报复情绪、抑制违法行为，认可公务员个人责任不是唯一的方法，也可以通过刑事诉讼、惩戒、追偿等达到该目的。 96

是否可以不实施追偿，而适当启动刑事诉讼、惩戒？这也并非没有疑问，这一点有改善的必要。在考虑上述短处后就直接导出应肯定公务员个人责任这一结论，不免让人踌躇。

另外，对一般公务员而言，公务员个人责任即使没被认可，也有可能以自己的故意过失为由而被请求国家赔偿，这可以较好地起到抑制违法行为的效果。

即使如此，也没有必要保护有故意、重大过失的公务员。此时十分值得倾听的见解是：看重公务员个人责任的长处——满足被害人的报复情感、抑制违法行为。

的确，在有故意或重大过失的事例中，或许应该这样考虑。但问题是：若采用公务员责任肯定说，会较多地出现如下情况，即不管有无故意或重大过失，先主张其存在，而后以公务员为被告提起诉讼。[1]

即使将责任限定在故意或重大过失情形，但只要原告主张该情形存在，公务员就必须站上诉讼被告席。即使故意或重大过失的举证责任在原告，公务员也总会想着自己有可能遭受损害赔偿诉讼，公务员就会畏缩不前，尤其是在上述可能性较大的工种中，有可能影响人才队伍的稳定。这让人对有限肯定说也产生了犹豫。

尽管公务员没有职务执行之意，但依据外形标准说而认可国家或公共团体的责任时，否定公务员个人责任是否妥当？这是个问题。[2] 97

---

〔1〕 在美国，认可诚实抗辩的有限免责（qualified immunity）在抑制公务员诉讼方面没有充分发挥作用。宇贺《分析》345 页。

〔2〕 盐野《Ⅱ》252 页。

另外，在像前揭"东京地判平 6·9·6"这样的案件中，可以看作认可公务员个人责任的好处大于坏处。

只在这样的情形中，认可公务员个人责任，也不会产生让诚实执行公务的公务员站上诉讼被告席，最终让公务员畏缩不前，妨碍公务适当执行的情况。

在适用外形标准说的案例中，多出现刑事诉讼、惩戒免职处分，所以没有必要太重视公务员个人责任带来的违法行为抑制功能。一方面，民事上免除此情形中公务员的责任也太违反社会普遍观念了。[1]另一方面，在组织性违法中，实施刑事诉讼、惩戒免职处分的可能性未必高，而对公务员个人责任的制裁功能、违法行为抑制功能的期待被大大提高。

第五节 公权力行使的国家赔偿
——类型考察

一、立法

（一）问题之所在

因立法的作为、不作为而遭受损害者是否可以提起国家赔偿诉讼？若可以提起，那在满足什么要件后，诉讼请求会被认可？这里包含了法理上应该讨论的很多问题。

关于这些问题，"在家投票最判（最判昭 60·11·21 民集 39·7·1512）"给了一个大体的解答，此后下级法院的判例对此予以沿袭，"最判昭 62·6·26 判时 1262·100"也引用了"在家投票最判"，所以可以说判例法已经基本确立。

但是，"在家投票最判"还有不少需要斟酌的地方。另外，鉴于

─────────────

[1] 对法国的公务员责任与法人责任的竞合，小早川光郎："公务员的不法行为与责任归属"，载国家学会编：《国家与市民 1 卷》，有斐阁 1987 年版，第 323 页以下作出精细的分析。

立法的特殊性，让其服从于与行政相同的国家赔偿责任规定是否妥当？对此，还有从立法论角度进行再探讨的必要。

下面首先分三期概览一下该问题的判例学说后，试着评论。首先，以"在家投票最判"的探讨为重点。其次，讨论如下问题：根据违宪的法律作出行政行为，以该行政行为违法为由请求国家赔偿，对此应如何看待。最后，进行若干立法论角度的探讨。

（二）判例学说的动向

1. 第一期（1947～1974）。《国家赔偿法》第 1 条第 1 款的"公权力"包括立法权，即使在学说中起初对此就几乎无异议。[1] 只是有不少人指出：立法权有特殊性，故难以对其请求国家赔偿。

在第一期中，虽有若干成绩，但判例很少，从整体看学界对这一问题不太关心。

这一时期的判例有"广岛高判昭 41·5·11 判时 461·37"——因和平条约的缔结而放弃对联合国占领军的违法行为请求损害赔偿的权利后，补偿立法的不作为违法受到追究。一审判决是"广岛地吴支判昭 35·10·10 讼月 6·11·2089"，但上述主张在进入二审后才被提了出来。

该二审判决判道，"立法行为即使也被认为是公权力行使，它的不作为也仅仅是政治责任，不违反与各个国民权利相对应的法作为义务"。

引人注目的是：不是主张国会（议员）的不作为违法，而是内阁总理大臣及其他相关阁僚没有进行法律制定程序的不作为违法。另外，在该诉讼中缔结条约的违法也被提起，但在各级审判中，该主张都被驳回了。[2]

同样，因缔结和平条约而放弃了对占领军士兵的不法行为请求国家赔偿。以此为由的国家赔偿请求未被认可的有"东京地判昭 31·8·20

---

〔1〕　古崎《研究》84 页；矶崎辰五郎：《行政法总论》，有斐阁 1953 年版，第 222 页；有仓辽吉："国家赔偿法逐条解说"，载《法时》1953 年 25 卷 9 号 17 页；园部敏：《行政法论》，法律文化社 1953 年版，第 192 页。

〔2〕　最高法院的判决是"最判昭 44·7·4 民集 23·8·1321"。

下民 7·8·2239”、“东京高判昭 34·4·8 下民 10·4·712”。

另外，“东京地判昭 38·12·7 下民 14·12·2435”虽没有明确主张立法的不作为，但主张：因和平条约的缔结而放弃原子弹投下行为所引发的损害赔偿请求权，同时还不采取补偿措施的行为是不法行为。

其他引人注意的还有“东京高判昭 41·4·28 东高民报 17·4·78”（“最判昭 43·4·19 判时 518·45”也认可了原审的判断，驳回了上诉）。在该案中，当事人主张应该尽量对“税务局向股东优待金的课税行为”新设根据性法律规范，只有在扫除法律规范上的疑义后才能实施征税措施。对该主张，法院认为只要该课税行为没有过失，就不能追究违反立法义务的责任。

在这些案件中，立法违法的主张本身都是预备性的，判决理由也很简单，没有唤起学界的关心。

2. 第二期（1974～1985）。大大改变上述状况的是“札幌地小樽支判昭 49·12·9 判时 762·8”（在本节“一”中简称“判决①”）。

在以废止在家投票制度的立法行为违反宪法为由的国家赔偿诉讼中，该判决判道对选举权——与民主政治之根本相关的重要权利——的限制应该依据 LRA（less restrictive alternative）原则进行违宪审查，上述立法行为违宪。而且，国会有充分的调查能力，承担着不作违宪立法的高度注意义务，所以该判决认定了国会的过失。这是以立法违法为由的国家赔偿请求得到认可的唯一例子。

以此为契机，学界对该问题的关心突然高涨，发表了很多论述。值得注意的是：与一般国家赔偿情形不同，宪法学者的论文多于行政法学者。其理由或许是：以立法作为、不作为为由的国家赔偿请求不仅是损害的填补，还具有宪法诉讼的性质——通过让法院确认立法的违宪性来促进制度改革。

在第二期的判例中，与在家投票相关的有“札幌高判昭 53·5·24 高民 31·2·231”——判决①的二审判决、与第二次诉讼相关的“札幌地判昭 55·1·17 判时 953·18”、“札幌高判昭 57·4·26 选

举 35·8·34"，与议员名额不平衡相关的有"东京地判昭 52·8·8
判时 859·3"、"东京地判昭 53·10·19 判时 914·29"、"札幌地判昭
56·10·22 判时 1021·25"、"东京地判昭 56·5·30 判时 1024·32"，
与私立学校和公立学校间学费差相关的"大阪地判昭 55·5·14 判时
972·79"、"大阪高判昭 59·11·29 判夕 541·132"，与河豚规制相关
的"神户地判昭 54·2·27 判夕 381·101"、"大阪高判昭 55·3·14
判时 969·55"，与地方税法的非课税措施相关的"福冈地判昭 55·
6·5 判时 966·3"、与战伤病者战殁者遗属援护法相关的"名古屋地
判昭 55·8·29 判时 1006·86"、"名古屋高判昭 58·7·7 判时 1086·
111"、与自卫队法相关的"名古屋地判昭 55·11·19 行集 31·11·
2408"、与船舶所有人等之责任限制相关的"东京高判昭 59·10·1 行
集 35·10·1595"、与蚕丝价格安定法相关的"京都地判昭 59·6·29
判夕 530·265"等。

概览第二期判例后可知：其一，很多是将立法不作为的违宪性作
为问题；其二，一般都将公权力启动要件缺失说——主张立法作为、
不作为的违宪直接与国家赔偿法上的违法相关——作为前提；其三，
关于过失，不对是各个国会议员的意思，而是对机关的意思进行判
断的思维被一般化了，像判决①那样要求高度注意义务者是个唯一
的例外，在其他情形中，即使违法性被认定，所有过失也都被否定；
其四，被告的如下主张被否定了，即想通过政治责任论、权力分立
论、抽象规范统制论、《宪法》第 51 条免责论等来统括式地否定立
法作为和不作为的一般国家赔偿责任。

受这些判例动向的刺激，这一时期学界也展开了热烈的讨论。　101
一方面，一般倾向是众多人积极讨论了对立法请求国家赔偿的可能
性。尤其是在宪法学界，不少人期待将这些诉讼作为宪法诉讼予以
积极运用。

另一方面，在行政法学者中，也有对这一问题持消极态度者。
例如，远藤博也教授说："对立法行为，尤其是立法不作为在损害赔
偿法上的违法或故意过失进行判断，是在对长期立法过程的整体动
向进行法律评价，不能因司法法院有《宪法》第 81 条的法令审查

权，就可以当然地实施。"[1]

另外，雄川一郎教授也认为"国会、国会议员当然承担着不能做违宪立法、对违宪状态不能置之不理的义务或职责，但一般而言，不对个别国民承担，而是对全体国民承担"；并暗示道，"国家责任的发生需要如下特别要件，即有对个别国民承担该义务或职责的特别理由，或者该国民遭受的损害有应与一般违宪立法或作为所致损害相区别的特殊之处"。[2]这些少数有影响的学说也对判决①产生了较大的影响。

3. 第三期（1985～）。最高法院在前述"在家投票最判"中展示了先例性判断，决定了此后判例的走向。该判决的逻辑如下：

（1）"《国家赔偿法》第 1 条第 1 款规定的是：行使国家或公共团体之公权力的公务员违反对个别国民所承担的职务上的法义务，给该国民造成损害的，国家或公共团体承担对此予以赔偿的责任。"

（2）"所以，国会议员的立法行为（含立法不作为，下同）是否构成同款的违法，要看国会议员立法过程中的行动是否违背了对个别国民所承担的职务上的法义务，应与该立法内容的违宪性问题相区别，即使该立法内容有违反宪法规定的嫌疑，该国会议员的立法行为也不直接接受违法评价。"

（3）"在考察国会议员就立法，在对个别国民的关系中承担怎样的法义务时，要看看在宪法所采用的议会制民主主义下国会的作用——让国民间的多元意见与多种利益公正地反映到立法过程中，通过议员的自由讨论而被调整，最终依据少数服从多数原则形成统一的国家意思。议员要听取国民的各种想法，为实现全体国民的福祉而行动，故为了能适当、有效地发挥议会制民主主义的作用，在立法过程中像立法内容这样的实体部分交由议员自己进行政治判断，其最终妥当与否则交由国民自由言论与选举下的政治评价。而且，即使对宪法——立法行为的规范——的解释，国民的见解也是多样

---

〔1〕 远藤《上》450 页。
〔2〕 雄川一郎："国家补偿总说"，载《法理》485 页。

的，国会议员应该将其反映到立法过程中。《宪法》第 51 条规定'两院议员在议院所作的演说、讨论或表决在院外不被追究责任'。免除国会议员发言、表决的法律责任也是基于如下考虑，即国会议员在立法过程中的行动仅仅是政治责任的对象，这有利于实现国民代表下的政治。这样，国会议员的立法行为本质上是政治性的，在性质上不宜成为法律规制的对象。从针对特定个人的损害赔偿责任之有无的角度看，原则上不允许在断定立法行为的应然后，对具体立法行为适当与否进行法律评价。当某法律侵害个人具体权利利益时，法院基于该人的起诉，判断该法律的合宪性，该判断与既有法律的效力相关，不能因为是对法律效力进行违宪审查，就说该法立法过程中的国会议员的行动——立法行为——当然适合进行法律评价。"

（4）"国会议员就立法，在与全体国民的关系中，原则上只承担政治责任，不承担与个别国民权利相对应的法义务。只要不是类似如下不容易想见的例外情形，就不接受《国家赔偿法》第 1 条第 1 款的违法评价，即国会议员的立法行为尽管违反宪法的明确规定，但国会还进行该立法。"

4. 保护规范。值得注意的是（1），在此有两个重点。一是违反 "对个别国民所承担的"职务上的法义务。德国职务责任将第三人职务义务（einem Dritten gegenüber obliegenden Amtspflicht）的违反作为要件。而我国《国家赔偿法》第 1 条第 1 款没有明确这些要件。

所以，关于国家赔偿中的保护规范或"反射利益"，存在积极、消极两说。"在家投票最判"认为只限在违反第三人保护规范的情形中，《国家赔偿法》第 1 条第 1 款的违法性才会被认可；对该问题作出了肯定回答。

仅从第（1）部分看，是将国家赔偿中的保护规范或"反射利益"作为违法性问题来把握呢，还是作为因果关系问题来把握呢，抑或作为值得保护利益问题来把握呢，"在家投票最判"对此并不明确。结合第（2）部分来看，"在家投票最判"是将其作为违法性问题来把握的。

103

5. 职务行为基准说。二是（1）采用了职务行为基准说。但这一点在（1）中也不明确，必须结合（2）后才能明确。

那么，"在家投票最判"为何在没有任何说明的情况下，一般性地采用了职务行为基准说？不出预料的话，最高法院是认为：（1）的内容，即针对个别国民所承担的"职务上的法义务"这一定义本身就包含着说明。即只要违反"职务上的法义务"，那在论理上就必然导出职务行为基准说。

若是如此，就有两个问题。第一，关于上述定义，德国职务责任至少是一种很好的参考，但与德国职务责任不同，《国家赔偿法》第1条第1款以违法性为要件，没有使用职务义务（Amtspflicht）之违反这一表述。

德国职务责任将职务义务的违反作为要件，这源于作为该制度基础的官吏责任的历史。关于职务义务的违反与违法性的异同，有着各种讨论，1981年《国家赔偿法》废止了职务义务的违反这一结构，而将违法性作为要件。

所以，在沿革上、条文表述上与职务责任不同的我国没有必要将违法性建构成"职务上法义务"的违反。当然，也可能是在与职务责任毫无关系的情况下采用这样的定义，若是如此，就更应该说明如此定义的理由，而不应该像无需证明的公理那样来处理。

第二，应该指出的是：假使采用"职务上法义务"的违反这一结构，也不能直接演绎出职务行为基准说。即在德国职务责任中，实施合法活动的职务义务是各种职务义务之一，这里的合法一般是指满足公权力启动的法定要件。

即从整体法秩序来看，若实施缺失公权力启动要件这一意义上的违法行动的话，一般就构成职务义务的违反，就会审查有无故意过失。换言之，即使在以职务义务的违反为要件的职务责任中，原则上也进行违法性与故意过失的二元审理。[1]

这样，职务行为基准说的根据没能通过（1）得到明确。

---

〔1〕 Vgl. Ossenbühl, Staatshaftungsrecht, 4. Aufl. , 1991, S. 58.

6. 公权力启动要件缺失说与职务行为基准说——作为宪法诉讼的地位。国会议员因承担尊重、维护宪法的义务（《宪法》第 99 条），所以，被课赋了如下义务：不得制定违宪法律；若不制定法律构成违宪，则要为创造出合宪状态而制定法律。

制定违宪的法律是超越国会立法裁量范围的，是缺失公权力——立法——启动要件的。另外，不作为状态违宪的话，对国会而言就是缺失公权力——立法——不启动要件。所以，即使对立法在国家赔偿法上的违法而言，公权力启动要件缺失说也是成立的。

那么，对立法，是应该采用公权力启动要件缺失说呢，还是职务行为基准说？如前述"第四节六（三）18"，对行政作用，采用公权力启动要件缺失说基本上是适当的。但在立法、司法这样的特殊领域，并非完全没有其他思路的可能。

105

即国家赔偿的制裁功能、违法行为抑制功能、违法状态排除功能（合法状态恢复功能）在保障依法行政原理的范围内被认可就足矣，在立法、司法中，没有必要为期待这些功能而采用公权力启动要件缺失说。

从议会制民主主义的旨趣来看，在立法中有种思维也不是完全不能成立，即应尽量避免国家赔偿路径下的违法性判断。若是如此，将故意过失也纳入违法性要件的一元性违法认定也有正当根据。

但是，当不能提起直接排除违法状态或确认违法的诉讼时，通过国家赔偿路径来间接实现的必要性就大大提高了。

关于立法，很多意见认为法律即使具有行政行为性，也不能成为抗告诉讼的对象。另外，关于立法不作为，即使在无德国宪法诉愿制度的我国，将国家赔偿诉讼作为宪法诉讼予以活用的意义也是很大的。

如"在家投票最判"那样，否定公权力启动要件缺失说，采用作为职务行为基准说之一的违法性限定说时，作为国家赔偿诉讼作为宪法诉讼、制度改革诉讼的功能就明显受到限制。实际上，在家投票最高法院诉讼与该案件的一审、二审不同，没有对在家投票制度的废止或不恢复的合宪性进行判断。

这样，从在家投票最判的（1）、（2）中可以读出的（与公权力启动要件缺失说相反意义下的）职务行为基准说式处理是一种容易回避宪法判断的方法，由此，其遭到宪法诉讼功能期待者的批判。[1]

7. 立法的政治性质。在"在家投票最判"第（3）部分中，立法的政治性质得到了强调，在（4）中作为结论，否定了与个别国民权利相对应的法义务。

在（3）中被列举的立法的政治性质要求认可广泛的立法裁量。但这并不意味着立法与法律责任完全不相容。即使是立法裁量，也并不是毫无限制，而是受到宪法的限制，超越裁量则构成违宪。只要违宪立法审查权得到认可，就可以通过国家赔偿途径来实施合宪性审查。

《宪法》第81条以宪法问题都是政治性问题为前提，要求法院不是政治性地，而是法律性地解决宪法问题。政治性事物与法规制对象并不矛盾；[2]而且，统治行为概念受到"与政治性极高的国家统治之根本相关的行为"（"最大判昭35·6·8民集14·7·1206"）这一严格要件的限制，在本质上不应该将所有立法行为都看作具有政治性，并置于法规制之外。[3]

的确如（3）所述，违宪立法审查权被认可与立法的国家赔偿请求被认可并不一样。前者是以效力为问题，后者是以责任为问题。

但这不能成为在国家赔偿诉讼中否定公权力启动要件缺失说的理由，在该说之下，将其作为故意过失的认定问题来考虑就足矣。

"在家投票最判"在（4）中想说的是：从公权力启动要件缺失说的文脉来看，最终只在故意情形中认可责任，过失中不认可。当然，（3）中所述的情况要求在认定违法性、过失时要慎重。如（4）那样，将责任限定于"不容易想见的例外情形"是否妥当，还可以再讨论，因为这太严格了。

---

〔1〕 中村睦男："判批"载《法律人》1986年855号89页；野中俊彦："判批"载《法时》1986年58卷2号88页；内野正幸："判批"，载《法学讨论》1986年374号23页；小林武："立法作用与国家赔偿请求"，载《南山》1986年10卷1号100页等。

〔2〕 长尾一纮："判批"，载《民商》1986年95卷2号276页。

〔3〕 栋居快行："判批"，载《判评》1986年330号43页。

8. 立法中的保护规范。在家投票最判的（3）、（4）给人的印象是：在未明确区分立法裁量问题与保护规范问题的情况下，展开论述。在论理上，立法裁量被广泛认可与"各个国民利益处于保护规范之外"是两个不同的问题。

在德国，判例的立场也是：通常以立法的抽象性、一般性为由，认定一般职务责任中"对第三人承担"的职务义务要件未得到满足。[1]而有影响的学说认为对措施法（Maßnahmengesetz）应该认可例外。

但"在家投票最判"采取的逻辑是：一边以存在广泛的立法裁量为由，否定保护规范性；一边在超越立法裁量界限的情形中例外性地肯定保护规范性。不知为什么在将立法作为政治性责任问题，而不是针对各个国民的法义务问题的同时，不对在（4）中被认可的例外进行说明。

实在要作一说明的话便是，在与各个国民的关系中，承担着"不违反宪法明确规定而立法"的义务，若非如此，那在与各个国民的关系中，就不承担"不作违宪立法"的义务，但这很难说有充分的说服力。

9. 在家投票最判后的状况。"在家投票最判"虽然存在上述问题，但还是对以后的判例发挥了指导性作用。即关于议员名额不均衡，"东京地判昭 61·12·16 判时 1220·47"（在本节一中称"判决②"）、"千叶地判昭 61·9·29 判时 1226·111"（在本节一中称"判决③"）、"东京地判昭 62·10·7 判时 1248·32"（在本节一中称"判决④"）、"东京地判昭 62·10·16 判时 1299·97"（在本节一中称"判决⑤"）都引用了"在家投票最判"。另外，判决③⑤与条例有关，认为"在家投票最判"的射程不仅限于法律，还达致条例。

与消费税相关的"东京地判平 2·3·26 判时 1344·115"、"大阪地判平 2·11·26 判时 1424·89"、"冈山地判平 2·12·4 判时

---

〔1〕 BGHZ 102，350 = NJW 1988，478。

1424·47"（但在本案中也发生了不当得利返还请求，故积极地判断了消费税法的合宪性）、与民法再婚禁止期间之规定相关的"广岛地判平 3·1·28 判时 1375·30"（作为其二审判决的"广岛高判平 3·11·28 判时 1406·3"对立法行为的违法性判断标准，也认可了一审判决，驳回了上诉）也明确引用了在家投票最判。

另外，前揭"最判昭 62·6·26 判时 1262·100"认为只要国会（议员）的立法不作为不违法，就不能说内阁不提出法案违法，判决④也判道：关于内阁、自治大臣等政府的法案提出，只要没有与立法行为一样的、不容易想见的例外情形，就不接受国家赔偿法上的违法评价。

但是，也有的像与西伯利亚扣留相关的"东京地判平元·4·18判时 1329·36"（"东京高判平 5·3·5 判时 1466·40"驳回了上诉）那样，认为立法义务仅生于宪法上的明文规定，或者依据宪法解释，该义务明显存在时；否定了作为义务；没有明确引用"在家投票最判"。

也有的像判决③那样，引用了"在家投票最判"，但不对（4）中例外事由的有无进行判断，而在括号中指出被害人为多数时赔偿额就是大数额，认为将立法行为作为《国家赔偿法》第 1 条第 1 款的规制对象是《国家赔偿法》未预想到的。

"在家投票最判"以《国家赔偿法》第 1 条第 1 款的"公权力"也包括立法权为前提，采用了违法性限定说。但判决③认为"公权力"原本就不包括立法权，不能说其原原本本地沿袭了"在家投票最判"。

但还是可以说：从整体来看，伴随"在家投票最判"，判例法在不断确立。

10. 对宪法明确规定的解释。只要将"在家投票最判"作为前提，那关于是否违反宪法明确规定的解释就成为重点。关于这一点，上述判决间存在若干微妙之处。

判决②在如下理由中否定了违法性，即在最高法院作出违宪判决的时点，该议员名额分配规定虽然明显违反宪法的明确规定，但提出修正案一般所需的相当期间尚未结束。对不作为的违法采用了所谓的合理期间论，但根据将违宪判决时点作为期间起算点的判决②的思路，关于议员名额不均衡等，即使以"在家投票最判"为前提，也还是有诉讼请求被认可的现实可能性。

判决④不仅对是否存在违反宪法或公职选举法的明确规定，还对"依据判例中的解释来看，是否存在同等程度的重大违法"，进行了探讨。所以，至少在最高法院的违宪判决后的相当期间为，议员名额不均衡还未充分纠正的，认可国家赔偿法上的违法性。

可以评价道：判决②、④尝试着缓和"在家投票最判"（4）的例外要件。

（三）基于违宪法律的行政行为

1. 直接事例与依据事例。以上考察了与立法之国家赔偿相关的判例学说的发展。但似乎是以直接对立法作为、不作为进行问责的案件为主，没有论述基于违宪法律而实施行政行为后，该行政行为被问责的情形。

在德国，将前者称为直接事例（Unmittelbarkeitsfälle），将后者称为依据事例（Beruhensfälle）。但德国的依据事例广指如下情形，即行政权、司法权所致的法执行违法完全基于法律的违宪性。

2. 撤销诉讼情形。即使在我国，也完全没有必要将依据事例限定于行政行为来考虑，但这里只考察能与撤销诉讼中的违法相比较的行政行为。

行政行为虽然合乎法律，但作为该行政行为之根据的法律违宪时，因法院有违宪立法审查权，故若该行政行为在撤销诉讼中被争论，就可以以违法为由撤销该行政行为。

110

这一点与行政厅有无违法立法审查权（即使肯定"国家固有的行政机关一般不具有法律的违宪审查权"这一理论，实施国家之机关委任事务的地方公共团体的首长也可以拒绝实施违宪法律所课赋的国家事务。作上述判决的有"东京地判昭38·3·28行集14·3·

562"）没有关系。[1]

假使行政厅没有违宪立法的审查权，并以此为由，驳回撤销请求的话，就会导致违反法律的行政行为被撤销，而违反宪法的行政行为不被撤销这一奇妙的结果，法院的违宪立法审查权在撤销诉讼中就没有发挥作用。撤销诉讼中，行政行为的违法应理解为对以宪法为顶点的法秩序的适合性。

3. 国家赔偿诉讼情形。虽合乎法律，但却是违宪的行政行为，在以该行政行为所致损害为由的国家赔偿请求中，怎样理解违法性才好？

从将行政行为在国家赔偿法上的违法理解为公权力启动要件缺失说这一角度出发的话，可以与撤销诉讼中的违法作相同理解。行政厅具有违宪立法审查权时，这里就不再赘述；没有违宪立法审查权时，需要进行若干说明。

在后者情形中，行政厅即使认为该法律违宪，也必须执行该法律。或许有人会批判说将该行政行为评价为违法是不适当的。

只限在此情形中，没有必要将行政行为在撤销诉讼中的违法与在国家赔偿中的违法相区别。公权力启动要件缺失说设想的是含宪法在内的全体法秩序，行政厅不能拒绝法律执行的状态与公权力启动要件缺失并不矛盾。

但反过来考虑的话，行政厅没有违宪立法审查权，承担着法律执行义务时，说该行政厅有故意或过失是不合理的，所以对该行政行为的违法进行问责的国家赔偿请求不被认可。另外，即使进行实质性考虑，此状况下应被问责的是立法，而不是行政行为。所以，原告应该主张立法的违法。

另外，假定行政厅有违宪立法审查权，那有可能在国家赔偿请求中向双方——制定违宪法律的立法违法和执行该违宪法律的行政行为违法——问责，下面考察一下这两者的关系。

此时，只要根据性法律规范违宪，就应该以违法为前提，审理

[1] 关于这一点的日德学说状况，可参见西埜章："立法违法的诸问题"，载《东邦大学教养纪要》1979 年 10 号 41 页以下。

行政行为的过失。另外，对立法采用公权力启动要件缺失说的话，那就同样以违法为前提，审理过失；若采用职务行为基准说的话，就会产生即使违宪，也不违法的情形。这样一来，就会产生在国家赔偿法上，立法不被视为违法，而行政行为被视为违法的情况。

更受责难的应该是立法，却不被视为违法，只有行政行为被视为违法，这有失均衡。所以，对行政行为在国家赔偿法上的违法，只要采用公权力启动要件缺失说，那对立法也最好适用公权力启动要件缺失说。

而且，还有如下两种情形的平衡问题，即损害不是来自执行行为，而是直接来自立法行为的情形，与损害以行政行为为媒介而产生的情形。只要对行政行为适用公权力启动要件缺失说，那在后者情形中，就可以通过以行政行为违法为由的国家赔偿诉讼，打开判断立法合宪性的宪法诉讼的大门。而在前者情形中，只要不采用公权力启动要件缺失说，就会产生不能对合宪性进行判断的问题。

但是，与如何判断国家赔偿中的违法性不同，该不均衡是在撤销诉讼中也存在的问题。因为只要对所谓的"直接事例"不采用"对法律本身认可行政行为性"这一解释，就不能通过撤销诉讼来判断合宪性。

而且，以上均衡论的前提是，对行政行为在国家赔偿法上的违法，采用公权力启动要件缺失说；对其采用职务行为基准说时，以上的分析自然就不妥当。112

另外，对行政厅认可违宪立法审查权的主张只是少数，若采用通说那样的否定立场，那即使在"依据事例"的国家赔偿诉讼中，应该争论的不是行政行为，而是立法本身，在此没有必要与"直接事例"相区别。

（四）立法论的探讨

通过以上讨论，可以得出以下几点：

违法性限定说——一种判例所采用的职务行为基准说——作为从前的公权力启动要件缺失说的对立面而出现，但不能说其相对于后者具有论理上的优越性。

但关于立法的是非问题，基本上还是应该通过选举的政治过程来解决，对不主张作为制度改革诉讼而活用国家赔偿诉讼的人而言，公权力启动要件缺失说并不妥当。

或许是受"在家投票最判（1）"的影响，最近，对行政行为也出现了明确采用职务行为基准说的判例"第四节六（三）16"。在与立法、司法等特殊领域相关的事件中，将最高法院所采用的违法性认定方法适用到行政行为中的例子虽然很少，但还是存在。作为结果，《国家赔偿法》第1条第1款的"公权力"包含立法权、司法权的思维就会影响到行政权。

也有国家赔偿责任在立法、司法中成立的事例，只是在违法性认定阶段处理立法、司法的特殊性，还是在故意过失认定阶段处理？此时需要考虑到与行政行为的不同。

当然，多数情况是在斟酌各个领域的不同因素后解释同一规定，这也是一种方法，作为立法论，也值得为立法、司法设置特别规定而进行充分讨论。

旧西德1973年发布的《国家责任法草案》（委员会草案）[1]规定：在宪法法院确定违宪判决后的18个月内，立法者没作其他规定的，产生国家责任（第6条）。[2]

从该规定来看，不能因议会与法院在宪法判断上不同，就直接让国家承担损害赔偿责任，而是给予了违宪判决确定后修改法律的缓冲期间。所以，可以避免预想外的财政支出，给议会带来了依据判决的旨趣，在一定期间内修正违宪状态的强烈刺激。因为在规定期间内没有修正违宪状态的话，即使是无过失，也要承担损害赔偿责任。

暂且不管像德国那样，抽象规范之统制被认可的情况，但在像我国这样，一般对其都持否定性理解的国家中，原本就难以通过国

---

〔1〕 关于这一点，参见达科特故罗著，阿部泰隆译："西德国家责任法的改革"，载《自研》1975年51卷7号3页；西埜章："西德国家责任法草案"，载《东邦大学教养纪要》1975年7号45页。

〔2〕 详细介绍同草案中与立法相关的国家赔偿责任规定的有稻叶馨："国会议员的立法行为与国家赔偿（四）"，载《熊法》1991年69号159页。

家赔偿诉讼以外的路径，让法院进行违宪判断。

所以，我个人认为：通过采用公权力启动要件缺失说，使国家赔偿路径下的违宪判断成为可能，与此同时，设计在中期判决中可以判断合宪性的制度，违宪判决作出后，一定期间内没有通过法修改来修正违宪状态的，才可以在终局判决中命令损害赔偿。

此情形中虽存在一个问题，即在终局判决前违宪状态得到修正的话，那原告就不能获得所受损害的赔偿，但这却能实现制度改革诉讼的目的，与现在的判例法相比，在损害赔偿这一点上也大大拓宽了救济的道路。

另外，在立法者认为合宪的地方，因法院作出了违宪的判断，于是避免了国家或公共团体被迫作预想外的多数额支出。因为在终局判决的期限前修改法律的话，可以免于赔偿。

中期判决与终局判决之间的期间是问题。为了避免草草立法，为了尽早消除原告的不安定状态，6个月是适当的。 114

二、司法

（一）国家赔偿法的适用

1. 外国法制。以法官职务行为违法为由的国家赔偿能否被认可？这是值得讨论的问题。即使在外国，不少情况也是以法官独立、判决的既判力、上诉制度为由，通过立法、判例来特别处理司法违法的国家赔偿请求、针对法官个人的损害赔偿请求。

例如，英国自古就有司法免责法理——上位法院的法官在其管辖权范围内司法时，法官不会被追究任何民事责任；即使通过《国王起诉程序法》（Crown Proceedings Act）可认可国家责任时，也不适用于法官的职务行为。

在美国，对法官予以绝对免责的普通法原则也得到了继受，即使在《联邦不法行为请求权法》下，也不能以法官的职务行为违法为由向合众国请求损害赔偿。

在德国，《民法》第839条第2款规定：法官作判决时违反职务义务的，只要该义务违反不构成犯罪，就不承担损害赔偿责任。一般认为，规定联邦国家责任的《波恩基本法》第 34 条是在代位《民法》第 839 条的公务员责任，所以以判决违法为由而追究作为职务责任的国家责任的情况受到明显限制。

2. 我国立法者的意思。但在我国，《宪法》第 17 条、《国家赔偿法》第 1 条对法官的职务行为都没有设置特别规定，将法官包含进"公务员"之中是立法者的意思。

司法法制审议会在审议阶段，对"作为裁判结果而产生的损害"，设置了对国家或公共团体予以免责的规定，但该方案很快就消失了。

接着，在贵族院宪法第 17 条的审议中，佐佐木总一博士指出了解释适用法律时法官的独立性；面对"法官的不法行为是否接受与行政官一样的处理"这一提问，司法大臣木村笃太郎在作了"原则上"这一保留的同时，回答说法官也包含在同条的公务员之中。[1]

另外，即使在第一次国会众议院司法委员会中，冈井藤志郎委员对国家赔偿法适用于法官提出了质疑，对此，政府委员奥野健一说道：虽然在是否应该学习外国，对法官设置例外性规定上有不少议论，但为了消除违宪疑义，最终没有作例外处理，法院也包含在同法案的公务员之中。[2]

3. 初期的判例学说。所以，以法官独立、上诉制度等为由，对法官的职务行为全面否定（适用否定说），或者限制适用（适用限制说）国家赔偿法，在立法论上暂且不说，在解释论上并非没有问题。

有像柚木淳法官那样早在 1948 年就持如下主张者：①被害人通过国家赔偿诉讼恢复因前诉判决而丧失的利益，那就变成前诉判决在实质上被推翻的结果；②法官不担心对自身不利，基于自己的信念而行动，这是司法政策上最重要的东西；③败诉当事人很容易认

---

〔1〕 清水伸编著：《逐条日本国宪法审议录（2）》，有斐阁 1962 年版，第 387～388 页。

〔2〕 《第 1 次国会众议院司法委员会会议录》1947 年 6 号 81 页。

为判决不公；④确实值得责难法官时，国家动议下的起诉比私人诉讼更有实效；基于上述理由，即使在重大过失情形中，也不应产生国家赔偿责任、法官对国家的偿还责任。[1]但国家赔偿法制定后不久，判例和学说都将对法官的职务行为也适用国家赔偿法（适用肯定说）作为当然前提，作为被告的国家也没有从适用否定说或适用限制说立场出发进行抗辩。

法务省民事讼务局编《对国家的损害赔偿请求事件上卷》（1952，法务省民事讼务局）第 41 页写道："法官就其职务执行，因故意或过失，违法地给他人造成损害的，在没有像英美那样对法官的一般性免责规定的我国，国家承担不法行为的责任，这与一般公务员情形无差异。"

4. 适用否定说、适用限制说在判例中的出现。二审中主张民事案件的一审判决违法，并请求国家赔偿。在这一案件中，"钏路地带广支判昭 37·6·4 讼月 8·8·1311"判道，"原告所主张的判决违法应该专门由诉讼法所规定的上诉或再审之诉来纠正，故原告的本案之诉不合法，且该瑕疵无法予以补正，所以不用等到口头辩论，就可以驳回本案之诉"。此后，否定或限制以裁判违法为由的国家赔偿请求的下级法院判决不断出现。[2]

采用适用限制说的判例学说也是各种各样，有主张对已生效判决的违法不作任何争论者；有主张仅限在发生再审事由时才可以争论者；有仅限于如下情形者：法官对当事人带着明显坏意而行动，或者丧失法官所需良知，在经验上、论理上其合理性明显不被认可，且当事人在无故意过失情况下无法通过上诉等消除损害时；还有如下情形者：将法官的职务行为分为本来司法裁判权作用和非本来司法裁判权作用，只对前者限制适用，等等。它们的理由也不统一。[3]

---

〔1〕　柚木淳：《官公吏的不法行为责任》，法务厅资料统计局 1948 年版，第 163 页。

〔2〕　东京地判昭 41·3·25 判夕 191·179、东京地判昭 41·9·28 下民 17·9～10·867。

〔3〕　详细介绍判决的有：古崎《研究》60 页以下；大藤敏："法官职务行为之国家赔偿案件的判例动向与若干问题"，载《讼务论集》1988 年 1 卷 10 页以下。

另外，也有像"东京地判昭40·1·29下民16·1·154"那样，在明确理由之下持适用肯定说者。该判决列举了如下理由：《国家赔偿法》第1条对法官的权限行使没有设置特别规定；对通过国家赔偿来争议已生效的判决，没有任何实定法上的限制；已生效的判决与以其违法为由的国家赔偿判决，在目的上不同，在对象上不同，故前诉在内容上不约束后诉。这样，判例处于不统一的状态中，所以，期待最高法院作出统一的判例。

5. 最高法院判决。一审判决以缺失反诉的合并要件为由，驳回了反诉，被驳回者在二审中以反诉驳回判决违法为由，请求了国家赔偿。在这一案件中，"最判昭41·11·10民集20·9·1733"认为驳回反诉不违法，并驳回了上诉。尽管反诉驳回判决没有被撤销，但该判决还是得到了审理，这是将适用肯定说作为了前提。

基于《法庭秩序维持法》而作出了罚款决定，针对该罚款决定的抗告、特别抗告被驳回后，以该罚款决定违法为由请求国家赔偿，在这样的案例中，"最判昭43·3·15判时524·48"（在本节二中称"判例①"）判道："对法官所实施的职务行为，如上所述，一般适用国家赔偿法，对法官所作的判决，虽有源于其本质的制约，但并不当然排除该法的适用。但是，……原告（上诉人）就前述决定，向福冈高等法院提起了抗告，收到抗告被驳回的决定后，又向最高法院提起了特别抗告，该抗告也被驳回，前述决定已经生效，所以，只要没有其他特别情形，就可以理解为上述法官所作的上述行为没有什么违法。"

但围绕着该判决的解释，意见分立。另外，源于裁判本质的制约、"特别情形"是什么意思，也没有具体说明，故没能消除此后下级法院判例的不统一状态。所以，希望最高法院能有更加明确的判决。在此状态中，出现了"最判昭57·3·12民集36·3·329"（在本节二中称"判决②"）。

本案原告 X 在败诉判决生效后，认为自己所主张的留置权不需要《商法》第521条的被担保物权与留置权之间的关联，前诉判决违法，并提起了国家赔偿诉讼。

　　一审判决（"大阪地判昭51·10·8民集36·3·335"收录）驳回了X的请求，二审判决（"大阪高判昭52·9·29下民28·9~12·1028"）也驳回了上诉。二审判决判道：只要再审没有作出撤销前诉判决的判决，那在以上述判决违法为由的国家赔偿诉讼中，X就不能主张前诉法官的判决行为违法，法院也不能作出违法的判断。

118

　　对此，X（向最高法院）提起了上诉。判决②判道，"法官所作的判决即使存在应通过上诉等诉讼法上之救济方法予以纠正的瑕疵，也不能据此就当然说，因存在《国家赔偿法》第1条第1款规定的违法行为，故产生国家损害赔偿责任的问题。为肯定上述责任，需要有像该法官以违法或不当目的作出了判决等这样明显违背法官之权限宗旨的特别情形。引用过的该法院昭和39年（才）第1390号同43年3月15日第2小法庭判决·裁判集民事90号655页的旨趣最终也与上述旨趣相同，没发生判例抵触。所以，在本案中即使前诉判决有所述的法令解释或适用错误，也不能仅此就说符合上述特别情形（暂且不管它会是"通过上诉予以纠正"的原因）。所以，原审判断——认为三审上诉人的诉讼请求没有理由——可以以结论正确而被肯定"。

　　在该国家赔偿诉讼中，没有对事实认定进行任何争论，另外，前诉判决中《商法》第521条的不适用是否误解了法令，这也没有成为争点，能否以前诉判决违法为由请求国家赔偿就成为唯一的争点。

　　关于这一点，判决②也不明确，基于以下两点可以认为其采用的不是适用限制说，而是适用肯定说：不是在有无国家赔偿法适用的水平上，而是在违法性水平上讨论；对采用适用限制说的原审判断，说道"可以以结论正确而被肯定"。因判决①说旨趣相同，故判决①也持适用肯定说。在这一点上，判旨是妥当的。

　　虽然采用适用肯定说，还是适用限制说在理论上很重要，但在结论上它们未必有差别。因为适用肯定说将起源于裁判特殊性的制约置于违法性或故意过失的认定中来考虑，所以依据该说，诉讼请求被认可的可能性并不当然增加。

119

所以，是采用适用限制说，还是适用肯定说只不过是考虑裁判特殊性时的差异问题，更为重要的是，在怎样的要件下诉讼请求会被认可，换言之，起因于裁判特殊性的制约有着怎样的严格程度。

（二）违法性限定说的意义

1. 违法性限定的程度。判决②站在适用肯定说上，聚焦于违法性阶段。只有在如下特别情形中，才可以认定判决构成国家赔偿请求上的违法，即"被认为是明显违背法官权限的旨趣而行使该权限"。这里采用的是违法性限定说。

另外，判决②不是将违法性限定于故意情形中，据此有人认为：说判决②采用了违法性限定说是不正确的。[1]在职务行为基准说中，与一般情形相比，违法性限定说是在总称限定违法性情形，[2]并不是仅限于故意情形。

很明显，判决②比一般的职务行为基准说情形更限定违法性，所以为了明确该特色，最好称其为违法性限定说，而不是职务行为基准说。

不明显的是判决②在怎样的程度上限定违法性。从"该法官以违法或不当目的作出判决等"这一表述来看，主要是指法官有故意这一情形，但采取了列举的方式，所以还设想了其他什么情形，并不明确。[3]

120

2. 解释论的是非。解释之一是"等"这一部分并不值得特别重视，仅限定于法官有故意情形。很难说该解释完全不合理。

因为在这一标准下，只要法官遵从良心作裁判，自己的判决就不被视为国家赔偿法上的违法，有利于保护法官的独立。即使在德国，以判决违法为由的职务责任也被课赋了基本相同的限制，在我国也有支持该立场的学说。

例如，西村宏一法官撰写了先驱性论文，在论文中提出了那时

---

〔1〕 常冈孝好《百选Ⅱ》295 页。

〔2〕 内野正幸："立法行为、司法行为与国家赔偿责任"，载《补偿法大系 2 卷》22页；有吉一郎："裁判过失与国家赔偿责任"，载《判夕》1984 年 519 号 54 页。

〔3〕 宇贺克也："法官的职务行为与国家赔偿"，载《行政法的诸问题》（中）655 页。

尚未讨论过的如下问题，即对法官的职务活动是否可以请求国家赔偿的问题、法官的职务活动在国家赔偿法上的违法性问题；并暗示将违法性仅限于法官恶意下的事实认定或歪曲法令解释情形。[1]

但关于将违法性限定于故意情形，有以下疑问：

第一，《国家赔偿法》第1条第1款明确规定，不仅是在故意情形中，在过失情形中也有国家赔偿责任。如采用上述解释，就会产生不认可过失责任而违反该法的问题。即使认可过失责任，但对裁判，过失的认定相当严格，有可能在解释论的范围存在。

第二，保障法官独立当然重要，但说不限定于故意情形，就会让该保障形式化，似乎也太严格了，有没有必要在因重大过失而明显违法的情形中否定国家赔偿？对此并非没有疑问。

另外，不是说国家赔偿请求被认可，法官就会站在诉讼的被告席上。从追偿权的行使也仅限于故意、重大过失情形来看，也可以认为法官的独立不是限制该责任的充分根据。

所以，应该这样理解，即除所列举的"法官以违法或不当目的作出判决"外，还包括如下情形：对在法律上不该参与的事件作判决，或者作出完全非法官之诚实判断的、明显不合理判决。

"广岛高判昭61·10·16判时1217·32"对判决持违法性限定说，判道"明显违背法官权限的旨趣而行使该权限"情形不止是以违法或不当目的作出判决的情形，还包括在审理阶段明显犯下像超越经验法则、证据法则，违背法官良知这样的非常识性错误的情形。

3. 立法论。或许与以上叙述有矛盾，若判决②的违法性限定说是以彻底保障法官独立为目的的话，那很难说它是达成该目的的充分条件。

因为只要原告主张前诉判决的法官有违法或不当目的，那在理论上就有将法官作为证人传唤到法庭上的可能性，[2]这会给法官带

121

---

〔1〕　西村宏一："法官的职务行为与国家赔偿"，载《判夕》1963年150号84页。
〔2〕　现实中这种可能性极小，参见阿部泰隆："裁判与国家赔偿"，载《法律人》1992年993号77页。

来心理影响，虽然是小影响，但也不能无视。

在可以向对公务员个人请求损害赔偿的英美，原则上，即使法官有恶意，也予以免责，这是为了避免前述可能性。在比较衡量"免除在违法或不当目的下作判决的少数法官的民事责任"所带来的负面影响，和"消除法官因怕站在损害赔偿诉讼被告席上而畏缩"所带来的正面影响后，其作出了后者价值更大这一判断，采用了法官绝对免责的方针。

122　旧西德 1981 年《国家赔偿法》规定："带着拘束效果来终结裁判程序"的裁判或者"获得裁判之基础"的诉讼行为违反义务时，该违反构成犯罪且该裁判被（确实）废止是国家责任的要件（第 5 条第 1 款第 1 句）。其意图是：不但防止实质上相互矛盾的判决并存，还防止如下情况，即只因原告主张该法官在裁判时有犯罪行为，法官就要作为证人被传唤到法庭上。

1980 年制定的台湾地区"国家赔偿法"第 13 条也从同样的考量出发，规定"以裁判和起诉为职务的公务员在执行职务时侵害国民自由或权利的，只有在与该职务犯罪相关的有罪判决生效后，才适用本法的规定"。

有人指出即使在我国，很多以违反法官职务行为为由的国家赔偿请求都意在报复败诉判决，[1]鉴于此，作为立法论，需要设置像西德 1981 年《国家赔偿法》那样的限制。

石川明教授也说道"可以将法官的损害赔偿义务限定于与该判决相关联，做出了刑事处罚这一情形，但为追究其责任，该判决被再审撤销是前提"；对课赋与西德 1981 年《国家赔偿法》第 5 条第 1 款第 1 句相同的限制给予了肯定。[2]

但从解释论角度看，是否可以课赋那样的限制，颇有疑问，但其作为立法论还是值得考虑的。

---

〔1〕 大藤敏："法官职务行为之国家赔偿案件的判例动向与若干问题"，载《讼务论集》1988 年 1 卷 4 页。

〔2〕 石川明："判决法官特权"，载《判夕》1983 年 501 号 55 页。

4. 违法一元说。采用判决②那样的违法性限定说后，若违法性被认定，那当然就满足了故意过失要件，也就成了违法性一元判断。

（三）违法性限定说的射程

1. 裁判的本质

（1）判决②的射程。如何考虑判决②的射程，是个重要问题，对这一点的判断并不容易。因为判决②对为什么在国家赔偿法上那样限定裁判的违法，没有说明理由。但判决②说判决①跟其意思相同，而判决①限定违法性的理由是源于裁判本质的制约，即使在此，裁判本质是什么，也没有任何论述。下面在揣测判决②旨趣的同时，探讨其射程。

在本案中当事人主张已生效判决违法，本案法官是否是考虑了本案以外情形而作出判决？首先对此作一考察。

在以裁判违法为由而提起国家赔偿诉讼的案件中，会出现如下情形：（A）主张已生效判决违法；（B）主张前诉的判决违法，在上诉中另外请求国家赔偿；（C）在国家赔偿诉讼中向在上诉或再审中被撤销的违法裁判问责。严格讲，在情形（C）中，有必要区分撤销前诉判决的判决是否已生效，在此基础上进行考察。

（2）判决的相互抵触、三审制度。在情形（A）中，第一，即使不产生与判决的既判力相抵触的问题，也会出现对在实质上与前诉判决相矛盾的判决予以认可的问题。在刑事诉讼中被判处侵占罪的人在公司提起的损害赔偿诉讼中否定侵占事实，法官接受被告的主张，驳回原告的请求，这在理论上是成立的，在现行诉讼制度上，也不能否定这种可能性。

但此时，在后诉的民事诉讼中前诉的刑事判决的违法未被主张，只是与"作为该判决基础的侵占事实认定"相矛盾的主张得到了认可。而在情形（A）中当事人主张了前诉判决本身的违法。

第二，与尽管用尽了上诉方法，但还是败诉的情形不同，可上诉但懈怠上诉者请求国家赔偿的话，可能产生与上诉制度之旨趣相抵触的问题。当然，在无归责于本人之事由的情况下无法提起上诉的，不会有这一方面的问题。

124　　　第三，在争论最高法院的判决违法时，对其违法若认可再审以外之审查的话，有悖于三审终身制度。

　　参照以上几点可以认为，情形（A）对违法性的认定特别严格。

　　而情形（B）不存在上述问题，但对用上诉以外方法争论裁判违法予以认可的话，有可能与上诉制度的旨趣相抵触。

　　情形（C）是问题最少的，但或许会有如下看法，即在撤销前诉判决的判决尚未生效的案例中，应该在生效后请求国家赔偿。

　　（A）（B）（C）之间，在判决抵触、审级制度方面会有以上不同。所以，若判决①与判决②中的源于裁判本质的制约主要源于判决的相互抵触、三审制度的话，那在（A）（B）（C）之间认可违法性要件存在差异也是合理的。

　　但判决②没有表明这仅限于情形（A）。但与判决②有着相同意思的判决①判道，制裁决定的抗告、特别抗告被驳回，制裁决定生效了，故只要没有其他的特别情形，该决定不违法；并将符合情形（A）作为限定违法性的理由。所以，对将判决②的判旨援用到情形（B）（C）之事，必须慎重。

　　（3）"仅限于主张已生效判决违法"的判例。在这一点上值得关注的是"东京高判昭60·5·17判时1159·98"。在本案中，基于《法庭秩序维持法》的拘束命令、制裁决定的抗告、特别抗告被驳回后，主张该拘束命令、制裁决定违法而提起了国家赔偿诉讼。

　　该判决判道："裁判所具有的不可争力不只是指通过该裁判程序
125 中的通常不服申诉方法已无法争议，还指在其他裁判程序中原则上也不允许将该裁判本身当否作为诉讼对象。这即使从裁判制度本质来看也是理所当然的（这问题与如下问题不同：是否可以在其他裁判程序中争论前判决已认定的同一'事实'）。所以应该这样理解：关于已生效的判决，只要没有像法官在违法或不当目的下作判决等明显违背法官权限之旨趣这样的足以推翻裁判的不可争力（合法推定）的'特别情形'，就不允许以其违法为由请求国家赔偿。"

　　该判决明显考虑了判决②，但两者还是有微妙的差别。即判决②在适用肯定说之下采用违法性限定说，而上述东京高等法院判决采用了适用限制说。但因使用"合法推定"这一表述，又好像不一定是适用限制说，或许该判决认为：在法官有违法或不当目的以外的情形中，已生效判决应被视为合法。这也是同判决没有明确引用判决②的理由。

但如前所述，是在国家赔偿请求的认可层面限制，还是在违法性认定层面限制，只不过是理论上的问题。重要的是被课赋何种程度的限制，在限制程度方面，上述东京高等法院判决沿袭了判决②。

耐人寻味的是：判决②对为何要课赋限制未作任何说明，而上述东京高等法院判决明确说道限制源于判决的不可争力。所以，判决的射程也仅限于如下情形，即对已生效判决有争议（一审"东京地判昭57·11·17讼月29·6·1046"在仅限于已生效判决的情况下，采用了违法性限定说）。

由此也可窥见，在向上诉制度、审级制度、判决的不可争性等求得源于裁判本质的制约根据时，将判决②的射程限定于情形（A）中也是有充分理由的。

"大阪地判昭59·4·27判时·1136·98"也判道，"……民事判决的目的是终局性地、确定性地解决当事人间的纠纷。鉴于此，只有通过民事诉讼法规定的上诉与再审程序解决当事人对法院判断的不服。所以，有关当事人间特定纠纷的民事判决在通过民事诉讼法规定的程序得以生效后，只要没有该判决基于法官恶意下的事实认定或法律曲解而作出等特别情形，该法官的行为就可以理解为没有任何违法，只在此时，才可以对法官的判决认可源于其本质的制约"；仅在情形（A）中采用违法性限定说。

（4）自由心证主义、法令解释的相对性。但是，若源于裁判本质的制约起因于事实认定中的自由心证主义、法令解释的相对性的话，那就没有合理性根据来认可（A）、（B）、（C）在国家赔偿法的违法性方面存有差异。

实际上，"仙台高判昭61·11·28高民39·4·83"对再审后获得无罪判决者主张有罪判决违法的国家赔偿请求〔情形（C）〕，强调裁判中事实认定的特性，基本沿袭判决②作出了判决。

即该判决判道："对诉讼物（刑事中为公诉事实）适用法律，判断是否存在申诉的权利义务（国家的具体刑罚权），在这样的结构中，作为诉讼物核心的事实认定只有基于当事人在法庭上所提交的证据而作出，原则上不允许通过其他方法来确认事实，这样，只通过证据而认识的事实具有一本质——有时难免会出现与实体性真实有差距的结果，鉴于此，只要不是法官在评价证据力时超越赋予法官的自由心证上的裁量权，随意无视经验法则、论理法则而作出判决，那以该判决在后来的再审中被推翻为由，直接说其构成前述违法行为的话，就会导致在某种意义上否定诉讼制度本身这一难以接受的结果。"

（5）法官独立的保障。那么，向法官独立保障的必要性获取源于裁判本质的制约的根据，如何？

在此情形中，可以说没有充分的理由让（A）、（B）、（C）的违法性要件不同。的确，在情形（C）中，成为国家赔偿请求对象的前诉判决的违法在上诉、再审中得到确认，也就是过滤后的事物成为对象，所以，"国家赔偿请求完全是在找茬儿"的可能性很小，但这并不是说与情形（A）（B）相比，情形（C）可以更和缓地认定违法性。

若强调法官独立的话，与其说会得出"在情形（C）中应比本判决还更缓和地认定违法性"这一结论，还不如说更容易在情形（A）（B）中导出"不允许请求国家赔偿"这一适用限制说。

（6）数个理由。以上论述有个前提：说源于裁判本质的制约时，裁判的本质是一个。但没有理由将该本质限定于一个。实际上，有的判例列举了数个根据。

例如，"东京地判昭59·6·25下民35·5~8·349"将刑事诉讼法所采用的自由心证主义、上诉或再审的救济制度作为违法性限定说的根据。"大津地判昭60·8·26判夕569·60"列举的根据是：上诉等同一诉讼程序内的不服申诉方法、法官独立原则、自由心证主义、法律解释的相对性。

另外，将裁判的程序保障作为理由，适用判决②的法理的有

"仙台地判平 3·7·31 判时 1391·19"。

（7）此后的最高法院判决。从上可窥见：明确或默默引用判决②，采用违法性限定说的下级审判例也因为判例②没有明示其论据，所以理由未得到统一。

在考虑判决②的射程时，作为违法性限定说之基础的"裁判本质"是什么，明确此问题是前提，而最高法院就这一点没有作出明确判决，让人甚感遗憾。

此后，最判昭 57·3·18 判例集不登载、最判昭 57·3·26 判例集不登载、最判昭 57·7·16 判例集不登载、最判昭 57·9·9 判例集不登载都沿袭了判决②的法理，但它们都没有登载在判例集上。但是，"最判平 2·7·20 民集 44·5·938"（在本节二中称"判决③"）判道：即使在有罪判决在再审中被撤销，无罪判决已生效的案例中，也适用判决②的法理。判决③也没有陈述任何理由，这不禁让人推测：与判决间的抵触、审级制度相比，是不是更倾向自由心证主义、法官独立性的保障，获取判决②中违法性限定说的根据。

判决②所采用的违法性限定说虽考虑审级制度，但有过分限定违法性的倾向，而对像判决③案情那样的、没有必要考虑审级制度的情形，适用判决②的法理是否妥当？颇有疑问。

2. 诉讼的裁判

（1）刑事判决。必须明确的是：在考虑判决②的射程时，必须考虑法官职务行为中的哪几类。关于这一点，判决②明示的是以"诉讼的裁判"为对象。"诉讼的裁判"是指当事人对权利或法律关系的存在与否发生争议时，让双方当事人参与到程序中，法院对争议予以裁断。

所以，首先，本案与民事判决相关，刑事判决是否属于射程内，有必要讨论。实际上，前揭"广岛高判昭 61·10·16 判时 1217·32"、前揭"仙台高判昭 61·11·28"对刑事判决也适用判决②的法理。判决③也同样。

但是，前揭"东京地判昭 59·6·25"就刑事判决成为国家赔偿法上之违法的情形，判道，"只限以下两种情形：法官在违法或不

128

当目的下，明显违背其权限宗旨而行使其权限（最高法院昭和 57 年 3 月 12 日第二小法庭判决，民集 36 卷 3 号 329 页）；有如下重大过失，即事实认定时明显超越经验法则，在当时的证据资料、情况下，在一般法官合理判断下不会作出那种事实认定"。这明显比判决②更广泛地理解违法性。

之所以作这样不同的处理，不是因为情形（A），而是因为情形（B）吗？不是因为民事判决，而是因为刑事判决吗？还是因为没有考虑这些差异，认为判决②的违法性要件太严格了？对此尚无定论。

该东京地方法院判决在刑事判决的违法性标准这一标题下作了前述说明，说道"刑事判决构成国家赔偿法上的违法是因为"，由此也可以看出其前提是与民事判决相比，刑事判决应该更加扩大被害人救济。但若是如此，则需要更详细的说明。

该判决作为限定违法性的根据而列举的自由心证主义、上诉再审的救济制度也通用于民事诉讼，但只有它们还不足以让区别处理正当化。

但在刑事诉讼中，有了超出合理怀疑的确信之后才能作有罪判决，这一特性民事诉讼没有，这一点有可能让两者在违法性判断上产生差异。[1]

但很明显，判决③采取的立场是不区分刑事判决、民事判决，同样采用违法性限定说。可以预想今后的下级审判例会受其影响。

（2）保全行为。保全行为要求紧急性、秘密性。实务上，几乎是不经口头辩论就作出决定，予以实施，只要阐明被保权利的存在和保全的必要性就足矣（民保 13 条 2 款），但还是"诉讼的裁判"，上述保全程序的特性可以成为限定违法性的根据，故可以理解为处于判决②的射程内。

另外，变更本案判决的判决作出后，假执行决定失去效力，此时，原告对假执行造成的，或者为避免假执行而让被告遭受的损害，

---

〔1〕 阿部泰隆："裁判与国家赔偿"，载《法律人》1992 年 993 号 72 页；大出良知："弘前事件国赔二审判决的质疑"，载《法时》1987 年 59 卷 5 号 80 页。

承担无过失责任［民诉198条2款（新民诉260条2款）］，可以推 130
定在假处分中申请人有过失，所以以该决定违法为由认可国家赔偿
责任没有什么实益。[1]但申请人的资力不足时，另当别论。

（3）法庭秩序维持法的制裁。法庭秩序维持法的制裁在没有再
审制度这一点上，与判决不同，但它包含在判决②所说的"诉讼的
裁判"中。这可以从如下情况中得知，即在判决①——说判决②也
是该意思——的案情中争议的对象是同法下的决定。

"东京地判昭60·3·29判夕559·139"、前揭"东京高判昭
60·5·17"也对同法下的决定，作出了遵从判决②的判决。

（4）逮捕证、搜索扣押证的发布。逮捕证、搜索扣押证的发布
不是让双方当事人参与其中，不能说是"诉讼的裁判"，不在判决②
的直接射程内。

但判决②是关于"诉讼的裁判"的案件，故暂且可以看作仅限
于此作判决，但也不否定判决②的法理适用于此外的情形。所以有
必要讨论判决②的法理是否也适用于"诉讼的裁判"以外。这一点
是否能得到肯定？因对判决②所采用的违法性限定说的根据的理解
不同而结果不同。

判决②的法理是否适用于搜索扣押证的发布，对此下级审的判
例看法不一。"大阪地判昭61·5·26判时1224·60"采用否定说。
该判决以如下判断为由不适用判决②的法理，并认可了原告的请求，
即搜索扣押证的发布是基于司法警察的请求，不管嫌疑人看法而作
出的行为，是具有行政性质——不以权利或法律关系的终局性确定
为目的——的判断行为。

对此，"大阪高判昭62·2·24判时1227·51"认为搜索扣押证
的发布是法官就事实问题、法律问题选择结论的判断行为，判决② 131
的法理是妥当的。只是该大阪高等法院判决认定原本法官就没有故意
过失，而该判旨是旁论。另外，"东京地判昭63·4·25判时1276·
60"就对嫌疑人以外之第三人发布搜索扣押证一事，适用判决②的法

---

〔1〕　阿部泰隆："裁判与国家赔偿"，载《法律人》1992年993号76页。

理，否定了违法性。

　　并不是说在对搜索扣押证的发布认可准抗告、法官独立的要求、自由心证主义等方面，没有与"诉讼的裁判"相区别的充分根据，就完全不允许将判决②的射程扩张至该情形。而如下见解也是有充分的理由：它与采用抗辩主义的裁判不同，具有行政性质——不以权利或法律关系的终局性确定为目的，处于判决②的射程外。

　　逮捕证发布与搜索扣押证发布不同，没有关于准抗告的规定，判例也否定准抗告，[1]但可以在拘留裁判阶段争议逮捕证发布的合法性，故其关于违法性的判断，与后者基本相同。

　　另外，关于逮捕证的发布，还有个问题，即是否可以在其执行前请求国家赔偿。在这一点上让人产生兴趣的判例有："东京地判昭62・12・21 判时 1295・77"、"东京高判平元・1・24 高民 42・1・1"、"最判平 5・1・25 民集 47・1・310"。

　　在该事件中，逮捕证发布后，尚未逮捕、逃亡中的嫌疑人的父母与订婚人因"嫌疑人尽管有不在场证明，但仍发布逮捕证"一事而遭受了精神痛苦，请求支付抚慰金。

　　作为一审的前揭"东京地判昭 62・12・21"判道：即使最终可以在民事诉讼中审理有关犯罪事实是否存在、行为的违法性，但在刑事程序进行中必须优先进行刑事程序法规范下的审理，现行法制度不允许先于刑事程序，在民事程序中以不存在犯罪事实为由判断有无嫌疑或以此为前提之行为的违法性。二审判决也持同样立场。

　　这些下级审判决所持的前提是：不仅是对逮捕证的发布，还对刑事程序的违法，一般都可以通过国家赔偿进行问责，但仅限于像刑事的无罪判决已生效、以没有犯罪嫌疑为由作不起诉处理等，与被疑事实相关的刑事程序已经结束的情形。

　　所以，对刑事判决采用适用限制说，对民事判决在适用肯定说下不适用判决②——采用违法性限定说——的法理。但对刑事案件一般都采用适用限制说是否妥当，还有疑问。

---

　　[1]　最决昭 57・8・27 刑集 36・6・726。

前揭"东京地判昭62·12·21"列举了如下必要性，即避免不依据一连串旨在审理刑事诉讼法所规定之犯罪事实的严栓程序而审理，因为国家赔偿请求中所作的有无犯罪事实的认定不约束刑事诉讼中的法官。

考虑到在逮捕证发布后，执行前请求国家赔偿这一本案案情，有必要从侦查的秘密性角度进行探讨。

前揭"最判平5·1·25"判道，"虽然发布了逮捕证，但嫌疑人在逃亡中，逮捕证无法执行，在逮捕证反复更新的时点，嫌疑人的近亲属不能以嫌疑人有不在场证据为由而主张如下判断违法并请求国家赔偿：逮捕证请求、发布中的侦查机关或发布令状的法官有相当理由足以怀疑嫌疑人已经犯罪。在上述时点，若可以请求法院对前述各判断之违法性的有无进行审理的话，就会严重妨碍侦查——侦查的目的与性质要求秘密性，这是现行法制度不想看到的"。

即在此阶段，不向令状审查法官以外的人公开侦查资料，向法官所提交的资料也只是显示逮捕理由与逮捕必要性的资料（刑诉规143条），这样，如下看法也不是不能成立：允许在逮捕证执行前以其发布违法为由请求国家赔偿的话，有可能让侦查资料先于刑事程序被公开，从而与侦查的秘密性相抵触，事实上可作为法律未规定的准抗告而发挥作用。假使侦查的秘密性是刑事诉讼法令的基本原则，即使这是前提，但它一定能成为否定逮捕证执行前请求国家赔偿的理由吗？仍有疑问；也有见解从解释论角度认可了逮捕的准抗告，[1] 还有见解认为：只有当逮捕证发布后，拘留前，嫌疑人的不在场证明非常明确，逮捕的必要性被消除时，才可以对逮捕证发布提起不服申诉。[2] 而且，从立法论角度说，对其认可准抗告也是适当的，[3] 故应通过认可国家赔偿请求来完善立法的说法也不是不能

133

〔1〕 田宫裕："逮捕与拘留——异同与关系"，载《法教》1987 年 77 号 50～51 页。

〔2〕 三井诚："可否实施逮捕的裁判与准抗告——以最高法院一决定为素材"，载《法教》1983 年 29 号 102～103 页。

〔3〕 小田中聪树："搜查实务的现状与律师活动的充实"，载《法时》1986 年 58 卷 10 号 23～24 页。

成立。

（5）法庭警察权。法庭秩序维持法的基础是法庭的警察权。若违反法庭警察权行使下的规制，就可以课赋法庭秩序维持法上的制裁。当因该制裁违法而请求国家赔偿时，就成为前述（3）的问题。

与此相对，遵守了法庭警察权下的规制，故不课赋制裁，但还是可以对该规制所致的损害请求赔偿。内培他（Repeta）诉讼就是例子。在该事件中，原告认为因不被允许在法庭内作笔记，遭受了精神痛苦，故请求赔偿抚慰金、律师费用。

"最大判平元·3·8民集43·2·89"（以下称"内培他诉讼最判"）判道：关于禁止法庭内旁听人作笔记的法庭警察权的行使，只要没有明显超越法庭警察权的目的、范围，或者其方法非常不当等特别情形，就不能说是《国家赔偿法》第1条第1款规定的违法的公权力行使。

法庭警察权行使本身不是"诉讼的裁判"，属于判决②的射程外。实际上，"内培他诉讼最判"也没有引用判决②。

法庭警察权是为实现适当且迅速之裁判而赋予裁判长的权限，当然与裁判有着密切的关系，但与裁判本身不同，没有必要在讨论法庭警察权在国家赔偿法上的违法时，直接将与裁判相互抵触、审级制度的关系等要素——在考察裁判在国家赔偿法上的违法时必须考虑的要素——作为问题。

当然，法庭警察权必须根据法庭状况迅速行使，鉴于此，就必须依靠最能准确把握法庭状况、对诉讼进展负全责的裁判长的广泛裁量，这是"内培他诉讼最判"所指出的，这可成为裁判长存在广泛裁量权的理由，但不是否定如下事物的理由：超越裁量范围的，被评价为违法。

"内培他诉讼最判"的旨趣并不明确，从其说"明显超越法庭警察权的目的、范围"来看，可以认为公权力启动要件的缺失不能直接构成违法。

关于禁止原告在法庭作笔记的措施，"内培他诉讼最判"一边认为"本案措施应该是缺失合理根据的法庭警察权的行使"，一边认为只要没有"明显"超越法庭警察权的目的、范围，就不能说违法。对此有疑问，若超越了被广泛认可的裁量权的范围，那就应该在评价为违法的基础上审查有无过失。

（6）调停或和解、请求的放弃或认可。对调停或和解、请求的放弃或认可等予以认可的行为，判决②的法理是否妥当？这是个问题。

在冒用被告姓名的诉讼中，争点是如下情况的违法性，即法官怠于确认被告的真实性，通过认可诉讼请求来结束诉讼；而被告主张对如下行为适用判决②的法理：含判决、决定等典型诉讼裁判在内的、要求法官独立的司法权固有的，还对该事件具有公权的最终判断性的（例如，裁判上的和解、诉讼请求的放弃或谅解等的认可行为），并且以与其必然相伴的事实认定与法律判断为内容的行为。

但是，"东京地判昭62·12·9判夕663·163"没有直接回答这个问题，以法官无过失为由驳回了诉讼请求。 135

在认为负责票据诉讼的法官结束辩论、无视要求转入普通诉讼程序的申述、没有再次开展口头辩论等违法而提起国家赔偿请求的案件中，前揭"大津地判昭60·8·26判夕569·60"将上述理由都作为判决②射程内的问题来处理，适用了违法性限定说。

另外，没有登载在判例集上的"神户地尼崎支判昭59·3·22"对调停行为也适用判决②的法理。

在国家赔偿中，就法官所作的议和、调停等，作有别于判决、决定的不同处理似乎没有充分根据。

虽说是法官的职务行为，但却是纯粹的司法行政事务，对如"京都地判昭57·3·26讼月28·11·2088"那样，回应其他公署的协助请求而作的行政协助行为，在认定行为违法性时没有必要设置与普通公务员不同的要件。

（7）裁判的迟延。就对裁判的迟延进行问责的国家赔偿请求，是否使用判决②，需要慎重考虑。因为此时争论的不是裁判内容的违法，即使判决生效后提起了国家赔偿请求，也不会导致实质上相互矛盾的判决并存的状态，也不会产生与上诉制度、再审制度相关联的问题。

德国《民法》第 839 条第 2 款一边规定法官作判决时违反职务义务的，只有当该违反受到刑罚处理时，才承担损害赔偿责任；一边在但书中规定违反职务义务后，拒绝或延迟职务执行的，不适用该规定。

另外，在法国，1972 年 7 月 5 日的法律认可了司法公务瑕疵的国家责任；而公务瑕疵只存在于重大过失或拒绝裁判中，在重大过失的认定中，存在与既判力相调整的问题，所以实际上只在判决延迟情形中被认可。[1]

但是，从裁判独立的角度说，如下讨论也不是不能成立，即应该在针对裁判迟延的国家赔偿中限定性地理解违法性。

值得关注的是，对宣判的迟延，"东京地判昭 51·5·31 判时 843·67" 认定法官有过失。

3. 法官以外者的职务行为。下面考察一下将判决②的法理扩大到法官以外者的职务行为的判例。

（1）执行官。"横浜地判昭 60·4·25 判时 1160·131" 的案情是：执行占有移转禁止（执行官保管，债务人使用）的假处分后，作为债权人的原告在本案诉讼中胜诉，或者调解成功后，拿着该胜诉判决和调解书的正本向假处分债务人提出执行时，因该执行债务人以外的第三人实际占有了标的物的不动产，执行官认为不能基于本案债务人名义请求第三人退出，故没有执行，该不执行的违法性受到争论。

该判决说道，"执行官作为独立的司法机关，除接受所属的地方法院的一般指导监督外，还应该对所受理的事务，自我判断，独立地执行职务，即使在处理事务时，需要对法律解释、适用进行判断的，也一样；对执行官的处理或延迟不服的当事人应该根据法定程

---

〔1〕 J. 里贝罗著，兼子仁、矶部力、小早川光郎编译：《法国行政法》，东京大学出版会 1982 年版，第 327 页；沈泽正："各国国家补偿法的历史展开与动向——法国"，载《补偿法大系 1 卷》52 页；罗杰、法布尔著，若林安雄译："法国法上的'法官责任'"，载《判夕》1983 年 499 号 56 页。

序表达不服，申请更正；应该说，除该执行官在执行职务时故意在违法、不当目的下解释、适用法律等被认为违法职务权限之旨趣的特别情形外，不能以上述法律解释、适用的错误为由请求国家赔偿法上的损害赔偿"。137

该判决没有明显引用判决②，感觉其所持的是适用限制说，但在下述内容上，其扩大了判决②的射程：只有在明显违背执行官权限的旨趣时，如执行官基于违法或不当目的而行动等，才肯定职务行为的违法性。

（2）行政委员会。"东京地判昭 60・10・28 判时 1210・86"在对中央劳动委员会的救济命令进行问责的国家赔偿诉讼中指出了源于准司法判断之本质的制约，即作为判断机关的行政委员会的独立性、不服申诉或审级制度、自由心证主义、价值评价多样性等所产生的局限；并采用了违法性限定说——劳动委员会对法令所作的解释适用的错误只不过是在救济命令撤销诉讼中应得到纠正的事项，故只有在像劳动委员会在违法或不当目的下发布救济命令等足以认为明显违背权限旨趣的特别情形中，才可以说构成国家赔偿法上的违法。

（3）检察官的侦察、公诉的提起与推进。另外，前揭"仙台高判昭 61・11・28 高民 39・4・83"认为在国家赔偿法上之违法性判断的实质层面上，检察官与法官没有实质上的差异；对检察官的侦查、公诉的提起与推进也采用了违法性限定说。

但是，判决②的违法性限定说即使考虑到了裁判情形，也有过于严格之嫌，所以将其适用于（1）（2）（3）这样的法官以外者的职务执行时，必须慎重。

（4）上诉的懈怠。"最判昭 57・2・23 民集 36・2・154"（在本节二称"判决④"）判道：关于不动产强制拍卖事件中的执行法院的处理，有"执行法院自己应纠正该处理"等特别事由的情形暂且不论，在非上述情形中，即使在权利人依据强制执行法的程序请求救济方面有懈怠，并因此产生了损害，也不能请求国家赔偿。

德国《民法》第 839 条第 3 款规定，"被害人因故意或过失，在通过行使法律手段（Rechtsmittel）来避免损害方面有懈怠的，不产生赔偿义务"。但判决④就强制执行法上之救济程序的懈怠，适用与德国职务责任情形相同的"要防卫，要索赔"法理，值得关注。

适用判决④法理的下级审判例有："东京地判昭 58·12·13 判时 1109·111"、"鹿儿岛地判昭 59·12·26 判时 1145·117"。前者判道，"原告尽管可以作为利害关系人（申请债权人）阅览记录，但却没有这么做，也没有对竞拍许可决定提出不服，所以假使原告有损害，也不应该向国家请求恢复"；并认为如下过失也在判决④的射程内，即"调查是否有借贷"等的不动产竞拍评价过失。但在旁论部分也判道执行官没有过失。

后者判道：有人主张不动产自由拍卖中执行法院有原原本本采用评价人错误评价的违法，与此相对，原告所主张的损害因原告懈怠强制执行法上的救济程序所致，故原告不能请求国家赔偿。对最低竞拍价格的决定、公告，也适用了判决④的法理。

在基于抵押权而竞拍的土地上存在抵押人以外的所有者，拍得人以此为由提出了损害赔偿请求，对该请求，作为被告的国家抗辩道：不能一边怠于通过异议申诉、即时抗告等竞拍程序内的法定不服申诉方法予以纠正，一边另外再请求国家赔偿。而"名古屋地判昭 59·6·14 判时 1140·100"没有直接言及被告的上述抗辩，以不存在过失为由驳回了请求。

重要问题是与强制执行法上救济程序之懈怠相关的判决④的法理也可适用于上诉的懈怠情形。这样一来，可通过上诉来避免损害，而怠于上诉并使判决生效的，可根据适用限制说，不认可国家赔偿请求。

但是，如前所述"（二）1"，判决②在适用肯定说上采用违法性限定说。另外，判决④重视的是：不动产强制竞拍事件中执行法院依据债权人之主张、登记簿之记载及其他记录中显现的权利关系的外形来处理。而人们期待判决是基于严密的证据调查而作出慎重判断，在对为避免损害而使用救济程序的期待度上也存在差异。所以，判决④的法理考虑到了强制执行程序的特殊性，但没有考虑到懈怠上诉这样的情形。

但是，该判决的基本理念不仅适用于上诉的懈怠情形，还适用于抗告诉讼、行政复议的懈怠情形。所以，事实上，德国《民法》第 839 条第 3 款的法律手段是个包含上述一切的广泛概念。

另外，旧西德 1981 年《国家赔偿法》第 6 条也规定"被害人在通过法律救济手段（Rechtsbehelf）——含提起诉讼、其他旨在再审查公权力行为之合法性的一般法律程序手段——来避免损害方面有懈怠的，不作金钱赔偿。被害人在无归责于己之事由的情况下怠于行使法律救济手段以及其他程序手段的，不在此限"；并认为不仅是上诉，行政诉讼等也具有第一次性权利救济手段的地位，因应归责于己之事由而怠于行使第一次性权利救济手段者不能请求作为第二次性权利救济手段的金钱赔偿。

确实，从立法论角度看，将上诉的懈怠作为第一次性权利救济手段，将国家赔偿请求作为第二次性权利救济手段的机制也并不是不值得讨论。鉴于我国的国民意识，对将该法理扩大到行政诉讼的懈怠情形，应该持消极态度。

三、事实行为

（一）权力性事实行为

1. 违法性判断。在权力性事实行为中，关于违法性判断，基本与行政行为相同。因为这些事实行为也服从依法行政原理，只有在有作用法上的根据时，才能启动。

当启动的实体要件充足，且也具备程序要件的（另外，《行政程序法》在不利行政行为的定义中排除了"事实行为，以及为明确事实行为的范围、时间等法令规定的作为程序的行政行为"。参照同法第 2 条第 4 项二），该权力性事实行为才会合法。

被认为欠缺公权力启动要件且有故意过失时，产生国家赔偿责任。例如，"横滨地判昭 62・3・17 判时 1254・103"认为"超出必要且相当限度而行使实力，本来就不能说是合法的职务执行"，机动

140

队员的行为构成违法，且"从该行为的样态看明显存在过失"；实施了过失认定的二阶段审查。

但也不是完全没有判例像"东京高判昭 53·10·17 判时 916·35"那样，肯定警察职务执行法上的行为超越被许可范围，但却否定国家赔偿法上的违法。

2. 武器的使用。《警察职务执行法》规定了警察对罪犯使用手枪的要件。该法第 7 条规定"警察为逮捕犯人或防止其逃走、保护自己或他人、抑制对公务的抵抗而认为有必要时，可以在应对该事态的合理、必要的限度内使用武器。但是，除《刑法》（1907 年法律第 45 条）第 36 条（正当防卫）、同法第 37 条（紧急避险）的情形，或符合下列各项之一的情形外，不得给人带来危害"。

接着，第 1 项写道，"实际犯下或者有充分理由足以怀疑已犯下有可能判处死刑、无期徒刑、3 年以上有期徒刑者抵抗警察对其的职务执行或者拟逃亡时，或者第三人为让其逃亡而抵抗警察时，警察有相当理由足以相信无其他手段来预防和逮捕的"。第 2 项写道，"本人抵抗警察对其的逮捕、拘留或者拟逃亡时，或者第三人为让其逃亡而抵抗警察时，警察有相当理由足以相信无其他手段来预防和逮捕的"。

不符合该要件，开了枪，让相对人伤亡的，该权力性事实行为被视为违法，若被认定有故意过失的，产生国家赔偿责任。[1]

相反，符合该要件，开了枪，即使使相对人伤亡的，也是正当行为。[2] 只击脚就可以的，却击了胸时，因违反比例原则而可被视为违法。[3]

3. 第三人的中弹。权力性事实行为有时不是给相对人，而是给第三人造成损害。此时的问题是如何在与第三人关系中作违法性判断。

---

〔1〕 大阪地判昭 35·5·17 下民 11·5·1109。

〔2〕 东京地判昭 55·3·31 判时 974·105。

〔3〕 东京地判昭 39·6·19 下民 15·6·1438、东京地判昭 45·1·28 下民 21·1＝2·32。

在这样的情形中，德国认可牺牲补偿请求权（Aufopferungsanspruch），我国没有这样的法理。

这里会产生一个问题，即是否采用（人的）违法性相对说——独立判断"与权力性事实行为相对人关系中的违法性"和"与权力性事实行为第三人关系中的违法性"。

《警察手枪警棍等使用与处理规范》（1962 年 5 月 10 日国家公安委员会规则 7 号）规定了警察的手枪使用，其中的第 5 条（4）规定"不得将枪口朝向目标物以外者或者有可能因反射而伤及人的方向"，第 9 条规定"使用警棍等时以及使用手枪时，在任何情形下都必须注意不危及或伤及相对人以外的人"。

旨在保护第三人的国家公安委员会规则的这些规定没有在《警察职务执行法》第 7 条中规定，对警察职务执行法上允许枪械使用的情形，国家公安委员会规则不能予以限制，故应理解为更加详细规定同法第 7 条的要件。

所以，可以看成在同法第 7 条所说的"在应对该事态的合理、必要的限度内"这一要件中，包含了《警察手枪警棍等使用与处理规范》第 5 条（4）、9 条的旨趣。

这样一来，假定罪犯附近没有第三人，满足《警察职务执行法》第 7 条的要件时，即使在这样的事例中，附近有第三人，开枪后其被击中的盖然性很高，此状态下的开枪行为不符合"在应对该事态的合理、必要的限度内"这一要件，该开枪构成违法。

假设在该事例中，第三人没有中弹，只有罪犯被击中，那在与罪犯的关系中，视开枪为合法行为的见解也是成立的。但因不能否定其欠缺公权力启动要件，所以还是应该将其看成违法行为。只是作如下理解或许更妥当，即可以根据正当防卫、紧急避险等来阻却违法性，作过失相抵。

在前事例中，也可能出现罪犯与第三人都中弹，两者都死伤的情况。此时，从与第三人的关系上看，这当然是缺失公权力启动要件的加害行为，是违法的，即使从与罪犯的关系看，也是违法的，只是在与罪犯的关系中，可以阻却违法性，作过失相抵。

这样，违反《警察手枪警棍等使用与处理规范》第5条（4）、9条，开了枪的话，该开枪对任何人都应该看成违法。在与犯人的关系上，若采用"或阻却违法性，或过失相抵"这一解释的话，即使不采用（人的）违法性相对说——面对不同的相对人而对同一行为的违法性作不同的判断，也能保障实质妥当性。

即使是遵守《警察手枪警棍等使用与处理规范》第5条（4）、9条、《警察职务执行法》第7条之要件后开枪，罪犯和第三人都中弹的情况也不是完全没有可能。

在此情形中，在与罪犯的关系上，只要没有像"击腿即可，但却击中了胸部"这样违反比例原则的情况，就满足了公权力启动要件，开枪就合法。但在与遭受损害的第三人的关系中，是否也可以这样说。

或许要这样看：为了让在与该第三人的关系中也合法，警察职务执行法向任何人都课赋了"忍受同条要件下开枪所致损害的"义务。

但《警察职务执行法》第7条是否向罪犯以外的人课赋了忍受生命、身体之侵害的义务？这并不一定。

关于这一点，将在论及其他事例的基础上，于面予以论述（见8）。

4. 巡逻车等的追踪。下面考察一下巡逻车、警用摩托车追踪犯罪嫌疑人所驾驶汽车的事实行为。

巡逻车、警用摩托车或者逃亡中犯人汽车引发的交通事故，危及第三人的盖然性很高时，追踪可被视为违法。但对巡逻车、警用摩托车所为的追踪这一事实行为，法律并没有明确的规范。所以，有的下级审判例与国公立学校事故一样，从违反第三人安全保障义务的角度，进行过失一元判断。[1]

5. 最高法院判决。对此，"最判昭61·2·27民集40·1·124"判道，"警察的职责是：从异常举动和周围情况出发作合理判断，有相当理由足以怀疑嫌犯实施了某种犯罪的，要阻止该嫌犯并盘问，

----

〔1〕 福岛地会津若松支判昭50·2·6交民8·1·236。

或者尽快履行调查、逮捕现行犯（《警察法》第2、65条，《警察职务执行法》第2条第1款）。在警察基于上述目的而使用巡逻车追踪违反交通规则驾车逃跑人的职务执行中，第三人因逃跑车辆的行驶而遭受损害时，为了让该追踪行为违法，就需要说该追击行为对职务执行而言是没有必要的，或者参照从逃跑车辆的逃跑样态与道路交通状况等可预测的、有无损害发生的具体危险性及其内容后，说追踪的开始、持续或追踪的方法失当"；在违法性要件中对各种情形进行了比较衡量。

6. 事实行为启动要件的定式化。说该判决采用了职务行为基准说并非完全不能理解，但也可理解为将法律尚未明示的追踪——事实行为——的启动要件定式化了。在此情形中，缺失启动要件的追踪被评价为违法，并被追问在该要件缺失上是否有故意过失。

但不管如何，它是采用了行为不法说，[1]没采用相关关系说、结果不法说。最高法院的意思虽不明确，但从公权力启动要件缺失说的角度看，应该将该判决理解为追踪——事实行为——启动要件的定式化。

还有个问题，该判决是否站在（人的）违法性相对说上？即它是否有如下思维：与逃跑人的关系中被视为合法的追踪行为[2]在与第三人的关系中也可被评价为违法。这一点在判决中不确定。

既可以这样看：在与逃跑人的关系中追踪是合法的，以此为前提，只对与被害人（第三人）关系中的违法性作出了判断；也可以这样看：否定上述（人的）违法性相对说，提出了统一的违法性判断标准。

7. 不符合行为规范的追踪。关于这一点，应该作如下理解。未满足前揭"最判昭61·2·27"之上述要件的追踪行为在与任何人

---

〔1〕　高木光："国家赔偿中'行为规范'与'行为不法论'"，载《课题与展望》161页。

〔2〕　即使肯定（人的）违法性相对说，也并不当然意味着对逃跑者的追踪行为总是合法的。在该关系中，当然也适用比例原则（盐野《II》246页、稻叶馨《百选II》279页），违反该原则的追踪是违法的。

的关系中都是违法的，给第三人造成损害时，若故意过失被认定，就产生损害赔偿责任。

不仅是第三人，逃跑人也死伤时，该追踪行为只要欠缺要件，那在与逃跑人的关系中也是违法的；但在与逃跑人的关系中，可以作为自伤行为，因果关系被否定，或者违法性阻却事由、过失相抵事由得到认可。

8. 符合行为规范的追踪。最大问题出在如下情形：尽管是符合前揭"最判昭61·2·27"所判道的合法要件的追踪，但逃跑人、第三人还是遭受了损害。在这样的事例中，不少情况是否定追踪行为与事故之间的因果关系，但以下还是以存在因果关系为前提。

此时，逃跑人承担了忍受该追踪的义务，即使遭受损害，都道府县也不承担国家赔偿责任（是否可以放任该损害，这是另外一个问题。是否从结果责任角度予以救济，值得讨论）。

但在与第三人的关系中，情况是否一样？关于符合行为规范的追踪，"在与逃跑人的关系中追踪被认可"一事与"第三人必须甘愿忍受追踪所致的损害"一事无法直接相连。

不管对法律保留采用何种学说，为了说明第三人必须忍受该损害，就需要根据规范，但这样的根据规范并不明显存在。

前揭"最判昭61·2·27"采用的解释是：从授权追踪逃跑人的规定中也可以读出侵害第三人生命、身体方面的授权。[1]与"最判昭60·5·17民集39·4·919"和厚木基地第一次诉讼最高法院判决的思维相同。"最判昭60·5·17民集39·4·919"就检察官的总结陈词侵害第三人名誉信用的问题，认为检察官的总结陈词有利于法院适当认定判断与量刑，为此，必须保障检察官有在必要范围内自由陈述的机会，原则上，作为正当职务行为来阻却违法性。厚木基地第一次诉讼最高法院判决认为防卫厅长官行使自卫队飞机之飞行权限时，是向周边居民课赋了忍受该飞机飞行所必然伴随之噪音

---

〔1〕 藤田宙靖："行政活动的公权力性与第三人立场"，载《行政法的诸问题》（上）183页。

等的义务[1]。对此重大权利侵害的授权，说不需要明确的根据规范的话，不免让人担心法律保留原则会流于形式。

若认为追踪的授权规范尚不具有"向第三人课赋损害忍受义务"的根据规范的性质，那追踪即使符合行为规范，但在与第三人的关系中，也是无根据规范式地实施了侵害，即使适用国家赔偿法，在实质上也被判断为与民法不法行为相同的损害赔偿责任。

盐野教授说在与第三人关系中应该将违反结果避免义务作为问题，[2]可谓思维基本相同。而藤田教授也在此情形中否定与第三人关系中的公权力性，并暗示有基于民法而请求损害赔偿的理论可能性。[3]

权力性事实行为的根据规范，没有对符合启动要件的权力性事实行为所导致的第三人损害课赋忍受义务。这并不是说该根据规范当然没有课赋对第三人权利利益予以考虑的义务，所以，即使第三人没有被课赋忍受义务，该根据规范也有可能要求避免侵害第三人的权利利益。在此情形下，该行为规范合理，只要遵守了它，那在与第三人的关系中，就很有可能作为正当行为而阻却违法性。

另外，关于权力性事实行为，原本就会争论因果关系，所以出现难以认定有无违反公权力启动要件的情况也不稀奇。此时，即使在国家赔偿事件中，有时会在实质上通过民法上的不法行为框架来判断。

东山事件国家赔偿二审判决说道，"为镇压集体违法暴力行动而不得已使用催泪瓦斯，即使该使用本身被视为正当，但至少也要为避免击中、损害镇压对象以外者，而对发射的方向、角度、周围状况给予相当的注意"。[4]

使用催泪瓦斯的根据是《警察职务执行法》第5条，即使不符

---

〔1〕　最判平 5·2·25 民集 47·2·643。

〔2〕　盐野《Ⅱ》247 页。

〔3〕　藤田宙靖："行政活动的公权力性与第三人立场"，载《行政法的诸问题》（上）189 页。

〔4〕　东京高判平 2·12·20 判时 1371·27。

147　合同法第 7 条的武器，但也可以准用，满足同法第 7 条之要件的，可以开枪。在本案的情形中，没法确定何种样态下发射的催泪瓦斯造成了损害，也难以采用如下思路：首先认定因违反公权力启动要件而违法。

所以，与公权力启动要件不明确的学校事故情形一样，从违反注意义务角度出发，作了过失一元判断。

9. 立法论。以上从解释论角度，论述了第三人成为权力性事实行为之受害人的情形。依我看来，这些受害人常常得不到损害赔偿，不法行为责任有可能被否定。但对遭受损害的第三人，即使有时不认可其国家赔偿请求，但也不否定救济的必要性。

对于协助警察职务行使者的灾害，根据《协助警察职务者的灾害给付法》，都道府县承担结果责任。巡逻车等的追踪所致的交通事故受害人既不符合该法的给付要件，犯罪受害人等给付金支付法又不适用于过失所致的犯罪行为（同法第 2 条第 1 款），还是无法救济这些受害人。

所以，在否定国家或公共团体的不法行为责任的情形中，（保险、一般社会保障制度例外）除向加害人请求损害赔偿外，没有救济途径，而该赔偿请求几乎也没有实际效果。

也并不是不能基于《宪法》第 29 条第 3 款，作为为公共利益——抑制犯罪——而做出的特别牺牲，直接请求损失赔偿，但这与强制接种情形不同，缺乏强制的意味，有难度。所以期待能有认可结果责任的立法措施。[1]

（二）非权力性事实行为

1. 信息提供、告知

（1）相关关系说。关于信息提供、告知，即使其包含在《国家赔偿法》第 1 条第 1 款的"公权力行使"中，因本质上是非权力性
148　的，故有可能依据相关关系说来判断违法性。

---

〔1〕　远藤《上》243 页；阿部泰隆："警察巡逻车追击的违法性"，载《法学讨论》1987 年 387 号 118 页。

原告想购买土地，用于建设加油站，在向京都市规划局风景课长作事前协商时，被告知因是风景区，用以往的加油站形式难以取得许可，故放弃了该土地购买。但他人购买该土地后，获得了与原告规划相同的加油站的设置许可，原告认为风景课长的错误信息让其遭受损害，请求赔偿。在此案中，"京都地判昭47·7·14判时691·57"适用相关关系说，否定了违法性。

即在该事例中，原告还尚未购得土地，所以被侵害的利益较小，另外，风景课长的信息提供也只停留于一般的抽象物，不认为有害人之意，所以不能说侵害行为的情形严重。

（2）"不得错误解释法令"的行为规范。有这样的违法性认定方法，公务员执行职务时提供、告知信息，这有时是义务（参照《行政程序法》第15条第2款、《行政复议法》第57条等），有时不是义务，但都被课赋了遵守"不得错误解释法令"这一行为规范的义务。

例如，不是将《行政程序法》第15条第2款第2项的告知写成"在听证结束前"，而是误写成"在听证开始前"，这违反行为规范，构成违法，对此大家几乎没有异议。即使像前揭"京都地判昭47·7·14"那样，在信息提供、告知未被义务化的情形中，错误解释法令的，直接被视为违法，这或许更容易被人理解。

当然，信息提供、告知不是义务时，若对法令解释没有自信，就没有必要断言什么，也可以保留回答，就应该这样做，不应该断然提供、告知错误的法令解释信息。

另外，信息提供、告知未被法定化时与法定化时相比，一般而言，公务员的注意义务程度更低，故更难认定过失。

149

而且，在自愿做信息提供、告知的情形中，国民也不会囫囵吞枣式地接受被提供、告知的信息，而是自己也不断确认、收集信息。在何种程度上信赖、依靠公务员所给予的信息是妥当的？这需要综合评价该公务员的地位、各种情况。虽不能一概而论，但私人在此的懈怠会成为过失相抵的理由，有时也可能成为否定因果关系的理由。

（3）信息提供、告知在解释论上被义务化的可能性。在思考信息提供、告知的国家赔偿时有个问题是：即使没有让信息提供、告知义务化的明文规定，但在解释论上，这样的义务能否被认可？争论此问题的是永井诉讼。

《儿童抚养津贴法》第 6 条第 1 款采用了认定请求主义——符合儿童抚养津贴之支付要件者拟获得该津贴时必须接受都道府县知事对其资格与津贴金额的认定。同法第 7 条第 1 款采用了非求偿主义——津贴的支付始于有资格者依据前条规定请求认定之日所在月的次日。

该事件的原告认为，京都府知事违法地懈怠了"让京都府人民都彻底知道儿童抚养津贴的存在与内容"的义务，请求国家赔偿。"京都地判平 3·2·5 判时 1387·43"判道：该机制下的主管行政厅有让人都知晓的公告义务，该义务可以从《宪法》第 25 条之理念下的《儿童抚养津贴法》第 1 条、第 7 条第 1、2 款的解释中导出，是旨在保障社会保障或社会福利制度之实效的法义务，因不完全、不正确公告上述制度，导致有资格者不知晓该制度的，构成国家赔偿法上的违法。

根据该判决的思维，即使没有明文规定，也可以在解释上认可信息提供、告知义务，该义务的懈怠有时可以被评价为构成国家赔偿法上的违法。但作为二审判决的"大阪高裁平·5·10·5 讼月 40·8·1927"判道对儿童抚养津贴制度的公告即使是职责，也不是法义务，有明显滥用行政权情形的，另当别论，但公告上的不足不构成国家赔偿法上的违法；撤销了一审判决。

另外，即使在以信息提供、告知违法为由的损害赔偿被认可时，也还是可以讨论是否值得保护逸失利益，"只要填补了积极损害就足矣"的想法也是可能的。

2. 行政指导

（1）法定行政指导。可以与行政行为时一样，来考虑行政指导（"行政机关在其任务或所管事务的范围内，为实现一定的行政目的而要求特定人作为或不作为的指导、劝告、建议及其他行为，不包括行政行为"——《行政程序法》第 2 条第 6 项）在《国家赔偿法》第 1 条第 1 款上的违法性。

在行政指导中的法定行政指导中，没达到实体要件（规定了程序要件的，也含该程序要件）的，自然就不能实施该指导。即行政指导的启动要件法定了，未达到上述要件，但还实施行政指导的话，那就成为缺失启动要件的行政指导，会被评价为违法。

例如，根据《国土利用规划法》第 23 条第 1 款的规定提出申请后，当被认为该申请事项符合该法第 24 条第 1 款第 1 项～第 3 项中之一，不会明显妨碍含该土地在内的周边地区土地之适当且合理利用的，可以实施该法第 24 条第 1 款的劝告。缺失这些实体要件，实施了该劝告的，构成违法。

另外，实施该劝告时，必须听取土地利用审查委员会的意见（《国土利用法》第 24 条第 1 款），欠缺该程序的，违法。另外还必须在提出申请后 6 周内实施（同法第 24 条第 2 款），过了该期限的，也构成违法（但"广岛地尾道支判平 2·4·26 判例地方自治 77·44"认为过了劝告期限的行政指导并不直接构成违法）。

（2）法外行政指导。关于法外行政指导，不存在明文的启动要件，但参照依法行政原理来看，行政机关可以说被课赋了遵守如下行为规范的义务，即不应该实施直接与法令旨趣相抵触的行政指导。

总务厅行政管理局设置的（第二次）行政程序法研究会的《行政程序法纲要案》0801 条①也规定"行政机关作行政指导时，要注意不得超越相关法令的旨趣"。

认为金属玩具手枪符合《枪炮刀剑类持有取缔法》中的枪炮后，实施了中止其制造贩卖，回收已售出产品的行政指导。原告照做了，但在随后的刑事诉讼中，法院认为其不是该法所说的枪炮，作出了无罪判决。为此，原告以行政指导违法为由提出了国家赔偿请求，这就是所谓的金属玩具手枪事件。"东京地判昭 51·8·23 下民 27·5～8·498"判道该行政指导虽违法，但没有过失。

即只要"金属玩具手枪是该法所说的枪炮"这一解释违法，那以此为前提的行政指导就违法，但实施该行政指导的公务员尽到了必要的注意义务，故没有过失。

在所谓的石油内幕联盟刑事事件中，"最判昭59·2·24刑集38·4·1287"判道"鉴于行政灵活应对多变事态的必要性，当需要在石油业法上没有直接根据的有关价格的行政指导时，只要其通过社会普遍观念认为相当的方法来实施，且在实质上不与'保障一般消费者利益的同时，促进国民经济民主性地健康发展'这一反垄断法的终极目的相抵触，就没有将其视为违法的理由"。反过来说，这意味着实质上与反垄断法之终极目的相抵触的行政指导违法。

另外，"东京高判平5·10·28判时1483·17"判道：厚生省环境卫生局水道环境部产业废弃物对策室长的通知弄错了《废弃物处理与清扫法》的解释，都道府县知事收到该通知后实施的行政指导违法。即若该通知弄错了法律解释，构成违法的话，以此为基础的行政指导也违反法律旨趣，构成违法（在此事例中，厚生省的相关负责人被认为至少在错误解释法律方面有过失）。

（3）平等原则。这样，与法令旨趣相抵触的行政指导构成违法，即使没有违反明确的法令，违反法一般原则的行政指导也被评价为违法。

所以，例如，违反平等原则的行政指导也构成违法。《行政程序法》第36条规定"为实现同一行政目的，拟对符合一定条件的多数人实施行政指导时，行政机关要预先对应情况，规定通用于这些行政指导的、应成为行政指导之内容的事项，而且，只要没有行政上的特别障碍，就必须公布它们"。这不仅是为了提高行政指导的透明性，还意在防止产生不平等的行政指导。

（4）比例原则。另外，行政指导应该在获得相对人的自愿协助后实施，所以，出现强制时，违反比例原则，构成违法。

（第二次）行政程序法研究会的《行政程序法纲要案》0801条②规定"相对人明确表示不接受行政指导时，不得因该行政指导的继续而给相对人带来不利"。《行政程序法》第32条也规定，"必须留意的是：在行政指导中，从事行政指导者不得超越该行政机关的任务或所管事务的范围，行政指导的内容只能依靠相对人的自愿协助才能实现。从事行政指导者不得以相对人不服从行政指导为由，作出不利处理"。

违反比例原则的例子有下关商业高中事件——教育委员会对高中教师强制实施辞职劝告。"山口地下关支厅昭 49·9·28 判时 759·4"判道，"本辞职劝告已经超出了劝诱被劝告人自发形成辞职之意的限度，可以认为是在造成心理负担后强制其辞职"。"广岛高判昭 52·1·24 劳经速 1054·5"、"最判昭 55·7·10 判夕 434·172"也支持了该判断。

在该事件中，原告在诉讼提起的时点还没有辞职，所以没有请求损害赔偿，而是就精神痛苦请求了抚慰金。这样，行政指导即使没有达到其预设的目的，也可以因强制而被评价为违法。

行政指导只有在不与法律旨趣相抵触，且获得相对人自愿协助时才不违法。行政程序法的规定也没有禁止相对人自愿协助下的行政指导。

所以，例如，没有基于法律，而以指导纲要为根据，要求缴纳负担金的，只要其没有强制，就不能说违法。"最判平 5·2·18 民集 47·2·574"判道，"在考虑指导纲要的制定背景、制定程序、被上诉人所面临着的问题等后，为充实教育设施而要求企业家缴纳捐款的行政指导本身只要没有出现强制等损害企业主自愿性的情况，就不能说其违法"。

问题是，在什么情况下行政指导被视为强制、被理解为违法。关于指导纲要下的教育设施负担金的缴纳，与接收人的意思相比，前揭"最判平 5·2·18"更重视指导纲要本身及其运用的一般情况，之后，判该行政指导违法。

即判道：该案中的行政指导以拒绝签订水道给水合同等制裁措施为背景，向企业主课赋一定义务，另外，设置让其服从的一定程序，还毫无选择余地地具体规定教育设施负担金的数额，还有"作为义务向企业主摊派捐款，命令其缴纳"这样的表述；当时，不能遵从该指导纲要的行政指导的企业主事实上不得不放弃开发行为等；而且，也无法窥见负责人是在"负担金是企业主的自愿捐款"这一

153

认识上作行政指导；从这些行政指导的表述与实际运用来看，"基于指导纲要而要求缴纳教育设施负担金的行为"，与"面对减免等请求而以无前例为由予以拒绝"的态度相配合，欲在事实上强制其缴纳；该行政指导是违法的公权力行使。

可以看出最高法院在本事件中，与接收人的主观心理状态相比，其更看重指导纲要的表述、一般运用。因为在该事件中，指导纲要本身就包含了原则上违反水道法的制裁措施，对实践中不服从行政指导者拒绝给水，这被广泛报道后，原告难以明确作出不服从行政指导的意思表示。

所以，在无上述前提条件的情形中，接收人是否明确作了不服从行政指导的意思表示不是判断行政指导之自愿性的最重要因素。

另外，前揭"最判平5·2·18"只是说该行政指导违法，"大阪地界支判62·2·25判时1239·77"判道：基于宅地开发指导纲要而要求缴纳开发协助金的行政指导若是强制征收的话，就违反《地方财政法》第4条之5，构成违法；该开发协助金应是基于开发者自愿协助而缴纳的捐款，已经知道这一点，或者至少应该知道这一点，故至少有过失。

另外，行政指导持续期间，许认可等的保留是否具有违法性是极为重要的问题。对此，作为申请型不作为的违法问题的一环来处理。

四、行政权的不作为

（一）规制权的不作为

1. 行政权不作为的分类。行政权不作为成为问题的事例大体有三种情况。第一种情况是申请型不作为，此情形中，面对申请，在相当期间内不作行政行为，而后，申请人争议这一不作为的违法。第二种情况是因规制权行使而受益的人认为该权限行使的懈怠构成违法，并进行争议。

之所以要区分两者，是因为后者不得不考虑行政便宜主义、保护规范问题，具有不能与前者相提并论的一面。另外，后者可区分两种情形：存在被规制者、行政厅、规制受益者这三者关系的情形，以及为让国民免于自然现象、野狗等所致危害而行使规制权的情形。

第三种情况是像怠于处理废弃物这样的给付行政中的不作为构成违法，被问责。

申请型不作为，将在"（二）"中被讨论，这里对规制权的不作为进行若干探讨。尤其是以应如何理解此情形中的违法性为重点。

2. 关注以规制权不作为为由的国家赔偿。在我国，学界极为关注以规制权不作为为由的国家赔偿问题始于 1974 年左右。契机之一是："大阪地判昭 49·4·19 下民 25·1～4·315"认为没有行使宅地建设规制法之权限的行为构成违法。

但是，此前并不是没有将规制权不作为视为违法的判决。"最判昭 46·11·30 民集 25·8·1389"就是一例。如后所述（"18"），该案件有些特殊——作为土地区划整理事业之实施者的地方公共团体被追究了责任，所以没有给学界带来什么冲击。

在其他的事例中，以行政便宜主义（"东京高判昭 42·10·26 高民 20·5·458"等）、"反射利益论"（"东京地判昭 40·12·24 下民 16·12·1814"、"东京地判昭 44·12·25 判时 580·42"等）为由，驳回了请求。所以，首先考察一下行政便宜主义的问题。

3. 行政便宜主义。在法律规定"在 A 情形中，必须作 B 行政行为"的情形中，若满足 A 要件，那就不存在效果裁量，就产生作 B 行政行为的作为义务。

但即使在此情形中，有时也认可何时作该行政行为的时间裁量，假如时间裁量也不存在的话，那在满足 A 要件后，就会缺失 B 行政行为的不启动要件（产生作为义务），该行政行为的懈怠被理解为违法。在此情形中，对"怠于行使规制权"的违法，不难判断。

但多数情况是，就规制权的行使，认可"是否作该行为"的效果裁量，所以，以不作为违法为由的国家赔偿请求就必须回答如下问题，即尽管存在这样的效果裁量，但不作为还是被视为违法，为何？这就是行政便宜主义的问题。

为抑制行政权的过分行使，维护被规制者的权利利益，传统行政法学支持该行政便宜主义。所以，面对对"行政厅怠于行使规制权"进行问责的国家赔偿请求，被告方经常抗辩道：是否行使规制权，交由行政厅裁量，该行使并不是义务。

4. 裁量权收缩理论。即使在德国，在以怠于行使规制权为由的国家赔偿请求中，如何克服行政便宜主义的障碍是个大课题。作为克服该障碍的法理而出现的是裁量权收缩理论。

该理论不是从根本上否定行政便宜主义，而是在承认的基础上，在特殊状况下让规制权的行使成为义务，将效果裁量作为状况的函数来把握。这一点是其基本特征。

即一直以来，效果裁量的幅度为各个法律规范所固定，而裁量权收缩理论不固定同一法律规范之效果裁量的幅度，而是应对状况予以变化，在一定的状况下，该效果裁量收缩到零，产生作为义务。

问题是：对在怎样的状况下产生作为义务，法律没有明文规定，所以有必要通过解释来确定作为义务的生成要件。

5. 裁量权收缩的要件。裁量权收缩理论也进入了我国，[1] 给判例、学说都造成了很大的影响，有不少支持的声音。关于裁量权收缩到零的要件，在细微处虽有不一致的地方，但就最大公约数，达成了某种程度的一致。

即①被侵法益的重要性、②预见可能性的存在、③结果避免可能性的存在、④期待可能性的存在，这四项在裁量权收缩理论中通常作为作为义务发生的要件被列举。

6. 采用裁量权收缩理论的判例。采用裁量权收缩理论的初期判例有"东京高判昭 52·11·17 高民 30·4·431"（千叶县野狗咬死人事件二审判决）。使用裁量权"后退"这一表述，判道：作为义务发生的要件是：①有发生损害结果的可能，且现实中发生了这一结

---

[1] 就警察介入请求权，作出了先驱性成绩的有：保木本一郎："德国营业警察的展开"，载《东社》1968 年 20 卷 2 号 102 页；原田尚彦："行政法上之公权论的再检讨"，载《诉的利益》，弘文堂 1973 年版，第 53 页。

果时；②可以通过权限行使来防止结果发生；③在具体状况下该权限行使是可能的，对此予以期待是可能的。

在损害赔偿责任之有无成为问题的情形中，即使关于作为义务的要件，也需要合乎损害赔偿制度之理念的独立评价，因本判决站在这一立场上，所以没有言及预见可能性，这是一特征。虽没有涉及被侵法益的重要性，但本案是侵害生命的案件，并非任何法益都产生作为义务。

另外，"东京地判昭 53·8·3 判时 899·48"（东京斯蒙诉讼判决）认为一义性地定义裁量权收缩的要件是不妥当的，并大体认为"有发生'损害国民生命、身体、健康'这一结果的危险后，行政厅行使规制权的话，可以很容易防止该结果的发生，而且，行政厅不行使的话，就不能防止该结果的发生，在此关系中，行政厅知道或者应该容易知道上述危险已迫近，'被害人（以结果发生为前提）要求、期待规制权行使'能得到社会认可"时，裁量权就"收缩、后退"，作为义务就产生了。

较近的判例有"大阪地判昭 63·6·27 判时 1294·72"（大阪野狗咬死人事件判决）。其说道：应对具体状况，预想的危险越大，行政厅的"裁量判断的幅度就越缩小"，裁量权就"后退"。值得注意的是：该判决认为在对财产、名誉等有明显侵害时，也可产生作为义务。

"东京地判昭 57·2·1 判时 1044·19"（氯喹第一次诉讼一审判决）也说道：在一定的状况下，"没有裁量的余地"。虽然不太确定，但我推测其采用了裁量权收缩理论。

明确采用裁量权收缩理论的判例有"熊本地判昭 62·3·30 判时 1235·3"（熊本水俣病第三次诉讼第一阵一审判决）（在此使用了"裁量收缩理论"这一表述）。该判决判道：①危及国民生命、健康的重大且具体的危险逼近，②行政厅处于知道或容易知道该危险的状态，③预测到若不行使规制权，就不能防止结果发生，④国民要求、期待规制权的行使，⑤行政厅行使规制权的话，能容易地防止结果发生；满足以上各要件的，产生作为义务。

158

可以将①与5①，②与5②，③与5③，④与5④对应起来看（下面单作为①、②、③、④来引用）。③考虑的是私人自己能否避免危险，是规制权行使的补充性问题。将补充性作为独立要件的情况也不少，如后所述（"13"），它有可能被纳入期待可能性的判断中。

裁量权收缩理论的功劳之一是：像这样用容易理解的方式展现出作为义务的判断要素。所以，也是裁判实务中容易使用的理论。

此外，也有的像"福冈地小仓支判昭60·2·13判时1144·18"（卡呢米油症第三阵诉讼一审判决）那样，不是不可理解为使用了裁量权收缩理论，但他们没有使用裁量权的"收缩"、"后退"这样的表述，可理解为在消极裁量权滥用论下展现了消极裁量权滥用的要件。

7. 来自健康权说的批判。有人说裁量权收缩理论是在肯定行政便宜主义的基础上，例外性地肯定作为义务；并以此为由从健康权、安全权等立场，对裁量权收缩理论进行了批判。[1]

依据该立场，针对被规制者的规制权行使与旨在保障第三人——受益人——安全的权限行使在性质上不同，在斟酌"与后者关系中"的损害赔偿责任要件时，并没有将该关系作为媒介的论理必然性。[2]

该批判有值得倾听的地方，只要对不作为违法进行问责，那即使采用健康权说，也必须明确作为义务的成立要件，此时就必须考虑①~④的要件。

只是依据健康权说，被规制者利益的分量，与作为规制受益者的国民利益相比，变得极小。这或许导致在判断④期待可能性时产

---

〔1〕 有时被称为健康权说，见阿部188页。芝池教授称之为作为义务说，见芝池义一："公权力行使与国家赔偿法"，载《救济法Ⅱ》119页。

〔2〕 下山瑛二："健康权与国家的法律责任"，265页（1979，岩波书店）；佐藤英善："食品药品公害的国家责任2"，载《法时》1979年51卷7号78页；原野翘："行政权的不行使与行政救济"，载《救济法Ⅱ》207页；三桥良士明："不作为的赔偿责任"，载《行政法大系6卷》171页。

生差异，另外，①的比重也变大了。①～④是紧密关联的要件，对①④的判断差异也会导致②③的判断差异。所以，健康权说有充分的实践意义。

但是，即使依据如下思维，即在维持裁量权收缩理论框架的基础上缓和收缩要件，也能达到与健康权说相同的结果。

8. 消极裁量权滥用论。在判例中，也有不依据裁量权收缩理论，而依据不作为裁量权滥用（消极裁量权滥用论）者。消极裁量权滥用论是指作裁量行政行为时，裁量权的超越滥用被视为违法，为了与此平衡，即使在效果裁量被认可的情形中，不作为明显不合理的，也视为超越了裁量权的界限，构成违法。　160

裁量收缩理论的思维是在某种状况下裁量收缩，裁量变为零，而消极裁量权滥用理论的思维是存在裁量，超越其界限。

持这一立场的判例有："横浜地判昭 38·10·30 下民 14·10·2135"（"超越裁量权的范围"）、"东京地判昭 55·5·20 判时 981·92"（"裁量权的滥用"）、"札幌地判昭 56·11·16 判时 1049·110"（"超越裁量的范围"）、"大阪地判昭 57·9·30 判时 1058·3"（明显超越裁量的范围）、"福冈地小仓支判昭 51·6·21 判时 848 号 102 页"（超越裁量权范围或滥用裁量权情形）等。

两者的思维虽不同，也只不过是说明方法的不同，都将"产生作为义务"视为不作为违法的前提。所以，两者的差异常常不被人们所明显意识到。例如，明确采用裁量权收缩理论的前揭"熊本地判昭 62·3·30"也说道：上述要件下的不作为"处于消极乱用行政厅裁量权这一明显不合理状态中，故应该说规制权的不行使构成违法"。

另外，有的判例只说"裁量权明显不合理"（"高知地判昭 59·3·19 判时 1110·39"）、"自由裁量明显缺失合理性"（前揭"大阪地判昭 49·4·19 下民 25·1～4·315"）。这些也被认为是消极裁量权滥用论的思维，但其实未必。

9. 效果裁量的否定。也有不少判例不用裁量这一词汇，而只说不作为明显缺失合理性，构成违法。"最判平元·11·24 民集 43·

10·1169"就是一例，它认为"参照知事等的行政行为监督权的旨趣、目的，只要该不行使不被认为明显不合理"，那该权限的不作为就不构成违法。"大阪高判昭62·12·23判时1178·27"、"神户地判昭61·3·31判时1207·96"也是同样。

怎样理解这种判例是个难题。当不作为明显不合理时，既可以看作是裁量权收缩到零，也可以看作是裁量权的消极滥用。若看重没有使用"裁量"一词的话，那更应该作如下理解：

立法者在赋予行政厅以规制权时，即使采用通过法律给予效果裁量这样的规定方法，也并不在任何情况下都认可效果裁量，而是在一定状况下课赋作为义务。

即使写"A行政厅可以作B的行政行为"，不少情况下立法者的意思也是"A行政厅可以作B的行政行为。但在C的状况下，必须作B的行政行为"。

这是因为"立法者向行政厅赋予某规制权"源于公益——通过行政权的介入，实现规制——上的必要。只是在何种情况下启动规制权，必须综合考虑各种情况，难以用法律规定启动义务，所以很多情况下只能规定"可以"。

若赋予行政厅在何种情况下都可以不启动该权限的自由，那这是对行政厅恣意不作必要规制的容忍，很难理解旨在保护生命、身体等重要法益的规制权具有这样的旨趣。

这样一来，在上述情形下，"可以"的规定给行政厅以裁量权的说法就未必正确，在C的状况以外，行政厅只不过有效果裁量，在C的状况下，自立法当初起就存在作为义务。

只是因为立法者没有在法律中明确C的要件，所以有必要通过解释来确定什么是C的要件。这样，就没有必要解释说是裁量权收缩，也没必要解释说是超越裁量权的界限。

只要没有满足C的要件，A行政厅就可以懈怠B的行政行为，满足C的要件时，因本来就没有不作为的自由，故缺失不启动要件。

在作为行政行为违法的情形中，启动要件的缺失被理解为违法，同样，在不作为行政行为违法的情形中，不启动要件的缺失也可以理解为违法。

这样一来，在判断不作为是否违法时，有必要确认是否满足 C 的要件，C 的要件的有无最终要在综合考量裁量权收缩理论所说的情形后决定。

从此意义来看，这也只不过是说明方法的不同而已，裁量权收缩理论与消极裁量权滥用论在结论上并没有差异。只是，在整合说明作为行政行为的违法与不作为行政行为的违法时，这样理解似乎更好。在登载于民集的最高法院判决中，前揭"最判昭 46·11·30 民集 25·8·1389"、"最判昭 57·1·19 民集 36·1·19"、"最判昭 59·3·23 民集 38·5·475"、前揭"最判平元·11·24"都避免使用裁量一词。这不是简单的偶然，而应该是它们不采用裁量权收缩理论、消极裁量权滥用论等研究方法。[1]

另外，C 的要件是否被限定在裁量权收缩理论所说的要件中，这是一论点。即使在裁量权收缩理论中，有的是限定性列举要件，有的只是举例说明，立法者没有明示 C 的要件是因为需要综合考虑各种情况。限定在前述①~④的要件中是有疑问的。采用裁量权收缩理论的前揭"东京地判昭 53·8·3"对要件的定式化也持慎重态度。

但是，④的期待可能性是个包含各种状况的概念，作广义理解的话，即使不规定①~④以外的要件，也没有什么不合适的。另外，④是个灵活的统括性要件，可以说它还有需要进一步详细分析的地方。

10. 被侵法益。下面对①~④的要件进行若干展开。

关于①，被侵法益越是生命、身体这样重要的东西，作为义务就越容易被认可。而对财产性法益，有见解不认可作为义务。

确实，一般都认为生命身体等法益比财产性法益更重要。即使说是身体法益，也有只是擦伤程度的，对此没有必要认可作为义务，虽说是财产性法益，也有与生存权相关的重要者，可以认可危险管

---

[1]　指出裁量与作为义务是两个对立概念的有盐野《Ⅱ》249 页。

理（防止）责任。[1]所以，不应一概排除财产性法益受侵害的情形。前揭"最判昭46·11·30"也是在财产性法益被侵害事例中肯定了国家赔偿责任。

像这样考虑被侵法益的重要性，从结果不法说、相关关系说立场来看是理所当然的，也不与行为不法说相矛盾。这里的问题是行为规范设定问题：在什么情形下直接产生作为义务？该行为规范本身足以对应被侵法益的重要性而发生变化。

作为行政行为的违法受到争议时，因其启动要件一般都被法定了，启动要件本身要在考虑被侵法益后而定，故从行为不法说立场看，也只不过是在判断违法时，没有必要再考虑被侵法益了。

在考虑被侵法益的重要性后确定行为规范的话，行为不法说将违反该行为规范的行为视为违法。在规制权不行使的情形中，启动义务要件多未在法令上明示，故在通过解释来认定作为义务（启动义务要件）的阶段，被侵法益被考虑，只要作为义务得到认可，那违反该作为义务就构成违法，这给人的感觉似乎是依据结果不法说、相关关系说，被侵法益的重要性进入了违法性判断中，其实未必如此。

164　　　11. 预见可能性。不管从什么角度看，②的预见可能性要件对肯定作为义务而言是不可或缺的（但前揭"东京高判昭52·11·17高民30·4·431"例外）。因为不能在行政厅不能预见危险的情况下，向其课赋作为义务。

问题是需要何种程度的预见可能性，例如，是否需要危险逼近？只要有盖然性就足矣？预见可能性的程度不能一概而定，如后所述（"14"），在与其他要件的关系中，它可以不同。

12. 结果避免的可能性。不管是什么立场，只要认可规制权不作为的责任，那避免该权限行使所致结果就成为必要条件。

---

〔1〕 可以将国家责任分为："打击过失型"或曰"危险责任"—— 起因于公务员向相对人实施的直接加害行为，和"守备过失型"或曰"危险管理（防止）责任"——没能防止自然现象或第三人所引发的危险。远藤《上》90页以下、阿部176页以下。

问题是结果避免到何种程度就足矣？有两种情形，一是可极为容易地避免结果，一是受财政、技术、社会等制约，较难行使该权限。这一点也无法一概决定，而是与其他各种条件相关。

13. 期待可能性。不少情况下④的期待可能性被视为补充性要件，补充性的有无被视为判断期待可能性的重要因素，说"④包含了补充性要件"是妥当的。

所以，当私人自己难于避免危险，期待行政介入时，其容易被视为义务。相反，国民自己容易知道危险，可以避免时，行政介入的期待就变弱。

为了让国民不依赖行政厅，能自卫，必须用易理解的方式充分公开安全信息。

像在药害这样一般国民几乎不能确定其安全性、厂家也不充分提供副作用信息的事例中，大家几乎没有副作用方面的知识，对医生开的处方药，连名称都不知道就服用了，此时，要求国家或公共团体行使规制权的期待可能性极高。

另外，关于期待可能性，应留意的是：在像药害这样的事例中，实际上没有必要看国民是否期待过行政介入。因为国民完全没有副作用的知识，也不能自卫，行政厅规制权的启动才被期待，但此情形下的期待可能性要件不应从国民实际在何种程度上期待启动规制权来判断，而应该从行政介入在客观上是否处于被期待状态来判断。[1]

在像药害这样的事例中，规制权行使的期待可能性之所以高涨，还因为"日本药典收录药品"（《药事法》第41条）中厚生大臣指定外的药品在无行政厅生产许可的情况下，不得进入市场。所以，国民就自然期待：某药品进入市场后，只要医生适当使用，行政厅就能保障其安全性。

这样，只要行政厅通过认证让其进入市场，那事后发生严重副作用损害，人们对规制权行使的期待当然就高涨。

165

---

〔1〕　西埜章："国家、公共团体的责任"，载《判夕》1987年666号69页。

　　对此,《道路运送车辆法》在第 3 章(道路运送车辆的安全标准)中,规定了汽车的构造、装置、乘车人数或最大载重量的安全标准(同法第 40～42 条),在第 4 章向汽车使用人课赋了运行前检测义务(同法第 47 条、47 条之 2)、定期检测义务(同法第 48 条),在第 5 章(道路运送车辆检查)中设置车检制度,规定汽车接受运输大臣实施的检查,没有获得有效汽车检查证的,不得运行(同法第 58 条)。

　　即没有采用无行政厅许可,就不得进入市场这一机制,运行人、使用人保障安全成为义务。在此情形下,事后判明有缺陷时,对行政厅应对方法的期待可能性自然与药品情形不同。参照此法结构,主张"国家保障汽车安全的责任是监护式的,是第二次性的"有"金泽地判昭 51・7・16 判时 824・40"、"广岛地判昭 57・3・18 讼月 28・7・1370"。[1]

　　14. 各要件的相互关系。以上要件大体相互独立,但又相互密切关联,最终必须综合判断。①的法益重大的话,自然④的期待可能性就有变高的倾向。②与"①的被侵法益"的关联很重要。若在生命侵害、重大身体侵害方面有相当程度的危险,则可以要求行使规制权;相反,若被侵法益不是那么重要,那就需要更具体的预见可能性。

　　另外,私人自身难以避免危险,所以当④的期待可能性很高时,还要求严格的预见可能性就不适当了。对③而言,④的法益重大,对②而言,危险逼近,或者无其他救济方法,④的期待可能性大时,即使启动该权限多少有些困难,也可视为有结果避免可能性。

　　而且,①的被侵法益重大,或者③的结果避免容易的话,④的期待可能性本身就会由此变大,故不能各自独立认定要件。但为了促进分析的精细化,需要指出综合判断中应考虑的要素。

---

　　〔1〕 详细情况参见宇贺克也:"产品的安全性与国家的责任",载《我国与欧美各国之安全管制制度比较调查研究报告书》,总务厅 1989 年版,第 10 页以下。关于药害与国家责任,参见斋藤诚:"药事法制、药务行政中的国家责任",载《法律人》1996 年 1093 号 62 页。

15. 无被规制者时。开头说到过，规制权的行使可分成两种情形：一是被规制者、行政厅与规制受益人的三人关系；二是像在保护国民免遭野狗危害等情形中，被规制者不出现。在后者情形中，没有必要考虑被规制者的利益，可以说这是提高④的期待可能性的要素。

16. 事实行为的懈怠。这里聚焦了规制权不作为的违法问题，但也有像"高知地判昭 49 · 5 · 23 下民 25 · 5 ~ 8 · 459"（高知古塑料事件）那样，对懈怠清扫或废弃物处理——给付行政中的事实行为——的违法进行问责的事例。

167

在此情形中，也没有必要考虑被规制者的权利利益，这样才容易认定作为义务。

17. 违法一元判断。以上对行政行为的不作为违法展现了几种思维。但不管在何种思维下，预见可能性的存在与结果避免可能性的存在都是将不作为视为违法的不可或缺的要件。

预见可能性与结果避免可能性的存在给过失提供基础，所以当不作为违法得到认定时，过失也得到认定，也就成了违法一元判断。在此方面，与虽肯定违法性但否定过失的作为情形不同（但前揭"最判昭 46 · 11 · 30"作了过失一元判断）。

18. 土地区划整理事业事件。下面以上述整理为前提，探讨一下与不作为违法相关的过去的最高法院判决。

前揭"最判昭 46 · 11 · 30"的案情是：冈山市长作为土地区划整理事业的实施者指定了置换预定地，禁止原告使用原地，但该置换预定地上有两栋第三人所有的建筑物，因该建筑物未被移走，原告一直处于既不能使用原地，又不能使用置换地的状态。

同市长向其中的一栋发出了搬迁命令，但为实施代执行，没有向另外一栋发出搬迁命令。

该判决判道：土地区划整理事业的实施者在实施事业时，一般承担了不给关系人带来不当不利或损害的注意义务；在本案中违反了该义务。

这里值得注意的是：①的法益尽管是财产性的，但责任还是得到了认定。虽然没有特别涉及②③，但可看成当然满足这些要件。

肯定责任的最大要点是④。即在本案中，虽说认可了市的责任，但也是源于其是土地区划整理事业的实施者，这需要注意。

该事业的实施者当然有避免给关系人以不合理损害的义务，所以，④的期待可能性非常大。正是因为如此，所以即使不是①所说的生命、健康等法益，责任也被肯定。即市本身因作为而给原告带来不利状态，而后出现怠于处理该不利状态的"起因于作为的不作为"。[1]

19. 懈怠刀具临时保管事件。加害人喝醉后，拔出刀在酒馆实施了胁迫等行为，而后被带到警察署，负责调查的警察没有依据《枪炮刀剑类持有取缔法》第 24 条之 2 第 2 款的规定来临时保管该刀具，让加害人回了家，之后，加害人引发了伤害事件。对该案情，前揭"最判昭 57·1·19 民集 36·1·19"说道：若询问把加害人带到警察署的人，就应该容易掌握加害人的异常举动等，允许加害人带着刀具就回家的话，非常有可能在回家途中用该刀具伤害他人的生命或身体。

在该案中，被害人左眼失明，还有其他障碍，与废人差不多，在二审审理期间死亡，故①的被侵法益极为重大。

另外，加害人不仅违反《枪炮刀剑类持有取缔法》，还犯有胁迫罪，这通过讯问来警察署的同行者就应该很容易判明，从酩酊大醉状态等出发，可以充分预见"让其带着刀具回家后，伤害事件发生的危险性很高"，也满足了②的要件。

另外关于③，只要一般认为《枪炮刀剑类持有取缔法》第 24 条之 2 第 2 款规定的只是欠缺法约束力的行政指导，[2]那就必须考虑相对人拒绝的可能性。但是，在本案的情形中，该刀具已经由同行者交给了警察，对让同行者持有该刀具一事，加害人没有积极抵抗，

---

〔1〕 远藤《上》427～428 页。

〔2〕 但并不是纯粹的自愿方式，而是中性的自愿方式。肉户基男、涩谷亮、小谷弘三、宫胁磊介编：《新版警察权限法注释》（下卷），立花书房 1977 年版，第 422 页。

那若警察要求保管，其不拒绝的可能性很高。

另外，即使向加害人要求临时保管该刀具被拒绝后，也可以通
过如下方法来防止危害，即将此视为应实施《警察职务执行法》第
3 条第 1 款、《醉酒后骚扰公众行为防止法》第 3 条第 1 款之保护的
案件，采取临时保管刀具等措施。

而且，若该警察做了一些理应要做的情况调查的话，就会知道
加害人违反了《枪炮刀剑类持有取缔法》，犯了胁迫罪，也就可以将
该刀具作为犯罪工具，依据规定的程序予以没收。同判决说至少有
应采取临时保管措施的义务，也就是这个意思。

所以这也满足了③的要件。

关于④，不仅单单是因为警察没能防止犯罪，还因为虽已经犯
下胁迫罪、《枪炮刀剑类持有取缔法》之罪行的罪犯被带到警察署，
刀具也交给了警察，但警察却不作充分调查，完全听信酩酊大醉、
持反抗态度的加害人的一面之词后，将刀具还给加害人，让其回家，
所以，不能将此作为单纯的不作为事例来看，有观点甚至认为是
"归还该刀具，让加害人离开警察署"创造出了危险。

另外，我国严格规制枪炮刀剑类的携带，国民期待警察有效防
范枪炮刀剑类犯罪，尤其如本案这样，只要带到了警察署，交出了
刀具，人们期待警察保管它就是自然的事情。所以，在本案中，
④的期待可能性相当大。

本案的最大争点是是否有因果关系。因为该警察让加害人回家
后，原告的哥哥等向加害人施暴了。一审判决认为加害人犯罪的直
接动机是该暴行，否定了相当因果关系，而原审判决与本判决将该
暴行只作为过失相抵事由来考虑。

20. 新岛漂流炮弹爆炸事件。下面看看与新岛漂流炮弹爆炸事件
相关的前揭"最判昭 59 · 3 · 23 民集 38 · 5 · 475"。炮弹爆炸导致 1
人死亡，1 人有眼球破裂等重大身体损害，①的被侵利益极大。

关于②判道：该海滨离岛民居住地区不远，作为海水浴场为一
般公众所使用的海滨及其附近的海底有被遗弃的炮弹，该海底的炮
弹几乎每年都被打上海滨，岛民没有炮弹之危险性方面的知识，所

以有"不注意处理这些炮弹，导致爆炸，发生人身事故等"的危险性，而警察可以很容易知道这些情况。

实际上，新岛警察署认识到了该危险，并通过警视厅防犯部保安一课上报，请求自卫队来处理该炮弹。也满足②的要件。

关于③，只靠警察是否能处理好这些炮弹，是有疑问的，实践中也上报请求了自卫队。本案判决判道，"警察有如下义务，即适当行使上述权限，自己或者请求有处理权限、能力的机关来采取积极回收炮弹等措施"。

这里言及的"上述权限"来自《警察职务执行法》第4条第1款。本判决值得注意的是：即使自己无法处理，可以"请求有处理权限、能力的机关"。在判断结果避免可能性时，也要考虑向其他机关请求合作（本判决认定：现实中没有警视厅向自卫队提出请求的迹象）。

关于④，或许有人会认为，"岛民无法用通常手段排除该危险"，这是提高期待可能性的要素，但向火里扔炮弹的危险性，作为中学生也是当然知道的。从这一角度出发或许可以说，通过自己控制这样的危险行为，也容易避免损害。

在本案中，该炮弹是旧陆军的东西，在此意义上，法院有如下判断：公家有铲除自己所播种子的责任。若是如此，这也就不是纯粹的不作为事例了。[1]

21. 宅建业事件。下面看看前揭"最判平元·11·24民集43·10·1169"。在该案中，遭受宅地建筑物交易业者（以下称"宅建业者"）之不正当行为所致损害者请求了国家赔偿，主张知事向该宅建业者给付、更新宅建业者执照的行为和怠于行使"责令停业、撤销决定"等规制权的行为构成违法。

关于后一点，该判决判道，"各个交易关系人即使因该业者的不

---

〔1〕 本案中也可以有公物管理责任这一视角，对此可参见盐野《Ⅱ》266页；盐野："日本国家赔偿法制的特色"，载《法律人》1992年993号29页。古崎庆长法官也暗示有如下可能性，即抛开海岸法，当炮弹在国有海岸上发射，出现危险状态时，可以认可该海岸管理的瑕疵。古崎《诸问题》185页。

正当行为遭受了损害，但只要在具体情形中，参照知事等的监督权的旨趣、目的后，其不行使不被认为明显不合理，那上述权限的不行使在与该交易关系人的关系中，不接受《国家赔偿法》第1条第1款的违法评价"。

与前面列举的三个最高法院判决不同，本案中国家赔偿责任被否定了。另外，至少没有明显根据①～④的判断框架来作判断，这一点也与前三者相同。

但这里还是大体讨论一下①～④，该案可以说满足了②③的要件。但停业、撤销执照导致不能继续营业时，大大影响了既有交易相关人，本案对此很重视，并由此显示"避免结果"实际上是困难的，另外还影响对④的期待可能性的判断。

的确，在作停业、撤销执照的判断时，有必要考虑上述几点，但也有见解认为在本案的具体事实关系中，监督上的迟延反而很有可能导致损害的扩大。

另外，为经营宅建业，需要知事的许可。在本案中，该宅建业者的实质经营者频繁违反《宅地建筑物交易业法》（以下称"宅建业法"），也有因此而被起诉的经历（本案执照颁布后不久，作出了有罪判决，缓期执行期间更新了执照），本案执照及其更新没有满足宅建业法的要件，是违法的。这些人若给事实上的经营公司以执照的话，那消费者很有可能遭受损害，所以可以说在本案情形中，通过给付、更新这些违法执照，行政自身制造出了危险。

但本案判决没有重视这一点。其理由与下面的理解有密切关系，即本判决认为很难说宅建业法的直接目的是"一般性保证持有执照的宅建业者的人格、资质等，防止、救济各个交易关系人因该业者的不正当行为所遭受的具体损害；这些损害的救济应委任于一般的不法行为规范等，故知事等所作的执照颁布、更新本身即使不符合法定的执照标准，但在该业者与各个交易关系人的关系中，不能直接说是《国家赔偿法》第1条第1款的违法行为"。

即执照的颁布、更新在与一般交易关系人的关系中，不具有保护规范性，在此前提下，对懈怠监督进行评价时，该瑕疵就不是充分要素。但如前所述"第 4 节八（三）"，这一点还留有疑问。

22. 规制权未明示的情形。在懈怠行使规制权方面的违法成为问题的情形中，该权限即使在法令中未明示的，是否还产生作为义务？这是一个争点。关于这一点，有两种情形：一是规制权即使在法令上未明示，但在解释上可视为该权限得到了法令的认可；二是虽不能作这样的解释，但按道理，"是否产生了作行政指导的义务"成为问题。先讨论一下前者。

23. 法令解释上认可规制权。在 1979 年法律 46 号修正案前的旧药事法中，没有关于药品的许可或认可的撤销或撤回、使用销售制造等的中止命令、回收命令等的明文规定。所以，在与旧药事法下所生药害相关的国家赔偿请求中，在追究国家不作为的责任时，如何导出作为义务成为大论点。

在斯蒙诉讼的判决中，尽管没有明文规定，但多数认为厚生大臣可以撤销、撤回药品的生产许可，只是理由未必一致。

有的认为赋予了许可认可权限，也就当然赋予了撤销撤回权（"福冈地判昭 53·11·14 判时 910·33"）；有的认为 1967 年药务局局长通知在实质上修改了药事法，赋予了"撤销权"（"东京地判昭53·8·3 判时 899·48"）；也有的认为解释论上虽未承认许可的撤回权限，但有作行政指导的义务（前揭"福冈地判昭 53·11·14"）。

另外，也有像的"东京高判昭 63·3·11 判时 1271·3"（氯喹第一次诉讼的二审判决）那样认为：旧《药事法》第 14 条没有让厚生大臣承担审查副作用，确保药品安全的义务；即使在认可药品生产后，产生了严重副作用，厚生大臣也不承担采取撤回生产认可等措施的义务；在此基础上，只限在一些特殊的例外情形中才产生作为义务。

的确，若在"情理上产生作为义务"这一前提下，那该判决的论述也是可以理解的。参照我国药事法制的沿革、旧药事法的立法过程、旧药事法的整体结构（第 42 条 1 款、44～49 条、51 条 1 项、54 条、66 条、67 条、79 条等）以及新药事法的立法过程，新《药事法》第 1 条的"安全性的保障"、第 14 条第 2 款的"审查副作用等"表述原本就不是创造性的，而是确认性的，前述前提本身令人生疑。

对新药事法的立法过程进行若干展开，即使在以药品的安全保障为主旨的同法修正案中，政府案就第 1 条的目的规定，遵循从前，采用的解释是"谋求其适当"这一表述包含了安全保障的旨趣，就生产认可的审查项目也没有插入副作用这一表述。

但在该法案中，政府非常明显地将副作用作为认可审查项目予以重视。这表明即使没有副作用这一表述，政府所持的前提也是"当然是认可审查的对象"。

所以，即使在旧药事法下，同法第 14 条本身也可以提供撤销撤回权限的基础（而不是按情理）。对氯喹第一次诉讼，"最判平 7·6·23民集 49·6·1600"判道：从旧药事法的目的和厚生大臣将药品收录日本药典、认可厚生大臣对生产的安全审查权来看，明显超出该药品功效的有害副作用被判明，无药品功效被认可时，厚生大臣可以从药典中删除该药品，或者撤销其生产认可。

24. 情理上认可行政指导的作为义务。法令上的解释也无法导出这些规制权时，不少判例在这些案例中也认为情理上会产生行政指导的作为义务。

例如，前揭"东京高判昭 63·3·11"判道，"在药品给国民健康带来损害的危险性显著，人们会根据以往的例子，当然期待厚生大臣实施适当指导、劝告，采取同类措施时，但厚生大臣没有采取任何措施，置之不理。这有悖于前述厚生大臣为国民的健康而采取适当行政措施的职责。厚生大臣根据不同状况，为避免损害而向药品生产者实施必要的、最小限度的指导、劝告及其他行政措施，这例外性地成为其权限或对国民承担的义务，懈怠它们的，要承担损害赔偿义务"。

在此，不但将被侵利益的重大（健康）、危险性显著，还将如下情况作为行政指导之作为义务的要件，即以前在同种情况下会作行政指导，据此有期待可能性。

"东京地判平 4·2·7 判时临增平 4·4/25·3"（水俣病东京诉讼一审判决）就法令上的规制权，采取的立场是"原本就未达到其启动要件"，在此基础上，论述了行政指导的作为义务。判道，"危及国民生命、身体、健康的重大危险迫在眉睫，而这是既有法律未曾预想到的事态，没有适当应对的法令，若等待旨在应付该事态的新立法，那上述重大危险极有可能变成现实。基于组织规范上的管辖事务而可以对关系人采取旨在避免损害的行政指导的行政厅认识到了上述事态时，虽不能期待关系人为避免损害而自主应对，但若上述行政厅提供合理根据，作出旨在避免损害的行政指导的话，关系人一般会遵从该行政指导，行政指导相对人以外的国民一般都期待这样的行政指导。在这样极为有限的情形中，上述行政厅对关系人作必要的、最小限度的旨在避免损害的指导劝告，或者采取其他适当行政措施也是对国民所承担的义务，因懈怠它们而给国民带来损害的，有时要承担国家赔偿责任"。

该判决论述了情理上产生行政指导之作为义务的情形，在其定式中，①被侵法益的重要性（生命、身体、健康）、②危险紧迫性的认识、③结果避免可能性、④期待可能性等在判断行政行为不作为违法时，也一般作为要件被列举。

但因是情理上产生作为义务的要件，所以会比较严格判断各要件。关于①，没有言及财产性法益，关于②，有时紧迫的危险很有可能变成现实，行政厅需要认识到这样的事态。

关于④，要求"行政指导相对人以外的国民一般都期待"，还明确言及另一补充条件，即不能期待关系人为避免损害而自主应对。

另外，关于③，只要行政指导没有法约束力，那就会追究行政指导的不作为与结果发生的因果关系，当然就需要推测到相对人会遵从该指导。若非如此，那在论述不作为违法前，因果关系本身会被否定。另外，为了能实施行政指导，是组织规范上所管事务内的事项这一要件也是不言自明的（参照《行政程序法》第 2 条第 6 项）。

同判决这样考虑着行政行为不作为被视为违法时的要件，而且，不仅要求严格，还举出了如下要件：没有法令上的规制手段，没有等待新立法的时间。

当然，该要件可以说是"情理上的作为义务"所固有的东西。行使法令上的规制权时，多数情况将"私人间无法自主解决"这一补充性作为要件，在行政指导中，"无法通过行使法令上的规制权来应对"这一补充性也是必要的。为了在情理上产生行政指导的作为义务，可以肯定上述双重补充性是要件。

行政指导虽有规制性质，但一般认为不服从法律保留，这样一来，即使在情理上认可了行政指导的作为义务，也不与法律保留原则相抵触。

但"不服从法律保留"的理由是"其不具有法约束力"，在形式论理上，这成为降低行政指导启动之期待可能性的要素，也产生因果关系的证明问题，需要慎重地讨论结果避免可能性。

但很多情况是行政指导在现实中具有实效性，实践中有时很期待紧急事态中的行政指导。即使在私人之间，作为义务——"不作为违法行为"的前提——并不仅限于法令上的事物，承担保护国民生命、健康之职责的行政机关在前揭"东京地判平4·2·7"所述要件之下，按情理负有行政指导的作为义务。

另外，同判决所持的立场是不能行使法令上的规制权，所以没有展示可行使规制权状况下作为义务的产生要件。但它说道：情理上产生"无法令根据的行政指导"之作为义务时的要件比产生"以法令为基础的规制权"之作为义务时的要件更严格。所以它认为在后者情形中，满足较宽松的要件就足矣。

25. 紧急避险的行政行为。在水俣病的国家赔偿诉讼中，原告还 177
提出了紧急避险的行政行为这一概念。

原告认为：极大危及国民生命、健康、财产的危险逼近，行政厅对此容易知晓时，虽没有应对该事态的适当法律规范，但某法律规范的目的是间接地、终极地保障各个国民生命、健康，通过行使该法律规范的规制权，可以防止该极大危害时，产生了作为紧急避险行为而适用该法律规范的义务。而且，即使不存在这样的法律规范，当极大危及各个国民生命、健康、财产的危险越来越现实，或者逼近时，规制权就产生了，行政厅具有像行使该规制权，或作强有力之行政指导那样，使用一切可能手段来防止、排除危害发生的法义务，这里的紧急避险状况必须是裁量权收缩要件中出现的状况。

即这里有两个主张：①将没有直接将保护国民生命、健康作为目的，但间接地、终极地以此为目的的法律规范的规制权置于紧急状态中，主张产生旨在保护国民生命、健康的义务；②认为即使以间接地保护国民生命、健康为目的的法律规范不存在时，但在紧急状况下，产生规制权，且产生应行使该权限与应作行政指导的义务。

关于①，前揭"熊本地判昭 62·3·30 判时 1235·3"（熊本水俣病第三次诉讼第一阵一审判决）判道，"当行政法规范的第一旨趣、目的不是保护各个国民的生命、健康，但该行政法规范间接地、终极地保障各个国民的生命、健康，在没有其他应付紧急事态的适当行政法规范时，应该说具有紧急避险式地使用该法律规范，防止与排除重大危害的义务，具有与上述义务相对应的规制权"。

从依法行政角度看，在法律目的外使用法律是有问题的，在水俣病国家赔偿诉讼中，有像食品卫生法、水质法那样，直接以保护国民生命、健康为目的的法律，故没有必要不援用这些法律，而作①那样的主张。

但前揭"熊本地判昭 62·3·30"也没有使用紧急避险的行政行为这一表述。虽没有作为该法目的予以直接明示，但还是考虑了以间接地、终极地保障国民生命、健康为目的的规制权，所以"说其认可在法律目的外使用法律"未必妥当，而只不过是在灵活地解释目的规定。

另外，同判决如何看待②，并不明确。因为该判决对"情理上产生行政指导的作为义务"予以了认可，但连如下之意都未言明，即应该在紧急状态下，为上述目的而行使"与国民生命、健康保护，连间接关系都没有"的法规的规制权。

以国民生命、健康保护为目的的规制权不存在时，论述行政指导——与法律保留原则不相抵触——的作为义务就足矣，而没有必要使用"紧急避险的行政行为"这一概念。

（二）申请型不作为

1. 行政不作为的类型。对法令规定的申请，行政厅在相当期间内没有回应的，可以提起不作为违法的确认之诉（行诉法第 3 条第 5 款），也可以请求国家赔偿。虽是以同样不作为为由的国家赔偿，但申请型不作为情形与规制权的不作为情形有不同的法律性质。

关于后者，发表了很多论文，聚焦于前者的极少。理由是：前者的违法性与不作为违法确认之诉中的一样，所以可以原封不动地借用《行政诉讼法》第 3 条第 5 款中"相当期间"之含义的解释论成果，也就没有在国家赔偿领域展开特别论述。

2. 水俣病认定等待费诉讼最高法院判决。但在所谓的水俣病认定等待费诉讼中，"最判平 3·4·26 民集 45·4·653"（在以下的"四（二）"中，称"判决①"）判决两者的违法性不同。所以，有必要验证其妥当性。

另外，判决①不仅停留于单纯的违法性问题，还要再探讨申请型不作为的国家赔偿中的故意过失、损害问题。所以，下面通过分析以往的判例，明确判决①的坐标，并再次思考违法、故意过失、损害的含义。

3. 违法。

（1）与不作为违法确认中违法性的关系

（A）判决①前的判例。判决①前的判例都持一个当然前提，即以"申请型不作为违法"为由的国家赔偿中的违法性与不作为违法确认之诉中的相同。

例如，"东京地判昭 54·10·8 判时 952·18"（在以下的"四（二）"中，称"判决②"）与以不作为为由的国家赔偿请求相关，其判道"从《行政复议法》第 2 条第 2 款、《行政诉讼法》第 3 条第 5 款的精神来看，特定行政厅具有应在审查申请通常所需期间内作行政行为的义务，过了上述期间而未作行政行为的，只要不能证明有延迟的正当理由，就可以认为其构成违法的不作为"。另外，在该判决中，最初提起了不作为违法确认诉讼，但因作出了道路位置

179

指定行为，所以原告撤回了该确认诉讼。

但实际上，提起两个诉讼的例子少，大半事例都是单独提起国家赔偿请求，不明确言及与不作为违法确认之诉中违法性的异同。即使在这些案例中，不只是判例，就连当事人的主张，也都是站在两者的违法性不同这一立场上。

那么，在不作为违法确认之诉与国家赔偿请求都被提起的案例中，判例会怎样判断两者的违法性。

首先看一下"京都地判昭 50·3·14 判时 785·55"（在以下的"四（二）"中，称"判决③"）。

在该案例中，律师对某宅地申请临时查封时，为获得该宅地价额计算的资料而申请固定资产评价证书，但町长对该申请置之不理，所以原告同时提起了不作为违法确认之诉和该不作为所致损害（因委托同所其他律师跟进诉讼而产生的律师费与慰问金）的赔偿请求。

判决③在确认前者诉讼的不作为违法后，就后者诉讼说道"如前面所认定的那样，被告町长对原告的申请在相当期间内未作任何行政行为，上述不作为构成违法"。这可理解为因两者的违法性相同，所以没有必要再对后者进行有无违法性的判断。

其次，探讨一下金泽大学医学部事件中的"金泽地判昭 54·3·30 判时 942·97"（在以下的"四（二）中"，简称"判决④"）。主管教官拒绝为妨碍考试的学生在其考试申请书上盖章，医学部长也以没有主管教官的印章为由拒绝接收其考试申请书，所以该学生推迟了毕业，而后提出了损害（留级年度的学费与抚慰金）赔偿请求。关于该事件的判决就是判决④，原告在提起国家赔偿诉讼前，提起了不作为违法确认诉讼。而"金泽地判昭46·3·10 行集 22·3·204"（在以下的"四（二）"中，称"判决⑤"）在"该年度考试申请"这一前提下，确认了不作为违法。

与此相对，判决④否认了不作为违法。理由如下：其一，原告无正当理由缺席该年度考试，根据内部规定，不能在同一学年中参加考试，故原本就没有侵害参加该年度考试的权利；其二，只有在特别情形下才实施补考，该情形是否存在？对此的认定交由主管教

180

官的裁量，在本案中，裁量行使上的违法性未被认定。

这样，判决④与判决⑤对是否违法有不同的结论。这是因为判决⑤站在原告有该年度考试权的前提上，判道不实施考试就违法，而判决④站在原告丧失该年度考试权的前提上，作为补考的不作为问题——补考的实施交由主管教官的裁量——来处理。[1]

产生了一个论点：判决⑤生效的话，就对"不实施该年度考试"后的违法，产生既判力，这也应该达致判决④。但若判决⑤没有生效，当事人提起了上诉，因在二审审理期间出现了驳回申请的行政决定，所以"名古屋高金泽支判昭46·9·29判时646·12"以诉讼利益的消灭为由，撤销了判决⑤，驳回了起诉。

所以，判决⑤原本就没有既判力，与国家赔偿相关的判决④否定了不作为的违法，这不能成为"不作为违法确认之诉的违法性与以不作为为由的国家赔偿请求中的违法性不同，故前者既判力不达致后者"的根据。

（B）不作为违法确认判决的既判力。与此相对，在水俣病认定等待费诉讼中，刚才所述的不作为违法确认诉讼的判决已生效，故既判力问题成为重要争点。

在水俣病认定业务的不作为违法确认诉讼中，"熊本地判昭51·12·15判时835·3"（在以下的"四（二）"中，称"判决⑥"）说道：不作为违法确认之诉旨在尽早解决申请人地位不稳定问题，该诉的相当期间以行政厅作该行政行为通常所需期间为标准，过了该期间的，只要没有特别情形，行政厅的不作为就构成违法。还附言道：虽说现在未必过了相当期间，但有时可以例外地将不作为视为违法。

列举了如下要件：其一，申请后虽已经过了某种程度的期间，但行政厅在将来什么时候作行政行为完全不确定，不明了；其二，而且，作该行政行为时已经过了相当期间；其三，而且，以上状态

181

---

[1] 阿部泰隆："抗告诉讼对国家赔偿诉讼的既判力"，载《判夕》1984年525号29页。

不可能被消除。接着判道：本案中以上三个要件都得到满足，且没有让行政行为的延迟正当化的特别情形。

判决⑥没有被上诉，已经生效。此后，有人因水俣病认定业务未摆脱延迟状态，以不作为违法为由，提起国家赔偿诉讼。该诉讼原告的一部分也是判决⑥的原告，故关于判决⑥的既判力，法院如何作判断，颇受关注。

"熊本地判昭 58 · 7 · 20 判时 1086 · 33"（在以下的"四（二）"中，称"判决⑦"）没有找出将《国家赔偿法》第 1 条第 1 款的违法与《行政诉讼法》第 3 条第 5 款的违法作不同理解的理由；而且因本案国家赔偿请求中的违法与原告所主张的不作为判决的违法完全重合，所以驳斥了《国家赔偿法》第 1 条第 1 款的违法比《行政诉讼法》第 3 条第 5 款的违法更狭窄这一被告的主张。

接着判道：不作为判决的原告关于本案的国家赔偿请求，在其违法性判断方面，受判决⑥的既判力的约束，不能作不同判断，被告也不能作与之不同的主张。

这样，判决⑦在"不作为违法确认判决的既判力达致国家赔偿诉讼"成为争点的首例案件中，作出了肯定性判断，颇受关注，但也有人对该既判力论提出了批判。而批判的主要理由与其说是"判决⑥的既判力达致判决⑦"，还不如说是关于既判力范围的判旨。

即判决⑦说不作为违法确认判决的既判力达致标准时间以后的不作为状态，关于这一点，有人指出应该对如下情形进行审理，即在不作为违法确认判决的既判力的标准时间以后，是否出现了不得已而不作为的情形。

判决⑦一边承认判决⑥的既判力不达致判决⑥原告以外的原告，一边说"就国家赔偿的违法性，无视判决⑥的存在，并作出不同判断"的话，反而违反了公平原则。判决⑦判道：对判决⑥中原告的不作为状态与其余原告的不作为状态没有太大差别，据此，在与判决⑥之原告以外的其余原告的关系中，认可知事的不作为构成违法，在与判决⑥的原告保持均衡上，这是适当的。对此，有不少人批判说对其他原告，应该个别地判断违法性。

而且，原本就有见解对不作为违法确认之诉中的违法性与国家赔偿请求中的违法性的同一性表达了疑问。

"福冈高判昭60·11·29判时1174·21"（在以下的"四（二）"中，称"判决⑧"）说道：不作为违法确认事件的生效判决确认该事件的口头辩论终结时的不作为构成违法，其在此限度内有既判力，而对该时点以外的不作为不具有既判力。与判决⑦不同，判决⑧采用的思路是审理知事的不作为是否违法。

在不作为违法确认之诉的口头辩论结束后，有可能出现使延迟正当化的特别事由，所以只以不作为状态持续为由，作判决⑦那样的断言是有问题的。在这一点上，判决⑧的判旨更妥当。

另外，即使在与判决⑥之原告以外的其余原告的关系中，判决⑧也独立于判决⑥，再次审理了知事的不作为是否违法。判决⑦的前提是既判力的主管范围仅限于判决⑥的当事人；因没有将判决⑥的原告所处的未处理状态与其余原告所处的未处理状态作不同理解的特别事由和主张，故在与其他原告的关系中，认定了不作为的违法。与此相比，没有否定误导，并个别地认定了违法性的判决⑧更为妥当。

另外，判决⑦认为判决⑥的既判力达致机关委任事务的费用负担者。这一点已有讨论。因判决⑧没有依据既判力，所以没有言及这一点。

判决⑧讨论了过去知事处理认可事务的经过，认定：1973年每月召开1次审查会，每次审查80件；1975年5月，每月召开1次审查会，每次审查120件是可能的；到1972年12月末，未处理件数累计为411件，要处理它们，每月至少召开1次，每次审查80件是相当的。

依据上述情况，算出各个原告作处理所需的时间，过了该时间即违法。这样，判决⑧完全独立于判决⑥，对违法性进行了判断，认可了国家与熊本县的损害赔偿责任。而作为最高法院判决的判决①将判决⑧发回重审。

（C）判决①的探讨。判决①的特色是明确区分不作为违法确认中的违法性和国家赔偿法上的违法性。的确，判决⑧独立于判决⑥的既判力，否定了违法性，这是因为有必要对判决⑥的口头辩论终结后的违法、与判决⑥中当事人以外者关系中的违法进行判断。

不作为违法确认判决的原告若仅就该确认诉讼的口头辩论终结前的违法请求国家赔偿，那判决⑧也会根据判决⑥的既判力来肯定违法性。

与此相对，判决①所持的前提是在判决⑥中成为问题的违法与在本案国家赔偿请求中成为问题的违法在本质上不同。过去没有判例认为不作为违法确认诉讼中的违法与以不作为为由的国家赔偿诉讼中的违法在法律性质上不同；在此意义上，可以说判决①是一个全新的判例。那么，判决①区别两者的理由是什么？

判决①说道：收到申请人的认定申请的知事对此当然有"迅速而适当地作处理"的行政程序上的作为义务，与此对应，申请人具有接受迅速而适当处理的程序上的权利。

但是，判决①认为本案国家赔偿诉讼中的不法行为法上的保护法益就是申请人不因焦躁、不安而影响内心平静这一利益，并判道因为该行政程序上的作为义务可以直接保护这些私益，所以判决⑥虽确认其违反了该作为义务，但不是在直接认定针对该申请人法益的作为义务，不是在确认该利益受侵害意义上的不作为违法。

与该判旨相关联，让人想起"在家投票最判"。判决⑥没有引用"在家投票最判"，但可以看作是在不作为违法成为问题的案件中应用职务行为基准说——区分抗告诉讼中的违法与国家赔偿诉讼中的违法。

那么，判决①对有别于行政程序上之作为义务——在不作为违法确认诉讼中成为问题——的国家赔偿法上之作为义务，怎么看？判决①认为不能从《公害所致健康损害的救济特别措施法》、《公害健康损害补偿法》（1987年法律97号修改前的文本）中读出如下法意：对延迟处理所致的申请人内心不安、焦躁等，要予以特别考虑，为了该利益而应该在一定期间内作出处理。同时还说道：

"一般而言，处理机关当然应该在相当期间内对申请作出处理，长时间不作处理时，期待尽早处理的申请人会有不安感、焦躁感，会打破内心的平静，这是容易想到的，所以可以说处理机关具有'应避免该结果'的情理上的作为义务。"

为了能说处理机关违反了该情理上的作为义务，"只说处理机关未在程序所需的期间内作处理是不够的，还需要如下理由，即比上述期间更长的期间内，一直延迟，且在此期间，处理机关本可以通过一般努力来结束延迟，但没有尽此方面的努力"，判决如此说道。

接着，在延迟期间，知事是否可以作处理？知事是否为结束延迟而尽了力？对此进行判断时，需要具体、个别地讨论当时全部的申请件数、检查与审查机关的能力、检查与审查的方法、申请人的协助关系等各种情形。判决⑧是否存在上述情形，未被确定，所以被发回重审。

关于国家赔偿责任，一般性地采用职务行为基准说是有问题的，这在前面已经说过，在此不再赘述。即使在本案中，为什么要区分抗告诉讼（不作为违法确认诉讼）中的违法与国家赔偿诉讼中的违法？很遗憾，在此尚未出现有说服力的解释。理由如下：

第一，若像判决①那样考虑的话，那不作为违法确认判决的意义几乎就会消失。即使说不作为违法确认判决有拘束力，但当行政厅不服从时，作为原告，除请求国家赔偿外，就没有别的法律手段了。此时，连判决⑧所判道的既判力也得不到认可，所以不作为违法确认判决即使生效，那也只不过是单纯的心理效果而已。

第二，在判决①中作为情理上之作为义务的判断要素而被列举的申请件数、检查与审查机关的能力、检查与审查的方法、申请人的协助关系等各种情形，在判决⑥在不作为违法确认诉讼中审理"相当期间"时，也当然得到了考虑。

即关于作处理的相当期间，被告认为水俣病的认定工作本来就需要很长时间，加上（a）对水俣病很难作医学判断；（b）认定申请人数剧增，负责检查、审查的专业医生有限；（c）申请人拒绝接受检查、原告的反对运动导致检查、审查工作停止等原因，不能确定作处

186

理所需的时间。对此，判决⑥认定了（a）（b）的事实，在此基础上说道：这些情形影响了作处理所需的期间，这也是不得已，在判断相当期间时，当然应该考虑这些情形。

另外，将（c）作为让"相当期间的流逝"正当化的特别情形问题来审理；个别人拒绝接受检查不是认定延迟的原因；"对抗议行动导致的工作停顿，不能置之不理，要尽早解决"是行政义务，这里考验的是行政的应对方法，故不能将所有责任都推给原告；否定了"特别情形"。

如果判决⑥完全没有考虑上诉情形而机械地判断相当期间的话，那应该审理如下情况：为认定赔偿责任，单说相当期间已过是不够的，出现了更长时间的延迟，且在此期间行政厅作一般努力便可解决该延迟，行政厅是否为此而努力过。

换言之，只有在如下前提下，判决①的论理才具有整合性：不考虑上述各种情形而认定判决①所说的"客观上，处理机关为作处理而在程序上所必要的期间"等于"'其流逝'构成'行政程序之作为义务的违反'的期间"。但正如已经看到的那样，以上前提不成立。

但作为一般论，在舍弃上述各种情形后作如下考虑也是可能的：在概念上设想了"客观上处理机关为作处理而在程序上所必要的期间"，因其已过，便构成不作为违法确认诉讼与国家赔偿诉讼中的违法。

但此时，上述各种情形可以作为过失问题来考虑，只有在国家赔偿中，它才成为违法的要素，据此便可以说没有必要将不作为违法确认中的违法与国家赔偿中的违法视为不同之物。这样一来的结果便是没有如下论理必然性：必须在国家赔偿诉讼中，使用与不作为违法确认诉讼中的违法不同的违法概念。

所以可以作如下理解：不作为违法确认判决生效后，其既判力也达致国家赔偿诉讼。但前者的口头辩论结束后的损害也被请求国家赔偿时，基于既判力的时间界限，当然不能说既判力达致其全部期间，构成违法。

作为一般论，可以这样说，但在水俣病认定等待费诉讼中，该一般论是否妥当，还需要慎重考虑。

这是因为判决⑥有较大的特殊性，即在相当期间结束前认定不作为违法。在以申请型不作为为由的国家赔偿请求中，违法得到认定是因为相当期间已经过了。事实上，在判决⑥的口头辩论结束时，还不能说不作为是违法的。若考虑这样的特殊情况，那判决①通过区分两个违法性来回避判决⑥的既判力问题，也不是不能理解。 188

但在相当期间结束前就认定不作为违法原本就是有问题的。在"将过了相当期间视为违法"的一般的不作为违法确认判决中，是可以将其既判力达致国家赔偿诉讼的。

假如判决⑥认定过了相当期间，构成不作为违法，那在水俣病认定等待费诉讼中，判决⑥的口头辩论结束后的违法也会被主张，这样就成为一个不能全面依据既判力的案件。

（2）相当期间与特别情形

（A）相当期间。如上所述，即使在以申请型不作为违法为由的国家赔偿请求情形中，思考其违法性时，可以与不作为违法确认情形相同。从以往有关国家赔偿的判例来看，一般性倾向是：将处理申请一般所需期间作为相当期间，只要没有让期间过去的特别事由，就违法。

处理申请一般所需的期间因事务种类的不同而不同，所以从法解释论角度看重要的是：在计算相当期间时考虑什么要素，什么符合这里所说的特别情形。关于这一点，下面想探讨一下过去的判例。

（B）事务的集中。第一，应该怎样考虑事务的集中。事务集中有各种原因，但基本上是因为与申请件数相比，职员不足。申请件数一般不能为行政方所控制，件数多时，配置与之相当的职员等是否是其义务？对此，出现了不同的判例。

在产业废弃物处理业许可的迟延所致损害的赔偿案件中，"东京地判昭 53·7·17 判时 908·62"（在以下的"四（二）"中，称"判例⑨"）判道：相当期间过后，只要没有其他特别情形，就认可不作为违法。认定道：在本案中，原告向东京都、神奈川县、横浜市、川崎市等关东一带的各个地方公共团体都提出了同样的申请，在 3 个月至 1 年的时间里取得了许可，故相当期间再晚也是申请后 1 年。还说道：事务的集中、人手不够等是被告方的内部事务，不是迟延的正当理由。

另外，在相当期间经过前，因自然灾害导致事务集中的，是这里所说的特别情形，但在本案中，该特别情形发生在相当期间过后，所以，不作为构成违法。

可以说判决⑧也采取了如下立场，即事务的集中不是无条件地让迟延正当化。即被告列举了申请件数增大、专业医生不足、水俣病复杂等情形，说迟延是不得已而为之。对此，判决⑧指出了以前的审查体制本身的问题点，具体如熊本县水俣病认定审查会中的答复保留惯例、书面审查主义、全体一致制、委员都为医生等，并提出了改善方案。

所以，判决①对判决⑧批判道：只不过是以此后的处理效果为唯一根据，算术式地推算出此前的"可处理时期"，这未必正确。

的确，判决⑧在下面这部分内容上太简单了，即可以在 1973 年每月开 1 次审查会，1 次审查 80 件；在 1975 年 5 月可每月开 1 次审查会，每次审查 120 件。若只看这一部分内容的话，就不会考虑水俣病的复杂性、专业医生不足等情形，而以此后的效果为基础，机械地计算出相当期间。在此意义上，判决⑧的写法是有问题的，判决①的批判也不是完全不能理解。

但判决⑧绝不是完全不考虑上述各种情形，应该这样看：即使考虑它们，若采用判决⑧所提出的改善方案的话，可能还是上述处理体制。

判决⑧对从前处理体制的批判与改善方案不是单纯的旁论，而是计算"可处理时期"的重要根据，所以本来应该置于"具体计算处理时期"这部分内容的前面。这可以从下面这一点窥见：判决⑧说道不能说没有避免"认定事务迟延"这一结果的可能性，不能说知事采取了足够的措施。从以上情况可知，判决⑧所持的立场是被告所主张的检查、审查能力等问题不是延迟的正当理由。

与此相对，"东京地判昭 38·4·30 判夕144·169"不是许认可申请的延迟，而是专利审理的延迟，其判道：因事务的集中而无法在相当期间内审理的，不构成违法。

判决⑥虽然是个不作为违法确认判决，但如在前面所看到的那样，其所持的立场是：没有在"申请数量多"上添加检查、审查能力等，这是因为与其将它们作为让"相当期间的流逝"正当化的理由，还不如作为判断相当期间本身时的考量事由。

这些情形成为违法性判断要素，判决①中也是如此。另外，判决②也认为在判断相当期间时可以考虑事务的繁简。

对不动产登记的申请，18 日内没有实施实地调查是否违法？对此进行争议的"福冈地判昭 56·2·26 判时 1024·94"（在以下的"四（二）"中，称"判决⑩"）判道：登记官在判断是否对申请实施实地调查时，说实施时期完全交由登记官的裁量是不适当的，而是要在考量该登记所应处理的事务的数量、为该处理而配备的人手和设备等情况后被客观认定为合理的期间内实施。

所以，根据判决⑩，申请件数、职员数成为相当期间认定的考虑因素。其说道：原告申请登记时，该登记所在年度末出现了平时两倍的申请，而且发生了人事变动，在 4 月 5 日、6 日前只有定编人员的 6 成，即 12 名职员在工作。所以，对没有特别问题的登记申请，也需要 1 周时间来处理，说没有时间去作实地调查也并非毫无道理，在人事变动所致影响结束的 4 月 11 日开始实施与登记申请相关的实地调查，需要 18 天时间也是不得已，不能说过了合理期间。

另外，原告认为上述情况每年都有，被告应该预见到了，故有义务确保人手与设备。判决⑩判道：各登记所的人员配备、设备保障是站在广阔的、全国或者地区的角度，参照年度应处理的事务数、国民的方便度等各种情形后，基于行政上的裁量来决定，不能因某个时期一时停止了登记事务，就直接说国家负有保障人手与设备的义务。

的确，在预算、人员编制有限的情况下，构建怎样的处理体制？这交由行政裁量来处理的情况不少。但这当然不是没有限制的，处

191

理体制的不完善不能总被作为延长相当期间，或让"相当期间的流逝"正当化的因素来考虑。

（C）审查方法。非一般情形下的特别审查方法能否作为特别事由被认可？这由有无采用这些例外性审查方法的合理必要性来决定。

在直接请求制定区长准公选条例的案件中，"东京地判昭53·5·19判时893·12"（在以下的"四（二）"中，称"判决⑪"）支持了因区选举管理委员会之署名审查延迟而致损害的赔偿请求，该判决认为案件中采用了有别于从前抽查方式的全部审查方式，之所以采用这种挺需时间的例外性审查方法，是为了对抗选举管理委员会的恣意；并判道相当期间的流逝构成违法。

与此相对，关于任命大学校长的申请，"东京地判昭48·5·1讼月19·8·32"（在以下的"四（二）"中，称"判决⑫"）认为应该类推适用《教育公务员特例法》第10条，只要没有明显的不合格事由，就应该直接任命；并判道鉴于本案的各种情况，"询问候选人的发言"等实质审查不能说是违法的。

（D）行政方针的转化。大的行政方针的转换是否是特别事由？与此相关的判例有关于采血业许可申请的"新泻地判昭50·7·28讼月21·9·1814"（在以下的"四（二）"中，称"判决⑬"）。判决⑬认为：在过了审查所需要的"合理期间"或审查"一般所需期间"的情形中，只要没有特别事由，其延迟就是违法的；认定本案已经过了上述"合理期间"或"一般所需期间"；并对有无特别事由进行了判断。

判道：本案许可申请发生时正值卖血成为重大社会问题，内阁决定血液供给体制的比重从卖血转向献血，血液行政迎来转型期，在这样的状况下，在需要进行行政讨论的期间内，审理延迟或保留结论也都是不得已，是让延迟正当化的特别事由。

但说道：这并不是说审查不管要多长时间，都可以以不得已为由得到认可，以身处此流动状态为前提，为探讨应对措施而需要的期间在客观上被认为是迫不得已的期间，应该在经过该期间时迅速决定许可与否，放任该期间而延迟决定的，应该评价为违法。

作为判决⑬二审判决的"东京高判昭 53·10·30 判夕 371·134"（在以下的"四（二）"中，称"判决⑭"）撤销了判决⑬后，原告以前述内阁会议决议下的当局行政不当且违法为由，向最高法院提起了上诉。

"最判昭 57·4·2 讼月 28·11·2154"（在以下的"四（二）"中，称"判决⑮"）认为：如何建构血液供给体制？这应该从"在法令所赋予的权限范围内实施，选择实现行政目的的合理方法"这一立场出发，由主管行政厅通过其裁量来决定、实施；成为本案许可延迟原因的血液供给体制上国家政策的变化在该裁量权范围之内，是合法的。驳回了上诉。

（E）相对人的合作。虽是个不作为违法确认判决，但如前所述（"（1）（C）"），判决⑥将申请人的个别诊断被拒、水俣病认定申请患者协议会的反对运动等，作为让"相当期间的流逝"正当化的特别事由问题来判断，并判决个别诊断被拒与延迟没有因果关系，前述协议会的反对运动也不是上述特别事由。另外，判决⑧认为申请人的抗议行动等导致的延迟不是过失相抵的事由，应将赔偿额减至二分之一。

与此相对，判决①说道：相对人的不合作情形直接关系到行政行为的实施时间，不是过失相抵事由，是判断违法性时应该考虑的事由。不管是判断违法性，还是判断过失，相对人的不合作情形是重要的考量因素，一般而言，这不会有异议。

但在提起不作为违法确认诉讼、以不作为为由的国家赔偿诉讼前，渴望行政行为尽早作出的原告为何会采取让行政行为延迟的矛盾行动？这是否只是原告的责任？这需要慎重讨论。不能仅着眼于表面行动，而更需要联系背后的事实来评价。

此外，明确言及相对人态度的判例有判决⑭。本判决认为申请采血业务许可的原告虽在申请书上追加了药品制造业许可申请书，但实际上起初就没有申请后者之意，故不能否定原告的态度也是延迟本案许可的原因，进而将相对人的情况作为否定许可延迟违法的判断因素之一。

193

（F）社会纠纷的避免

（a）未实施行政指导的情形。尽早作行政行为会导致社会纠纷的，是否允许为避免纠纷而保留行政行为？

此时多数情况是实施行政指导。在别处（"（b）"）将考察行政指导进行中的行政行为保留，而在此首先考察一下未实施行政指导的情形。代表性判例是"东京高判昭 30·4·30 判时 51·19"（在以下的"四（二）"中，称"判决⑯"），双方争论的是"劳动标准监督署长等"对"解雇预告除外认定申请"延迟作裁定，该延迟是否违法。

判决⑯判道：一般而言，发生认定申请后，行政厅应该尽快处理，作出是否认定的裁定，从事务性质上讲，这是当然的；但在本案中，发生认定申请后，很快就被工人们知晓，结果是公司与工会开始集体协商。这样，期待劳资双方圆满解决成为负责本案的劳动行政工作人员的当然想法，在难得的集体协商中，无视该情况而实施行政行为的话，会将劳资的某方置于有利地位，故本案的行政负责人暂且静观事态也是不得已。虽不能一概否定本判决所说的情形，但简单认可该思维的话，会产生放弃行政责任的危险。

另外，判决⑫——关于保留任命大学校长——也判道：在当时大学的异常情形下，尽早任命的话，文部大臣会被卷入纠纷，遭受误解，为避免出现这种情况，在九州大学或原告作出解释前不实施行政行为，作为政治考虑这并非不能得到肯定。该判决将避免社会纠纷的必要性作为否定延迟违法性的事由之一来考虑。

该案与判决⑯的情况不同，行政厅不是简单地静观形势，而是要求解释，所以更类似于行政指导进行中保留行政行为的例子，其特色是申请人不是私人，而是行政机关。

（b）实施了行政指导的情形

（Ⅰ）行政指导违法的情形。实施行政指导后保留行政行为，而该行政指导因违反平等原则等而违法。当然，以这种行政指导为由而保留行政行为是不正当的。其典型例子是"神户地判昭 52·12·19 判时 887·66"（在以下的"四（二）"中，称"判决⑰"）。

作为本案被告的市长采取了"窗口一体化"政策——只通过"部落解放同盟的县联支部"来推进同胞融合事业，所以，对同胞融合地区住宅改修资金条例下的本案住宅改修资金借贷申请，作出了行政指导——要求县连支部部长的认可，驳回了未这样做的原告的申请书。为此，原告以"市长对本申请的不作为"违法为由，提起了损害赔偿诉讼。

判决⑰认为不允许行政厅向申请人加重非法令所要求的要件，完全没有将该行政指导作为"延迟的正当化事由"予以认可。但判决⑰是否对一般的行政指导都是这种态度，并不确定，如判决⑰在其他地方说到的那样，本行政指导导致如下结果，即"是否加入县联支部"决定原告与其他融合地区居民之间是否会出现不当差别，这是重点。

（Ⅱ）行政指导本身不明显违法的情形

（ⅰ）不许可的保留。与上述情形不同，在行政指导本身不明显违法的情形中，判例的明显倾向是以行政指导为由的行政行为保留不直接违法。

下面区分不许可保留事例与许可保留事例来讨论。

可实施不许可决定时不直接实施，而是为能实施许可而作了行政指导，这期间保留行政行为是否违法？对此的判决有判决⑭。作为原审判决的判决⑬所持的前提是：本案不符合"在《采血与供血中介业取缔法》第4条第2款第2项的'申请人拟采血液的供给地区'，该人被认为明显难以提供必要血量时"这一不许可要件，必须实施许可。

但相反，判决⑭理解到：本案满足了该要件，可作不许可决定。接着判道：即使在可驳回申请时，也不直接驳回，而是致力于通过行政指导来创造可许可的条件，为此而持续未决状态，不能说是违法的。与保留许可情形相比，在旨在创造出可许可状态的行政指导的持续过程中，一般而言，"保留不许可"很有可能被视为让"相当期间的流逝"正当化的特别事由。

（ⅱ）许可的保留。有不少判例是关于在行政指导持续过程中保留许可的事例。此时的行政指导通常是以解决申请人与周边居民之间纠纷为目的的"调整性行政指导"。

为避免原告与附近居民的直接冲突，对《道路法》第47条第4款规定的《车辆限制令》第12条所规定的特殊车辆通行认定申请，保留了约5个月，在以该保留违法为由的国家赔偿事件中，"东京地判昭53·5·29·判时931·79"（在以下的"四（二）"中，称"判决⑱"）认为：从性质上讲，应该尽快实施认定或驳回认定，"不适当的长期保留"原则上应理解为违法；"保留认定达5个月以上"在形式上不得不说是违法的。

但同时判道：为圆满解决问题而进行各种努力，且为避免道路上的直接冲突而保留了认定，这作为履行维护地方公共秩序之职责的方法是适当的，其违法性被阻却。

判决⑱采用了违法性阻却这一理论，令人关注。判决还说道，对本通行认定申请，保留了认定，这与工程延迟之间没有因果关系。有关违法性的判旨也可视为旁论。

二审的"东京高判昭54·11·30"（民集36·4·756收录）也以与判决⑱相同的理由驳回了上诉，"最判昭57·4·23民集36·4·727"（在以下的"四（二）"中，称"判决⑲"）判道：从理由与保留期间来看，本认定保留处于行政裁量所容许的范围内，故不能说违法。

判决⑲所说的"含'应对具体情况而在道路行政上作比较衡量式判断'在内的合理行政裁量"一般意指时间裁量。即一开始就有应作认定行为的羁束，但对何时作，认可裁量。在本案的情形下，在断定可避免直接冲突的危险前，保留认定属于裁量范围内。

但将判决⑲的行政裁量理解为要件裁量也不是不可能。此时，判决⑲的旨趣是：在道路上发生冲突的危险性很大时，可以拒绝特殊车辆通行申请。

若站在该前提上，那在判决⑲中，认定的延迟就成为问题。即可作拒绝行为时不直接作拒绝行为，而是为能作认定行为而实施行政指导，努力避免直接冲突。在上述危险得到避免的时点，可看作满足了认定要件，实施了认定。这是与判决⑭相同的类型。

在为防止小型开发而实施了行政指导，对"道路位置指定申请"，保留作决定的事例中，判决②判道：不能在计算"通常需要的相当期间"时考虑该行政指导所致的延迟，它是让"相当期间的经过"合法的事由；驳回了原告的请求。

判决②判道，"面对'小型开发'这一新社会问题，应该回应居民的要求，保护、维持与增进舒适的居住环境，对本申请中的极度狭小、过密的开发行为，实施不具有强制力的行政指导本身并不违反建筑基准法，从整体的法秩序角度看，这是合法且妥当的"；对该行政指导，表达出好意。

在本案中，相对人一开始就表达出不遵从行政指导之意，判决②说道：通过劝告、解释来促使相对人改变主意的行政指导原本就与相对人的意思相悖，目的是让相对人作出不同行为，故相对人一再拒绝或反对都是正常的，说服他才是行政指导的本质。所以判道：该行政厅必须在综合判断相对人不遵从行政指导之意是基于什么理由和根据，该意将持续多长时间，该意通过什么具体行为得到表达等后，决定结束行政指导的时间。

在允许实施行政指导，保留许认可的情形中，存在主观说与客观说的对立，判例②可以说是后者的代表。

在作出行政指导，保留建筑确认的事例中，以确认延迟为由请求损害赔偿的情况很多，出现了不少判例。[1]

198

这里只讨论出现在最高法院判决中的事例。建筑确认审查结束后，实施了旨在要求与周边居民协商的行政指导，而且要求为适合不久之将来拟实施的新高度地区方案而变更设计，并保留了建筑确认，在因此所致损害的赔偿事件中，"东京地判昭53·7·31判时928·79"（在以下的"四（二）"中，称"判决⑳"）认为围绕着该建筑规划，业主与邻近居民间产生了纠纷，地方公共团体应该解

---

〔1〕　整理了相关判例的有铃木庸夫："行政指导与国家赔偿"，载《法律人》1992年993号117页。

决该纠纷，作为行政指导的一环，进行了纠纷当事人自愿合作下的协商、调解，围绕着该建筑规划，业主与邻近居民就该地区生活环境的维护与提高进行了协商，只要在双方明显达不成协议时能迅速作出确认行为，那即使保留确认，也不违法；驳回了请求。

作为二审判决的"东京高判昭 54·12·24 判时 955·73"（在以下的"四（二）"中，称"判决㉑"）基本与一审判决立场相同，并认为提出审查请求后，原告不服从行政指导之意很明确，此后的保留确认是违法的，从而认可了赔偿请求。所以，判决㉑多视为主观说的代表性判例。

"最判昭 60·7·16 民集 39·5·989"（在以下的"四（二）"中，称"判决㉒"）说道，"相关地方公共团体认为该建筑确认申请中的建筑物按照建筑规划建成后，对附近居民，产生不小的日照损害和风害，损害了良好的居住环境或城市环境。为维护和提高该地区的生活环境，对业主实施了行政指导，要求其对该建筑规划作出一定让步和合作，当该业主自愿予以回应的话，那在社会普遍观念所认可的合理期间内，建筑官对申请中的建筑规划保留了确认行为，期待着行政指导的效果；不能据此就直接说构成违法"。

199

但判决㉒判道：该"确认行为的保留仅仅是基于'业主自愿合作与服从下'的行政指导的事实措施，所以当业主明确表示不能答应'对自己的建筑申请，保留确认行为'的行政指导时，就不应该违反该业主的明确意思，强制其忍受；业主表示不协助、不服从这样的行政指导时，只要不存在像'对该业主所受到的不利与公益上的必要性——上述行政指导的目的——进行比较衡量后，显示业主对行政指导的不合作违反社会普遍观念下的正义观念'这样的特别事由，而仅以实施了行政指导这一理由来保留确认行为的话，构成违法"。

这样，判决㉒重视当事人不服从行政指导的意思，其必须"真挚且明确"，该意思得到表明后，特别事由的有无成为问题，故可看作是以前的主观说与客观说的折中立场，可评价为旨在调和行政指导之必要性与依法行政原理的妥当标准。《行政程序法》第 33 条就是以该判决为基础的。

"神户地判平元·9·25判夕719·145"（在以下的"四（二）"中，称"判决㉓"）对类似的行政指导，似乎没有进行像判决㉒那样的比较衡量，完全不认可以行政指导为由的保留。

原告在1973年3月28日，基于《消防法》第11条第1款，提出了"危险物供油处理所变更申请"，市长于1982年10月，作为判断资料——（依据1975年法律84号而）修改后的《消防法》第11条第2款规定的"不可能对公共安全的维护或灾害防止产生妨碍"，要求原告提交邻近居民同意书等，而后以原告没有提交为由，在1983年2月9日作出了不许可决定。

原告起初提起了不作为违法确认诉讼，因作出了不许可决定，故改为对不作为所致的损害请求赔偿。判决㉓的前提是原告的供油处理所的位置、结构等符合危险物规制政令规定的技术标准，有无邻近居民的同意不是许可要件，故要求提交同意书是行政指导；在此基础上判道"是否服从是原告的自由，'在同意书提交前保留作决定'是以不服从行政指导为由，对本申请急于作许可决定，是不被允许的"。

判决㉓出现在判决㉒之后，但从判决文书看不到对如下两个问题的探讨：是否有判决㉒所说的"真挚且明确"的意思表示，是否存在'不合作'有悖于社会普遍观念上的正义观念这一特别事由。

判决㉓的案情与判决㉒的案情不同，邻近居民只有一人，没有具体的反对运动，本来就没有必要为避免社会纠纷来实施该行政指导，这或许是其理由。另外，原告起初就明确拒绝提交邻近居民的同意书，在这种状态下，即使参照判决㉒的标准，也似乎不允许在相当期间过后，以行政指导为由保留许可决定。

另外，在判决㉓的案情中，1975年《消防法》修改后，同法第11条第2款中的"不可能对公共安全的维护或灾害防止产生妨碍"成为许可要件；被告也主张：因该修改，邻近居民同意书的提交成为了许可申请人的法义务。

对此，判决㉓判道：行政厅在相当期间内处理的话，应依据旧

200

法，作出许可，但却没有作，在此期间，法律被修改，许可要件变得严格，据此作出不许可决定，这需要很强大的公益必要性，使侵害申请人地位的行为正当化，除如下情形外，这不被允许，即行政厅在相当期间内作出许可决定，但因法律修改，必须依职权撤回该许可决定。本判决认为没有这样的特殊事由，驳回了被告的主张。

一般而言，依据依法行政原理，在提出申请后，作出行政决定前，法律被修改的话，应该依据作行政决定时的法律对申请作出决定。[1]但在延迟作决定，构成违法后法律被修改的事例中，是否还可以按原则思维，有不同的看法。

即使在这种情形中，也应该依据作决定时的法律作出可否的决定，而申请人只不过是可以对"因违法的不作为而无法获得许可"一事所致的损害请求赔偿。这是一种看法。实施行政指导期间，保留了建筑确认，在此期间，该土地的一部分被指定为高度地区，所以原告将不作为违法确认请求变更为国家赔偿请求，关于这样事例的有"东京地判昭 52·9·21·行集 28·9·973"。

另外，也存在判决㉓那样的思维，这更有利于保护申请人的利益，但在行政的法律适当性方面还有问题。判决㉓也认识到了这一点，并判道：为此要有很强的公益必要性，足以使侵害申请人地位的行为正当化，行政厅在相当期间内作出许可决定后，必须因法律修改而依职权撤回该许可的，也可以作出不许可决定。值得关注的是，这是一个调和依法行政原理与如下要求的解释：不应该因行政厅一方之责任所致事由而让申请人承担不利。

但是，在导出判决㉓的结论上，原本就需要这样的判决内容。

消防厅长官于 1976 年 7 月 8 日，"向都道府县知事发出了前述《消防法》修改实施通知，指示道：前述新设许可要件主要是为了应对当时无法预想的特殊危险物的贮藏方法或处理方法，修改后作为羁束行为的许可的性质没有变化"。判决㉓也说道，"应该客观判断有无满足本标准，尤其是本政令第 17 条第 13 项的要件，从该规定

---

〔1〕 最大判昭 50·4·30 民集 29·4·572。

的一般用语情况来看，在上述判断过程中，不可能考虑邻近居民的主观、同意等"。该旨趣立足于"即使依据前述法律的修改，也不会有变化"这一判断。

所以，与"法律修改后加重许可要件"相关的判决㉓的判旨应该作为旁论。作为判决㉓之二审判决的"大阪高判平 2·10·31 判时 1396·42"（在以下的"四（二）"中，称"判决㉔"）也以与判决㉓相同的理由，驳回了上诉，该判决生效了。 202

4. 故意过失

（1）将违法性与故意过失作为一体来处理的判例。在申请型不作为的国家赔偿案件中，如何判断故意过失？下面探讨几个判例。

目前已有的判例存在两种情况，一是将违法性与故意过失作为一体来处理的判例；二是独立判断两者的判例。

前者的例子有判决⑬、判决①。判决⑬说道，"客观上被认为不得已而过了期间的，应该迅速作出许可与否的决定，过了期间，延迟作决定的，应该被评价为违法，另外，在此情形中，可认为工作人员对该期间的流逝有故意或过失"。其采取的立场是违法性得到认可的话，当然就有故意或过失。

另外，判决①原本就否定违法性；作为"违反情理上的作为义务"的要件之一，列举了"违反结果避免义务"——处理机关在一般努力下就可避免延迟，但却没作此努力；在具体讨论是否满足"情理上违反作为义务"之要件的地方说道"依据故意或过失来讨论是否违反上述情理上的作为义务"。据此可理解为其采取了违法性与故意过失的一元判断。

也有在认定违法性后，直接进入有关损害的审理，完全不言及过失的判例。判例⑨就是一例，在认定违法性后，说道"这样一来，依据《国家赔偿法》第 1 条的规定，对因市长在公权力行使中的违法不作为而给原告带来的损害，作为被告的市有赔偿责任"，转入了有无损害的讨论。但该案中，与该不作为有相当因果关系的损害未被认可，诉讼请求最终也未得到支持。

（2）独立于违法性来处理故意过失的判例。

203　　（A）没有明确是故意，还是过失的判例。但多数判例是将违法性与故意过失作为大体独立的事物来判断。此时，不少判例是在没有明确区分是故意，还是过失的情况下，认可责任。

例如，判决⑪在认定违法性后，在如下认识的基础上，肯定了责任；即违法的拖延剥夺了请求人在相当期间内接受审查的权利或利益。该判决或许基于如下理解：若认识到了"为违法提供基础的"事实，那就有故意。

判决㉑也一样，在认定违法性后，认为该建筑确认的保留当然会延迟本公寓建筑的开工乃至竣工，肯定了责任，关于故意，作了与判决⑪相同的理解。

也有以有过失而肯定责任者，判决⑰就是一例。其在认定违法性后，说道，"鉴于前述事实关系，可以认定作为被告的市长对本案的不作为至少有过失"。

判决⑰也是在认定违法性后，进入责任的审理，实施了二阶段审查。

判决㉒在认定"申请人提起审查请求后的建筑确认保留"构成违法后，说道"作为上诉人的纠纷调解负责人与建筑官若冷静讨论、判断行政指导的经过、上述审查请求的内容与被上诉人采用上述方法的时期等，应该会知道或容易知道上诉审查请求不是出于被上诉人的一时冲动和与居民交涉上的策略，而是真挚地请求对确认申请作出回应"；判决其至少有过失。

值得关注的是判决㉒不止是以对结果事实的认识来认定故意，还将违法性的认识作为故意要件，认为可以认识到违法性，但却没有认识到的，构成过失。

市的工作人员以建筑师过去的违法行为为由，停止了以该建筑师为代理人的确认申请程序等，在对此请求损害赔偿的案件中，"大
204　阪地堺支判昭 56·12·2 判时 1046·78"（在以下的"四（二）"中，称"判决㉕"）在认定违法性后，说道作为被告的工作人员在实施上述各行为时，至少有懈怠"应避免其成为违法行为"这一注

意义务的过失；将过失作为"违反作为义务"来把握。

"东京地判昭 57·11·12 判时 1074·80"（以下在"四（二）"中，称"判决㉖"）也是独立于违法性来判断故意过失，认为没有准确判断事态经过，而只是漫不经心地以"实施了行政指导"为由，搁置了确认，这样做至少有过失。

（B）认可故意的判例。也有判例认可了故意。

判决⑦就是一例，个别地判断了违法与故意过失，判道，"《国赔法》第 1 条第 1 款的'故意'是指如下情形，即该公务员虽认识到其执行职务时会因其行为而在客观上产生违法事实，但还是执行了；将此放到本案来看，若在不作为性质上，知事认识到了'违法已经通过不作为判决得到了确认'这一事实的话，可以认定其当然有故意"；并说道只要知事明显认识到其在创造不作为状态，那就必须说知事有故意。

判决㉓㉔也独立判断了违法性和故意过失，判道，"本申请的负责人——参加人——虽然认识到该申请符合标准，必须依法给予许可，但却在自己的独断下持续保留了该许可，据此可认定'就怠于对本申请作许可，参加人从当初起所一贯持有的'认识、容忍，即故意"。

作为判决㉕之二审判决的"大阪高判昭 58·2·28 判时 1088·81"（在以下的"四（二）"中，称"判决㉗"）也因有违法性的认识而认定了故意。这样，判决㉓㉔㉗也同判决⑦一样，认定了故意，但与判决⑦不同，不仅将事实认识——违法的基础，还将违法性认识作为故意要件，这值得关注。

（C）认可过失的判例。认可过失的有判决⑧。判决⑧也是首先在认定违法性后，判道，"鉴于前述认定申请事务处理经过，不能说知事不能避免认定事务延迟这一结果，因为很难说知事在处理本案被上诉人的申请时采取了完备的措施，所以不得不说对前述各个期间的行政行为的延迟，知事是有过失的"。在此，过失被作为"违反结果避免义务"来把握。

（D）强生事件最高法院判决。在强生事件中，"最判昭 56·2·

205

26 判时 996・42"（在以下的"四（二）"中，称判决㉘）实际上没有认可损害赔偿，但判道，"申请人主张对申请应该作出许可决定而违法性地没有作出，因此受到损害时，只要在申请人所主张的事实之上，该决定者的故意、过失得到认定，就可以肯定针对该损害的赔偿请求权"；明确区分了违法性与故意过失。

（E）二阶段审理方式。通过以上探讨，可以指出如下几点：

在有关申请型不作为的国家赔偿中，有判例主张违法性一元判断，但大部分判例采取的是在认定违法性后，再对故意过失进行判断。

预见可能性与结果避免可能性被纳入作为义务的成立要件之中，实施违法性一元说式判断，这与一般的规制权不作为情形不同。

在申请型不作为的情形中，明确存在"只要没有特别事由，就必须在相当期间内作决定"这一行为规范，所以常常首先审查是否违反该行为规范。

但实际上，没有一边认定违法性，一边否定责任的判例，即使在实施二阶段审理的情形中，对故意过失的审理也进行得极为简单，所以可以认为其在实质上近乎违法性一元判断。

（F）容易认可责任的理由。那么，责任为什么容易得到认可？而且，在一般的国家赔偿案件中，故意很少得到认可，而在申请型不作为案件中，却变得不少，这是为什么？理由如下：

若像判决⑦那样，认为只要认识到了"客观上被视为违法"这一事实，故意就成立的话，那在申请型不作为案件中故意就总会得到认定，违法性认识就成为故意的要件；即使如此，白白过了相当期间的话，工作人员当然会知道这原则上构成违法。而且，若有像"不得已而过了相当期间"这样的特别事由的话，违法性原本就被否定，所以可以说在违法性得到认定的案件中，就没有过这样的特别事由。

这样一来，虽认识到不符合特别事由，但还继续不作为的话，就构成故意；即使在误认为符合特别事由时，过失也容易被认可，这是因为对特别事由的有无，判例学说形成较大对立的情况不多。

另外，即使将过失客观性地理解为"对有预见可能性的损害，违反结果避免义务"（判决⑧、㉕），但在申请型不作为情形中，通常能预见延迟带来的损害，且可以通过作行政行为来避免结果，所以过失容易得到认可。

尽管前述各判例对故意过失含义的理解未必一致，但在违法得到认可的案例中，责任都一样得到了肯定，这源于上面这些理由。

5. 损害

（1）损害的分类。在申请型不作为违法的国家赔偿中成为问题的损害可以分成两大类情况：一类情况是以应作出许可、确认、认定等（以下简称"许可"）决定为前提；一类情况是不管许可与否，但行政决定延迟了。

前者又可以分成几种情况：已作出许可决定的、没有作许可与否决定的、已作出不许可决定的。

下面针对各类型，探讨一下判例。

（2）以应作出许可决定为前提的损害。

（A）已作出许可决定的。此时，自行政决定的延迟构成违法起，至许可决定作出时止的损害成为问题。

从过去的判例看，几乎都属于这一类，如判决②、⑨、⑪、⑬、⑭、⑮、⑯、⑱、⑲、⑳、㉑、㉒、㉖。只要已经作了许可决定，那原告就没有必要证明应该作许可决定，赔偿数额的举证也比较容易，故容易请求赔偿。

实践中请求得到认可的有判决⑪、⑬、㉑、㉒、㉖。

判决⑪认可了抚慰金的请求。1972年3月14日区长任期届满，原告在主观上，为了"用准公选制选出新区长"这一特定的明确目标，提出了直接请求，但署名审查的迟延导致署名簿返还时已经产生了新区长，所以没有达到该直接请求所期望的目的，直接请求的权利实质上已被否定，这样，对因此所致的精神痛苦，请求了抚慰金。

但判决⑪说道：在新区长选出后的1972年5月29日，《区长准公选条例》提交到了被告所在的区议会，据此，达到了该直接请求的目的。该判决没有同意"该直接请求在实质上已被否定"这一被告的主张。

即判决⑪认为：基于该直接请求，在新区长选举前，区长准公选条例提交到区议会，据此会产生不可能进行新区长选举这样的法效果，若该提交被延迟到新区长产生后，就不会产生该法效果，该直接请求的目的或许就不能实现，但只要"提交条例草案"带来的效果没得到认可，就不能肯定原告的主张。

的确，"直接请求制定条例"的意义在于让条例草案提交到议会。但无法保证议会会迅速审议或决定该草案。在本案中，即使署名审查迅速完成，条例草案在新区长选举前就已经提交到区议会，也不能保证该草案会得到迅速表决，新区长选举会用准公选方式进行。所以在这一点上，判旨是妥当的。

但判决⑪中值得关注的地方是：尽管否定了原告的主张——该
208　直接请求权在实质上被侵害，但却认可了他们的抚慰金请求。那么，判决⑪对什么侵害认可了损害赔偿？它是对在相当期间内接受署名审查的权利或利益的侵害，认可了损害赔偿。

即判决⑪认为：对与该直接请求相关的署名审查，只要被告区的选举管理委员会应该在相当期间内予以了结，那为请求而署名的人就有在该相当期间内接受该审查的权利或利益，本案中审查的延迟虽没有剥夺该直接请求权，但明显剥夺了相当期间内接受审查的权利或利益。

依据判决⑪，只要是基于法令的申请，就有在相当期间内接受许可与否之决定的权利或利益，违法的不作为侵害了该权利或利益，这为由此所生损害的赔偿请求权提供了基础。该损害既可以是财产损害，也可以是精神损害。只要证明"该权利或利益的侵害"导致实际损害的发生即足矣。

当然，申请人必须具有申请权。在本案中，没有"选举该普通地方公共团体议会之议员与首长"的权利的人即使署了名，因其本来就没有直接申请权，没有在相当期间内接受审查的权利或利益，所以损害赔偿不被认可。

在所认可的财产损害赔偿中，判决⑪所认可的是：为开业准备所花费的采血设施设置场所租借费、与该租借费一起的公共费用负担金、借款利息、医生的工资、律师报酬等实际损失。判决㉑、㉒、㉖认可了利息负担增加部分的赔偿。

也有像判决⑨那样的，虽肯定了违法性，但因没能证明逸失利益，故驳回了请求。逸失利益的证明不容易。

（B）没有作许可与否决定的。此时，与（A）不同，不作为的违法状态还在持续，故有可能持续产生逸失利益等损害。

在此悬而未决的状态中，以会给予许可为前提而提起赔偿请求的情况很少。判决③是其中一例。不作为违法在此已经得到确认，关于以"町长（被告）应交付固定资产评价证明书"为前提的损害赔偿，"是否应该交付"是町长的自由裁量；并判道在町长作出决定前，法院不应该判断是交付，还是不交付，所以不能请求因未交付而导致的损害赔偿。"固定资产评价证明书交付与否"是否属于裁量行政行为，还可以再讨论。

在判决⑰的案情中，原告主张"窗口一体化"政策下的差别化处理拖延了贷款手续，耽误了住宅修缮，于是请求支付抚慰金。这里的前提也是申请后应该会得到许可。

判决⑰说道被告（市长）的违法行为的内容是对"原告的申请"在相当期间内没作出任何处理，"原告有无获得本住宅修缮资金贷款的资格"不在判断的范围内；否定了因拖延住宅修缮而导致精神痛苦的损害赔偿请求。

判决⑰与判决③不同，没有言及对申请的处理是否属于裁量行为。国家赔偿诉讼不是赋义务诉讼，所以即使是"应作许可"这样的羁束行政行为，法院也不能让其产生许可的效力；为了对因相当期间内未作出许可而导致的损害，请求赔偿，并不需要许可实际已经作出，而只要证明如下情形即足矣：是应作许可情形、相当期间过后没作许可且无让其正当化的特别事由、存在故意过失、存在与该不作为有因果关系的损害。对此，如后所述〔（C）〕，最高法院也明确表达过。

209

（C）已作出不许可决定的。此时乍一看，不许可决定似乎导致了损害，但逸失利益、利息负担增加部分等的损害是在相当期间过后产生的，不是从不许可决定时开始的。

所以，在相当期间过后作出不许可决定的情形中，逸失利益等的损害起算点是相当期间经过时，[1]因此时尚未作出许可决定，故与（B）的情形一样，懈怠许可义务的情况还在持续，损害也可能持续发生。

因类型（C）的请求也必须证明"应该作许可"，所以数量不多。有判决④㉓㉕㉘。其中，判决④原本就否定了不作为的违法性。

值得关注的是判决㉘。该案件中的原告想进口溴丙酮催泪护身用具，向厚生大臣提交了进口登记申请；厚生大臣以不符合《毒物与烈物取缔法》第 5 条、同法施行规则第 4 条之 4 的标准为由，拒绝了申请。原告认为本登记是羁束行为，只要没有同法第 5 条、同规则第 4 条之 4 规定的不合格事由，厚生大臣就不能拒绝，原告的申请具备所需要件，拒绝行为是违法的；请求撤销拒绝决定，并请求逸失利益的损害赔偿。

"东京地判昭 50·6·25 行集 26·6·842"认为虽然不存在同规则第 4 条之 4 的拒绝事由，但在许可该品目的进口等时，预测会发生与所规定的拒绝事由情形同等程度，或者更高程度的卫生保健上的危害的，参照同法取缔毒物与烈物的目的、旨趣，厚生大臣可以类推适用同法第 5 条、同规则第 4 条之 4，拒绝登记该品目的进口等；驳回了请求。

作为二审判决的"东京高判昭 52·9·22 行集 28·9·1012"（在以下的"四（二）"中，称"判决㉙"）否定了该类推解释，判决该不许可决定违法，撤销了一审判决，同时，关于损害赔偿请求说道：对申请的拒绝决定因判决而被撤销了，但这不是产生了与"接受申请而作登记"相同的效果，所以该损害赔偿请求在此前提下已经失当了。

---

〔1〕 详细说这一点的有宇贺《分析》202 页。

　　作为最高法院判决的判决㉘关于不许可决定的撤销请求，肯定了判决㉙的判断，但关于国家赔偿请求，说道"正如原判决所说，对本案的登记或其他许可的申请，作出了违法的拒绝决定……即使后来判决撤销了该拒绝决定，也不因此直接产生与'作出许可决定'相同的效果；但是，因违法的拒绝决定而遭受损害者并不主张上述效果的发生，并不请求在此前提上才会产生的损害赔偿，而只不过是主张如下两点：一是本来应对申请作出许可决定，但违法性地没有作出；二是假若在应作许可决定的期间内作出了许可决定的话，基于该决定而行动，因行动而获得利益，没作许可决定，故没有获得利益，因此遭受了损害。此时，在所主张的事实的基础上，只要决定者的故意、过失得到认可，那就可以肯定针对上述损害的赔偿请求权，此情形中的损害赔偿请求权的成立与否，与'拒绝决定是否被撤销'以及是否产生与'因该撤销而许可决定才得以作出'相同的效果，没有任何逻辑上的关系"；撤销了原判决，发回重审。

　　如前所述，该判决不仅限于类型（C），对类型（B）也是妥当的。

　　在判决㉓的案情中，因有了不许可决定，所以原告提起了撤销诉讼和"懈怠作许可决定所致损害"的赔偿请求。两者合并审理，判决㉓在撤销不许可决定的同时，认可了抚慰金请求。但因没有证据，所以对逸失利益没有认可赔偿请求。判决㉔也肯定了判决㉓的判断，驳回了上诉。

　　（3）"行政行为延迟"本身所致的损害。

　　（A）延迟所致的精神损害。在申请型不作为国家赔偿请求中，一般以"应作许可"为前提，请求损害赔偿，有时也会不管是否会作许可决定，而对"行政行为延迟"本身所引发的损害请求赔偿。此时，因不能对"以应作许可为前提"的财产损害请求赔偿，所以对"行政行为延迟"所致的精神损害请求抚慰金。

　　（B）判决①的见解。该精神损害是否值得用不法行为法来保护？这需要讨论。也有如判决①中香川反对意见那样，对此予以否定的见解。

判决①的多数意见认为，"本认定的申请人基于尽早从可能患有水俣病——具有特殊病症的疑难病——的不安气氛中解放出来这一迫切愿望，等待该认定，所以可以推定处理机关长期拖延认定导致的不安、焦躁心情损害了内心的平稳，其程度不小，且是其他认定申请中的申请人所没有的异常独特的严重"；所以，在考虑水俣病认定申请的特殊性后，将"内心的平稳不被认定延迟所侵害"这一利益，例外地认定为"值得不法行为法保护"的利益。

判决①的原告都确信自己是水俣病患者，不作认定的话，不但无法获得充分的救济，还被视为诈骗金钱的伪者而遭受精神痛苦，希望早一天作为真正的患者得到承认。所以，申请人基于尽早从可能患有水俣病的不安气氛中解放出来这一迫切愿望，等待着认定，判决①的这一事实认识是有疑问的。这暂且不管，以前的判例在与判决①案情不同的案例中采取的立场是：对拖延决定导致的精神痛苦，可以认可抚慰金请求。

（C）其他判例的见解。例如，判决③判道，"原告即使因违法的不作为状态的持续而受到了某种精神上的痛苦，也可以通过'不作为违法确认请求被认可、町长（被告）实施行政行为'而得以恢复，在无其他特别事由的本案中，应该说通过消除不作为状态，已经得到了慰藉"。

如前所述，判决③认为是否交付固定资产评价证明书是行政厅的裁量，所以关于抚慰金，也不是基于"应交付的东西没能交付"，而是基于"不管许可与否，但行政行为被拖延了"，作出了判决。

这是固定资产评价证明交付申请的案例，即使在这样的情形下，判决③也没有采用"行政行为延迟导致的精神痛苦大概也不会成为损害赔偿请求对象"这一立场，而重视"不作为违法确认请求被认可了"，因为导出了这样的结论，所以若不作为违法确认诉讼未被提起，只以不作为违法为由的国家赔偿请求被提起的话，就会出现不同的结论。

另外，如前所述，判决⑰的原告以"获得许可"为前提，贷款手续的懈怠拖延了住宅修缮，对此请求抚慰金，因"窗口一体化"

政策所致的差别化处理，让原告没有在相当期间内获得许可与否的决定，遭受了精神痛苦，以此为由请求了抚慰金。

前者是属于"（2）（B）"类型的请求，后者将"不管申请是否被认可，都会产生的精神痛苦"作为问题，属于"（3）"的请求。

判决⑰在前述理由下没有认可前者请求，而认可了后者请求，并判道：原告也有可能得不到本贷款，但不能因此就直接否定原告从被告（市长）的该违法行为中遭受了精神损害。判决⑰中值得关注的是：不管申请是否被认可，都认可不作为违法所致的精神损害赔偿。

但判决⑰是否认为不管在什么状态下，对申请型不作为违法都认可抚慰金请求，还需要慎重讨论。因为判决⑰判道：被告（市长）的不作为本身与不当歧视原告——因没有加入县连支部——有关，原告因该歧视行为而遭受了精神痛苦。

在原告的请求中，在上述判决中，不当歧视这一点都受到了重视。所以，对非缘于不当歧视的不作为，是否也以其违法为由认可抚慰金请求？这并不明确。

另外，如前所述，判决⑪认为旨在"直接请求制定条例"的署名审查的延迟侵害了"在相当期间内接受署名审查"的权利与利益；认可了抚慰金请求。在本案中，署名的效力已经确定，告知公布（证明）也已结束，条例草案已经提交到议会。接着，判决⑪判道本案直接请求的目的已经达到；该判决虽然否定了原告的主张——署名审查的延迟实质上侵害了直接请求的权利，但认可了延迟所致精神痛苦的赔偿。

直接请求制定条例，这确实是参与地方行政的重要手段，但可以与个人的法利益不发生关系，即使如此，还认可署名审查延迟导致的抚慰金。由此可知判决⑪的意思是：对基于法令的一般申请，违法地延迟作决定的，构成对"在相当期间内获得决定"的权利与利益的侵害，对因此而遭受的精神痛苦，应该赔偿。

但从"（2）（A）"所述内容可知，在判决⑪中署名已经被证明有效，该判决所持的前提是否是"不管其有效无效，都对审查程序

214

的延迟认可抚慰金请求"？还需要探讨。但关于前述判旨，只将具有（旨在作直接请求的）署名权作为要件，没有将在署名审查中被证明有效作为条件，故应该理解为不问许可与否。

最终，我们可以认为判决⑪的意思是：不管对申请是否作出了许可决定，对"在相当期间内获得决定"的权利或利益（判决①所说的程序权利）的侵害，一般都认可抚慰金请求。

（5）探讨判例。这样，关于这个问题，判例都不一样。确实，如判决①、③所暗示的那样，延迟处理申请虽然违法，但并不总能以此为由认可抚慰金请求。是否认可，需要在综合考虑行政行为的性质、延迟期间、不作为样态等后进行判断。

但是，如果判决①的意思是仅在像水俣病认定申请这样的特别情形中才认可行政行为延迟所致的精神损害赔偿的话，那就有问题了。不得不说这太轻视判决①所说的"'要求行政机关面对申请，迅速而正当地作出行政行为'这一程序权利"。其虽在不作为违法确认诉讼中胜诉，但申请还是被搁置，在此情形中，除国家赔偿以外，没有救济途径（众所周知，我国只不过是例外性地认可赋义务诉讼[1]），迟延与财产损害没有关系时，原则上不认可赔偿，这是因为有可能会让此类案例中"程序权利"形式化。[2]

五、规划（政策）变更

（一）规划担保责任

国家或公共团体变更了规划（政策），信任该规划（政策）而行动的人有时会因此而遭受损害。遭受该损害的人有时会向国家或公共团体索要赔偿。此时，通常采用的方式是依据国家赔偿法或民

---

〔1〕 本书出版后，情况有了变化，2004 年修改的《行政诉讼法》明确确立了赋义务诉讼——译者。

〔2〕 判决①认为伴随认定延迟而产生的一般财产损失在实质上几乎未被消解。对这一点显现疑问的情况，参见宇贺克也："针对申请的不作为与国家赔偿（下）"，载《法律人》1992 年 1004 号 65 页。

法追究不法行为责任。

与该问题相关，学术上有时使用规划担保责任这一表述。很难说该表述已在学界完全确立，其含义并不统一。

最狭义的意思是合法地修改废止行政规划时，行政主体有责任向遭受不利的私人实施预防、赔偿措施。这也被称为固有规划担保责任（狭义说）。固有规划担保责任的典型形态是金钱补偿，但也有再就业介绍等。

较广义的意思是在上述因行政规划的修改废止而给私人造成不利的行政主体的责任中，除去遵守原规划的责任（以下称"规划遵守责任"）（广义说）。再细分的话，有时只限规划的改与废合法时，使用规划担保责任一词。

更广义的意思是含规划遵守责任（最广义说）。[1]

另外，有时会有"虽未具体到可称为规划的水平，但某政策的变化对人产生了不利，对该人进行损害赔偿"的问题。若是在一般意义上使用规划这一概念的话，该情形不是规划担保责任问题。但这里不仅对规划担保责任，还对这样的政策变化进行探讨。

规划担保责任问题引起社会很大关注的是 1995 年东京都新知事决定中止举办城市博览会事件。城市博览会的主办团体是财团法人东京开发协会，该财团实施了因中止而引发的补偿。因该财团是东京都的外围团体，东京都在该财团筹备城市博览会的过程中实施了财政援助，所以为了履行举办城市的责任，东京都也要向该财团所作的补偿事务进行必要的财政援助。所以，实质是国家或地方公共团体履行规划担保责任的问题。

"世界城市博览会中止所致损害补偿委员会"的答复根据后述最高法院判决（后述"（二）"中的判决③），提出了补偿标准。

规划担保责任成为争点的事件已经存在，虽然规模不太大，但其中有一些进入了诉讼。下面就探讨几个相关判例。

---

〔1〕　关于规划担保责任的意义、分类的详情，参见手岛孝：《规划担保责任论》，月斐阁 1988 年版，第 224 页以下。

216

（二）判例概览

判决①（钏路工厂吸引条例事件）。制定了工厂吸引条例——对工厂的新设、增设支付奖金——的钏路市修改了条例，对工厂的增设，原则上废止了奖金，而后，有人对条例的公布、拒绝给予奖金行为提了撤销诉讼，并提起了与奖金数额相当的损害赔偿诉讼。与此事件相关的"钏路地判昭43·3·19行集19·3·408"对条例公布行为否定了行政行为性，并在如下理由下驳回了其他请求：只不过是期待将来能获得奖金而实施了某种行为，对尚未取得奖金请求权的人的地位，法律无须保护，对他们是否要设定过渡性规定，作特别处理，这是个单纯的立法政策问题。作为二审判决的"札幌高判昭44·4·17行集20·4·459"也以同样的理由驳回了上诉。

217   判决②（荒尾市市营住宅小区建设规划事件）。熊本县荒尾市规划建设市营住宅小区，决定让私人建设小区公共浴场——公营住宅法上的努力义务，以不得用于浴场外目的为条件转让了土地，指定了开业时间，实施了让建筑面积、施工细目等符合公营住宅建筑标准的指导，在保证按计划建设小区后，要求私人加快浴场建设，但新市长以财政困难为由废止了小区建设规划。对该案件，"熊本地玉名支判昭44·4·30下民20·3＝4·263"否定了市的合同责任，但肯定了不法行为责任。

即判道：不认可在原告与被告之间存在双务合同、承包型委托合同，但判道：原告的浴场建设实质上承担了被告在《公营住宅法》上的义务，故原告具有期待被告给予合作援助，可信赖被告的利益，在没有任何补偿措施的情况下单方剥夺这一利益，违反了诚实信用原则、公序良俗原则，不为"禁止反悔法理"所允许，被告的行为故意地、违法地侵害了他人的利益，构成不法行为（即使不是典型的不法行为，也至少是合法行为导致的不法行为）（《民法》第44条第1款、第709条）。

判决③（宜野座村造纸工厂事件）。冲绳县宜野座村的旧村长约定为某股份公司的造纸工厂提供全面合作，村议会也通过了将村有地作为工厂用地转让于该公司的决议，所以该公司订购了工厂用的机械设备，完成了场地工程，因反对企业进驻而当选的新村长没有向县建筑官送达该公司已提交的建筑确认申请书，通报了其不同意该申请之意，为此，该公司放弃了工厂建设。在此案中，"那霸地判昭 50·10·1 判时 815·79"、"福冈高那霸支判昭 51·10·8 金判 618·36"的立场是：只要新村长获得居民——对吸引工厂改策予以批评——的支持而当选，就可以在不采取补偿措施的情况下拒绝工厂建设。

但"最判 56·1·27 民集 35·1·35"判道：从个别具体的劝告、劝诱——旨在促使特定人从事符合地方公共团体政策的活动——中获得动机，以该政策的长期存续为前提，对此投入资金或劳力，期待产生相应效果的人，因地方公共团体有悖信任而让期待受阻，遭受了社会观念上无法忽视的积极损害时，若地方公共团体在没有采取"补偿上述损害"等措施的情况下就变更政策的话，只要不是缘于不得已而为之的客观情形，就会因不当破坏当事人之间业已形成的信赖关系而具有违法性，地方公共团体就必须承担不法行为责任。驳回了原判决，发回重审。

另外，判决③的情形是"工厂吸引派的村长被更换为环境保护派的村长"这一更替导致政策的变化，前村长的工厂吸引方针是否通过规划这一形式被具体化了？至少从判决内容中不能得到明确答案。所以，将其作为规划变更的判例来列举是否妥当，也是个问题。[1] 但如前所述，这里是广泛地将政策变化带来的损害赔偿问题纳入视野，所以该判决也成为讨论对象。

判决④（郡山市市区土地再开发事业规划事件）。协助福岛县郡山市的市区土地再开发事业的地权人因新市长在实质上变更了原规划，而遭受了财产、精神损害，提起了损害赔偿诉讼。对该案件，"福岛地郡山支判平元·6·15 判夕713·116"（判决④a）判道：判决③的法理也应该适用如下情形，即像原告那样，不从劝诱中获得动机，只因在一定区域内居住，或者在此有经营的基础，所以不管

218

---

[1]　小早川光郎："判批"，载《法协》1982 年 99 卷 11 号 1746 页。

喜欢与否，都成为行政主体之高度公益目的政策的对象。

但该判决被"仙台高判平 6·10·17 判时 1521·53"（判决④ b）撤销了。"仙台高判平 6·10·17"在考虑如下事项后认为原告所遭受的精神痛苦在忍受范围之内：城市再开发事业必须要有相当期间；在该事业中当然要地权人的合作；在再开发事业的内部程序中，决定事业规划时地权人陈述意见的地位得到保障；地权人也有机会享受开发利益等。

219　　　判决⑤（中村市收费狩猎区运营事业规划事件）。高知县中村市制定规划，即将收费狩猎区运营事业委托民间经营，并呼吁居民（原告）为本事业规划提供协助，通过开会介绍、视察介绍等建议居民从事鸡雏养殖业，在狩猎区存续期间，市每年采购 1 万只 3 个月的鸡雏，对超过该数的鸡雏，也介绍销路，强烈希望、劝说原告马上就开始鸡雏养殖业；原告相信了，投入了大量的资金与劳力，而后由于狩猎人数的错误估计、事故，事业规划最终被废止。对此事件，"高知地判昭 57·6·10 判时 1067·114"部分认可了原告的损害赔偿请求。

本案是以规划担保责任为问题的典型案例。本案判决抓住了事业规划的决定实施与相关工作人员的介绍指导行为，认定了违法性。

（三）责任根据

1. 拘束性规划与非拘束性规划。行政规划（政策）包含了随首长交替、社会经济形势变化、预测错误等而变化的可能性。所以，如下思维或许也能成立，即私人应该在考虑行政规划（政策）的内在变化性后采取行动，应该自我承担变化的风险。在很多行政规划（政策）修改废止的情形中，是可以这样说的，但不能将上述思维一般化。

第一，若是拘束性规划，那私人行动的自由就受到行政规划的限制，会出现让私人承担修改废止所致风险的问题。也有像《城市规划法》第 52 条之 5、57 条之 6 那样，对规划变更后的损失补偿义务设置明文规定的例子。

第二，即使是非拘束性规划、政策，也有行政主体应承担规划

（政策）修改废止所致责任的情形（规划担保责任成为问题的情形一般就是这种情形）。

2. 有关责任根据的各种学说。那么，对规划（政策）变更所致损害予以填补的责任根据应该是什么？

关于其根据，有合同责任说、违反诚实信用所致不法行为责任 220 说、损失补偿说等。规划（政策）变更所致损害补偿责任问题有很多情形，某一种学说并不能符合所有情形。

3. 合同责任说。双方签订合同的，债务不履行所致的损害赔偿当然就成为问题，根据缔结合同的过失、事实合同的法理，合同责任的射程可能会扩大。但是，并非仅限于合同被缔结情形、合同拟制缔结情形中，行政规划（政策）变更所致损害的填补才成为法义务。

4. 损失补偿说。规划（政策）变更本身被允许的（规划变更违法，故撤销新规划的判例有"宇都宫地判 50・10・14 判时 796・31"），应该构成合法行为下的损失补偿。

该学说可以避免采用合法行为下的不法行为、相对不法行为等，应该是一种能成立的理论结构。但不能因规划（政策）被变更，就说信赖旧规划（政策）而投资的人的财产要为公共所用，国家或公共团体就可以强制要求该私人依据新规划（政策）而行动。所以，并不直接符合《宪法》第 29 条第 3 款——以为公共目而使用私有财产为要件，这略有玩弄技巧之嫌。

另外，判决③只在积极损害上救济原告，在建构损害赔偿的同时，不认可逸失利益、抚慰金。对此有批判（但判决④a 认可了抚慰金请求），有人主张从将救济范围仅限于积极损害的判决③的立场看，损失补偿说比损害赔偿说更适合。

一般情况下，确实可以这样说。但在损失补偿情形中，并非总是否定逸失利益（参见《土地征收法》第 88 条）。近来，认可精神损失补偿的见解[1]也很有影响。而且，抚慰金是否"不是填补的对 221

---

[1]　阿部 314 页、西埜《损失补偿》233 页。

象"，原本就值得琢磨。

5. 诚实信用原则上的损害填补责任（固有规划担保责任）说。判决②、判决③既没有采用合同责任理论，也没有采用损失补偿责任理论，而是拿出诚实信用、公序良俗、禁止反悔、信赖保护等法的一般原则，认为违反它们而产生不法行为责任（判决④a 也是这个意思）。但该不法行为责任是民法上的，还是国家赔偿法上的，判决③没有明确（判决②明确说是民法上的不法行为责任）。

诚实信用这样的一般法律原则有"可灵活适用"这一优势，但也易生内涵与外延不明确等问题。如后所述"（四）"，在诚实信用原则上的损害填补责任（固有规划担保责任）说下，判别"值得保护利益"的要件（采用损失补偿责任理论时，需要判断同样的审查是符合特别牺牲呢，还是只是内在制约）可以得到明确。

即使规划（政策）变更顺乎民意，是令人期待的，但也有在诚实信用原则上，在与特定人的关系中，对规划（政策）变更所致损害，采取填补措施的义务的时候，不履行该义务就构成违法。这采用的是"不补偿的话，就产生赔偿责任"这一理论结构，对这样的二阶段结构，也有批判之声，但却是最符合实际的理论。

即对特定的私人，不履行预防、赔偿措施（固有规划担保责任）成为违法事由。从该立场出发，判决②、③可以得到很好的说明。所以可以这样看：在实质上，"诚实信用原则下的债务不履行所引发的损害赔偿"这一性质[1]让其裹上了不法行为的外衣。

在采用损失补偿说的情形中，由于不采用"补偿请求权向赔偿请求权转化"这一理论结构，所以固有规划担保责任的意义变得稀薄。当采用诚实信用原则上的损害填补责任（固有规划担保责任）说时，重点就成为在变更规划（政策）前履行补偿义务。

（四）责任成立要件、赔偿范围

1. 个别、具体劝告。判决③将个别、具体劝告的存在作为损害赔偿责任成立要件之一。的确，就非拘束性规划，这样聚集焦点，

---

〔1〕 小早川光郎："判批"，载《法协》1982 年 99 卷 11 号 1754 页。

原则上具有合理性。

但是，对在行政规划导致的法律、事实强制下而行动的人，就规划的修改废止带来的损害，应该给予更厚重的保护，所以，即使没有个别、具体劝告，有时也可以认可规划担保责任。[1]

2. 以政策长期存续为前提的投资。判决③将如下情形作为要件之一，即以该政策的长期存续为前提，这才有人对此投入资金或劳力，期待产生相应的效果。的确，在长时间才收回投资的活动中，人们会很相信规划（政策）将长期存续，而中途变更规划（政策）的话，会产生高额的积极损害。

但是，即便是短期可收回投资的活动，也会因规划（政策）的朝令夕改，而产生社会观念上不容忽视的积极损害。在这样的事例中，不存在否定损害赔偿责任——将不履行诚实信用原则上的损害填补义务作为理由——的积极理由。

3. 没有不得已而为之的客观情形。在因天灾事变等不可抗力而必须变更规划（政策）的情形中，是否认可损害赔偿责任，也是个问题。判决③否定了不得已而为之的客观事由下的责任。

因天灾事变等不可抗力而不得已变更规划（政策）的问题，与特定私人——其对该规划（政策）的信赖值得保护——的损害填补问题，在理论上是两个不同的问题。所以也可以这样看：不管有什么理由，都应该向其对规划（政策）的信赖值得保护的人，填补规划（政策）变更所带来的损害。

但是，即使是合同上的债务，对"不能归责于债务人"之事由下的不履行，债务人不承担损害赔偿责任，所以在非合同关系的情形中，因"非归责于国家或公共团体"的事由而必须变更当规划（政策）时，说产生诚实信用原则上的损害填补义务的话，就有失均衡了。所以可以认为：不得已而为之的客观事由的不存在是损害填补义务成立的要件。

但什么情形是"不得已而为之的客观事由"，则需要思考。原规

[1] 远藤博也："规划行政法"，学阳书房 1976 年版，第 239 页。

划（政策）适当与否成为选举的争点，持批判态度的居民所支持的候选人当选，新首长根据选举承诺，修改废止原规划（政策），在此情形中，从居民自治原则出发，这是不得已为之的选择，同时也是合乎民主主义要求的、令人期待的选择。

但是，将这种首长更替所致规划（政策）的变更看作"不得已而为之的客观事由"是不适当的。这是因为原规划（政策）得到的不是私人身份的旧首长的支持，而是作为该地方公共团体之执行机关的首长的支持，即使作为首长更替的结果，不得已要变更规划（政策），也并不意味着该地方公共团体对变更所致的私人损害可以置之不理。这与民间法人旧董事会的决策责任不被新董事会所免除一样。

实际上，在认可规划（政策）变更所致责任的判决②③④的案情中，首长更替成为规划（政策）变更的要因。

原则上，规划（政策）的估算错误、财政困难也不能是"不得已而为之的客观事由"。所以，该消极要件仅限于"对该地方公共团体而言是不可抗力"的情形、有应归责于相对人之事由的情形。

4. 积极损害、抚慰金。如判决③所指出的那样，是否应该只有在产生"社会观念上不能忽视"的积极损害的情形中，才认可规划担保责任？

一般而论，只对积极的财产损害给予救济。随着政策的变化，公物占用许可被撤回时（例如，受"向公众开放河边场地"这一舆论的影响，撤回高尔夫场占有许可），原则上也不补偿逸失利益。即使在规划（政策）变更的责任中，也是救济积极损害，私人承担逸失利益的风险，这作为规划（政策）——具有内在可变性——之信赖保护范围是适当的（在判决①的案情中，原告请求的是逸失利益。另外，在判决③的案情中，原告当初也请求了逸失利益，但后来改变方针，只请求了积极损害赔偿）。

需要更加慎重讨论的是抚慰金。

判决③将赔偿范围限定在积极损害，故其并非请求抚慰金的判例。在判决②的案情中，既请求了积极损害，也请求了抚慰金，前者得到了认可，后者被驳回了。

但判决②也并非完全没有认可抚慰金的可能，其立场是若有特别事由——被认为遭受了"只用财产损害赔偿无法彻底补偿"的重大精神痛苦，也可认可抚慰金。

另外，判决④a虽驳回了财产损害的赔偿请求，但认可了抚慰金请求。

侵害方法明显违反道德时，如新首长以"打击曾支持旧首长的企业"为目的而变更规划（政策）时，可以在赔偿财产损害的基础上，认可抚慰金。另外，如判决④a、④b的案情那样，虽投入了很多劳力，但并没投下资本，很难认定积极损害，此时可以认可抚慰金。

（五）规划（政策）变更下的责任的功能

规划（政策）变更下责任的主要功能当然是救济被害人，但不能无视的是它还具有通过认定这些责任来抑制轻易、恣意变更规划（政策）的功能。

一方面，在规划（政策）的决定、修改、废止的程序控制（尤其是非拘束性规划）尚不完备时，该功能更加重要。特别是用赔偿，而不是用补偿来对待规划（政策）变更下的责任时，该抑制功能就更大。

但另一方面，若该抑制功能变得太大，就有可能抑制顺应社会形势变化的规划（政策）变更和反映居民想法的规划（政策）变更。当规划（政策）变更被评价为相对违法时，这种可能性就更强。[1]

参照这一点来看，"将反映民意的规划（政策）变更本身评价为相对违法"是不妥当的，在与特定人的关系中，虽产生"要采取诚实信用原则上之填补措施"的义务，但人们更期待规划（政策）变更本身合法。

225

---

〔1〕　保木本一郎："行政活动的变更与补偿"，载《行政法大系6卷》251页；乙部哲郎："国家规划的变更与信赖保护"，载《神院》1976年6卷3号25页。

另外，认可规划（政策）变更下的责任也具有保障规划（政策）实效性的功能。即规划（政策）为具有实效性，需要私人的协助，在规划（政策）变更后遭受损害的情形中，若不能给予任何救济，那就很难获得协助。[1]

所以，认可该责任就是在预防不测的规划（政策）变更，而损害赔偿责任保险可以说是一种与租税优惠措施[2]等并列的，鼓励人们协助规划（政策）的机制。

第六节　公共设施的国家赔偿
——一般考察

一、《国家赔偿法》第 2 条的意义

（一）明治时期的判例

《国家赔偿法》第 2 条第 1 款规定："因道路、江河及其他公共设施的设置或管理有瑕疵，给他人造成损害的，国家或公共团体承担赔偿责任。"在此先简单说明一下该规定的沿革与意义。

如前所述，在第二次世界大战以前，我国的权力行政处于国家无答责状态中。当初，依据各种不同的理由，在极为广泛的范围内对公共行政作用给予免责。

因拆除堤防而遭受水害的原告提出了损害赔偿请求，对此，"大判明 29·4·30 民录 2·117"认为国有江河的改造工程是公益上的必要事业，作为国家机关的县知事即使在工程的设计或监督上有过失，也是国家为增进公益而向县知事委任部分公权并让其行使职务，这与雇主雇用劳力来获得私利不同；否定了赔偿义务。在此可以看到公法私法相区别的利益说。

---

〔1〕　手岛孝《规划担保责任论》，有斐阁 1988 年版，第 126 页以下。
〔2〕　P. M. 格德梅著，小早川光郎译："旨在实现经济计划的税制鼓励措施"，载《自研》1982 年 58 卷 2 号 3 页。

关于道路工程引发的损害赔偿请求，"大判明40·2·22民录13·148"判道：该工程是行政行为，只要法令没有特别规定，就不产生私法上的责任。

关于炮兵火药类制造所的火药类制造引发的损害，"大判明43·3·2民录16·169"判道：主要为公共利益而实施的活动是公法行为，不产生私法上的损害赔偿责任，该火药类制造行为是军事活动的一环，是公法行为。

（二）德岛小学浪桥事件

但是，在德岛小学浪桥事件中，"大判大5·6·1民录22·1088"以公共设施的占有权是私法之物为由，根据《民法》第717条第1款，认可了市的损害赔偿责任。从此以后，公共设施的设置、管理有瑕疵时，根据《民法》第717条第1款给予救济的判例不断出现。

如有关水道工程的"大判大7·6·29民录24·1306"、有关下水道设备的"大判大13·6·19民集3·295"，有关港口工程的"大判大7·10·25民录24·2062"。

（三）《国家赔偿法》第2条的立法理由

可见，《国家赔偿法》第2条第1款与该法第1条第1款不同，不是填补战前救济的空白，而是确认战前的判例法，一扫疑义。[1]

但是，若只是明确战前的判例法，就没有必要设立像《国家赔偿法》第2条第1款那样的规定，只要在该法中，对公共设施的设置或管理瑕疵所导致的损害赔偿责任，增加一款以适用《民法》第717条为内容的条文即足矣；或者修改《民法》第717条，明确规定该条可适用于公共设施在设置或管理上有瑕疵的情形。

另外，即使不采用上述措施，还可以有如下解释方法：《国家赔偿法》第4条已经规定就国家或公共团体的损害赔偿责任，本法没有规定的，依据民法规定；所以，对国家或公共团体在"土地上的工作物"的设置、保存方面的瑕疵，适用《民法》第717条第1款。

---

[1] 田中二郎："关于国家赔偿法"，载《赔偿补偿》172页。

　　而且，公共设施的设置或管理的瑕疵也可能起因于公务员在必要的安全措施方面有懈怠，所以通过《国家赔偿法》第 1 条第 1 款给予救济也是可能的。

　　德国是我国制定国家赔偿法时最重要的参考国家，实际上，德国没有相当于日本《国家赔偿法》第 2 条第 1 款的规定。在公法关系中，它是《波恩基本法》第 34 条的适用问题，在私法关系中，它是《民法》第 836 条（类似我国《民法》第 717 条的规定）的适用问题。

　　而且，1981 年《国家赔偿法》第 17 条第 2 款进行了如下整理：违反土地、江河、建筑物及其他设施的安全保障义务时，即使对高权行为，也依据私法规定，产生责任。[1]

　　尽管如此，我国的立法者还是与《民法》第 717 条相区别，设置了《国家赔偿法》第 2 条第 1 款的规定，其理由如下：

　　第一，《国家赔偿法》第 2 条第 1 款列举了道路、江河，从此可以看出，对《民法》第 717 条第 1 款的"土地上的工作物"难以包含之物，也认可设置或管理瑕疵所引发的责任。[2] 所以，设置有别于《民法》第 717 条第 1 款的规定，用"公共设施"一词取代"土地上的工作物"。

　　第二，战前，对公共设施的设置或管理瑕疵，适用《民法》第 717 条第 1 款时，是应该由设置或管理者承担责任呢？还是由费用负担者承担责任？这样的讨论发生在官营公费事业中，立法者为一扫这方面的疑义，设置了《国家赔偿法》第 3 条的规定。而且，立法者还想一并消解"公务员不法行为所引发的责任中，选任监督者与工资等费用负担者不一致"时的疑义。所以，将有关公共设施的责任规定置于国家赔偿法中是立法技术上的便利之举。

　　第三，在田中二郎博士的理论体系——在国家赔偿法立法过程中发挥了重要作用——中，公共设施的设置或管理是公法关系中的

228

---

〔1〕　宇贺《分析》99 页。

〔2〕　《第 1 次国会众议院司法委员会议录》1947 年 4 号 48 页。

管理关系，《国家赔偿法》在设置第 1 条第 1 款——公法关系中的权力关系——的同时，对公共设施的设置或管理瑕疵所引发的责任设置规定，要比在民法中设置特别规定似乎更自然。

第四，立法者认为对公共设施的设置或管理所引发的责任，设置《民法》第 717 条第 1 款那样的占有人免责事由是不妥当的，所以放弃了"原原本本地适用《民法》第 717 条"这一选择。

基于以上理由，产生了《国家赔偿法》第 2 条第 1 款。在国家赔偿的理论体系中，该条并非不可或缺（实际上，在《国家赔偿法》的立法过程中，也有不需要第 2 条第 1 款规定的讨论），它反映出战前我国国家责任法制的沿革。

（四）《国家赔偿法》第 2 条的意义

当然，上述表述并不是在否定《国家赔偿法》第 2 条第 1 款的存在意义。该条款的设置扩大了对国民的救济。瑕疵比过失更容易被肯定，《国家赔偿法》第 2 条第 1 款使用了比"土地上的工作物"更广的"公共设施"概念，故与民法相比扩大了瑕疵责任的领域。所以，对"公共设施"的宽泛解释达到了更容易救济被害人的作用。

确实，即使不是"公共设施"，国家或公共团体也可以根据《民法》第 717 条第 1 款承担责任，《国家赔偿法》第 2 条第 1 款与《民法》第 717 条第 1 款的关系和《国家赔偿法》第 1 条第 1 款与《民法》第 715 条第 1 款的关系未必相同。后面两者的关系是二选一，若不符合"公权力行使"，则适用民法不法行为的规定。所以，"公权力行使"概念一般作为区分标准发挥作用。

前两者的关系也基本是这样（"神户地伊丹支判 45·1·12 判夕 242·191"认为《国家赔偿法》第 2 条与《民法》第 717 条在适用上也是二选一的关系，法院可不受制于当事人的主张，而是判断是否为公物），但非"公共设施"者并不都是"土地上的工作物"，所以在"公共设施"被否定后，就会出现救济的空白（公务员不作为责任情形另当别论）。

例如，自然池沼等很难看作是"土地上的工作物"，若也不视为"公共设施"，那就既不能被认定为《国家赔偿法》第 2 条第 1 款的

229

责任，也不能被认定为《民法》第 717 条第 1 款的责任。学童坐木
筏在天然池塘——位于作为县普通财产的土地上——里游玩，而后
翻船死亡，在此事件中，"千叶地判昭 49·3·29 判时 753·67"、
"东京高判昭 50·6·23 判时 794·67"认为该池塘既不是"公共设
施"，也不是"土地上的工作物"。而本案二审虽然追究了《民法》
第 715 条第 1 款的雇主责任，但没有支持诉讼请求。

假如适用《民法》第 717 条第 1 款，那对私人所有的"他有公
物"，国家或公共团体为防止损害发生尽了必要注意的，免责，所有
人承担瑕疵责任。但所有人（私人）的财力不够时，国家或公共团
体若免责，被害人最终就无法获得救济。

占有人承担免责事由的举证责任，举证成功，免责成立的情况
虽然很少，[1]但并不是没有。

《国家赔偿法》第 2 条第 1 款因没有设置上述免责规定，所以私
人所有的"他有公物"有瑕疵时，国家或公共团体常常承担责任，
这可以避免因被告财力不够而让救济缺少实效性。

《国家赔偿法》第 2 条第 1 款没有占有人免责条款，这对自有公
物没有特别意义，但对私人所有的"他有公物"却具有让被害人获
得更确切救济的意义。

而且，适用《国家赔偿法》第 2 条第 1 款时，根据同法第 3 条，
设置或管理者与设置或管理费用的承担者不同时，可以向其中任何
一方请求损害赔偿，这对被害人也是有利的。

根据以上理由，"公共设施"概念的扩大带动了救济的扩大。如
后所述，判例通说之所以较广泛地解释"公共设施"概念，或许是
多为被害人救济考虑。

（五）自己责任、瑕疵所致的责任

关于《国家赔偿法》第 1 条第 1 款，作为解释论，代位责任说
很有影响，该法第 2 条第 1 款也源于代位责任说。前者以过失为要
件，而后者以瑕疵为要件。

---

〔1〕 几代通、德本伸一：《不法行为法》，有斐阁 1993 年版，第 171 页。

当然，关于该法第 1 条第 1 款，也广泛认可组织性过失。一方面，随着过失客观化的发展，也越来越不需要确定公务员个人。另一方面，如后所述，关于该法第 2 条第 1 款，也不作为完全的状态责任，而是在判断瑕疵时，直接地或以拟物形式间接地看有无违反义务，与作为行为责任的该法第 1 条第 1 款之间的差异变得极不明确。

但是，该法第 2 条第 1 款与第 1 条第 1 款不同，没有将公务员的违法行为规定为国家赔偿责任的要件，而且使用了与过失不同的表述——瑕疵，这是对今村教授作为该法第 1 条第 1 款之解释论所主张的自己责任、公务运营上的瑕疵责任（作为立法论，国家赔偿责任应该朝着该方向发展，这一点已有广泛的共识）[1]予以了实定化，虽然仅限于"公共设施"的设置或管理这一有限的范围内。

从始于战前的我国国家赔偿制度之沿革来看，第 2 条第 1 款并非是不可或缺的规定，但应该承认它比第 1 条第 1 款更先进，很难说它的解释方法不会对第 1 条第 1 款的解释产生微妙影响。

二、公共设施

（一）"讨论'公共设施'概念"的意义

如前所述，从国家赔偿法立法过程的资料来看，政府为了对道路、江河等难以说成"土地上的工作物"之物也认可瑕疵责任，取代《民法》第 717 条第 1 款的"土地上的工作物"，使用了"公共设施"这一表述。所以，"公共设施"显然宽于"土地上的工作物"。

虽然"公共设施"的外延未定，但该概念具有划定《国家赔偿法》第 2 条之适用领域的重要功能。理由如下：

在《国家赔偿法》第 1 条第 1 款的情形中，基本上可以通过"公权力"来确定"公务员"、"国家或公共团体"等主体。在与非权力作用相关的学校事故等情形中，相反，有必要通过主体来确定

---

〔1〕 今村 93～96 页。

"公权力"概念（"第四节三"已述）。

"公共设施"的"设置或管理"从本质上说是非权力作用。对此，"最大判昭56·12·16民集35·10·1369"在大阪机场诉讼中说道"公共设施管理权的本体是不以公权力行使为其本质内容的非权力性权能，在本质上，它与同类私有设施所有权基础上的管理权能没有特别不同"。

所以，通过"设置或管理"这一侧面，无法判断是适用《国家赔偿法》第2条，还是适用《民法》第717条。

另外，即使是国家或公共团体设置或管理之物，也有供于私经济目的者，对此应适用《民法》第717条，所以，通过"国家或公共团体"概念，无法区分《国家赔偿法》第2条和《民法》第717条的适用。

依据成为判例通说的广义说，对私经济作用，适用民法不法行为法，不适用《国家赔偿法》第1条。例如，对地方公共团体运营的公共汽车事业，用《民法》的不法行为法（第709条、715条）来处理，当其公共汽车站点的管理瑕疵导致私人受损时，不应该适用《国家赔偿法》第2条，而是适用《民法》第717条。

与私人同等立场下进行的私经济活动，同私人一样，服从民法的不法行为法，这是国家赔偿法的旨趣。该旨趣不仅属于该法第1条，还属于第2条，若不在第2条中贯彻，这两个法条就会失衡。

所以，只要对《国家赔偿法》第1条的解释不采用主体说，那在第2条中，就不能通过"国家或公共团体"概念，来区分《国家赔偿法》第2条与《民法》第717条的适用领域。

这样，决定两法条适用领域的关键概念就是"公共设施"。但是，适用任何一条，都是相同结果的话，那也就没有了论述"公共设施"概念的实益。如前所述"一（四）"，该概念的广狭可以影响救济的有无。

233　　即使不影响救济的有无，也可影响被告的选择。例如，虽是国有财产，但由县管理的排水道若是"公共设施"，就适用《国家赔偿法》第2条，被认为有瑕疵时，产生县的责任，而不产生国家——不是设置管理者——责任（没有产生作为费用负担者的责任时）。[1]

假如该排水道不是"公共设施"，而是"土地上的工作物"，则适用《民法》第 717 条，即使有瑕疵，因作为占有人的县为防止损害发生而尽了必要的注意，故县免责，作为所有者的国家承担责任。

对"公共设施"概念的涵义进行讨论，也有解释论上的实益。《国家赔偿法》第 1 条第 1 款"公权力"概念的扩大导致该条款中的违法、过失概念呈现多元化。与此相同，扩大"公共设施"概念的外延也会引起"设置或管理"概念的多元化，并要求对瑕疵的判断标准进行类型考察。[2]

（二）"公共设施"概念的传统理解

一般而言，行政法学上的"公共设施"是指国家或公共团体提供的、用于公共目的的人的、物的设施的综合体。依据传统理解，《国家赔偿法》第 2 条第 1 款意指道路、江河、港湾、水道、下水道、机关办公楼、学校建筑物等用于公共目的的有体物。[3]

这里的"公共设施"舍去了人的要素，着眼于物的要素，相当于公物概念。该主张的优点是：将人的要素作为《国家赔偿法》第 1 条第 1 款的问题来处理，将第 2 条第 1 款限定为物的要素，这样可以明确两法条的功能分担。

另外，也有判决，如"鹿儿岛地判昭 31·1·24 下民 7·1·91"、"神户地伊丹支判昭 45·1·12 判夕242·191"等还明确说道：《国家赔偿法》第 2 条第 1 款的"公共设施"是指公物。

234

（三）不动产、动产

公物概念不限于不动产，还包括动产。实际上，有不少判例将动产理解为"公共设施"。

例如，关于临海学校之跳台的"东京高判昭 29·9·15 高民 7·11·848"，关于警察署之公务车的"札幌高函馆支判昭 29·9·

---

[1]　横浜地判昭 52·5·27 判时 875·76。
[2]　小幡纯子："'公共设施'的意义"，载《补偿法大系 2 卷》190 页；同"国家赔偿法第 2 条的再构成（上）"，载《上法》1993 年 37 卷 1～2 号 85 页。
[3]　田中二郎："关于国家赔偿法"，载《赔偿补偿》172 页。

6 下民 5・9・1436"、关于配备于旧日本国有铁道信号通信区之运输车辆的前揭"鹿儿岛地判 31・1・24"、关于国家出差点为公务而借用的自动两轮车的"旭川地判昭 35・1・22 讼月 6・2・315"、关于监狱作业工厂之脱水机的"福冈地判昭 35・6・28 讼月 6・8・1510"、"福冈高判昭 37・3・19 讼月 8・4・597"、关于公立中学之工作用电刨的"广岛地三次支判昭 42・8・30 下民 18・7 = 8・899"、关于营林署之便携锄草机的"东京地判昭 46・8・27 判时 648・81"、关于邮电局职员用椅子的"东京地判昭 48・12・21 判时 731・97"、关于市移动图书馆用汽车的"千叶地松户支判昭 50・7・2 交民 8・4・996"、关于自卫队飞机的"东京地判昭 55・2・18 判时 957・69"、关于自卫队炮弹的"东京地判昭 56・3・26 判时 1013・65"、关于公立中学之地图挂杆的"东京地判昭 60・11・20 判夕 614・95"、关于警察之手枪保管箱及手枪的"大阪高判昭 62・11・27 判时 1275・62"、关于监狱内工厂之自动车床的"大阪高判昭 63・4・27 判时 1303・82"等。未见到以动产为由，否认其为"公共设施"的判例。

最高法院对此虽然没有明言，但"最判平 5・3・30 民集 47・4・3226"的判断前提是，公立中学的网球裁判台是"公共设施"。

另外，虽然判例中未出现，但有学说将警犬等动物作为"公共设施"。[1] 在学说中，关于"公共设施"是否包含动产，意见并不一致，[2] 对于动物，有观点暗示适用《民法》第 718 条。[3]

235 本来立法者就是从拆解《民法》第 717 条第 1 款之"土地上的工作物"的概念框架角度出发，使用"公共设施"一词，所以不是与《民法》第 717 条第 1 款之适用对象保持均衡的问题，将动产纳入"公共设施"之中是可能的。

但是，立法者也站在《民法》第 717 条第 1 款的连接线上，思

---

[1] 今村 124 页、古崎 215 页。

[2] 关于学说的详细情况，参见小幡纯子："'公共设施'的意义"，载《补偿法大系 2 卷》173 页。

[3] 远藤《中》461 页。

考《国家赔偿法》第 2 条第 1 款，所以说"公共设施"概念的外延也有一定界限的观点具有一定道理。

对这一点的判断也不得不与对《国家赔偿法》第 2 条第 1 款之意义的基本理解密切关联。从立法角度看，"作为自己责任，不以公务员的故意过失为要件，从公务运营瑕疵角度来把握国家责任"是令人期待的，若是如此，《国家赔偿法》第 2 条第 1 款虽得到了限制，但可以在国家赔偿领域导入以瑕疵为要件的自己责任，这样就可以通过目的论解释来扩大其适用领域。

只是并非所有动产的损害都可以依据《国家赔偿法》第 2 条第 1 款，应该具体情况具体分析。例如，即使是相同的警察手枪引发损害，若手枪本身有缺陷，进而走火导致损害，则构成手枪这一"公共设施"的设置、管理瑕疵，可以适用《国家赔偿法》第 2 条第 1 款。但若没有任何物理缺陷的手枪被盗，进而被坏人所使用，那能否作为手枪这一"公共设施"的设置、管理瑕疵问题来处理，是有疑问的。

在这种情形中，应该还是保管义务的懈怠问题，适用《国家赔偿法》第 1 条第 1 款。因为手枪本身没有任何瑕疵，应该对保管行为进行问责。

若硬要作为第 2 条第 1 款问题来处理，那对管理瑕疵的判断，就当然与第 1 条第 1 款的过失判断相近。这就产生了瑕疵概念接近过失概念的现象，并且对其他情形造成影响，结果有可能让第 2 条第 1 款在被害人救济方面相对于第 1 条第 1 款的优势丧失。

所以，虽然应该认可动产包含在"公共设施"中，但作为第 2 条第 1 款问题来处理时，应该仅限于该动产本身具有物理缺陷。

当手枪有走火这一物理缺陷的同时还懈怠保管义务的，就产生两条款的竞合。即若着眼于懈怠保管义务的公务员的行为，则是《国家赔偿法》第 1 条第 1 款的问题，若着眼于手枪本身的物理缺陷，则是第 2 条第 1 款的问题。这样一来，"公共设施"概念的外延越是扩大，就越产生《国家赔偿法》第 1 条第 1 款与第 2 条第 1 款交错的情形，两者的关系成为问题。

236

　　在将动产视为"公共设施"的判例中，也有将该动产作为不动产的一部分，进而将其视为不动产的设置、管理瑕疵来处理的情况。例如，前揭"福冈地判昭 35·6·28"视为监狱的、前揭"东京地判昭 48·12·21"视为邮局的设置、管理瑕疵来处理也并非不可能。

　　这里隐藏着一个一般性问题，即怎样把握"公共设施"的扩张。这不止是个单纯的理论问题，也有解释论上的实益，对此，后面还将论述"（十）"。

　　另外，"大阪地判昭 61·1·27 判时 1208·96"认为无体财产不属于"公共设施"。

　　（四）人工公物、自然公物

　　从《国家赔偿法》第 2 条第 1 款列举江河为"公共设施"可以看出，"公共设施"并不仅限于人工公物，还包括自然公物。但是，海滨、沼泽等还没有开放的，其是否用于公共目的，则有必要判断一下。若没有用于公共目的，则不是"公共设施"。

237 　　"千叶地判昭 49·3·29 判时 753·67"判道，"自然公物也属于公共设施，但本案的池沼处于自然状态，没有充足的证据证明其为公众、多数个人带来利益，提供服务，或者作为让公众、多数个人使用之物来实现公共目的"。

　　所以，与在动产中抽象论述警察的手枪是否是"公共设施"显得无意义一样，在自然公物中，一般地、抽象地论述池沼是否是"公共设施"也没有意义。

　　关于海水浴场，有将其不作为"公共设施"的判例（"横滨地判昭 26·2·27 下民 2·3·289"、"京都地判昭 50·11·20 讼月 21·13·2659"、"大津地判昭 55·8·6 下民 33·1～4·536"），也有将其作为"公共设施"的判例（"东京地判昭 55·1·31 判时 956·25"）。

　　公共目的是什么，对此没有统一的看法。观光也能被理解为公共目的的话，那将自然公园内的土地视为"公共设施"也并非不可能。

　　但"广岛地吴支判昭 54·4·25 下民 33·1～4·404"认为，

"关于观光这一视觉式使用方法，作为使用者的一般公众不会基于其使用而产生损害，故在公共设施管理责任中，将观光作为公共目的来考虑应该说是没有意义的"。前揭"京都地判昭50·11·20"也认为只要受到自然公园法的规制，就不是公共设施。

与此相对，作为前揭"广岛地吴支判昭54·4·25"二审的"广岛高判昭57·8·31判时1065·144"认为为执行国立公园之公园事业而设置的散步道路、瞭望台是"公共设施"，当没有采取禁止从散步道路、瞭望台进入危险场所的措施时，构成设置、管理的瑕疵。

"公共设施"包含自然公物，这影响了设置、管理瑕疵的概念。人工公物在开业仪式后开始供人们所使用，应该具有一定的安全保障，而自然公物在自然状态下就已经处于公共使用中，有必要通过防灾对策等慢慢提高其安全性。两者在瑕疵判断标准上有差异。

这样，"公共设施"不但包括人工公物，还包括自然公物，这导致了瑕疵概念的多元化，也是进行类型化考察的原因之一。即使是没有开放的自然公物，也属于"公共设施"，那么，人工公物的开放决定就不是"公共设施"的必要条件。实际上，当国家或公共团体直接将其用于公共目的时，就可以理解为"公共设施"。

道路虽然没有开放，但事实上在使用的是"公共设施"，这样的判例有"德岛地判昭46·2·8讼月17·5·803"。有判决认为道路预定地在事实上没有用于一般交通，不是"公共设施"（"大阪地判昭60·10·3判夕599·58"）。

关于下水道工地的下水道连接管导致的事故，"东京地判昭47·1·28判时677·71"判道：只要该连接管进入工地，与铺设位置平行放置，那它就与其他下水道管等一起，在形态上不会有特别变化，在连接、埋设工作后，建成作为公共用物的下水道，这是现实明确的，所以即使现在没有用于公共目的，若有准公共目的的性质，也是"公共设施"。

已纳入大阪市下水道规划网，该市在事实上将其作为城市排水道来管理，水害发生时即使尚未公告其作为公共下水道开始使用，

238

"大阪地判昭 62·6·4 判时 1241·3"也判道其符合《国家赔偿法》第 2 条的公共设施。

虽没有启动仪式，也可具有"公共设施"的性质，同样，即使曾经是"公共设施"，也可能在没有明确废止行为的情况下，不再视其为"公共设施"。"东京地判平元·10·16 判时1333·123"认为旧海军所使用的防空壕随着第二次世界大战结束（1945 年 8 月 15 日），其公用性在事实上已被废止，故已不能说是"公共设施"，对此，"东京高判平 5·2·24 判时 1454·97"也予以了肯定（但认可《民法》第 717 条的责任）。

（五）自有公物、他有公物

在公物中，不但有自有公物，还有他有公物，虽然所有权归私人，但是为公物。所以，地方公共团体租借私有地，作为儿童公园使用时，该公园是"公共设施"，根据《国家赔偿法》第 2 条，该地方公共团体承担管理责任。此时，因不存在像《民法》第 717 条第 1 款但书那样的免责规定，故该地方公共团体只要有瑕疵，就难脱责任，而作为私人的所有者就免于承担如下风险：地方公共团体免责，所有人被追究瑕疵责任。

国家或公共团体在推行政策过程中，因难于取得土地，常常不得不将私有地作为他有公物（儿童公园、市民农场等）。此时，私人最为担心的是被追究管理责任。《国家赔偿法》第 2 条第 1 款没有占有人免责条款，这打消了私人的顾虑，促进了他有公物的使用，具有一定意义。[1]

但是，瑕疵判断要看是否违反安全保障义务，若采取与过失无异的立场，那当占有人为防止损害发生而尽了必要注意时，瑕疵就被否定，占有人免责条款就丧失了实际意义。

他有公物的权源包括地上权、租赁权、使用借贷权等。也可以无长期权源，而是暂时租借者（前揭"东京高判昭 29·9·15"、前

---

〔1〕 宇贺克也："推进港湾之公众开放时的管理责任"，载《港湾》1993 年 70 号 32 页以下。

揭"旭川地判昭 35·1·22")。

（六）直接用于公共目的者

"公共设施"应该是国家或公共团体直接用于公共目的者。没有必要是永续、恒久的设施，可以是暂定、临时的设施（"水户地判昭 240 47·2·29 判时 673·72"、"千叶地判昭 53·12·4 判时 925·101"、"名古屋地判昭 59·5·29 判时 1138·111"）。

关于《国家赔偿法》第 1 条第 1 款的"公权力"的涵义，即使对私人事业认可一定的公益性并给付补助金，但该私人业务并不是"公权力"行使。同样，不能仅因向私人设置、管理的设施给付补助金，就让该设施直接成为"公共设施"。关于这一点，可以参考"福冈地判昭 51·2·26 下民 27·1～4·93"。

根据市儿童广场设置纲要，市教育委员会对町大会向私人租借的土地给予了儿童广场的认可，并无偿出借游乐器械，给付补助金，免除土地所有人的固定资产税。对此，"福冈地判昭 51·2·26"认为该儿童广场是市自己开设的，不能说是市用于公共目的的"公共设施"；并作了如下判旨：

"应该说儿童广场是当地居民团体响应被告的奖励，在自己找到场地后，私自开设的儿童游乐场所，被告为鼓励当地居民为儿童游乐场所建设而努力，实现为当地儿童提供游乐场所这一公益目的，使用了游乐器械等设施的使用借贷、补助金的赠与、租税的免除等行政方法；为被告这些资助行政所保障的儿童广场在实质性社会作用方面即使与'被告依据法令，自己筹得用地并开设'的儿童公园没有什么不同，也不得不承认两者在法制度上有很大差异。"

同样，"松山地判昭 62·6·18 判例地方自治 41·37"认为被指定为重要文化财产的神社虽然在保存方面受到了地方公共团体的指导，但不是"公共设施"。另外，虽然被指定为保安林，但该森林不能仅据此就成为"公共设施"（"山形地判昭 63·12·26 判时 1303·3"、"青森地弘前支判平元·5·25 判时 1320·55"、"札幌地判平元·11·14 判例地方自治 71·70"）。

（七）事实上的管理

241　　　一般而言，可以通过权源的有无来判断是否是"公共设施"，但并非总是如此。因为即使完全没有权源，也可以通过事实上的管理，成为"公共设施"。例如，"山口地下关支判昭47·2·10判时667·71"判道：虽是私人所有的给水管，却是市的供水事业、实现为市民提供清洁水这一特定目的的物理设备，由市维持、管理着，即使法令对此没有明确规定管理义务，也符合市的"公共设施"。

　　　另外，"名古屋地一宫支判昭49·6·28判时763·74"认为：即使是私人所有的防火水槽，现实中只有町所有的消防车可以使用它，且与町设置的供水设备成为一体，在功能方面，以供水设备为主，以防火水槽为辅，两者相互配合，发挥着与消防栓相同的作用。从防火水槽附近的消防配置状态来看，该防火水槽发挥着与消火栓或水道相同的功能，其已被纳入町的消防设施，町对防火水槽进行定期检查，管理者使用该水进行防火训练等。鉴于此，该防火水槽是"公共设施"。

　　　关于私人所有的防火水槽，也有以事实上由地方公共团体管理着为由主张其是"公共设施"的判例，如"松山地西条支判昭54·7·20判时943·99"。

　　　即使是私有土地，不管有无权源，只要事实上由国家或公共团体管理，就是"公共设施"，这样一来，就会产生"什么是事实上的管理"这一难以解释的问题。例如，关于在1991年《河川法》修改后新设的高规格堤防特别区域（第6条第2款），江河管理者在实施填土工程期间，就取得使用的权源。但工程完成后，高规格堤防特别区域内的私有地在没有特别权源的情况下发挥着堤防的功能。

　　　但以前的堤防与填土后的部分新高规格堤防成为一体，构成高规格堤防，发挥着治水的功能，与前者相分离，将后者不视为"公共设施"，这即使参考前揭"名古屋地一宫支判昭49·6·28"的判旨来看，也是有疑问的。

242　　　在高规格堤防特别区域，江河管理者不仅有一定的行为规制权（《河川法》第26条第1款、第27条第1款。但与其他江河区域相比，高规格堤防特别区域的规制已经得到了缓和。《河川法》第 26 条第 2 款、第 3 款，第 27 条第 2 款、第 5 款），当高规格堤防特别区域内的高规格堤防有部分损伤或有可能部分损伤，对江河管理产生明显影响时，在他人土地上，在消除该影响的必要限度内，可以为该高规格堤防的恢复或保全，采取必要的地盘修补、物件拆除等措施（《河川法》第 22 条之 2 第 1 款）。

所以，实践中，也在高规格堤防特别区域内实施旨在查看有无影响高规格堤防之功能的检查。这样一来，对高规格堤防特别区域内的土地，江河管理者即使没有权利，也可将高规格堤防整体看作"公共设施"。[1]

（八）行政财产、普通财产

1. "公共设施"概念与行政财产。"公共设施"是国家或公共团体直接用于公共目的者，故国有财产法、地方自治法中的行政财产原则上属于"公共设施"。一般而言，在以下几点中，"公共设施"是个比行政财产更宽的概念。

其一，上述法律中的行政财产以不动产为中心，关于动产，只以重要的准不动产为对象（《国财法》第 2 条第 1 款、第 3 条第 1 款，《自治法》第 238 条第 1 款、第 2 款），而"公共设施"包括动产。其二，"公共设施"包含他有公物，故即使是私有财产，也可能成为"公共设施"。

2. 国公有财产 ="公共设施"说。就像《国家赔偿法》第 1 条第 1 款的涵义有最广义说那样，针对该法第 2 条第 1 款也有所有国公有财产，不管行政财产，还是普通财产，都是"公共设施"的学说。[2]其根据是：以是否用于公共目的为标准进行区分是困难的，会让问题变得复杂，有可能导致国民救济被拒绝的结果，着眼于主体的话，可能更容易区分。但该学说是少数说。

---

〔1〕　宇贺克也："高规格堤防整备事业的法律问题"，载《用地杂志》1995 年 40 号 4 页。

〔2〕　《注民 19 卷》419 页（乾昭三执笔）。

　　该学说包含所有的普通财产，扩大了"公共设施"的概念，但另外又说私人所有的他有公物不属于"公共设施"，这样，与判例、通说相比，又压缩了"公共设施"概念。虽说着眼于主体，但什么是"国家或公共团体"并不明确。例如，对 NTT 等特殊公司的设置或管理瑕疵，是应该适用《国家赔偿法》第 2 条，还是应该适用《民法》第 717 条，存在不同的看法。即使关于旧国铁的设施，既有适用《民法》第 717 条的判例（"东京地判昭 54·3·27 判时 919·77"），也有适用《国家赔偿法》第 2 条的判例（"最判昭 61·3·25 民集 40·2·472"）。

　　但是，与《国家赔偿法》第 1 条第 1 款之公权力涵义的广义说相关联，同学校事故中的论述一样，该法第 2 条第 1 款"公共设施"的设置或管理不是权力作用。在本质上，与同种私人设施之所有权上的设置或管理没有特别的差异，故《国家赔偿法》第 2 条第 1 款与《民法》第 717 条第 1 款的区别适用不能基于设置或管理作用的性质，而必须以设置或管理的主体为标准，在这一点上，判例通说的立场与少数说的立场没有差异。

　　两者的差异在于前者不问所有权的归属，着眼于设置或管理的主体，后者以所有权的归属主体为标准。

　　3. 判例。判例并不主张只要是行政财产，那就当然是"公共设施"，也不主张只要是普通财产，就当然不是"公共设施"。

　　虽是行政财产，但不是"公共设施"的例子有"长野地松本支判昭和 54·3·1 判时 941·89"。该判决判道：国有林地是行政财产，从广义说，它通过治山、育林为国民福祉服务，但不能说是直接用于公共目的，故不是"公共设施"。

　　另外，也有判例认为："作为普通财产而管理的土地上的池塘"作为灌溉用水为人们所使用，也被认定为消防水利，所以是"公共设施"（"东京高判昭 53·12·21 判时 920·126"）。

　　是行政财产，还是普通财产，这是国公有财产管理事务的内部分管问题，不是判断"公共设施"时的绝对标准。例如，在大阪机场周边的摄代、高芝、睦实（むつみ）这三个地区，根据《公共机场周边飞机噪音损害防止法》第 9 条，进行了土地买卖，搬迁地即使是篱笆包围的未使用地，也被视为行政财产（伴随着该地区从飞机噪音损害防止法上的第二种区域转向第一种区域，搬迁地集约化工作开始被讨论，与此关联，实施了向普通财产的转变）。

在这样的地方，即使是行政财产，也不能说是"公共设施"。所以，在判断"公共设施"时，必须讨论其是否在实践中用于公共目的。

（九）物的设施、人的设施

1. "公共设施"＝物的设施的判例。立法者的意思是：《国家赔偿法》第 2 条第 1 款的"公共设施"仅指物的设施，人的要素作为该法第 1 条第 1 款的问题来处理。[1] 在这一点上，判例并不一致。

确实，有的判例如上述那样，用明确的形式割裂两者。例如，前揭"旭川地判昭 35 · 1 · 22 讼月 6 · 2 · 315"判道"在公共设施是汽车的情形中，汽车本身没有安全问题，即没有'一般用法下会发生危险'的物体缺陷，完全是（管理人的）'人的措施'失当，这应该是《民法》第 709 条或《国家赔偿法》第 1 条等法条的问题，不是本条的问题"。

另外，"东京地判昭 49 · 3 · 25 下民 25 · 1～4 · 196"说道"公共设施的设置、管理瑕疵是有关物体设施的瑕疵，不包括人的措施的瑕疵"。

最近，"神户地判昭 55 · 2 · 6 判时 971 · 91"写道："公共设施是指行政主体用于公共目的的有体物或物理设施，不包括人的机构、人的措施。"前揭"大阪地判昭 61 · 1 · 27 判时 1208 · 96"判道："'公共设施'是指国家或公共团体直接用于公共目的的各个有体物，不包括无体财产与人的设施。"

2. "公共设施"＝人的物体设施的判例。也有像"大阪地判昭 47 · 11 · 15 讼月 18 · 12 · 1837"那样，将人的物体设施在整体上看作一个公共设施，并认为游泳池的安全人员数量、监视程度等与物

245

---

[1]　田中二郎："关于国家赔偿法"，载《赔偿补偿》172 页。

体设施相关联，当其安全保障不充分时，构成《国家赔偿法》第 2 条第 1 款的瑕疵。

最近，《东京地判平 2·3·13 判时 1338·21》判道，"《国赔法》第 2 条第 1 款的公共设施的设置或管理瑕疵是指公共设施缺失一般应有的安全性，该安全性的缺失是指构成该公共设施的物体设施本身存在物理的、外形的缺陷或不完备，有可能给他人生命、身体或财产带来损害，还指因该公共设施的设置、管理者的不恰当管理行为而有可能产生上述损害"。

有不少判例虽没有明言，但在判断瑕疵时考虑了人的要素。在有名的飞弹川巴士倾覆事故诉讼中，"名古屋高判昭 49·11·20 高民 27·6·395"认为"为防止本案的泥石流事故，防护设施不是唯一的办法，通过避难等事前规制及其他方法，可以实现该目的"，驳回了国家有关不可抗力的主张。

若持这样的立场，那《国赔法》第 2 条第 1 款的"公共设施"（日语为"公の営造物"——译者）就与设施（日语为"営造物"——译者）的本来意义一样，是人的、物体设施的综合体。这虽然与立法者的意思相反，但遵从了设施的一般意义，可以是一种解释。

不管采取上述何种立场，都与如何解释"设置或管理"瑕疵密切相关，故在"设置或管理"瑕疵的说明中还会再次涉及。

（十）整体考察、分解考察

1. 江河管理设施与江河。在多大的单位上把握"公共设施"，也是思考该概念时的一个论点。以水害诉讼为例，当初，原告在堤防、堰堤、护岸等人工公物的单位上主张其瑕疵，不对江河这一自然公物的管理瑕疵进行问责。

不久后，主张江河之管理瑕疵的诉讼成为主流。另外，在大坝水害中，一般作为大坝自身的管理瑕疵问题来处理，此时，不区分治水大坝、利水大坝、多目的大坝。但是，在多摩川水害诉讼——与利水大坝有着相同功能的取水堰所引发的水害——中，江河的管理瑕疵被专门问责。

是整体考察，还是分解考察，多数情况下不影响结论，只是个单纯的理论问题。例如，关于治水大坝的操作失误，既可以作为《国赔法》第 1 条第 1 款的问题来对待，也可以作为同法第 2 条第 1 款的问题来处理。若如此，是将该大坝与堤防等江河管理设施等同视之，构成江河的管理瑕疵呢？还是重视"操作失误"这一人为要素，构成大坝自身的管理瑕疵呢？这两种思维都是可能的。即使将大坝操作失误所致水害视为江河的管理瑕疵，但若处于大东水害诉讼最高法院判决之射程外的话，不管主张何者，结果也不会有差异。

2. 与费用负担者之责任的关系。但是，在与《国家赔偿法》第 3 条的费用负担者之责任的关系中，在怎样的单位上把握"公共设施"是个有实益的问题。

即"最判平元·10·26 民集 43·9·999"判道，"该公园项目的设施是由多个独立设施构成的复合设施（以下称'复合设施'），当有设置、管理瑕疵的特定设施构成上述复合设施的各个设施（以下简称'个别设施'）时，只要该个别设施没有'与该复合设施的其他设施构成一体来获得补助金'等特殊事由，那就可以通过该个别设施的费用负担比例等来判断是否是前述费用负担者"。在怎样的单位上把握有设置或管理瑕疵的"公共设施"，会影响费用负担者之责任的有无。

3. 路肩与道路。关于道路事故，在路肩有缺陷的情形中，若只着眼于这部分，那就会因法令规定禁止车辆通行而让违法行驶方承担责任；若着眼于道路整体，当有相向车辆时，当处于不开出路肩就会处于危险状态时，那就有必要预想到此情况并设置、管理路肩，路肩的缺陷就被理解为道路的设置或管理瑕疵。

三、"设置或管理"的瑕疵

（一）设置瑕疵与管理瑕疵

《国家赔偿法》第 2 条第 1 款将"设置或管理"瑕疵作为要件。在自然公物中，原本就不存在"设置"概念，只有在人工公物中，

247

设置瑕疵与管理瑕疵的关系才成为问题。

通常，设置者与管理者是一致的，所以区别设置瑕疵与管理瑕疵没有实际意义。下面讨论一下两者不一致的情况。

管理者有提供安全公共设施的义务，有设置瑕疵后，对此不管，也构成管理瑕疵，但若管理者给予了充分的注意，也没能发现该瑕疵的话，会认为是设置瑕疵，不认为是管理瑕疵。设置者与管理者不同时，若设置没有瑕疵，只有管理者的管理有问题，则设置的瑕疵被否定，只有管理瑕疵被问责。

但是，《国家赔偿法》第 3 条第 1 款规定："公共设施的设置或管理者"与"公共设施设置或管理费用的负担者"不同时，费用的负担者承担损害赔偿责任。所以，如下解释也是成立的：即使在设置没有瑕疵，只有管理瑕疵的情形中，若设置者承担了设置费用，那根据《国家赔偿法》第 3 条第 1 款，设置者也要承担责任。

以此解释为前提的话，只要不是如下情形，设置者对外也要承担赔偿责任：设置者在设置设施时只使用了管理者等他人的费用，设置后，以无瑕疵状态交由管理者管理，而后只因管理者的管理瑕疵而产生了损害。

但是，《国家赔偿法》第 3 条第 1 款的意思是当管理有瑕疵时，只让管理费用承担者承担责任，不让设置费用承担者承担责任。这样，当设置者承担了管理费用时，即使设置上没有瑕疵，也产生损害赔偿责任。

依据上述解释，当设置者负担了管理费用时，即使设置没有瑕疵，也对被害人产生损害赔偿责任。

（二）瑕疵论争

1. 最高法院判决的定义。关于瑕疵的涵义，"最判昭 45·8·20 民集 24·9·1268"定义道"设施缺失通常应有的安全性"。前揭"最大判昭 56·12·16 民集 35·10·1369"判道，"设施的设置或管理瑕疵是指设施缺失应有安全性的状态"，因它没有言及"通常"这一要件，引来了不少讨论。之后的"最判昭 59·1·26 民集 38·2·53"、"最判昭 61·3·25 民集 40·2·472"明示了"通常"这一要件，作为先例，它列举了前揭"最大判昭 56·12·16"，故关于这一点，最高法院的立场是一贯的，前揭"最大判昭 56·12·16"只不过是忘记了"通常"这一要件。

学说对最高法院的这一一般命题没有特别的不同意见。但如何理解其意，则错综复杂，形成瑕疵论争。这也是《民法》第 717 条第 1 款"设置或保存"瑕疵论争的反映。所以，首先有必要探讨该瑕疵论争。

2. 用语方法的整理。关于"设置或管理"瑕疵，存在主观说、249 折中说、客观说等对立学说（第一分类），还存在义务违反说（论）、客观说、设施瑕疵说等对立学说（第二分类）。让该问题复杂化的一个原因是用语方法因论者不同而不同。

在第一分类中，主观说从主观角度认为瑕疵是设置者或管理者违反损害避免义务；客观说将瑕疵理解为设施的物理瑕疵；折中说包含"违反损害避免义务"与物理瑕疵两个方面（但有看法认为主观说只不过是在折中说的意义上主张行为为瑕疵[1]）。

在第二分类中，义务违反说（论）认为瑕疵是设置或管理者违反损害避免义务，与第一分类中的主观说对应。但损害避免义务要客观地判断，故该学说的提倡者也主张其是客观说。[2]

而设施瑕疵说只考虑物体瑕疵，属于第一分类中的客观说。第二分类中的客观说认为《国家赔偿法》第 2 条第 1 款所使用的表述是公共设施的"设置或管理"上有瑕疵，而不是设施瑕疵，故只有在设施的物体瑕疵起因于设置或管理作用时，才认可《国家赔偿法》第 2 条第 1 款的瑕疵责任。所以，结果暂且不说，至少在理论上，这与第一分类中的折中说不同。

最近的瑕疵论争一般都围绕着第二分类展开。所以想根据该分类，整理一下相关的讨论。

---

[1]　藤原淳一郎："国家、公共团体对道路事故的赔偿责任"，载《行政法大系 6 卷》93 页

[2]　植木哲：《灾害与法》（第二版），一粒社 1991 年版，第 8 页。

3. 义务违反说（论）。义务违反说（论）[1]指出：分析有关道路、江河管理瑕疵的判例后可知，与从"物的缺陷"角度相比，更多的是从"违反损害避免义务"这一行为侧面来认定瑕疵。例如，在飞弹川巴士倾覆事故诉讼中，懈怠"道路禁止通行"这一柔性损害避免义务被视为道路的管理瑕疵。这只有站在义务违反说（论）上，才能进行合理的说明。

这样，以违反损害避免义务来建构的话，更适合不法行为法的体系，对"损害避免义务的懈怠"进行问责也更有利于抑制损害，而且，还可以作为"公共设施"设置或管理的瑕疵来建构"避难对策的懈怠"等，扩大了《国家赔偿法》第 2 条第 1 款的救济范围。例如，国井教授说，就从避难对策这一点来说，义务违反说（论）的瑕疵认定范围就比客观说宽。[2]

但是，像避难对策这样的柔性措施也可以作为《国赔法》第 1 条第 1 款的问题来处理，所以设施的"设置或管理"瑕疵中包含人的要素后，也并不会直接扩大救济。但若以"瑕疵比过失更容易被认定"为前提，那《国赔法》第 2 条第 1 款的"设置或管理"瑕疵包含人的对策后，就会扩大被害人的救济。

国井教授也说道，"瑕疵的先在义务被极度地高度化，与《民法》第 709 条之过失中的相比，起初就明显更高"；[3]在该前提下，义务违反说（论）就被认为在被害人救济方面有优越性。

4. 客观说。客观说[4]不着眼于行为面，而着眼于物的缺陷，判断是否缺失作为"公共设施"通常应具有的安全性；认为《国家赔偿法》第 2 条第 1 款规定的不是"公共设施"的瑕疵，而是"设置或管理"的瑕疵，所以只有该物的缺陷起因于"设置或管理"的不完善时，瑕疵才被认可。

---

〔1〕 国井和郎："道路设置管理的瑕疵（二）"，载《判夕》1976 年 327 号 19 页以下；植木哲：《灾害与法》（第二版），一粒社 1991 年版，第 8 页。

〔2〕 国井和郎："道路设置管理的瑕疵（二）"，载《判夕》1976 年 332 号 24 页。

〔3〕 国井和郎："道路设置管理的瑕疵（二）"，载《判夕》1983 年 480 号 21 页。

〔4〕 古崎《研究》153 页。

　　该学说批判义务违反说（论）在第 1 条的责任与第 2 条的责任上显得暧昧，批判设施瑕疵说无视"设置或管理"这一表述。

　　5. 设施瑕疵说。设施瑕疵说[1]认为：《国家赔偿法》第 1 条第 1 款的责任是行为责任，与此相对，《国家赔偿法》第 2 条第 1 款的责任是状态责任，义务违反说（论）无视这一基本区别，客观说也将"设置或管理"作用的不完善作为问题，在此两者相同。

　　6. 学说的检讨。关于上述瑕疵论争，可指出如下几点：

　　第一，义务违反说（论）最具有判例说明色彩。国井教授的学说的出发点是分析像飞弹川巴士倾覆事故那样的所谓外在瑕疵型的道路事故判例，植木教授也是通过分析以加治川水害诉讼为首的水害诉讼的判例来形成学说，他们的特征是通过分析"国家赔偿法运用扩大期"主要判例的论理来展开学说。[2]

　　因为如此浓厚的判例说明色彩，所以在判例的整合性说明上，义务违反说（论）常常体现出强势。尤其是对"将'道路事故中的避难对策等柔性措施'作为管理瑕疵的判断要素"这一判例现状，义务违反说（论）能解释通。

　　"最判昭 50・6・26 民集 29・6・851"认为工程标识板、路障、红灯柱倒在道路上，是道路安全上的缺陷；判道，这是在夜间且因事故发生前的其他车辆所引起，道路管理者不可能毫无延迟地将道路恢复至原状，让其处于安全良好状态；否定了瑕疵。对此，设施瑕疵说是难以作出说明的。该判决至少没有明确采用"不可抗力下的免责"，所以义务违反说（论）的说明具有说服力。

　　但不是所有的判例都适合义务违反说（论）的说明。"金泽地判昭 47・11・24 道路管理瑕疵判例要旨集 12"认为：道路部分毁损导致事故发生，这明显是交通障碍，不用判断它们的管理状况，就可以认定有瑕疵。它们毋宁更适合设施瑕疵说。

251

252

---

　　〔1〕　西埜《国赔责任》136 页以下；木村实："设施的赔偿责任"，载《行政法大系 6 卷》71 页以下。

　　〔2〕　远藤《中》135 页。

有不少判例持客观说或设施瑕疵说。本来就不是所有的判例都遵从同一标准。

另外，客观说认为其作为判例说明是妥当的，所以义务违反说（论）与客观说在判例的理解方法上会有争论。事实上，依据客观说来说明既有判例也并非不可能。

与此相对，与其说设施瑕疵说是判例说明，不如说是从考察设施瑕疵本质角度，外在地展开判例论理，整合说明既有判例理论；这原本不是设施瑕疵说的目的。从设施瑕疵说角度看，前揭"最判昭50·6·26"原本就不适合《国家赔偿法》第2条的理念。

所以，在此意义上，义务违反说（论）、客观说与设施瑕疵说在基础上就不同，前者批评后者不能合理说明判例，这是不恰当的。

第二，义务违反说（论）与客观说的共同点是都将"公共设施"的管理行为要素作为瑕疵的判断要素。对义务违反说（论）而言，这是当然的。在判断安全性的缺失是否是"设置或管理作用上的物"的过程中，客观说必须考虑设置或管理行为的适当性。只是客观说通过"物的瑕疵"的拟物形态来理论分析设置或管理作用的不适当性，不用"违反作为义务"来直接表达。

与此相对，设施瑕疵说将《国家赔偿法》第2条第1款的责任理解为状态责任，人的要素应该作为该法第1条第1款的问题来处理，在这一点上，也与义务违反说（论）和客观说不同。义务违反说（论）与客观说的差异基本上在说明方法层面，而设施瑕疵说的前提是第1条与第2条有本质区别。

253 第三，不管何种学说都有个共同点，即只要瑕疵成为责任要件，那就不要求绝对的安全性，只要具备通常应有的安全性就足矣。如何理解该"通常"要件？对此，设施瑕疵说与义务违反说（论）、客观说并非不能形成相同的结论。

即使在前揭"最判昭50·6·26"那样的案例中也可以作如下理解：将时间要素纳入"通常"要件中，道路上长时间无障碍物的状态是通常应具有的安全性。

第四，像义务违反说（论）、客观说那样，如在物体设施以外考虑行为面的话，那一方面会像前揭"最判昭 50·6·26"那样，缩小被害人救济的范围；而另一方面，在以"瑕疵比过失更容易被认定"为前提的情形中，将"柔性一面"作为第 2 条的问题的话，有可能扩大被害人的救济范围，何者更有利于被害人救济，不能一概而论。

7. 第 1 条与第 2 条的关系。对该问题，应作何理解？如在前面"二（二）"看到的那样，《国家赔偿法》第 2 条第 1 款的立法者将"公共设施"理解为舍弃人为设施后的公物，所以，管理行为的不适当性问题作为第 1 条问题来处理。

相模原堰堤水死事故诉讼一审判决（"横浜地判昭 43·10·31 判时 545·20"）认为《国家赔偿法》第 2 条不包括以"人的措施"为由的情形，同条的管理瑕疵是指公共设施的维持、修缮、保管上有不完备之处；将大坝的操作失误不作为该法第 2 条，而是作为该法第 1 条的问题来处理。这可以说是忠实于立法者意思的解释。

设施瑕疵说可能是最适合立法者意思的学说，虽与现在的判例法有些距离。不应该一概排除。另外，它还有个长处：在第 1 条与第 2 条的功能分担方面，能提供最明确的指导。

但也有如下情况：设施概念原本就意指人的、物的设施的综合体，这虽然与立法者的意思有距离，作为文理解释，认为包含人的要素反而更自然。

254

也有的像大迫大坝水害诉讼一审判决（"大阪地判昭 63·7·13 判时临增平元·8/5·3"）那样，认为《国家赔偿法》第 2 条第 1 款的"管理瑕疵"是行政主体作为设施的管理主体为实现该设施的设置目的而实施的一切作用；将操作失误、通知或警报的懈怠作为该条款的问题来处理。

在考虑人的要素时，确实会产生第 1 条与第 2 条竞合的情况，如"医疗事故、学校事故可能构成不法行为、债务不履行"那样，同一法现象可以属于多个范畴，这不稀奇。不能说竞合是义务违反说（论）、客观说的缺点。

但是，若说第 1 条与第 2 条的责任性质完全相同的话，那就失去了分开设置条文的意义，而且，不能认为"瑕疵与过失在同一法律中分开使用，但两者意思却相同"。所以，义务违反说（论）中的损害避免义务、客观说中的"设置或管理作用的不适当性判断"必须与第 1 条的过失判断不同。

这也可以从如下角度说，即作为"国家赔偿法"第 2 条之源流的《民法》第 717 条第 1 款但书是以瑕疵大于过失为前提而设置的。那么，瑕疵这一表述一般脱离主观，意指客观上有缺陷，据此，《国家赔偿法》第 2 条的瑕疵与第 1 条的过失相比，应该更加客观。

但问题是：过失概念不断客观化，进而瑕疵与过失越来越接近，区别两者变得困难了。《民法》第 717 条第 1 款但书中的免责几乎得不到认可。

过失越来越客观化，这在《国家赔偿法》第 1 条中也是一样的。鉴于此状况，不能否定的是只要不站在设施瑕疵说上，那解释《国家赔偿法》第 1 条与第 2 条的区别就有困难。

另外，《国家赔偿法》第 2 条规定了"设置或管理"的瑕疵，鉴于此，就会陷入不能舍弃"设置或管理"作用这一两难困境。但是，即使设施瑕疵说也不要求绝对安全性，只要求通常应有的安全性，对该"通常性"要件，要作规范性判断。这样一来，该要件的解释有可能导致其与义务违反说（论）、客观说的接近或相对化。

而且，"公共设施设置或管理瑕疵"概念本身就包括多种类型，对所有类型适用同一标准是否妥当，还需讨论。

瑕疵论争是个重要的理论问题，应该予以高度评价。与在抽象层面论述其优劣相比，思考什么是考虑要素，如何针对各个类型来衡量这些要素似乎更重要。但在作类型考察时，也有必要规定好基本准则。

（三）判断瑕疵时的考虑要素

1. 人的要素。《国家赔偿法》第 2 条在自己责任、瑕疵责任上，提供了国家赔偿的一种应有姿态，在此，展现出第 1 条之代位责任（从立法者的意思来看）、过失责任的将来改革方向。所以，如下情况或许也是允许的，即《国家赔偿法》第 2 条也吸纳人的要素，在可能的范围内活用该条。若是如此，第 1 条与第 2 条虽不一样，但却具有连续性。

2. 不作为的违法要件。在用第 1 条处理"公共设施"的设置或管理瑕疵的情形中，通常会出现"懈怠安全保障"这一不作为违法问题，所以，如前所述［第五节四（一）5］，要综合考虑①被侵法益的重要性、②预见可能性的存在、③结果避免可能性的存在、④期待可能性的存在。考虑到前面所讲的连续性，在第 2 条的瑕疵责任中，原则上也有必要综合判断这些要素。在判断以上要件时，可以反映出瑕疵与过失的区分问题。

但以上仅是一般论，"公共设施"概念很广，所以，"设置或管理"瑕疵也必须对应类型进行不同的考虑。考虑④的判例有"大津地判昭 54·10·1 下民 30·9～12·459"等。

另外，在判断瑕疵时，并非总要考虑②、③。在不同的类型中，②、③以非常宽松的形式获得认可，实际上，在判断瑕疵时②、③有时几乎不成为问题（"最判平 7·7·7 民集 49·7·1870"判道：在上诉理由中，国家、公团所主张的结果避免可能性不是旨在认可该道路设置或管理瑕疵的积极要件）。

另外，也有不需要②、③的情形。例如，在"公共设施"的设置管理者让他人承包工程的情形中，依据《民法》第 716 条，发包、指示没有过失的，发包人不承担责任；承包人有过失，发包人即使无过失的，国家或公共团体也承担《国家赔偿法》第 2 条第 1 款的责任，可以"其他对损害原因应承担责任者"为由，根据该法第 2 条第 2 款，向承包人求偿。即在判断设置或管理瑕疵时，作为设置或管理者的国家或公共团体与承包人对外结为一体更符合社会常识。

同样的情况也适合占用许可获得者、《道路法》第 24 条之认可工程的实施者所作的过失行为（参照"水户地判昭 56·9·28 道路法相关例规集 13·7329·853"、"名古屋地丰桥支判昭 53·8·15 道路法相关例规集 10·6819·118"）。

在这种情形中，直接依据设施瑕疵说来说明可能更好。

承包人与占用许可者不同，对与"公共设施"的设置管理者并

256

无特别关系的第三人的过失，也让"公共设施"的设置管理者承担责任是苛刻的。所以，通常在判断瑕疵时，②、③也成为考量事项。

3. 通常用法。在使用公共设施时发生事故的情形中，该公共设施的使用是否是通常的用法，成为重点。对异常用法下的事故，不能让管理者承担责任。但什么是异常使用，也只能依据当事人对事理识别能力来相对性地判断。

在学生挥动作为公立中学物品的地图棒，打到其他学生眼睛并让其失明的事件中，"东京地判昭 60 · 11 · 20 判夕614 · 95"判道，"虽说是中学生，但都是未有足够明辨事理能力的男学生，本案地图棒足够引起他们的兴趣，拿到手后作出挥动或刺等动作，这是可以充分想见的……，而且，相当有可能如上面那样作为游戏工具来使用，这也是可以充分想见的"；认定该地图棒的管理存在瑕疵。

当然，这样的使用不是地图棒的本来用法，上述判例所持的立场是对中学生而言，那不是异常用法。对这一点，还可以再讨论。

类似的案件还有：公立中学扫把的螺丝松动，学生挥动它后，前半部分散开，刺到同学的眼睛。

"横浜地判平 4 · 7 · 27 判例地方自治106 · 50"判道：即使该扫把的顶部失去一半，即使因此而影响其清扫能力，也不会对通常使用产生危险，另外，从本案事故的样态来看，即使该扫把的螺丝松动了，也不能说依据通常用法使用该扫把会有特别的危险，故该扫把没有管理瑕疵。

其所持的前提是：中学生挥动扫把是异常用法，管理者没有必要考虑到该异常用法而采取安全措施。

但是，作为二审判决的"东京高判平 5 · 8 · 31 判夕848 · 139"判道，在判断扫把通常应有安全性时，应该考虑到挥动扫把后会有相当的冲击，在此基础上，判断在这样的使用方法下是否还具备安全性；肯定了瑕疵。

中学二年级这样的年龄"尚未脱离孩子气，常常是打打闹闹，不顾前后地热衷于某件事，作出轻率举动"，班主任老师实际上对使用扫把来作曲棍球游戏之事是知晓的，据此，不能作为异常用法来否定瑕疵。

4. 不可抗力。按照这样理解，那不可抗力这一问题也可以因缺失预见可能性、缺失结果避免可能性而作为无瑕疵来处理。

"最判昭 53·7·4 民集 32·5·809"认为对不依据通常用法而行动所导致的损害，设置管理者不承担责任。这意指对异常用法所致事故没有必要预见，也意指预想到这样的使用并采取安全措施并非社会所能期待。

5. 道路与江河。在道路这样的人工公物与江河这样的自然公物中，瑕疵判断标准不同的最大理由是④的期待可能性的不同。设置是人为的结果，对公用的人工设施，人们期待高水平的安全对策。对像江河这样，处于自然状态中，包含危险的公物，采取防灾对策，据此提高安全度时，人们期待的安全水平自然不同。

大东水害诉讼最高法院判决（前揭"最判昭 59·1·26 民集 38·2·53"）认为高知落石事件的前揭"最判昭 45·8·20 民集 24·9·1268"是不同的案件，区分了道路与江河的瑕疵判断标准。这也是可以理解的。

从①~④相互紧密的关系来看，对④的期待可能性的差异也影响对③的结果避免可能性的判断，财政、技术、社会制约在江河管理瑕疵案件中占据了重要分量。

另外，即使同为江河水害，工程实施计划下修复后的江河与无修复的江河在对安全度的期待标准方面不同。"最判平 2·12·13 民集 44·9·1186"对修复后的江河，提出了特别瑕疵判断标准。这从④的期待度的差异来看，是讲得通的。

6. 倾覆事故。在倾覆事故中，"对应被害人来相对性地判断瑕疵"被作为"④之重要判断要素的补充性问题"来考虑是可能的。 259 即若是成人，可能通过自己的注意而避免损害，故没有安全对策上的期待可能性，瑕疵被否定；若是幼儿、儿童，很难期待通过自己的判断来避免危险，对国家或公共团体之安全对策的期待可能性就增加，瑕疵就变得容易被肯定。

相反，若是乳儿，由于处于保护人的监管之下，不能独立行动，故对行政上之安全对策的期待可能性小，瑕疵难以被认可。

7. 对"瑕疵被认可后的社会影响"的考虑。有的判例在判断瑕疵时考虑了瑕疵认可后的社会负面影响。例如，"东京地判昭 51·2·26 判时 829·70"指出为防止火灾，用水泥覆盖道路坡面，这损害了自然景观；并暗示道从保护景观的角度出发，安全对策是有界限的。

另外，"最判平 5·3·30 民集 47·4·3226"判道，"在开放公立学校校园，供一般使用的情形中，对含幼儿在内的一般市民的校园内的安全，校园内的设备等的设置管理者全面承担责任是不适当的；对设置管理者而言，保证幼儿不管怎么动都不会产生不测结果是强人所难的，若过分强调这一点，可能会导致校园不对一般市民开放，让城市的幼儿在危险道路上玩耍的结果"。

这是考虑加藤雅信教授所言的"社会负面的应对"[1]的一个事例。该情形有时影响期待可能性的评价，左右瑕疵的有无。

8. 与"最判昭 53·7·4"的关系。这样，既有的判例可以通过①～④的综合考量得到说明。实际上，就是通过这种形式来作瑕疵判断的。

260   另外，前揭"最判昭 53·7·4"判道：对"设置或管理"的瑕疵，"应该综合考虑该设施的结构、用法、周边环境以及使用状况等各种情形来具体地、个别地判断"。此处作为考虑事项而被列举的当然是瑕疵判断时应检验的事项，这只是列举，并不与①～④的事项相矛盾。该判决所列举的事项常常在判断①、④时被考虑，可以定位为比①～④更低一级的细目事项。

但以上是一般论。如后所述"（五）"，在与供人使用相关的（功能性）瑕疵中，不是违反安全保障义务的问题，而是妨碍生活的问题，不能在同一判断框架内考虑。瑕疵概念的扩张让瑕疵判断标准的一般化变得困难，提高了类型考察的必要性。

---

〔1〕 加藤雅信："不法行为受害人救济的现行体制及其问题"，载《法律人》1979 年 691 号 59～60 页。

（四）预算制约论

1. 道路事故中预算制约的涵义。前揭"最判昭45·8·20"判道，"可以推测的是在该道路上设置防护栏的费用较大，上诉人（县）会在预算上为难，但不能据此就可以直接免除道路管理瑕疵所致损害的赔偿责任"。"东京地判平2·3·13判时1338·21"也引用了该判决，并判道，"随着构成隧道安全体制的设备技术的进步，改造、翻新隧道后能够更加切实地避免危险，当此情况很明显时，就应该说有必要作上述改造、翻新，就应该说该隧道的设置者为此所承受的负担不受必要费用或预算制约所左右"。

但是，有必要慎重讨论此处所说的预算上的制约的意思。因预算不足而不能支付赔偿金，这是履行赔偿方面的问题，当然不是否定赔偿责任的根据。另外，从社会资源分配观点出发，采取某防灾对策是正确的，但却没采取具体的预算措施时，不能因此免除道路管理者的责任。

但是，如下理解也是有疑问的：为采取安全对策，必须作出"从社会资源分配角度看并不正当"的巨大投资。

在预算上的制约不能成为抗辩事由的情形中，前揭"最判昭45·8·20"、前揭"东京地判平2·3·13"的意思是因具体预算措施的不足而无法对"从社会资源配置角度看很必要"的安全对策进行足够投资。这是说它不能成为抗辩事由呢，还是如下意思呢，并不明确，即如果危险可预见，采取一定防灾对策后可以避免结果的话，即使需要很高的预算，瑕疵也会被肯定。

但它们都不是关于如下情况的事例：不作"从社会资源分配角度看，被视为不正当"的巨额投资的话，就不能避免结果。即在前揭"最判昭45·8·20"的案情中，原本就并非只有防护栏的设置才是避免结果的唯一措施，在得到"对该道路的上述危险性，没有采取下列措施：设置防护栏、防护盖，或者在山的一侧铺设金属网；经常调查山体斜坡部分，当有快要掉下的岩石时，除掉岩石，当有可能土崩时，禁止通行等"这一事实认定后，还有其他选择，所以判决防护栏设置不是预算制约上的抗辩事由。是否可以将该判旨理解为即使实施从社会资源分配角度看难以期待的高额投资，也应确保安全性？尚有讨论的余地。

另外，即使在前揭"东京地判平 2·3·13"的案情中，成为问题的安全对策也并不要求"从社会资源分配角度看有失平衡"的高额预算。

所以，虽然并不明确，但可以这样理解这些有关道路事故的判例：社会资源分配角度下所要求的安全对策的投资即使因具体预算措施的不足而没能充分实施，它也不能成为抗辩事由；但在判断像道路这样的人工公物的瑕疵时，财政制约也并非完全不被考虑。

262　　2. 江河水害中财政制约的涵义。在江河水害中，在判断瑕疵时，前揭"最判昭 59·1·26"明确说要考虑财政制约。该判决判道"本法院的判例［1967 年（才）第 921 号 1970 年 8 月 20 日第一小法庭判决·民集 24 卷 9 号 1268 页］认为不能因道路管理者在设置灾害防护设施时出现预算困难，就可以直接免除道路管理瑕疵所致的损害赔偿责任。应该说此判决对江河管理的瑕疵而言，当然不妥当"；所以，该判决的前提是财政制约在瑕疵判断中所具有的意义在道路与江河中是不同的。

关于前揭"最判昭 45·8·20"的预算制约论的意义，认为若考虑到了"社会资源分配角度下所要求的对安全对策的投资因具体预算措施的不足而没能充分实施"这一情形的话，那也可以将理解为：从社会资源分配角度看，对江河水害采取某种防灾对策虽然是正当的，但却没有采取具体预算措施，此时也可以否定瑕疵。

但前揭"最判昭 59·1·26"说道，"改造计划已定，关于依据该计划而处于改造中的江河，当上述计划在整体上，从上述角度看不被认为特别不合理时，只要没有出现'因后来情况变化而使该江河未改造部分发生水害的危险性变得特别明显，必须实施提前完工或者变更工程顺序等措施，尽早完成改造工程'等特别事由，就不能因上述部分的改造未实施而说江河管理有瑕疵"。可以看作社会资源分配角度下的预算措施的适当性由计划的合理性来保证。

但此情形中计划的合理性源于"议会在不断调整其与国民生活

上的其他各项要求中，决定其所分得的预算"，所以从宏观角度看，像"治水对策预算不足"这样的问题还是不属于瑕疵判断的对象。

与此相对，在道路中，实施了社会资源分配角度所要求的安全 263
对策后，从宏观角度看预算措施即使不足，也不能免除瑕疵责任。

3. 两者不同的根据。道路与江河就这样在财政制约论的意义上有差异，这是前述④之期待可能性的差异的反映。只要人工建造了设施，并供人使用了，那人们就期待有充分的安全对策，即使在宏观上因预算不充分而不能实施令人期待的安全对策，这也不能成为否定瑕疵的理由。而在作为自然公物的江河中，社会所期待的安全度有差异，宏观的预算制约也被纳入瑕疵判断之中。

或许可以这样说，对④的期待可能性的不同判断也反映到对③的结果避免可能性的判断中。在江河中，即使社会资源分配不够，但宏观的财政制约可以作为"降低结果避免可能性"的理由而被考虑。

但这样理解的话，就会出现如下情况：虽有"只靠道路管理者的意思所无法左右"的宏观道路预算的局限，但还是可以认可设置或管理瑕疵的责任，这也就肯定了"管理局限"与"救济局限"[1]的分离。

也有明确说道这一点的判例，"名古屋高金泽支判昭 54·4·20判时 936·68"判道，"为了从事后救济角度看道路管理存在瑕疵，那在前述角度下得到肯定的'危险避免措施义务'就是逻辑上的前提义务，与之有相同内容的义务并不当然在事前作为行政上的义务而课赋于道路管理者"。就该判例的立场，还可以讨论。

（五）与供人使用相关的（功能性）瑕疵

1. 赔偿与补偿。让公共设施供人使用时，给周边居民带来事业损失的，是将此作为损害赔偿问题来处理呢，还是作为损失补偿问题来处理，对此，各国法制不同。

在我国，《土地征收法》第 93 条作为补偿问题来处理沟垣补偿。 264

---

〔1〕 盐野《Ⅱ》263 页。

1962 年内阁会议认可的《取得公共用地时损失补偿基准纲要的施行》的"第三"规定：噪音、震动等的事业损失不是损失补偿的对象；超出忍受限度的损害确实可以预见的，不妨碍事前作损害赔偿。其明确姿态是作为损害赔偿问题来处理。

2.《国家赔偿法》第 1 条与第 2 条。此时，关于事业损失的损害赔偿是《国家赔偿法》第 1 条第 1 款的问题呢，还是该法第 2 条第 1 款的问题，成为一个论点。作为大阪机场诉讼一审判决的"大阪地判昭 49・2・27 判时 729・3"将事业损失作为《国家赔偿法》第 1 条第 1 款的问题来处理。

但作为该事件的最高法院判决的前揭"最大判昭 56・12・16 民集 35・10・1369"判道：在《国家赔偿法》第 2 条第 1 款中被视为瑕疵的"安全性的缺失"不仅指"构成该（公共）设施的'物的设施'本身存在物理的、外形的缺陷或不完备导致'一般会发生上述危害'的危险性"这一情形，还包括"该（公共）设施为人使用时'产生危害'的危险性"这一情形，"另外，该危害不仅针对设施的使用人，还针对使用人以外的第三人"（但栗本、藤崎、本山、横井这四位法官陈述如下少数意见，即不应该作为第 2 条，而应该作为第 1 条问题来处理）。从此，根据《国家赔偿法》第 2 条第 1 款来处理已经在判例法中确立。关于这一点，学说也没有什么强烈的反对之声。

立法者是否考虑了与供人使用相关的（功能性）瑕疵？这并非没有疑问。关于事业损失，各国通过在其固有历史背景下生成的法制度来谋求救济，而在我国，法院更容易使用《国家赔偿法》第 2 条第 1 款。

在"留有阻止可能性"这一点上，损害赔偿理论优于损失补偿理论。另外，不少情况是作为《国家赔偿法》第 1 条第 1 款的问题来处理事业损失并不容易，所以，前揭"最大判昭 56・12・16"那样的应对应被认可。

但是，"设置或管理"瑕疵包含与供人使用相关的（功能性）瑕疵，这当然会让《国家赔偿法》第 2 条第 1 款的瑕疵概念多元化，

265

使该概念的一般论意义变得稀薄，类型考察变得不可避免。

（六）法律上的管理、事实上的管理

1. 判例通说的立场。《国家赔偿法》第 2 条第 1 款的"设置或管理"不仅限于法律上的管理权、所有权、租赁权等权源下的管理，还包括事实上的管理。这为通说所认可。[1]

另外，对事实上的管理者，有不少下级判决认可了《国家赔偿法》第 2 条第 1 款的责任，几乎所有判决都将事实上的管理者也承担设施管理责任作为前提，没有特别说明其理由。

前揭"最判昭 59·1·26 民集 38·2·53"也是在没有论述大东市有无普通江河管理权的情况下，发回了重审，将"事实上的管理者也可承担《国家赔偿法》第 2 条第 1 款之责任"作为默认前提。

关于这一点，最高法院给出明确判断的是"最判昭 59·11·29 民集 38·11·1260"。但该判决也没有特别陈述"《国家赔偿法》第 2 条也适用于事实上的管理"的理由。

2.《民法》第 717 条的解释。关于这一点，《民法》第 717 条的解释可以作为参考。该条规定：非基于法律权源的占有人也不免责，只是事实上占有某土地工作物的人对设置或保存瑕疵所致的损害也必须承担赔偿责任。站在如下立场上这也该得到肯定，即不管有无法律上的权源，占有人最适合避免损害。

《国家赔偿法》第 2 条没有占有人免责的规定，与《民法》第 717 条相比，让占有人承担更重的责任。所以，从保持与《民法》第 717 条的平衡角度说，在《国家赔偿法》第 2 条中，事实上的管理者承担责任是适当的。

3. 法外公共物。另外，关于《国家赔偿法》第 2 条，事实上的管理者的责任成为问题的多数情形是法外公共物。前揭"最判昭 59·11·29"的案情中，京都市在事实上管理着作为法外公共物的江河，所以《国家赔偿法》第 2 条第 1 款的责任被认可了。

266

---

〔1〕　但远藤教授排除了如下情形："存在'应基于自己的权原而管理'的人时，或者缺失作为'管理权行使之前提'的权原、权限时。"远藤《中》469 页。

关于法外公共物，法律上的管理者并不确定，不少情况是当地的市町村应居民的要求，进行事实上管理。法律上的管理者不明确，事实上的管理者不承担责任的话，被害人就有可能得不到救济。

而且，关于市町村非依据条例而对法外公共物实施的管理，存在法律上管理说和事实上管理说。法律上的管理与事实上的管理的差异本来就不明了。这样一来，因"是法律上的管理，还是事实上的管理"而导致在"可否适用《国家赔偿法》第 2 条"上产生差异，是不妥当的。另外，对被害人而言，以事实上的管理者为相对方提起诉讼更方便。

鉴于以上各点，让事实上的管理者承担设施管理责任是适当的，但也有些令人犹豫的要素。即虽没有法律上的管理义务，但只要是事实上管理者，就会被追究管理责任，这会让人失去管理法外公共物的积极性，有可能让以前就管理不到位的法外公共物的管理更加不好。

但这一点应该通过如下方法来解决，即制定以现有法外公共物为对象的一般公共物管理法，明确法律上的管理者。[1]

4. 事实上管理的涵义。作为设施管理责任之基础的"事实上的管理"是什么？在迄今为止的判例中，成为问题的"事实上的管理"多数情况是指市町村实施各种各样的管理行为，参与策划整个管理，该市町村等可被认为将该公共物用于公共目的。

但也有像前揭"最判昭 59·11·29"、"奈良地判昭 57·3·26判夕486·116"那样，只不过是实施了改造工程，但也被认为是实施了事实上的管理。

在修复工程的情形中，不仅在工程期间需要保持安全，一旦承担了该工程，即使在工程结束后，也至少有不让该工程导致事故的管理义务。所以，在与该工程所致损害的关系中，工程的实施者也可被追究《国家赔偿法》第 2 条的责任。

5. 法律上管理者与事实上管理者的关系。事实上的管理者对外

267

---

〔1〕 宇贺克也："判批"，载《法协》1987 年 104 卷 8 号 1216 页。

承担责任是否仅限于"不存在法律上的管理者"的情形，或者法律上的管理者没有责任的情形？换言之，对外，法律上的管理者承担第一次性责任，事实上的管理者承担第二次性、补充性责任，还是尽管有其他承担法律上管理责任的人，但还是可以追究事实上的管理者？

在以前的事例中，多数情况是法律上的管理者与事实上的管理者一起作为被告。下级法院判决认为"法律上的管理者存在与否"与是否可以追究事实上的管理者没有关系。前揭"最判昭59·11·29"也认为：京都市是否作为事实上的管理者承担责任，这与国家或京都府是否具有法律上的管理权没有关系。

学说对这一点几乎没有讨论。《国家赔偿法》第3条从方便被害人角度，规定既可以对设置管理者，也可以对费用负担者提起诉讼。鉴于此，应该这样理解：对外，法律上的管理者与事实上的管理者都可以成为被告。

在前揭"最判昭59·11·29"的事例中，只有作为"事实上的管理者"的京都市被起诉，那国家、京都府是否具有法律上的管理权？法律上的管理者与事实上的管理者并存时，如何分担内部赔偿费用？没有言及这些问题。

法律上的管理者身处他处时，可以看作事实上的管理者为法律上的管理者实施了事务管理，所以，依据事务管理的法理来考虑内部费用的分担是妥当的。

6. 事实上管理者的责任范围。事实上的管理者承担责任时，对 268 什么范围内的瑕疵承担责任？对此可以分成两种情形来考虑。

第一，事实上的管理者日常性地将"公共设施"供于一般使用，持续、综合地进行着事实上的管理。在这种情形下，虽说是事实上的管理者，但其对该"公共设施"的一般管理承担责任。

第二，像只做了一次、部分的修复工程那样，事实上的管理是不持续的、部分性的。在此情形下，"事实上的管理者只对该具体管理行为所引发的损害承担责任"这一思维是足以成立的，但从方便被害人角度出发，如下解释也是成立的：即使此时，对外，事实上的管理者也对"与修复工程无关"的瑕疵承担责任，若存在法律上的管理者，就可以在内部向其求偿。

前揭"最判昭59·11·29"的原审判决（"大阪高判昭54·5·15下民33·1～4·439"）对这一点判道，"至少承担工程期间本沟渠的管理责任，这是毫无疑问的，如后所述，在本事故发生时，上述工程虽已经部分完工，但为了下游的堰堤等，水流也没有恢复到正常状态，而且，因为工程而产生了安全性方面的瑕疵，在此情形中，虽说是工程完成后，也不免除其瑕疵导致的责任"。看来其不是如下旨趣：让事实上的管理者对与修复工程无相当因果关系的瑕疵也承担责任。

另外，该判决使用了"实施了本修复工程，据此，对本沟渠进行着事实上的管理"这一表述，可以读出该判决的旨趣是：工程导致危险增加，对非该危险而致的瑕疵，事实上的管理者也应该承担责任。若是如此，那对事实上的管理者而言，显得有些苛刻。

第七节　公共设施的国家赔偿
——类型考察

一、道路事故

（一）使用人损害与第三人损害

269　　与道路有关的国家赔偿请求非常多。其中大多数是交通事故。道路的使用人成为交通事故的受害人，他们主张事故原因的全部或部分源于道路设置或管理瑕疵，向国家或公共团体请求国家赔偿。

但也有如下情况：车辆致人伤害后，加害人与国家或公共团体一起成为被告，向被害人支付了赔偿的加害车辆的司机向国家或公共团体求偿。

道路—交通设施—使用人受害的诉讼占据道路国家赔偿诉讼的一大半，还少量存在与使用人以外的第三人相关的诉讼。

即道路本身的坍塌、汽车倾覆出道路、道路灌水、道路噪音、震动等导致沿途的第三人受害。

一方面，在道路—交通设施—使用人受害的诉讼中，伴有危险的设施只要供人使用，那人们就期待道路的设置管理者保证一定的安全性，该期待影响瑕疵判断。

另一方面，交通设施的安全也通过使用人的适当使用来保障。对使用人一般注意就能避免的事故，道路的设置管理者不应该全面负责。

在判断道路的设置管理瑕疵时，划定道路设置管理者与道路使用人的适当防守范围显得特别重要。与此相对，关于判断瑕疵时的考虑事项，"与使用人以外之第三人相关"的诉讼情形和"使用交通设施时发生事故"的情形有着基本差异。[1]下面以道路使用人的事故为中心进行考察。

270

（二）使用人的种类

1. 高速车辆的驾驶员。在道路的使用人中，除汽车、电动自行车、自行车的驾驶员外，还包括行人。其中，道路的设置管理者必须特别考虑汽车、电动自行车的驾驶员的安全。

这是因为道路即使有坑、坎、障碍物等，行人一般都能自己避免该危险，自行车只要不是很快地行驶，多数也能通过自己注意而避免该危险。

与此相对，像汽车、电动自行车这样高速行驶的工具即使发现前方有坑、障碍物，也不能马上停下。另外，由于在高速行驶，发生死亡等重大事故的可能性大。"仙台地判昭35·9·6下民11·9·1837"对混凝土层自然下沉导致的道路缺损，判道，"暂且不说对行人会怎样，但对高速行驶的车辆而言，会影响驾驶安全"。

所以，一般道路的设置管理者有必要设置管理"对高速行驶的汽车、电动自行车等而言也是安全"的道路。

2. 电动自行车。虽都是高速行驶工具，但在判断瑕疵时，有时

---

〔1〕 小幡纯子："道路事故的国家赔偿"，载《法律人》1992 年 993 号 126 页。

对汽车与电动自行车进行不同的考虑。这是因为电动自行车与汽车相比欠缺稳定性。现实中，道路坑、坎导致的事故的一大半都是电动自行车的损害。

"东京地判昭43・10・8判夕227・201"也判道该坑几乎不会危及四轮、三轮汽车、低速自行车，但当然必须预想到两轮车也会以法令规定的40公里时速在该道路上行驶；重视"欠缺行驶平稳性的两轮车是受害车辆"这一情况，肯定了瑕疵。

3. 行人。低速通行的行人也有可能成为道路设置管理瑕疵所引发事故的受害人。但在行人成为受害人的情形中，情况最多的是汽车失去稳定，结果该车撞到行人。就此，不少情况是道路的设置管理者、加害车辆的驾驶员、雇主一起成为被告。

道路设置管理者保障车道安全，这同时也与守护行人安全相关联。尤其是在没有用防护栏分开车道与人行道的狭窄道路上，道路设置管理瑕疵导致行人被卷入交通事故的可能性很高。

所以，尤其是在上学道路上，人们更期待道路设置管理者为避免行人成为交通事故的牺牲品而采取充分的安全对策。

在行人成为道路设置或管理瑕疵的受害人的案件中，未必仅限于交通事故，也有道路坑、坎、道路边上的沟等导致行人死伤的案件。

但一般而言，低速行走的行人可以通过自己的注意而避免上述危险，所以在与行人的关系上，上述缺陷被认定为瑕疵的情况并不多。

但在很多儿童行走的上学道路上，需要采取高于一般情况的安全对策来对待行人翻落事故等的危险。在六岁儿童放学途中翻落到路边沟里而死亡的案件中，"名古屋地判昭56・11・20道路法关系例规集13・7329・947・21"判道：在教育委员会指定的上学路上，当然可以预想到有很多儿童行走，所以要求其具有作为儿童通常行走场所的安全性（但否定了瑕疵）。

同样，在盲人学校旁、盲人上学的道路上，铺设导盲地砖等安全对策成为法义务。

另外，在判断道路管理瑕疵时，期待道路使用人尽多大程度的注意义务成为重要的考虑因素。此时，有必要区分精通该地区道路情况的司机与该地区外的一般行人。前者通过自我注意而避免危险的可能性高，而后者则低。

在一般道路上，不仅有当地居民使用，不能将"对当地居民而言是否安全"作为标准，对当地不熟的外地人能否安全行走才是标准（"札幌地判昭52·8·24下民28·5~8·892"）。关于山间住宅周围的道路，当其几乎没有当地居民以外的人行走时，可以例外性地以"当地居民对道路情况的知识"为前提，作瑕疵判断。

另外，与一般驾驶员相比，出租车、公共汽车、货车等职业驾驶员在驾驶时，有时被要求更高的注意义务。

（三）道路的种类

1. 速度限制等。应该保障何种程度的安全性？很难一概而论，需要综合考虑各种情况。行驶中的车辆越高速就越容易发生事故，且发生大事故、大损害的可能性大，所以高速道路所要求的安全标准当然比一般道路要高。

与首都高速公路的坑所引发的事故相关的"东京地判昭58·10·25判时1096·78"、与名神高速公路路面结冻所致的打滑事故相关的"京都地判昭48·9·19判时718·3"也明确说到了这一点。

另外，即使是一般道路，没有速度限制而高速驾驶的情形与有速度限制的情形在被期待的安全水平方面也有区别。前揭"仙台地判昭35·9·6"也说道：必须考虑该道路有无速度限制，为维护交通安全而采取必要措施。

另外，即使在有速度限制的情形中，也有必要对应限制的程度来判断安全对策。现实中，不少人没有遵守速度限制，这些超速的人撞上道路上的障碍物，造成事故后，很多情况是否定因果关系，或者"即使瑕疵得到认定，也过失相抵"。

2. 交通流量。一般而言，交通流量越大，事故就越容易发生。所以，交通流量的多寡成为考虑安全对策时的重要因素。前揭"东京地判昭58·10·25"也认为其缺失交通流量极大的汽车专用道路

272

所一般应有的安全性。

相反，关于山间交通流量少的道路，即使有同样的坑，瑕疵有时也被否定。"京都地判昭 54·4·10 判时 942·91"说到，对道路的坑，不应一律用其深度来决定是否有瑕疵，应该在考虑该道路的地理条件、结构与道路使用状况等后，作综合的、相对的判断，若是同样的坑发生在市内繁华街区道路的交通流量大的地点，就被视为有瑕疵；鉴于其是山间交通流量小的简易道路，否定了瑕疵。作为二审判决的"大阪高判昭 55·7·25 高民 33·3·150"也肯定了该判断。

另外，有判例认为像"交通流量虽一般，但公共汽车行驶"这样的重要路线被要求更高的安全性（"冈山地判昭 52·2·23 道路法关系例规集 9·6479·271"、"浦和地越谷支判昭 52·8·15 道路法关系例规集 9·6479·293·3"）。

（四）路肩的通行

在交通事故中，较频繁发生的是路肩事故。因路肩未铺好，或者车道与路肩之间有落差，导致不稳定而形成事故。路肩是指为保护道路的主要部分，或者为保护车道而连着车道设置的、呈带状的那部分道路（《道路构造令》第 2 条第 10 款）。路肩上不能通行汽车，除不得已要横穿、停车时外，禁止汽车通行（《道路交通法》第 17 条、《车辆限制令》第 9 条），如何评价这一点，是个问题。

几乎所有的判例所呈现的倾向是：处于不得不通过路肩的实际状况时，或者存在路肩也被用于汽车通行的现实情况时，认可该管理瑕疵。

例如，已铺好的车道部分与未铺好的人行道部分有落差，货运汽车在与对面车辆交会时车轮陷落，造成撞车事故，对此，"千叶地判昭 51·1·30 交民 9·1·156"判道，当然应该想到在交通流量大的主要地方道路上会有大型车辆通行、交会，因铺好部分幅度比较狭小，故当然可以想到会车时，为保持安全间距，会在铺好部分与未铺好部分的交界处通行；肯定了瑕疵。

另外，"熊本地判昭 51·3·10 判时 824·101"判道：路肩也是

道路一部分，如《道路法》第 29 条规定的那样，"道路的构造必须 274
是在考虑该道路所处地域的地形、地质、气象、道路的交通状况后，
能够安全应对一般撞击，还能够保障交通安全且顺畅"；路肩部分是
否有瑕疵，必须遵照该规定，检讨含路肩部分在内的事故现场附近
道路的整体状况，在此基础上，检讨路肩部分是否缺失预定或预期
的安全性。

接着说道，"在路肩连接交通流量大、幅度较狭窄的车道的情形
中，即使汽车超出车道行驶的，也应该实施能保障其安全性的设置
与管理"；肯定了瑕疵。

"札幌高判昭 54・4・26 下民 33・1～4・419" 也作了同样的判
旨，认为"路肩处于洼地"属于道路管理的瑕疵（但否定了与事故
的相当因果关系）。"冈山地仓敷支判昭 53・4・28 下民 33・1～4・
269" 也一样。

但是，也有判决将引发事故的车辆违反路肩通行作为过失相抵
事由（"岐阜地大垣支判昭 54・10・31 交民 12・5・1430"）。另外，
也有像"东京高判昭 53・9・19 下民 33・1～4・309"那样，认为不
缺失路肩安全性，并说道在道路上行驶的车辆原本就禁止在路肩上
行驶，所以不能将路肩部分未铺好作为道路设置或管理的瑕疵。

这样，在我国的道路中，有不少是不够宽，两车交会时必须使
用路肩才能安全行驶，在此状况下，整体（含路肩在内）地判断道
路有无设置或管理瑕疵是合理的。

但不是此状况下开进路肩的，有时构成过失相抵，有时还会否
定瑕疵本身。简言之，不能分离出路肩来考察，需要从该道路的整
体来考察。

（五）自然条件

1. 浓雾。不少情况是道路的安全性受自然条件影响很大。所以， 275
道路的设置管理者必须在充分考虑自然条件后采取安全对策。

"大阪高判昭 50・10・23 讼月 21・12・2141" 判道，"因道路
用于一般交通，故原本就必须保证安全，道路通行的安全性不能离
开道路周围的自然现象。所以，可以将'采取措施来防止因自然现

象导致交通事故'作为道路管理权的一项作用。《道路法》第46条第1款第1项规定'当道路破损、崩裂及其他事由导致交通危险时',道路管理者可以禁止或限制道路通行;从上述角度看,有雾也应该理解为'其他事由'"。

但如该判决所指出的那样,为应对浓雾,只有限制速度,或者关闭部分道路,为了实施好该关闭,需要直接引导已进入关闭区间内的车辆。该案是与高速公路相关的事件,故要求有较严的浓雾对策,并不是所有的道路管理者都要有这种程度的应对,也有不少情况是通过道路使用人的慎重驾驶来避免事故。

2. 雪。雪多数成为打滑事故的原因,故对积雪地带的道路、有最低时速限制的高速公路、其他特殊目的的道路,道路的设置管理者要采取除雪、播撒融雪剂等解冻措施,有时还要采取禁止通行措施。

而在一般道路上,并非总是不采取这样的措施,道路的设置或管理就有瑕疵。在积雪地带以外的道路上,出现一时性的、广泛的积雪时,道路通行安全通过使用人的慎重应对,如安装防滑链等来保障的情况也不少。

另外,积雪地带以外的居民不习惯积雪时驾车,所以人们期待道路管理者在考虑路面状况、交通流量等后,以高危险地带为中心,采取防滑对策。

(六)夜间安全对策

在判断道路设置或管理瑕疵时,事故发生的时刻也可以成为重要的考虑要素。同样是坑,若是白天的话,可以通过使用人的注意而易于避免,若是夜间,视线不好,通过使用人的注意难以避免事故;即使白天的事故被视为无瑕疵,但对夜间的事故,有时可以以没有照明为由认可瑕疵。

特别危险的是道路工程中的个别场所,夜间若没有通过设置标识、红色标柱、路障等来实施充分的安全措施,那原则上就肯定瑕疵。

276

（七）时间要素

1. 坑。多数情况下道路的坑是因道路的长时间使用而慢慢形成，很少是因为特定原因人的一次使用。管理者对路面状况进行日常监视，对坑进行修理，或者设置危险标识，并非难事，所以以"道路管理者在时间上无法应对"为由来否定瑕疵的情况很少。

但并非没有这样的例子，"札幌高判昭54·8·29讼月26·3·382"认为：可以推定的是巡视道路后，在极短的时间内，在某些外力的作用下路面积雪已消除，已达到道路面几乎都显露的状态；鉴于从塌陷到事故发生之间的时间极短，故不能以"塌陷部分被置之不理"为由而说管理有瑕疵。

2. 坠落物、障碍物。另外，道路上的坠落物、障碍物产生于事故即将发生时的情况并不稀奇，这样，道路管理者常常难以及时应对。

对故障车在国道上被搁置87小时事件，"最判昭50·7·25民集29·6·1136"认为道路处于明显缺失安全的状态，但却没有为维护道路的安全而采取任何必要措施，这里有道路管理的瑕疵。而一个月前的"最判昭50·6·26民集29·6·851"对事故即将发生时施工标识板、路障、红色标柱被其他车辆撞掉的事件，以道路管理者没有时间来处理为由否定了瑕疵，这是最高法院在判断瑕疵时重视"能采取安全对策的时间"这一要素的如实表现。

此后，在下级判例中，如与啤酒酒糟导致打滑事故相关的"名古屋地判昭56·2·20交民14·1·247"（约40分钟），与撞上汽油罐事故相关的"广岛地判昭57·3·18讼月28·7·1370"（约15分钟）等，以没有时间采取安全对策为由否定了瑕疵。

为了消除这些起因于路上坠落物、障碍物的事故，需要大大增加道路巡视次数、工作人员，这当然需要庞大的预算。

所以，前揭"最判昭50·6·26"考虑了时间要素，这从另一面展现出了最高法院的如下立场：虽是道路事故，也没有必要为其安全对策而花费从社会资源分配角度看并不合理的巨大费用。

（八）落石、沙土等

1. 防护栏等的设置。道路的障碍物不仅是从其他车辆掉下来的坠落物、违法停车的车辆等，有时也可以是道路斜面滚下的落石、沙土等。它们成为道路上的障碍物，车辆撞上这些障碍物后引发了交通事故。从微观角度，只看事故本身的话，这与从其他车辆掉下来的坠落物基本相同。但有一点不同，即在危险之处，采取了设置防护栏这一预防措施。

问题是对何种程度的危险预见可能性，采取这样的对策。开山而建的道路几乎都有上述危险。但所有都设置防护栏的话，那就需要庞大的预算。

从社会资源分配角度看，被视为处于合理范围内，现实的预算不够的，可认定有瑕疵。而从社会资源分配角度看并不正当的投资时，即使是人工公物，也并非完全没有否定瑕疵的情况。

278　　但是，为设置道路而切去山体，形成斜面，这本身就形成了落石等危险。此时，从社会资源分配角度看，当然需要通过设置防护栏等来实施充分的安全对策。

2. 避难对策。落石、沙土等常常是因集中大雨等自然现象而引发，故有可能通过禁止道路通行等避难对策来避免事故。但道路是交通设施，故会有一个困难选择，即禁止通行后，会牺牲道路给人们带来的便利，这是否正当？作此选择时，如下标准判断是重要的：危险的预见可能性处于何种程度时，才需要这样的措施？

3. 直击型问题。在道路斜面的落石、沙土等被称为外在瑕疵类型中，也有直击被害人的情况。此时，被害人即使注意驾驶，也几乎不能避免事故。在这一点上，其与路面上的坑的案例、打滑事故不同。

即在路面状况有问题的案例中，不少情况是道路使用人自身注意的话，有可能避免事故，所以道路的管理瑕疵即使得到认可，多数情况也是过失相抵，或者过失相抵的比例较高。

如"东京高判昭45·4·30交民3·2·354"所判道的那样，"对通行人而言，道路状况通常是一目了然的，所以通行人应该担有对应道路状况而通行的注意义务"。在浓雾、积雪、夜间，通行人当然也应该在相应的注意下驾驶。

但受到道路斜面的落石、沙土等的直击时，多数情况是通行人即使注意行驶，也难以避免，所以，此时不存在过失相抵的问题。

（九）内部规定

1. 内部规定的标准没有达到通常应有安全性时。道路管理一般由内部规定来规定，即使遵守了这些内部规定，也不能因此就当然免除道路管理者的责任（关于除雪措施，有"大津地判昭 49·5·8 判时 768·87"；关于与巡视、修补相关的町道管理规则、修缮实施纲要，有"冈山地判昭 51·4·21 交民 9·2·569"）。

279

总之，是否欠缺通常应有的安全性成为判断标准，内部规定没有达到这一标准的，当然不能免责。若不如此，内部规定规定了低标准，据此，道路管理者容易免除责任，进而导致管理水平低下，增加事故这一不合理结果。

2. 内部规定的标准超过通常应有安全性时。说是否欠缺通常应有的安全性成为判断标准，并不意味着违反内部规定就直接构成瑕疵。因为有时内部规定规定了"超出通常应有安全性"的高标准。

也有判例认为：不能因在符合防护栏设置标准的地方没有设置防护栏，就直接说道路设置或管理有瑕疵（"名古屋高金泽支判昭 53·10·18 道路法关系例规集 12·7279·253·2"）。

（十）权限外措施

在道路的安全性成为问题的情形中，信号器当然发挥重要作用。但有个问题，即信号器的设置管理是都道府县公安委员会的权限，能否将信号器的设置管理瑕疵直接说成是道路设置管理瑕疵？

有判例认为：道路管理者本应在信号器的设置上积极作为，但却予以懈怠，没有设置信号器的道路欠缺通常应有的安全性（"横浜地判昭 62·9·8 判夕683·165"）。

另外，"京都地判平 2·1·26 道路法关系例规集 13·7329"判道：关于汽车与电车的相撞事故，从事故现场附近的交通流量、事故发生状况等来看，道路管理者有向都道府县公安委员会申请设置信号器的义务；不处于"将该义务的懈怠作为道路管理瑕疵"这一程度的危险状态之中。

（十一）兼用工作物

关于道路与江河管理设施、道路与海岸保护设施的兼用工作物，因事故样态不同，瑕疵判断标准也不同。即汽车的驾驶员因该兼用工作物的路面瑕疵而遭受损害时，被作为道路的设置或管理瑕疵问题来处理。

另外，当洪水导致该兼用工作物崩溃，发生水灾时，有无江河管理设施、海岸保护设施的设置或管理瑕疵就成为争点。

在兼有护岸功能的道路因大浪而崩溃，产生建筑物损坏、家庭财产流失等损害的案件中，"东京高判昭 63·10·19 判时 1289·23"认为该国道、护岸虽不是海岸法上的海岸保护设施，但从海岸保护设施的设置、管理的一般水平与社会普遍观念来看，该国道、护岸的基本构造、设计、施工规划、施工没有不合理的地方，受灾时该国道、护岸虽处于施工中，但具有上述安全性，且按施工规划进行，从财政、技术制约之下的海岸保护设施的设置或管理的一般水平与社会普遍观念来看，可以认为具备了通常应具有的安全性；否定了该国道、护岸的设置或管理瑕疵。

在该事件中，护岸有时成为道路的一部分，因"应对大浪等自然现象的防灾设施的不完善"成为问题，所以护岸的侧面被认为有瑕疵。

在此，虽没有明确引用，但实质上是适用了大东水害诉讼最高法院判决（"最判昭 59·1·26 民集 38·2·53"）的整修途中论。其理由恐怕是该护岸是防灾设施，具有作为危险管理（防止）责任问题的共通性。

但在该案中，为道路建设而剥离岩体，填埋海湾，降低了浪力消减功能，所以若护岸不能充分补充该功能的话，就不是危险管理（防止）责任，而是危险责任问题。[1]

---

〔1〕 宇贺克也："越前海岸高波诉讼"，载《法律人》1988 年 924 号 48 页。

二、水害

（一）水害天灾观

《国家赔偿法》第 2 条第 1 款规定，"因道路、江河及其他公共设施的设置或管理有瑕疵，给他人造成损害的，国家或公共团体承担赔偿责任"；明确对江河也可以追究公共设施管理责任。但是，每年都发生水灾，起初几乎没有人以江河的管理瑕疵为由提起水害诉讼。

在战后不久的时间里，在社会普遍观念里，水害天灾观还是根深蒂固。[1]

（二）分解考察

自昭和 20 年代（1945～1954）末，加藤一郎教授一边注意适当界限，一边主张对水害可以提起国家赔偿诉讼。[2] 从此，学界对该问题的关心度逐渐升温。进入昭和 30 年代（1955～1964）以后，出现了若干水害诉讼判决。

铜山川柳濑堰堤水害诉讼一审判决（"松山地西条支判昭 31·12·21 讼月 3·2·31"）、伊势湾高潮水害诉讼一审判决（"名古屋地判昭 37·10·12 下民 13·10·2059"）就是这样的例子。

但在前者中，原告的主要请求是对堰堤业务承担者在调节洪水时的不法行为，请求承担《民法》第 715 条的雇主责任，而《国家赔偿法》第 2 条的请求只不过是预备性请求。另外，在预备性请求中，原告是主张江河的设置管理瑕疵呢，还是主张堰堤的设置管理瑕疵，并不明确，而判决对后者作出了判断。

伊势湾大潮水害诉讼在大潮导致决堤水害这一点上稍有特殊，所以不是江河，而是堤防的设置管理瑕疵被追究。

281

---

〔1〕 但就翻落事故，追究江河管理瑕疵的诉讼起初也不多，进入昭和 40 年代后，与这种诉讼相关的判决才多了起来。关于判决的具体例子，参见建设省河川局编：《河川关系法令例集》8 卷，1996 年。

〔2〕 加藤一郎："水害与国家赔偿法"，载《法时》1953 年 25 卷 9 号 12 页。

在昭和 30 年代（1955～1964），还出现了土器川沙防堰堤水害诉讼一审判决（"高松地丸龟支判昭 37·12·14 讼月 9·1·14"），这是水害诉讼中原告请求得到认可的首个判决。但在该诉讼中，也不是江河，而是堰堤的设置管理瑕疵被追究。

进入昭和 40 年代（1965～1974），出现了土器川沙防堰堤水害诉讼二审判决（"高松高判昭 44·6·27 讼月 15·7·762"）、矢多田川水害诉讼一审判决（"广岛地判昭 48·2·12 判时 710·88"）。

282 土器川沙防堰堤水害诉讼二审判决撤销了前述一审判决，矢多田川水害诉讼一审判决认可了诉讼请求，但这里不是江河，而是护岸的设置管理被认为有瑕疵。

这样，从初期的水害诉讼判决来看，原告即使基于《国家赔偿法》第 2 条提出请求，一般也是主张堰堤、堤防、护岸这些江河管理设施的设置管理瑕疵，不是追究作为自然公物的江河的管理瑕疵。分解考察是其特色。

（三）整体考察

自 1974 年以后，上述分解考察逐渐被克服，追究江河管理瑕疵的主张被一般化了。

日川水害诉讼一审判决（"甲府地判昭 49·6·5 河川关系法令例规集 7·2593 之 3"）对如下两个请求作出了判决，即根据《民法》第 709 条、第 717 条，以在江河区域内实施填土工程时懈怠预防水害的注意义务为由，对旧国铁提出赔偿请求；没有要求适当处理填土，予以放任，这构成江河管理的瑕疵，根据《国家赔偿法》第 2 条，对县提出赔偿请求。

这样的整体考察即使在多摩川水害诉讼这样的由工作物的设置管理所引发的诉讼中，也作为含该工作物在内的江河整体的管理问题，朝着追究江河管理瑕疵的方向发展。

即在江河区域内设置工作物的话，该工作物与该江河流域的地形、地质及其他自然条件一样，成为与江河安全有关的物理条件，江河管理者必须以该工作物的存在为前提，保障江河的安全，只要可以通过《河川法》第 75 条第 2 款之监督权限下的工作物改善命令、自己管理的江河管理设施的不断修整来保障江河安全，就不能因没有必要直接管理该工作物而免除江河管理责任。

在多摩川水害诉讼中，这得到了自一审判决到最高法院判决的一致认可。

对江河管理者的责任，可以这样作整体考察，这并不妨碍通过别的途径追究工作物管理的责任。关于这一点，如后述"（十七）"。

（四）"自然公物论"

在主张江河管理瑕疵的水害诉讼中，日川水害诉讼一审判决是第一个司法判断，但诉讼请求被驳回了，而且诉讼本身也没有引起人们的注意。江河管理瑕疵引起很大社会关注的判例是第二年的加治川水害诉讼一审判决（"新泻地判昭 50·7·12 判时 783·3"）。

该判决认可了部分诉讼请求，强调了"有别于道路管理"的江河管理的特殊性，认为江河管理基本上是政治责任。江河是自然公物，不管是否供人使用，都处于自然状态中，具有内在危险性，所以原则上将江河管理行为作为政治责任问题，持此主张的见解被称为"自然公物论"。

即使在昭和 50 年代（1975～1984）有关水害诉讼之江河管理瑕疵的判例中，在狭义地限定管理责任这一点上，该判决也很有代表性。在此后的水害诉讼中，原告都要努力克服该判决的"自然公物论"。另外，学界也以该判决为契机，对水害诉讼的关心顿时高涨，发表了很多与该主题相关的论文。

（五）否定"自然公物论"的判决

在昭和 50 年代，每年都有有关水害诉讼的判决。其中，大东水害诉讼一审判决（"大阪地判昭 51·2·19 判时 805·18"）是首个真正的城市水害集体诉讼，否定了江河管理与道路管理之间的本质差异。该判决形成了与加治川水害诉讼一审判决相对抗的判例潮流。

而且，大东水害诉讼二审判决（"大阪高判昭 52·12·20 判时 876·16"）是在二审阶段，第一次认可了水害诉讼中江河管理的瑕疵。

多摩川水害诉讼一审判决（"东京地判昭 54·1·25 判时 913·3"）也批判道：对公共设施设置或管理瑕疵所致的损害赔偿责

任，通过人工公物、自然公物这样的公物分类来区分适用范围、程度，对两者的管理责任设置质的差异，或者在比较道路等人工公物后，对作为自然公物的江河导出限制性判断标准，是一种只看概念、轻实际的行为。

接着判道：江河通常应有的安全性是指在该江河所处地形、地质等自然条件下，含工作物等在内的整体具备了安全结构，面对通常所预测的洪水（大流量规模的洪水），要能让洪水安全往下流，不给堤内居民造成洪水灾害。

长良川·安八水害一审判决（"岐阜地判昭 57·12·10 判时 1063·30"）也判道：不应该对应人工公物、自然公物这样的公物成立过程角度下的分类，来形成公共设施管理责任上的本质差异，不应该因江河是自然公物，就当然在瑕疵判断标准上设置限制（但判决认为可以将江河管理的各种制约作为违法性阻却事由来考虑）。

（六）堤防的建造义务

1978 年，最高法院首次对堤防的建造义务作出了判决。这就是与安云川堤防诉讼相关的"最判昭 53·3·30 民集 32·2·379"。

但需要注意的是这不是有关水害的诉讼，而是关于"江河管理者有收购居民私有堤防或者建造替代堤防的义务"一事得到认可时的要件。

在该判决中，最高法院说道，"为管理江河，应该在江河的什么地点，设置怎样的管理设施，这应该由江河管理者从江河的特性、江河全流域的自然和社会条件、江河工程的经济性等所有角度综合判断后决定；不能因某个特定地点有可能因江河泛滥导致灾害，或已经发生灾害，或江河管理者有时占有、使用居民所有的地方等，就直接说江河管理者有在该地点建造堤防或者收购居民之既有堤防的义务；所以，要让江河管理者有这样的义务，就需要有如下特别事由，即在前述所有角度的综合判断下，明确显示为管理江河，必须在该地点设置江河管理设施，对此置之不理的话，从我国江河管理的一般水平和社会普遍观念来看，明显构成江河管理者的懈怠"；相当广泛地认可了江河管理者的裁量。

有人指出该判决的旨趣不应该适用于水害诉讼，但平佐川水害诉讼一审判决（"鹿儿岛地判昭53·8·31判时927·221"）、川内水害诉讼一审判决（"鹿儿岛地判昭53·11·13判时939·90"）认可了部分请求，将该最高法院判决的法理也适用于水害诉讼。实际上，该最高法院判决为后来的大东水害诉讼最高法院判决"（十一）"埋下了伏笔。

（七）江河外原因导致的水害

即使发生水害，原因有时也不出在江河管理者。此时，不是该江河管理者，而是原因人成为诉讼的被告。

神田川水害诉讼的第一审判决（"东京地判昭54·7·30判时950·81"）驳回了诉讼请求。在该事件中，原告认为道路工程是溢水的原因，以实施该工程的东京都为被告，根据《国家赔偿法》第1条、第2条提出了请求；没有将江河管理瑕疵作为问题（"东京高判昭56·11·25判时1030·41"驳回了上诉，但在该二审中，追加了如下主张："分水渠建设的拖延"构成江河管理的瑕疵[1]）。

（八）"江河时代"

除已列举的外，在昭和50年代，有二十多个水害诉讼判决。例如，日川水害诉讼二审判决（东京高判昭52·1·31判例集不登载）（驳回上诉）、安云川水害诉讼一审判决（"大津地判昭52·5·31判时880·65"）（驳回请求）、油山川水害诉讼一审判决（"福冈地判昭52·5·31判时954·71"）（认可请求）、马洗川水害诉讼一审判决（"广岛地三次支判昭55·4·7讼月26·7·1105"）（驳回请求）、该案二审判决（"广岛高判昭55·11·17河川关系法令例规集7·2606"）（驳回上诉）、蛇崩川水害诉讼一审判决（"东京地判昭56·2·24下民33·1~4·548"）（认可请求）、加治川水害诉讼二审判决（"东京高判昭56·10·21下民32·9~12·902"）（认可请求）、志登茂川水害诉讼一审判决（"津地判昭56·11·5判时1026·

[1]　虽然以分水渠建设的拖延为由，基于《国家赔偿法》第1条提出了请求，但未被认可。

43")（认可请求）、宇美川水害诉讼一审判决（"福冈地判昭 57·11·19下民 33·1~4·781"）（驳回请求）、江之川水害诉讼一审判决（"广岛地判昭58·7·19 讼月 30·3·404"）（驳回请求）等。

其中有不少是集体诉讼，引起了社会关注。关于道路管理瑕疵，已经在昭和 40 年代，通过高知落石事件（"最判昭 45·8·20 民集 24·9·1268"）、飞弹川巴士倾覆事件（"名古屋高判昭49·11·20 高民27·6·395"）等，确立了基本的判例法理。所以，在这一时期，学说对江河管理瑕疵倾注了较多的关心。

在此意义上可以说，在国家赔偿法的历史上，昭和 50 年代是"江河时代"。[1]

（九）最高法院的先例

最高法院在 1978 年，在日川水害诉讼中，作为水害诉讼，作出了首个司法判断（"最判昭 53·2·27 河川关系法令例规集7·2593之 3"）。但它只不过是肯定了原告败诉的原审判决，驳回了上诉。没有展现江河管理瑕疵的判断标准，没有被登载在最高法院民事判例集上。所以，它不具有先例的意义。

1982 年 6 月 24 日，在马洗川水害诉讼中，最高法院对水害诉讼作出了第二个判决（"河川关系法令例规集 7·2605"）。但它也与日川水害诉讼中的最高法院判决一样，支持了原告败诉的原审判决，驳回了上诉，也缺乏先例的价值。

如已看到的那样，在昭和 50 年代，强调江河管理的特殊性，限定性地解释公共设施管理责任的判例（加治川水害诉讼一审判决是代表性例子），与否定江河管理与道路管理之间的本质差异，广泛解释江河管理责任的判例（多摩川水害诉讼一审判决是代表性例子）形成对立，下级审的判例没有统一。

所以，关于这一点，人们期待最高法院给出明确判断。最高法院在大东水害诉讼中，进行了可称为先例的司法判断（"最判昭 59·1·26 民集 38·2·53"）。

---

〔1〕 中路义彦：《昭和 54 年行政关系判例解说》，ぎょうせい1980 年版，第 678 页。

（十）　大东水害诉讼

1972 年 7 月 12 日，"七月豪雨"导致矢田川——寝屋川水系的一级河流——和与之相连的三本水渠（法外公共物）溢水。遭受地板浸水损害的居民 71 人认为江河管理有瑕疵，以国家、大阪府与大东市为被告，根据《国家赔偿法》第 2 ~ 3 条，提起了损害赔偿诉讼。

一审判决（前揭"大阪地判昭 51·2·19"）几乎全面认可了原告的主张，二审判决（前揭"大阪高判昭 52·12·20"）也基本支持了一审判决的结论。

但最高法院认为原审判决理由不充分，审理不充分，撤销了原审，发回大阪高等法院重审。重新进行的二审判决（"大阪高判昭 62·4·10 判时 1229·27"）根据最高法院的判断标准，作出了否定瑕疵的判决。之后，在对此不服的上诉审中，最高法院驳回了上诉。

（十一）　江河管理的特殊性

大东水害诉讼最高法院判决指出江河是自然产生的公共物，与道路等不同，原本就有因洪水等自然原因导致灾害的危险，自江河管理开始后，就要通过治水事业来实现江河通常所具备的安全性，该治水事业受到财政的、技术的、社会的制约，在管理江河时，无法采用道路管理中简易、机动的危险避免方法；所以判道，未整修的江河或整修不充分的江河只要具备过渡安全性就足矣。

（十二）　江河管理瑕疵的判断标准

接着说道，"应该将是否具备如下的安全性作为判断江河管理是否有瑕疵的标准，即综合考虑过去发生水害的规模、发生频率、发生原因、损害性质、降雨状况、流域地形及其他自然条件、土地利用状况及其他社会条件、有无整修紧急性及紧急性程度等各种情形后，参照前述各种制约（源于江河管理特质的财政的、技术的、社会的各种制约）下的同种、同规模江河管理的一般水平与社会普遍观念来看是安全的"（以下称"一般判断标准"）。

接着说道，"对已经制定了整修计划，并据此正处于整修中的江河，再从上述角度看，该计划在整体不被认为特别不合理时，只要没有特别情形——因此后情况有变，该江河的未整修部分发生水害的危险性变得特别明显，必须缩短工期或者变更工序等，以提前完成整修工程——发生，就不得以整修尚未完成为由视江河管理有瑕疵"；并认为此理一般对城市江河也是妥当的。

（十三）大东水害诉讼最高法院判决的影响

本最高法院判决撤销了原告几乎全面胜诉的原审判决，还强调江河管理的各种制约，明显限制水害诉讼中江河管理责任的成立，所以引起了很大的反响，但其见解在判例法上毫无唐突之感。

即关于"江河管理者收购居民私有地堤防或建造替代堤防"之义务的认可要件，前揭"最判昭 53·3·30"的明确立场是广泛认可江河管理者的裁量，也有判例明确表明该最高法院判决的法理也已经适用在水害诉讼中。

另外，如前所述"（四）"，加治川水害诉讼一审判决明确区分了道路与江河管理瑕疵的判断标准，即使在其他下级法院的判例中，完全不考虑江河管理之各项制约的也是少数。

最高法院首次在水害诉讼中明确了江河管理瑕疵的判断标准。此意义极大，事实上，也给以后的判例带来了重大的影响。

学界对该最高法院的判决有不同的评价，以此为契机，对江河管理瑕疵，对一般（公共）设施管理责任进行再检讨的意见越来越强烈。因为最高法院所举的江河管理的各项制约都有程度上的差异，它们也存在于道路管理上。[1]这一方面成为如下批判的根据，即道路管理的判例法也应该适用于江河管理；[2]另一方面也让如下主张成为可能，即只要是同种制约，大东水害诉讼最高法院判决的瑕疵判断标准就含道路在内的一般（公共）设施管理责任而言也是妥当的。[3]

---

〔1〕 盐野宏："管理界限与救济界限——水害诉讼的一断面"，载《行政法散步》，有斐阁 1985 年版，第 158 页。

〔2〕 犀川千代子："水害诉讼——大东水害诉讼最高法院判决"，载《判夕》1984 年 520 号 51 页以下。

〔3〕 绵贯芳源："江河设置管理瑕疵的赔偿责任（下）"，载《曹时》1984 年 36 卷 5 号 897 页。

（十四）　整修途中论的射程

1. 溢水的水害。只要最高法院作出了先例性判决，则其射程就成为关注点。大东水害是未整修部分的溢水水害，在以后的同种案件中，大东水害诉讼最高法院判决所作的瑕疵判断标准将得到适用。

平作川水害诉讼一审判决（"横浜地横须贺支判昭60·8·26 判夕566·73"）的案情是对溢水的水害，追究江河和下水道双方的（公共）设施管理责任。对江河适用了大东水害最高法院判决法理，诉讼请求被驳回了。

石神井川水害诉讼一审判决（"东京地判昭61·3·18 判时1224·44"）、大东水害诉讼发回重审判决（前揭"大阪高判昭62·4·10"）、平野川水害诉讼一审判决（"大阪地判昭62·6·4 判时1241·3"）也根据大东水害诉讼最高法院判决的标准作出了判断，否定了江河管理的瑕疵。

而且，志登茂川水害诉讼二审判决（"名古屋高判平元·3·29 判时1312·3"）、平作川水害诉讼二审判决（"东京高判平3·4·26 判时1386·41"）、水场川水害诉讼一审判决（"名古屋地判平3·7·19 判时1394·3"）、志登茂川水害诉讼最高法院判决（"最判平5·3·26 判时1469·32"）都根据大东水害诉讼最高法院判决所确立的瑕疵判断标准，对溢水的水害，否定了江河的管理瑕疵。

实际上，在该标准之下，对未整修完的江河的溢水水害认可江河管理责任是极为困难的。

2. 溃堤水害。有人说若是最高法院所说的未整修或整修不充分的江河，就一般都适用同判决所述的整修途中论；[1]这样一来，以后的判例不止在溢水情形中，还在溃堤情形中，广泛适用了该判决的法理。长良川·墨吴水害诉讼一审判决（"岐阜地判昭59·5·29 判时1117·13"）认定该堤防是完成度高的未完成堤防；对其决口适用了大东水害诉讼最高法院判决的整修途中论。

该判决认为：按工程基本规划完成整修的堤防因规划内高水位　290

---

〔1〕　桥本博之："判批"，载《法协》1986 年 103 卷 2 号 386 页。

以下之洪水的通常作用而溃堤时，只要没有反证，就可在事实上，从上述事实出发推定江河管理有瑕疵；但该堤防是"未完成工程基本规划所规定的整修"的堤防，而且，从降雨、洪水的规模来看，堤体所受的洪水作用超出了流水之通常作用的范围。

接着认为该堤防具备同种、同规模江河管理之一般水平和社会普遍观念下的安全性；否定了瑕疵。

关于长良川水害，大东水害诉讼最高法院判决前的安八判决认可了原告的请求，所以墨吴判决给水害诉讼的原告带来了很大的打击。

而且，长良川安八水害诉讼二审判决（"名古屋高判平2·2·20判时1346·7"）、长良川墨吴水害诉讼二审判决（"名古屋高判平2·2·20判时1346·58"）都否定了江河管理瑕疵。长良川安八水害诉讼二审判决判道：还没等规划内高水位的洪水溢出，就溃堤的，只要没有其他特别的弱点，就可推定江河管理有瑕疵，但因本案中存在"难透水层"不连续这一特异地质条件，所以不能推定存在瑕疵。

接着认为水位升高与管涌——溃堤原因——导致堤体弱化的危险性不可预测，否定了瑕疵。

安八诉讼的最高法院判决——"最判平6·10·27判时1514·28"——也根据大东水害诉讼最高法院判决作出的一般判断标准，驳回了上诉（对墨吴诉讼，也在同日作出了驳回上诉的判决，对此，判例集没有登载）。

另外，太田川水害诉讼一审判决（"静冈地浜松支判昭60·9·30判夕574·37"）对溢水溃堤的案子，依据大东水害最高法院判决的法理，否定了江河管理的瑕疵。

而且，如后所述（"5"），多摩川水害诉讼二审判决（"东京高判昭62·8·31判时1247·3"）也适用大东水害诉讼最高法院判决的法理，否定了瑕疵。

291　　3. 临时堤防的决口。1985年最高法院也对加治川水害诉讼作出了判决（"最判昭60·3·28民集39·2·333"）。本案的情况是临时堤防决口，最高法院适用大东水害诉讼最高法院判决的标准，参照同种、同规模江河所设置的临时堤防的设计施工的一般水平、社会普遍观念，否定了江河管理瑕疵。

4. 普通江河。对不适用河川法的普通江河，是否也适用大东水害诉讼最高法院所作的一般判断标准？前揭"东京高判平3·4·26"说道不能直接适用，而作为该诉讼最高法院判决的前揭"最判平8·7·12"判道对普通江河应该适用上述一般标准。

5. 整修完的江河。在大东水害诉讼最高法院判决后不久，在水害诉讼中，虽出现了大坝、下水道设置或管理瑕疵被认可的若干例子，但没有认可江河管理瑕疵的判决，对水害诉讼原告来说，可谓是"冬天"[1]到来了。

即使在这样的状况下，在多摩川水害诉讼中，可认可江河管理瑕疵的主张也不少。因为在该水害中，江河已完成《河川法》第16条之工程基本规划下的整修工程，但规划内高流量程度的洪水导致该江河溃堤。对此，有影响的见解认为其处于大东水害诉讼最高法院判决的整修途中论的射程外。

但多摩川水害诉讼二审判决撤销了大幅度认可原告主张的一审判决；相反，几乎全面认可了被告的主张。

该判决认为："工程基本规划下的整修工程已经完成的江河区间对区间内的'规划内高流量'或'暂定规划内高流量'以下的洪水，应该具备应对溢水型溃堤的安全性"，但不能期待其能免于浸透型与洗掘型溃堤的危险，这样，上述江河区间在实现理想的江河管理状态之前，还需要进行更多的整修工程，现阶段还属于整修不足的江河。

所以，其应具备的安全性是："在源于江河管理特质的各种制约之下，具备'应对一般治水事业中江河整修完善过程'的过渡安全性就足矣。"　292

这样，本判决除将溢水溃堤情形外，还将"完成'工程基本规划之整修工程'的江河因规划内高流量以下之洪水而溃堤"的情形

---

[1]　阿部228页。

置于大东水害诉讼最高法院判决的射程内，适用该判决的一般判断标准、具体判断标准。在此解释下，江河管理瑕疵被认定的情形就受到了极大的限制。

但多摩川水害诉讼二审判决所持的前提好像也是："理想的江河管理状态"得到实现的话，那整修途中论就变得不妥当了。在当前整修目标都难以实现的状况下，要在不久的将来实现高出工程基本规划之整修状况是难以想象的。所以，本判决的"理想的江河管理状态"在说些什么，本身并无实际意义。

但是，该判决被最高法院撤销了。即"最判平 2 · 12 · 13 民集 44 · 9 · 1186"判道：在判断江河的管理瑕疵时，大东水害诉讼最高法院判决所作出的一般判断标准——应该综合考虑各种情形，在江河管理的财政、技术、社会制约之下，参照同种、同规模江河管理的一般水平与社会普遍观念后得到认可的安全性——也适用于整修完的江河；在对整修途中的江河与已整修完的江河，具体判断"应对江河整修完善阶段"的安全性时，会有差异。

即大东水害诉讼最高法院判决说道：整修规划不被认为特别不合理时，那只要没有必须提前完成整修工程的特别事由，就不能以该部分的整修没有实施为由，认定江河管理有瑕疵。就该具体判断标准说道：依多摩川水害诉讼最高法院判决来看，其适用于未整修完的江河；整修完的江河所必须具备的安全性是足以防止发生"基于'工程基本规划所规定的高流量规模之洪水的通常作用'所预测"的灾害。

（十五）多摩川水害诉讼最高法院判决的意义

293　　1. 整修完善阶段的安全性的二元化。多摩川水害诉讼最高法院判决的最大意义在于通过区分整修完的江河与未整修完的江河，将整修完善阶段的安全性的具体判断标准二元化。

如该诉讼二审判决那样，将整修完的江河也作为"整修不足的江河"，不适用大东水害诉讼最高法院判决的具体判断标准，而采用对江河管理者而言更加严厉的瑕疵判断标准。

2. 整修完善后的安全对策。多摩川水害诉讼最高法院判决与二审判决不同，没有区分溢水型、浸透型、洗掘型溃堤，判道整修完的江河应具备如下安全性：足以防止发生"基于'规划内高流量程度之洪水的通常作用'所预测"的灾害。

乍一看似乎也和一审判决的立场一样，但其实有重要区别。即一审判决认为在灾害发生的时点，若其不能让通常洪水（规划内高流量规模的洪水）安全通过，就认可江河管理瑕疵。与此相对，最高法院判决主张在水害发生的时点，即使能预测灾害的发生，也不能据此就直接肯定其有瑕疵。

说道：水害的危险不能在整修完善阶段预测，只有通过该整修完善结束后的江河与流域的环境变化、江河工学知识的增长或防灾技术的提高等，才能预测，在此情况下实施旨在消除或降低该危险的措施时，存在大东水害诉讼最高法院判决所说的江河管理的各项制约，为实施该措施，需要相当的时间。

判道：所以将在大东水害诉讼最高法院判决的一般瑕疵标准中说到的各情形与各制约放到本案中来考虑，应该对"没有对'危险能被预测时到该水害发生时'这一期间能预测的危险采取措施是否构成江河管理的瑕疵"进行判断。

这样，整修后有预见可能性的，在判断改善措施的必要性时，要考虑江河管理的各项制约。在这一点上，"该判决适用大东水害诉讼最高法院判决之一般判断标准"的具体意义就得以显现。

另外，大东水害最高法院判决的具体判断标准不适用于整修完江河，故与二审判决不同，堤内土地灾害预测的具体性与明显性（应对具体判断标准所说的"应变更整修规划的'特别事由'"）要求应该作为单独标准而被否定。 294

这样，一方面，多摩川水害诉讼最高法院判决对整修完的江河，相当具体地提出了瑕疵判断的新标准。而且，另一方面，既尊重了整修完江河管理瑕疵的社会普遍观念，也考虑了江河管理的现实。

发回重审后的二审判决（"东京高判平 4·12·17 判时 1453·35"）在该标准之下，肯定了灾害发生前的预测可能性，断定从可预测时起，到灾害发生时止，有采取安全对策以避免结果的可能性，肯定了江河管理者的责任。该判决没被上诉，生效了。[1]

3. 工作物。多摩川水害诉讼最高法院判决的另一个重大意义是：虽然认为为消除、减少工作物导致的危险而只整修完善该工作物和与其相连接的江河管理设施时，当然也存在财政、技术、社会制约，但判道其程度与整修完善大范围江河流域的江河管理设施时相比，一般都相当小。

关于这一点，原审判决判道：不能因江河管理的对象是工作物，或是江河管理设施，而在江河管理的特质和与此相关的各制约的程度上有明显的差异。

在河川管理设施的完善中，修补部分老化之处时的财政、技术、社会制约较小，而减轻工作物所致危险时的财政、技术、社会制约也未必小，故很难说后者总是比前者容易。

但如最高法院判决所指出的那样，即使在后者情形中，不管是整修工作物本身，还是强化其周边江河管理设施，与完善大范围江河管理设施时相比，财政、技术、社会制约一般都相当小。

在工作物中，参照江河管理设施构造令来看，有很多不合格的，其整修成为江河行政上的重要课题。

不是将大东水害诉讼最高法院判决中"财政、技术、社会制约"这一用语作为否定瑕疵的魔语来轻易使用，而是应该对应案情，琢磨其内容，对此予以了确认的多摩川水害诉讼最高法院判决的该判旨具有"不仅限定于工作物情形"的意义。

（十六）预见可能性

在整修完的江河中，整修完善时不能预测的灾害是否可能在灾害实际发生前预见？对此进行判断时，如何考虑预见可能性程度、内容，在实践中具有重要意义。

关于这一点，在该诉讼被发回重审的审理中，国家主张从江河管理者角度看，要达到采取避免措施之程度的话，需要发生具体的

〔1〕 关于多摩川水害诉讼，参见宇贺克也："多摩川水害诉讼"，载《法教》1993年150号42页。

灾害。另外，因灾害的发生结构不同其避免措施也不同，故作为"实施合理避免措施"的前提，必须有含基本结构、过程在内的堤内灾害发生的预见可能性。

但发回重审后的二审判决判道，"不得不说在时间、场所、规模等方面，具体预知、预测灾害发生的危险，以及在江河灾害中科学解析灾害的自然发生结构是极为困难的。若不能完全、自然科学地解析这些灾害，江河管理者并非完全不能采取适当的防灾措施。所以，将灾害发生的具体预知、预测以及具体结构的认知作为必要条件是不适当的"。

在判断预见可能性时，在实践中受到重视的是从过去受灾事例、整修工程等中获得的知识，以及灾害时江河工学上和防灾技术上的水准。在判断后者时，《河川法》第 13 条第 2 款下的江河管理设施构造令成为重要考虑要素。因为该政令的基础被认为是在江河工学的进步、发展中得到确立、认可的技术知识。

（十七）工作物管理者的责任

在多摩川水害诉讼中，因工作物引发水害的责任被追究，而成为被告的只有作为江河管理者的国家，工作物的管理者（川崎市）的责任没有被追究。

的确，即使是工作物引发的灾害，江河管理者一旦许可设置该工作物，那就有将该工作物的存在作为事实，保障江河安全性的责任，不能因不是该工作物的直接管理者而免责，所以江河管理者被问责本身并不是问题。

但是，说江河管理者有责任并不当然意味着排除工作物管理者的责任。后者与前者不同，虽不负担一般的治水责任，但当自己直接管理的工作物引发水害的危险出现时，说"只要没有从前者那里收到整修命令，就不承担水害防止责任"是不合理的，甚至更应该说后者的责任是第一次性的。

以多摩川水害为契机，在自 1976 年开始的江河工作物应急对策事业中，工作物应急对策费用成为被许可人（获得工作物设置许可的人）的负担，当因工作物而需要补强江河管理设施时，被许可人

296

也要承担费用的二分之一，这说明工作物的管理者承担了水害防止责任。

（十八）洪水的通常作用

多摩川水害诉讼最高法院判决判道：整修完的江河必须具备的安全性是足以防止发生"基于'工程基本规划所规定的高流量规模之洪水的通常作用'所预测"的灾害。

所以，整修完的江河因规划高流量以下的洪水就溃堤的话，除其是基于洪水的通常作用而无法预测的情形外，瑕疵会被认可。多摩川水害诉讼发回重审的二审判决是在如下前提下作出了判断，即基于洪水的通常作用，该水害得到预测。

长良川水害中，工程基本规划下的整修接近完成的地方因规划内高流量以下的洪水而溃堤，这一点与多摩川水害相近，但该诉讼的最高法院判决否定了瑕疵。

其理由是：该判决认为发生了浸润溃堤，但原因不明，所以不能适用多摩川水害诉讼最高法院判决的具体瑕疵判断标准——以"基于洪水的通常作用所预测的灾害"为前提。

（十九）江河管理者的守备范围

1. 堤防地基的安全对策。长良川安八水害诉讼最高法院判决判道：本堤防地基的难透水层是否连续，并不明确，故浸润破堤的原因不明了，假若是不连续的，那这就是破堤的要因，即使如此，也不能说本破堤是基于江河管理的瑕疵。

该判决说道"为应对可预想洪水导致的灾害，主要对堤体进行了整修、完善，通常是确保堤体的安全，而对地基，除有"依据过去灾害时的异常现象来看，明显有缺陷"等特别事由外，并不必须对所有情况都要在预先调查是否安全后采取必要措施"。

这意味着江河管理者的守备范围原则上是堤体的安全保障，只要没有特别事由，地基处于守备范围外。

该部分判决的地位如何，不明确。但最高法院说道：国家管理的江河很多，堤防地基的面积很广，对地基也进行一般调查，并采取安全对策，这从财政面、技术面来看都是强人所难。据此，我们必须将其看作是对含"未整修完的江河"在内的一般江河的管理都妥当的判旨。

2. 堤外雨水、污水的排泄。在平野川水害诉讼一审判决（前揭 298 "大阪地判昭 62・6・4 判时 1241・3"）中，"堤外雨水、污水的排泄是否也是江河管理者的守备范围"成为争点。

该判决认为"在如下情形中，'阻碍来自积水地区的流入'成为江河管理问题，即不管来自积水地区的排水量如何，都流入或能流入江河，但江河内的功能障碍对此有所妨碍"；判道只要不是江河内的功能障碍引发了滞留，就不是江河管理能解决的问题。这是适当的判断。

在下水道铺设地区内，对进入江河前的流水采取对策应该是下水道管理者的责任。

（二十）排水渠

排水渠是人工公物，是否处于大东水害诉讼最高法院判决的射程外成为问题。关于这一点，平野川水害诉讼一审判决一边认为从公物的成立过程来看，与江河相比，排水渠是与道路更有共通之处的人工公物；一边对其管理瑕疵适用江河的管理瑕疵标准。

理由是：大东水害诉讼最高法院判绝不是因为江河是自然公物而适用了与道路不同的瑕疵判断标准，而是着眼于有别于道路的江河管理之特殊性，树立了个别标准，排水渠开始供人使用后，具备了作为江河支流或分流的实质功能，其整修也受到与江河相同的各项制约。

大东水害诉讼最高法院判决特别慎重地回避了自然公物这一词汇，从此可以窥见，自然公物、人工公物这一成立过程中的分类不是划定该判决射程的决定性要素，在功能上与江河相同者即使是人工公物，也可以适用同判决的法理。

（二十一）下水道水害

在大东水害诉讼最高法院判决以后，在水害诉讼中认可了江河管理瑕疵的仅限于多摩川水害这样的例外情况。但有判决认为下水道这一人工公物所引发的水害处于上述最高法院判决的射程外，肯定了瑕疵。

299　　平作川水害诉讼一审判决对平作川的管理瑕疵，几乎原原本本地沿袭了大东水害诉讼最高法院判决的旨趣，但对下水道的设置或管理瑕疵，却认为与江河情形不同。

接着判道：即使处于下水道事业规划的实施阶段，若没有作为健全城市所具有的最低限度雨水、污水的排水功能，而出现超出城市居民生活忍受限度的浸水损害或类似影响的功能缺陷的话，那公共下水道的设置或管理就有瑕疵（但以没有结果避免义务为由，驳回了诉讼请求）。

其二审判决（前揭"东京高判平3·4·26判时1386·41"）认为甲水渠是下水道，必须具备如下安全结构，即面对通常可预测的规模流量，让其安全通向大海、江河等水域，据此，不产生水的滞留；否定了瑕疵。

关于流入平作川的吉井川与乙水渠、丙水渠，将其认定为下水道的同时，还认定为普通江河，并判道对这些最终必须作为公共下水道来完善的城市排水渠，准用河川法上的江河，使用阶段性安全标准是适当的；只对其中的吉井川认可了瑕疵，但否定了瑕疵与水害之间的因果关系。

在平野川水害诉讼中，江河整修与下水道建设的步调没有整合，江河整修完成前下水道建设已经结束。结果，雨水集中到抽水所，但无法将其放入江河，需要调整运行，为此在抽水所附近产生了溢水水害。

一审判决认为下水道当初就是作为能应对通常可预测灾害的设施而建设、供人使用的，在这一点上，与道路等有相同的性质，处于大东水害诉讼最高法院判决的射程外；肯定了瑕疵。

从该判决的思维来看，为避免这种"无出口的下水道"的状态，只有在实施了超量污水——超过下游江河的泄水能力——的溢水对策后，该下水道才能开始供人使用。

300　　这也是一种思路，但在具备这些条件前，能否断言不应使用下水道，需要慎重检讨。下水道发挥着改善生活水平、美化地区环境、保护公共水域、排泄城市污水等多种功能，尽早使用的好处很大。

所以，即使在超过江河泄水能力的超量污水的溢水对策尚未完成的情况下，批准开始供人使用也是符合公共福祉的。只是此时，抽水所附近的居民因运营调整而遭受了浸水损害的，应该作为为公共利益而作出的特别牺牲，给予损失补偿。[1]

（二十二）大坝水害

1. 与江河管理责任的关系。思考大坝水害的国家赔偿问题时的基本论点是：是依法将大坝的设置或管理纳入江河管理问题呢，还是将大坝作为独立于江河的公共设施来把握。

从以前的判例来看，原告一般不是对江河，而是对大坝的设置或管理瑕疵进行问责，法院也好像认为这是当然的，并以此为前提。

但在治水大坝中，可以将像洪水调节能力不足这样的情况与堤防建设滞后作同样考虑，作为江河管理瑕疵的有无来讨论就足矣。

另外，大坝的操作失误、放水通知或警报的懈怠等被纳入江河管理瑕疵问题，适用大东水害诉讼最高法院判决的一般判断标准是不妥当的，应该作为大坝这一独立公共设施的管理瑕疵问题来处理。

在立岩大坝水害诉讼（"广岛地判平3·12·19判时1408·22"、广岛高判平7·3·29判例集不登载）中，作为水利大坝设置管理者的中国电力也独立于江河管理者，被人起诉。

2. 大坝的设置。若大坝、堰的设置成为灾害的原因，那就处于大东水害诉讼最高法院判决的一般判断标准——其前提是慢慢减轻以自然状态而存在的危险——的射程外。

土器川沙防堰堤水害诉讼一审判决（前揭"高松地丸龟支判昭37·12·14讼月9·1·14"）认定堰堤的设置导致异常的沙堆，肯定了该堰堤设置管理的瑕疵，但二审判决（前揭"高松高判昭44·6·27讼月15·7·762"）撤销了一审判决。

3. 大坝的洪水调节能力。在鹤田大坝水害诉讼（"鹿儿岛地判昭59·3·23判时1108·18"、福冈高判昭62·9·30判例集不登

301

---

［1］　宇贺克也："下水道与水害"，载《法律人》1987年892号97页。

载、最判平 5·4·22 判例集不登载）、长安口大坝水害诉讼（"德岛地判昭 63·6·8 判时 1276·3"、"高松高判平 6·8·8 判时 1511·17"）中，洪水调节能力的不足被追究。治水大坝中洪水调节能力的不足与堤防高度的不足一样，将其纳入江河管理瑕疵问题来判断就可以了。

在多功能大坝的情形中，让水容量减少，据此强化洪水调节能力在技术上是容易实现的，但实践中社会制约很大，不能因无法减少水容量，就直接说有瑕疵。

关于水利大坝，如立岩大坝水害诉讼一审判决（前揭"广岛地判平 3·12·19"）所判道的那样，"不让洪水增大"这一意义上消极的洪水调节措施虽是义务，但并非要承担积极的洪水调节义务。

4. 大坝的操作。有不少是以大坝操作失误为由请求国家赔偿的。其中，有的以洪水容纳量的确保方式本身为问题，有的与洪水调节方式有关。

关于洪水容纳量的保障方式，在厚东川大坝水害诉讼（"山口地判昭 60·5·16 判时 1167·104"）、新成羽川大坝水害诉讼（"冈山地判昭 62·8·7 讼月 34·5·889"）中，预备放流方式（来洪水时，先期开闸放水，保障洪水容纳量的方式）受到原告的批判。的确，预防放流方式容易引发过度放流导致的灾害。但在多功能大坝、水利大坝的情形中，追加方式（时时保障洪水容纳量的方式）、限制水位方式（只在洪水期限制水位，在该水位之上不装水的方式）也有限制水利容量的短处，不能因没采用这些方式，就直接说有瑕疵。

如大迫大坝水害诉讼一审判决（"大阪地判昭 63·7·13 判时临增平元·8/5·3"）指出的那样，不能因洪水调节方式遵守了大坝操作规则（规程），就当然免责。相反，如铜山川柳濑堰堤水害诉讼一审判决（前揭"松山地西条支判昭 31·12·21 讼月 3·2·31"）所述，不能因违反操作规则（规程）就当然认可其有瑕疵。

5. 放水通知或警报的懈怠。相模原堰堤水害诉讼一审判决（"横浜地判昭 43·10·31 判时 545·20"）判道：放水时没有联系警察署长，这构成《国家赔偿法。第 1 条的过失。厚东川大坝水害诉讼一审判决（前揭"山口地判昭 60·5·16"）也判道"怠于向相关机关通报"构成大坝管理的瑕疵。

大坝管理者因人为放水而制造出了危险，所以该通知或警报义务不应该看作是相对于"灾害对策基本法、水防法上的警报或撤退指示"而言的次位义务。另外，警察的防灾义务是灾害对策基本法、水防法上的次位义务，所以大坝管理者的通知或警报义务即使处在与警察的避难指示的关系中，也不应处于补充性地位。[1]

三、翻落事故

（一）一般标准

"公共设施"设置或管理瑕疵是指设施缺失通常应有的安全性（"最判昭 45·8·20 民集 24·9·1268"），对非通常用法下的行动所导致的损害，设置管理者不承担责任。有无通常应有安全性，要在"综合考虑该设施构造、用法、周边环境与使用状况等各种情况后，具体、个别地判断"（"最判昭 53·7·4 民集 32·5·809"）。

该标准如前所述［第六节三（三）8］，对一般设施管理责任而言是妥当的，本来它是有关翻落事故的判决，所以对翻落事故而言，更是有效的标准。

（二）设施的构造

在判断瑕疵时，是否是易翻落的构造具有重要意义。倾斜成什么程度？很陡吗？是不是易滑？还有夜间是否有照明？是否铺设了盲道？在危险点是否设置了防护栏或铁丝网等，若设置了，有无破损？是否幼儿都容易跨过？这些都要考虑。

"最判昭 56·7·16 判时 1016·59"认为游泳池周围虽有约 1.8米的围栏，如没有妨碍物等，幼儿也容易过去。但有一名法官提出了反对意见。可见，对设置管理者而言，这是个略显苛刻的判决。

---

〔1〕　关于大坝水害的详细情况，参见宇贺克也："大坝水害的法律问题"，载《法律人》1988 年 920 号 23 页。

从当时社会普遍观念出发，能否认定幼儿能够独立地、容易地越过本案高度的围栏？对该社会普遍观念的不同判断导致了多数意见与少数意见之间的差异。

而且，在翻落情形中，是否是可溺死的水深？是否为翻落者容易爬上来而设置了设备（梯子、脚踏用金属工具）？是否是第三人容易发现翻落者的构造？是否常备了救命工具（救生圈），等等，这些都可以考虑。

也有的像"富山地鱼津支判昭 48·1·17 判时 711·125"、"神户地判昭 51·3·3 判时 839·99"那样，认为其是幼儿（儿童）一旦跌落，就难以独立爬上来的构造，这是肯定瑕疵的要素之一。

"最判昭 59·11·29 民集 38·11·1260"在沟渠的幼儿翻落事故中，认可了管理瑕疵。在本案中，在如下情况下，设施的构造成为认定瑕疵的重要因素：道路与沟渠之间有 30 度的倾斜面相连，处于易翻落的状态；沟渠的顶部与水面之间有 2 米的深度；从沟渠顶部向下有 40 厘米的垂直，再下面有 70 度~80 度的倾斜；水深 60~70 厘米，傍晚经常因附近染料工厂排水而增加水量；尽管如此，仍没有设置预防翻落的盖子、障碍物等。

（三）设施的用法

设施本来的用法是什么，也是判断瑕疵时的重要因素。设施的管理者必须让该设施具备通常应有的安全性，但也没有必要赔偿异常用法所引发的损害。前揭"最判昭 53·7·4"的案情是儿童有时趴在，有时坐在道路的防护栏上玩耍，最终翻落，最高法院认为这是违反防护栏通常用法的异常用法，否定了瑕疵。

只是在本案中，因附近没有儿童游乐场所，所以该道路成为儿童游乐场所，而且，受害儿童缺乏危险判别能力，鉴于此，说其是异常用法是有异议的。从该道路下的校园到路面的高度是 4 米，翻落后，会造成极度危险的状况，鉴于此，也有看法认为只有本防护栏是不够的。

但该防护栏设置后，在本事故发生前没有发生过翻落事故，而且，居民也没有向市请求采取事故防止措施，认可瑕疵的话，对道路管理者而言也未免有些苛刻，这是一个在瑕疵判断上显得有些微妙的案子。

尽管设置了防护栏与扶手，但 6 岁的男孩还是翻越，来到江河内的岛状土堆上玩耍，最终翻落而死，此被视为异常行动，瑕疵被否定（"最判昭 55・7・17 判时 982・118"）。

在著名的大阪城蝲蛄事件（"最判昭 58・10・18 判时 1099・48"）——9 岁小学生翻越大阪城护城河的石墙，抓到了蝲蛄，想单手拿着蝲蛄，攀越石墙时，翻落溺水而死——中，瑕疵被否定。最高法院判道事故因受害儿童的不规范行为所引起。

本事故是"单手拿着蝲蛄攀越几乎垂直石墙"这一危险行为的结果，9 岁年龄的人可以认识到此行为的危险性，即使如此，否定瑕疵也可以说是迫不得已。

305

但不是说与本来的用法不同的话，就总可以免除损害赔偿责任。有别于本来用法的使用方法成为通常用法后，设施的管理者需要采取以此为前提的安全对策。

什么是设施的异常用法，对此，要针对对象，作相对性判断。成人认为的异常用法，在充满好奇心、冒险心的儿童眼里，很有可能是通常用法，不能只从大人视角判断用法的正常与异常。

另外，该设施是景观设施，故不适合设置高围栏或铁丝网，这也是考虑事项。

（四）设施的周边环境

该设施离儿童游乐场所近，儿童使用的可能性高，采取安全对策时需要考虑这一点。相反，对几乎没人踏入的山间池沼，就不必设置围栏（这些池沼有可能被认为原本就不是公共设施。"千叶地判昭 49・3・29 判时 753・67"、"东京高判昭 50・6・23 判时 794・67"）。

附近没有儿童公园时［与（三）、（五）相关］，相反，道路等就更有可能作为儿童游乐场所被使用。在前揭"最判昭 59・11・29"的案子中，周边也没有像儿童公园这样适合儿童游玩的设施、空地，这会更促使儿童在沟渠旁边的道路上玩耍。

设施周边环境成为肯定瑕疵的大要素，这样的判例有前揭"最判昭 56·7·16"。案情是在儿童乐园游玩的 3 岁幼儿越过铺在隔壁游泳池周围的高约 1.8 米的钢丝围栏，进入该游泳池区域，最终在游泳池中溺水身亡。

最高法院认为，"可以容易想到是，对在儿童公园里游玩的幼儿来说，本案的游泳池是一个诱惑"；不能将本被害幼儿越过钢丝围栏，进入游泳池内的行为视为超越游泳池设置管理者之预测的行为。

306
"对幼儿而言，该游泳池是个诱惑"这一 attractive nuisance 法理与"游泳池邻近儿童公园"这一周边环境相配合，引出了肯定瑕疵的判断。

该设施的周围被指定为景观形成地区，需要保护景观，所以设置铁丝网、高围栏等妨碍景观的防翻落设施是否不适当？这在判断瑕疵时也可以被考虑。

在自然公园内发生翻落事故并不稀奇，自然公园本来的目的就是保护优秀的自然风景，促进其利用（《自然公园法》第 1 条），故在人工设置环形路时，在设置有损自然景观的防翻落设施方面也并非没有问题。

而且，其利用率的提高有利于国民的保健、修养与教化等，所以，也很有必要在促进其利用的基础上采取安全对策。尤其是在观光地，观光客多数都不清楚设施的安全状况，在观光气氛中他们的注意力也会分散，鉴于此，安全对策就显得更加重要。

所以可以说，在自然公园中非常有必要采取与景观相协调的防翻落对策。

汽车从港湾设施建设工程中的填海地的岸边翻落海中，造成死亡事故，对此，"最判昭 55·9·11 判时 984·65"肯定了瑕疵。理由之一是：事故发生时，与港湾设施建设工程无关的一般车辆很容易从城市主干道，通过链接道路进入本案的填海地，而且，在夜间，气象状况有时会给驾驶员以"该道路一条直线延伸到对岸"的错觉。这种周边环境成为"大大提高翻落危险"的要素。

（五）设施使用状况

现实中，该设施及其周边被怎样使用，将给瑕疵判断带来很大影响。

虽不是公园，但实际上被作为儿童游乐场所为人所使用，管理者若对此有认识，或应该有认识，那就应该采取以此使用状况为前提的安全对策。

前揭"最判昭55·9·11"也认定：现实中发生过一般车辆在夜间进入该填海地的情况。这也作为"促使瑕疵被肯定"的向量，发挥着作用。

但像公园这样的众人聚集的场所虽然一方面需要那样去强化安全对策，但另一方面也可以说发现事故后救人是容易的。幼儿通常与监护人一起进入收费公园，幼儿的安全很大部分都属于监护人的守护范围。

盲人从车站月台翻落，与此事故相关的"最判昭61·3·25民集40·2·472"撤销了肯定瑕疵的原审判决，发回重审；而"东京地判昭54·3·27判时919·77"就同种事故，肯定了瑕疵。后者与前者不同，该车站周边有很多盲人用设施，是个很多盲人使用的车站，这成为肯定瑕疵的重要因素。

（六）过去的事故例

若过去在同一场所发生过翻落事故，那就更能预见同种事故的发生，就更可期待为防止事故再次发生而采取对策。尤其是在事故频发地区。所以，第一次事故发生后，瑕疵被否定，第二次发生同种事故的话，瑕疵就很有可能被肯定。

另外，即使在同一场所没有事故例，但在同种或类似设施里发生过事故的，人们期待以此为教训，采取安全对策。

（七）为事故防止对策而请愿

只要在判断瑕疵时期待可能性成为考虑要素，那"周边居民是否为事故防止对策而请过愿"就成为一个判断要素。实践中，这些请愿多数是在同一或同类设施里发生事故后实施的，但也未必总是如此。

有不少情况是虽未形成大事故，但却很危险，所以为防止事故而

308 请愿。此请愿成为提高事故预见可能性的要素，也是提高期待可能性——期待采取防止措施——的要素，会给瑕疵判断产生影响。

（八）事故发生的时刻与当时的气象条件

在判断有无瑕疵时，事故发生的时刻、当时的气象条件也可成为重要的考虑要素。

前揭"最判昭55·9·11"指出：夜间气象条件会产生让驾驶员错认为该道路一条直线延伸至对岸的危险。

所以判道：最起码要设置如下旨在防止发生车辆翻落事故的措施，即为了在夜间也能识别，在链接道路入口附近设置旨在禁止一般车辆进入的站牌或标识灯，或者设置表明"道路前方是海"的危险标识。

在白天，在能见度好的气象条件下发生翻落事故的，瑕疵被否定的可能性大。

（九）认可瑕疵后的社会影响

1. 景观、亲水。认可瑕疵后，一方面可以起到促使设施管理者采取更加周密的安全对策的效果，进而带来事故得以减少的积极效果。法院在作出认可瑕疵的判决时，常常也是考虑到了该一般性预防效果。另一方面，认可瑕疵也会给社会带来负面影响，这有时会影响瑕疵判断。

最近，国民在亲水性方面的需求高涨，保障港湾对公众开放成为崭新的行政课题。旨在防止翻落的高围栏阻挡了观海视线，所以不能说公众开放得到了保障。

有必要协调安全对策与景观、亲水性的关系。过去也有判例在判断瑕疵时，考虑过"在景观方面，安全对策有限制"这一问题。"东京高判昭45·12·21高民23·4·562"考虑到了城市公园内的池塘是景观设施；"札幌地判昭53·1·27下民33·1~4·199"就公园内无围栏风景池的翻落事故，判道"不能认可像'即使牺牲美观这一本来目的，也应该设置围栏'这样的特别事由"。

309 另外，"大阪高判昭56·12·24下民33·1~4·700"指出：因被认定为特别史迹，所以在为安全对策而设置必要设施方面，依据源于文化财产保护法的现状不变原则，自然要受到限制。作为其最高法院判决的前揭"最判昭 58・10・18"考虑了如下事项：该护城河及其相连石墙是大阪城公园的一部分，并且被指定为特别史迹。

这些判决考虑了"过度强调安全对策后，妨碍景观"这一社会负面作用。即过度认可设施管理责任的话，难免会抑制"行政机关响应国民的景观、亲水要求而采取政策"。

当然，需要保障设施通常应有的安全性，但关于亲水设施，有必要在判断瑕疵时，考虑上面说到的瑕疵被认定后的社会影响。

江河、港湾等的设施管理者要努力建造出最大限度与景观、亲水性相协调的安全设施，同时也要注意软件方面的安全对策。而国民一方也要认识到景观、亲水性与安全对策可以保持平衡，监护人也要自我意识到对儿童安全负有重要责任。这样就会促使国民更加使用亲水空间。[1]

2. 公物式使用的废止。有时不仅妨碍景观，还有可能妨碍公物式使用本身。谈到这一点的是"最判平 5・3・30 民集 47・4・3226"。时至今日，公物的公物式使用成为重要的行政课题。[2]如前所述，该判例在认可瑕疵时将如下情况作为否定瑕疵的要因之一：改变公立学校校园一般开放方针所带来的结果就是在城市里幼儿不得不在危险的路上玩耍，危险大幅度增加。在考虑一般设施管理责任时，该判旨也值得参考。

（十）被害人的事理明辨能力

如在前面的几个地方谈到的那样，在判断翻落事故的瑕疵时，被害人的事理明辨能力成为重要的判断因素。在判断设施瑕疵时，必须考虑安全对策上的期待可能性，但期待可能性对有事理明辨能力的成人和事理明辨能力不足的儿童而言，当然不同。

对有充分事理明辨能力者，"基于自己责任而避免危险"的期待

310

---

〔1〕 宇贺克也："推进港湾之公众开放时的管理责任"，载《港湾》1993 年 70 号 32 页以下。

〔2〕 宇贺克也："国公有财产有效运用的法律问题"，载《争点》324 页。

范围更大，有瑕疵难被认可的倾向。相反，也没有必要采取防止乳幼儿——总处于监护人的监督之下——翻落的安全对策（"最判昭 53·12·22 判时 916·24"、前揭"札幌地判昭 53·1·27"）。

实际上，在设施管理责任被认可的、有关翻落事故的判例中，受害人几乎都是未满十岁的儿童。但在这些儿童中，自己对危险有某种程度认识的情形还不少。另外，很多情况是监护人的监督不到位，所以即使肯定设施的管理责任，也很有可能作过失相抵。实践中，在认可瑕疵的同时，作高比例过失相抵的情况并不稀奇。

除儿童外，精神病人有时缺乏事理明辨能力，所以有必要在精神病院采取高于一般场所的安全对策。

（十一）新安全设施的不设置

不设置像盲道那样的新开发的安全设施是否构成瑕疵？前揭"最判昭 61·3·25"对此作出了判决。

该判决就盲道判道，"在电车车站的月台上没有设置新开发的视力障碍者用的安全设备，据此，该车站月台是否缺失通常应有的安全性？对此进行判断时，需要综合考虑如下情形：该安全设施在视力障碍者的事故防止方面有效，其素材、形状与铺设方法等是否已实现相当程度的标准化，是否在全国或该地区的道路与车站月台普及，从该车站站台的构造或视力障碍者的使用度所推测出的视力障碍者发生事故危险的程度，为防范该事故而设置上述安全设施之必要性的程度，上述安全设备在设置上有无困难"。

该判决不仅限于翻落事故，在考虑一般设施管理责任时也值得参考。

四、事业损失

（一）事业损失填补的国外法制

通过怎样的法制度来填补事业损失？对此，各国情况不一。关于飞机噪音，就有像美国那样，主要根据逆征收（inverse condemnation）理论——以设定航空地役权为由——来作损失补偿；也有像德国那样，认可"征收侵害"、"类征收侵害"下的补偿。另外，还有像法国那样，作为公共土木（travaux public）的恒久损害来处理。各国都在由来于本国历史的法制度中，选择事业损失救济的最适当者。[1]

（二）事业损失填补的日本法制

1. 规定"结果责任导致补偿"的实定法

在我国的实定法中，有的不问侵害行为是合法还是违法，只着眼于结果来课赋金钱填补义务。

《驻日美军行为所致特别损失的补偿法》（以下称《特损法》）第 1 条第 1 款规定：根据日美安保条约而驻留日本的美国军队的一定行为让一直合法经营农业、林业、渔业或政令规定的其他事业者遭受事业经营上的损失时，国家补偿该损失。同条第 2 款规定"前款规定不适用于国家根据其他法律而应承担损害赔偿或损失补偿责任的损失"。所以，可以认为同条第 1 款规定了不以加害行为的合法性为问题的结果责任。

同样，《防卫设施周边生活环境整备法》（以下称《环境整备法》）第 13 条第 1 款规定：自卫队的一定行为让一直合法经营农业、林业、渔业或政令规定的事业者遭受事业经营上的损失时，国家补偿该损失，该条第 2 款与《特损法》第 1 条第 2 款相同。

《飞机噪音障碍防止法》第 10 条第 1 款也有与《特损法》第 1 条第 1 款、《环境整备法》第 13 条第 1 款相同的规定，但没有对应《特损法》第 1 条第 2 款、《环境整备法》第 13 条第 2 款来设置规定。但也可认为其规定了结果责任。

2. 损失补偿的实定法

（1）《土地征收法》第 74 条第 1 款。《土地征收法》第 74 条第 1 款规定"因征收、使用同一土地所有人一整块土地的一部分，产生残地价格降低等损失的，必须补偿该损失"。

关于该残地补偿的规定是否不仅限于征收损失，是否还将事业损失考虑在内？对此有讨论。在判例中，肯定说是主流（"东京地判

312

---

[1]　宇贺克也："赔偿与补偿"，载《法律人》1986 年 866 号 20 页。

昭 35·7·19 行集 11·7·2052"、"东京高判昭 36·11·30行集 12·11·2325")。在行政实务中,《公共用地取得损失补偿基准纲要》(以下称《一般补偿基准》)第 41 条规定"对事业实施所导致的遮阳、臭气、噪音及其他类似物,不补偿",采取了否定说。

事业损失不止在残地上发生,还可发生在残地以外的第三人土地上。只有残地上的事业损失通过《土地征收法》第 71 条第 1 款来补偿的话,就会产生与残地以外的第三人土地上所生事业损失之间失衡的问题。《土地征收法》第 90 条是从残地所有人与第三人保持均衡的角度出发,禁止残地的开发利益与残地补偿相抵,鉴于此,说不应将残地上的事业损失作为《土地征收法》第 74 条第 1 款的对象也有合理性。

实际上,征收权运用得不多,通常是资源买卖。这样,当然就不适用《土地征收法》第 74 条第 1 款,不依据一般补偿基准,不作为损失补偿,而是作为损害赔偿问题来处理,所以即使在与其保持均衡上,也没有必要只在例外地作征收的情形中,使用损失补偿。

另外,如下想法也是成立的,即只要是强制取得土地,那不管是对征收损失,还是对事业损失,开发商都有补偿特别牺牲的义务,与残地所有人和第三人之间的均衡相比,应更重视开发商与残地所有人之间的公平,应根据《土地征收法》第 74 条第 1 款,补偿事业损失。

若采用上述想法,那根据《土地征收法》第 100 条第 1 款,开发商在"权利取得裁决"所规定的权利取得时间前,对残地上的事业损失不进行补偿信托的话,权利取得裁决就被视为失效,裁决程序开始的决定就被视为撤销,这样,切实的支付就有了保障。

而且,将此作为损害赔偿问题来处理时,不总是进行事前赔偿,也有为获得赔偿而不得不提起诉讼的可能性。对被强制剥夺土地所有权的人,说"若想获得征收的损害赔偿,就起诉吧"是残酷的,为保障事前填补,应将其纳入《土地征收法》第 74 条第 1 款之射程内的意见也有说服力。

就与《土地征收法》第 90 条的关系,也可以作如下说明:"残地上产生的开发利益不与残地上的损失相抵消"的立法政策，与"残地上的损失也包括事业损失，应事前填补"这一立法政策并不矛盾。

但在事业损失中，有的像地价低落那样，适合征收委员会审理，有的像精神痛苦那样，不适合征收委员会的审理。将残地上的所有事业损失都作为《土地征收法》第74条第1款的对象是否妥当，还值得讨论。[1]

（2）《土地征收法》第75条。如上所述，关于《土地征收法》第74条第1款是否包括事业损失，看法不一。该法第75条规定：征收、使用同一土地所有人的一块土地的一部分后，残地有必要新建、改建、增建、修缮通道、沟渠、垣墙、栅栏或其他工作物，或者填土、挖土的，必须补偿该费用。

314

虽可以解释说该条的旨趣是将残地上的事业损失限定在所谓的沟垣补偿内，但又不十分肯定。

（3）《土地征收法》第93条第1款。征收、使用土地，将该土地用于事业，因此产生的新建、改建、增建、修缮通道、沟渠、垣墙、栅栏或其他工作物，或者填土、挖土的必要性也可发生在该土地与残地以外的土地上。《土地征收法》第93条第1款规定了此情形下的沟垣补偿。

（4）《土地征收法》中补偿规定的局限。以上考察了土地征收法中有关事业损失补偿的规定，同法第75条、93条第1款只将沟垣补偿作为对象，很难解释到工程费以外的事业损失上去。

同法第74条第1款是否也将事业损失作为对象？对此即使持肯定说，也只不过是残地上的事业损失。

而且，土地征收法的规定自然不适用于自由买卖。现实中，启动征收权的情形是例外性的，很少使用该法中的事业损失补偿规定。

这样，要通过损失补偿法理来处理事业损失的金钱填补时，极

---

〔1〕　小泽《征收法》（下）120页。残地补偿与事业损失之关系的详细情况，参见藤田宙靖：《西德的土地法与日本的土地法》，创文社1988年版，第185页以下。

少使用土地征收法。

（5）《宪法》第 29 条第 3 款。判例、学说都采用请求权发生说——即使法律上没有补偿规定，也可以直接依据《宪法》第 29 条第 3 款，对特别牺牲请求损失补偿。所以，若是财产性质的事业损失，即使没有法律上的线索，也可以根据《宪法》第 29 条第 3 款，请求事业损失补偿。

但毫无疑问的是：《宪法》第 29 条第 3 款直接考虑的是财产性法益。在事业损失中，像健康损害、生活受到干扰后的精神痛苦这样的非财产性法益受到侵害时，是否可以基于宪法提出请求，是个问题。

3. 损害赔偿的实定法

（1）国家赔偿法。根据损害赔偿法理处理事业损失时，可以将国家赔偿法作为一般法来使用。此时，应该作为该法第 1 条的问题来处理呢，还是作为第 2 条的问题来处理，仍值得讨论。大阪机场诉讼最高法院判决以后，可以作为第 2 条的"使用（功能性）瑕疵"问题来处理，对此，判例法已经确定，学说也没有出现特别强烈的异议。

在第 2 条中，违法性不是要件，瑕疵是要件，判断"使用（功能性）瑕疵"时，原本就适用作为违法性认定法理的忍受限度论。在这一点上，也有意见认为使用第 1 条比使用第 2 条更具有逻辑整合性。

但是，如第 1 条的违法性认定方式多元一样，第 2 条的瑕疵认定也不可能是一元性的。在使用（功能性）瑕疵中，可以使用"超过忍受限度的违法＝瑕疵"这一认定方式。

从实质来看，公共设施的使用导致事业损失时，与论述特定公务员的过失相比，将其作为公共设施的设置或管理瑕疵来把握更符合实际情况。所以，将事业损失作为第 2 条的问题来处理的判例应该得到肯定。

但针对事业损失的损害赔偿请求不总是将公共设施的设置管理者作为对手。"东京地判昭 51·9·29 下民 27·9~12·617"的案情是：小区内巴士的噪音损害成为问题，就陆运局局长向该巴士公司颁发执照、允许其增加运行次数的行为是否违法，进行了争论，此时必须依据《国家赔偿法》第1条。

（2）民事特别法。根据《民事特别法》第2条，像美军基地那样，"合众国军队占有、所有或管理的土地上的工作物及其他物件的设置或管理瑕疵在日本国内给他人造成损害的，依据国家占有、所有或管理的土地上的工作物及其他物件的设置或管理瑕疵给他人造成损害时的例子，国家承担该损害赔偿责任"。

316

所以，对美军基地引发的事业损失，使用《民事特别法》第2条，除去合众国军队占有、所有或管理的土地上的工作物及其他物件这一点，与《国家赔偿法》第2条在要件、效果上没有区别。

（3）行政实务上的损害赔偿。关于一般补偿标准的"内阁会议了解第三"规定：能确切预见到噪音等事业损失的，可以预先对此予以赔偿。

接着，也出现了像遮阳（1976年2月23日建设事务次官通知）、电视信号接收受阻（1979年10月22日建设事务次官通知）、水枯竭（1984年3月31日建设事务次官通知）、地基变动后的建筑物损伤（1986年4月1日建设事务次官通知）那样，基于统一准则，进行事前赔偿的情况。

另外，即使没有这样的统一准则，也有像针对如下情况的所谓"影响补偿"那样，实施事前赔偿，即港湾工程实施后，因水质污浊、潮流变化、水温变化等导致捕鱼量减少。

（三）赔偿思路与补偿思路的区别

1. 阻止。对事业损失的金钱填补，采取赔偿思路与采取补偿思路的最大区别是：前者将侵害行为视为违法，故存在阻止的可能性；而后者将侵害行为视为合法，放弃了阻止的可能性。

设施不管有多高的公共性，在其给生命、健康产生重大危险时，还否定阻止的可能性是不妥当的。在此意义上说，赔偿思路更好。

2. "防止损害"的激励。赔偿思路的优势之一是激励人去防止损害。即在一次诉讼中，公共设施的设置或管理瑕疵被认可的话，会促使公共设施的管理者尽力减轻损害，即使将来的损害赔偿请求未被认可，只要不将事业损失降低到忍受程度之下，那在理论上赔偿义务就会持续。

在采用补偿思路的情形中，例如，设计噪音地役权，并每搁一小段时间就更新一次的话，也能促使人们为减少补偿额而采取事业损失对策。

减轻赔偿的诱因大于减轻补偿的诱因，尤其是对行政主体而言。

另外，请求事业损失的国家赔偿诉讼通常在判决生效前会持续很长时间，判决生效后，同一人为填补此后的事业损失而再度提起损害赔偿诉讼在实践中是极为困难的。所以，即使采取赔偿思路，旨在"防止损害"的激励也未必能得到充分发挥。如后所述"（七）"，是否有必要认可将来损害赔偿，还需要认真探讨。

3. 填补数额。传统上，赔偿与补偿还有填补数额上的差异。在补偿中，逸失利益一般不被认可，抚慰金也被排除。但即使在土地征收法中，像失业费、营业损失、房屋搬迁所生的租赁费那样，具有逸失利益性质的补偿也被规定为义务（《土地征收法》第88条），在采用补偿思维的情形中未必不能请求抚慰金。[1]对这一点，后面将详细论述（"第二章第四节"）。

4. 消灭时效。若采用赔偿思路，根据《国家赔偿法》第4条，准用《民法》第724条，自被害人或其法定代理人知道损害和加害人起的3年后，赔偿请求权因时效而消灭。

但像公共设施的噪音所致的事业损失那样，在持续性不法行为中，何时是消灭时效的起算点，存有争议。

采用补偿思路后，准用《民法》第167条，分为两种学说：一是主张10年消灭时效，[2]二是主张准用《民法》第724条。[3]

---

〔1〕 对"在赔偿思维与补偿思维之间设置数额差异"一事，持疑问的有阿部泰隆："赔偿与补偿之间"，载《曹时》1985年37卷6号1418页；西埜章："关于损害赔偿与损失补偿之相对化的批判性考察（下）"，载《判评》1985年319号177页。

〔2〕 阿部泰隆："赔偿与补偿之间"，载《曹时》1985年37卷6号3页。

〔3〕 下山351页。

5. "接近危险"理论。采用赔偿思维后，虽在要件的广与狭上有差异，但判例一般都使用"接近危险"理论。但该法理是在针对非财产性法益侵害的赔偿中被认可。

关于地价下跌这一财产性法益侵害，一般而言，新住户在获得该不动产的时点，就已经享受了降价的利益，对该降价以外的部分，不管是依据赔偿思维，还是依据补偿思维，都没有填补的必要。

6. 公共性。在采用补偿思维的情形中，"为公共而使用"原本就是补偿要件，"公共性高"不具有"提高内在制约程度"的功能，这是当然的。

但在判断《国家赔偿法》第 2 条的"使用（功能性）瑕疵"时，大多数判例采取的立场是：在判断损害赔偿的忍受限度时，公共性也是考虑要素，公共性高的话，忍受限度也就高。对这一点的疑问，详情将后述"（六）2（2）"。

（四）事业损失的判决类型

在以事业损失为由的诉讼中，阻止诉讼与过去损害赔偿请求、将来损害赔偿请求在同一诉讼中被提起的情况很多。一般倾向是，过去损害赔偿请求得到部分认可，阻止请求和将来损害赔偿请求不被认可。

即在①大阪机场诉讼一审判决（"大阪地判昭 49·2·27 判时 729·3"）、②大阪机场诉讼二审判决（"大阪高判昭 50·11·27 判时 797·36"）、③东海道新干线诉讼一审判决（"名古屋地判昭 55·9·11 判时 976·40"）、④横田基地一次、二次诉讼一审判决（"东京地八王子支判昭 56·7·13 下民 34·1~4·236"）、⑤大阪机场诉讼最高法院判决（"最大判昭 56·12·16 民集 35·10·1369"）、⑥厚木基地一次诉讼一审判决（"横滨地判昭 57·10·20 下民 33·5~8·1185"、"下民 34·1~4·272"）、⑦东海道新干线诉讼二审判决（"名古屋高判昭 60·4·12 下民 34·1~4·461"）、⑧厚木基地一次诉讼二审判决（"东京高判昭 61·4·9 判时 1192·1"）、⑨国道 43 号线诉讼一审判决（"神户地判昭 61·7·17 判时 1203·1"）、⑩横田基地一次、二次诉讼二审判决（"东京高判昭 62·7·15 判时

1245・3")、⑪福冈机场诉讼一审判决（"福冈地判昭 63・12・16 判时 1298・32"）、⑫横田基地三次诉讼一审判决（"东京地八王子支判平元・3・15 判时夕705・205"）、⑬小松基地诉讼一审判决（"金泽地判平 3・3・13 判时 1379・3"）、⑭西淀川一次诉讼一审判决（"大阪地判平 3・3・29 判时 1383・22"）、⑮横浜新道诉讼一审判决（"横浜地判平 3・12・20 判夕791・220"）、⑯国道 43 号线诉讼二审判决（"大阪高判平 4・2・20 判时 1415・3"）、⑰福冈机场诉讼二审判决（"福冈高判平4・3・6 判时 1418・3"）、⑱厚木基地二次诉讼一审判决（"横浜地判平 4・12・21 判时 1448・42"）、⑲厚木基地一次诉讼最高法院判决（"最判平 5・2・25 民集47・2・643"）、⑳横田基地一次、二次诉讼最高法院判决（"最判平5・2・25 判时 1456・53"）、㉑福冈机场诉讼最高法院判决（"最判平 6・1・20判时 1502・98"）、㉒川崎公害诉讼一审判决（"横浜地川崎支判平 6・1・25 判时 1481・19"）、㉓嘉手纳基地诉讼一审判决（"那霸地冲绳支判平6・2・24 判时 1488・20"）、㉔横田基地三次诉讼二审判决（"东京高判平 6・3・30 判时 1498・25"）、㉕小松基地诉讼二审判决（"名古屋高金泽支判平 6・12・26 判时 1521・3"）、㉖西淀川二次～四次诉讼一审判决（"大阪地判平 7・7・5 判时 1538・17"）、㉗国道 43 号线诉讼最高法院判决（"最判平 7・7・7 民集 49・7・1870"）中，全部否定针对国家或公团的过去损害赔偿请求的，只有⑧⑭⑮㉒。但其中，⑧因⑲而被撤销，发回重审。另外，⑭和㉒都否定了因果关系。

（五）阻止请求

1. 合法性。在几乎所有的判例中，过去损害赔偿请求都被认可，但认可阻止请求的只有①②。其理由是什么？首先可以指出的是很多情况下阻止请求本身不合法。

第一，有的像⑨、⑭、㉒那样，抽象的不作为诉讼因不合法而被驳回。

第二，有的像⑤那样，对国营机场中民营飞机起飞降落的阻止，使用航空行政权与机场管理权的不可分一体论，认为"民事阻止请求”不合法。

该逻辑是否对自卫队基地——不是针对民营航空公司的航空行政权——也妥当，还可再讨论。⑬认为自卫队基地处于⑤的射程外，“民事阻止请求”合法（但被驳回了）。

但⑲㉑判道，自卫队飞机起飞降落的民事阻止请求是在请求“撤销、变更或启动防卫厅长官统合自卫队飞机航行”的权限，是不合法的。所以作为⑬二审判决的㉕认为民事阻止请求不合法。

320

关于“美军基地使用”的阻止，一直以来，下级法院认为是在法律上强人所难，是不合法的，并驳回了请求。但⑲说道，“与本案机场相关的被上诉人与美军的法律关系是以条约为基础的，故只要条约或以条约为基础的国内法令没有特别的规定，被上诉人就不得制约美军在本案机场的管理运营权限，限制其活动，相关条约和国内法令没有上述特别规定。这样一来，上诉人请求阻止美军飞机的起飞降落应该说是在向被上诉人请求阻止其无法支配的第三人的行为。所以，不用看其他点，请求阻止本案美军飞机的主张本身就失当，难免被驳回”；并判道“‘请求抽象不作为命令’的诉求也不能说缺失请求的特定性”。㉓也遵从了该判决。

可以预想的是关于道路噪音诉讼，通过㉗，民事阻止请求被认为合法的判例会得到确立。关于道路污染物的阻止，虽不能预先判断，但出现了像㉖那样的认为其合法的判例。

2. 违法性阶段说。也有像③⑦⑬⑯㉗那样的，民事阻止请求合法，且在对实体也进行判断的基础上作出了驳回判决。此时，采用的是违法性阶段说，多数认为其前提是阻止请求时的忍受限度比损害赔偿请求时的忍受限度要高。最高法院也在㉗中判道：对应“设施使用之阻止”与金钱赔偿请求的不同，在违法性判断中，“在何种程度上考虑各要素的重要性”自然是不同的，所以对两种情形中有无违法性的判断，出现差异也不能说是不合理的。

3. 违法性阶段说否定论。如前面［“（三）”］看到的那样，关于事业损失，采取赔偿思路与采取补偿思路的最大差异在于是否可能作阻止请求。而在其他方面，不能一概地说对一方有利，所以有种看法也是成立的，即只要采取违法性阶段说，那未达到"阻止"
321　程度的事业损失大体都可理解为补偿。

　　在此值得关注是西埜教授的说法。西埜教授说道：超过通常的
忍受限度，就产生损失补偿义务，进一步超过特别忍受限度的话，
就会产生损害赔偿义务。

　　忍受限度二阶段结构本身与违法性阶段说相通，通说是一贯性
地将事业损失作为损害赔偿来建构，而西埜说视特别忍受限度内的
侵害合法。接着采取如下立场，即赔偿违法与阻止违法的区别被否
定，超过特别忍受限度的话，阻止就被认可。[1]

　　依据该见解，即使超过通常的忍受限度，若处于特别忍受限度
内，也视为合法。这样一来，修正违法状态的激励就发挥不了作用。
另外，从法治国家原理来看，原则上可以排除违法侵害，在主张违
法的同时，攻击违法性阶段说的弱点——肯定 dulde und liquidiere
（要忍受，要清算）。

　　对超出通常忍受限度，但未达到特别忍受限度者，采取补偿思
维。据此，通常忍受限度降低，进而还可影响特别忍受限度，这是
该学说的实益所在。[2]

　　（六）忍受限度论中的考虑要素

　　1. 综合判断。判断"使用（功能性）瑕疵"时，用到忍受限度
论，⑤判道，"除比较考量侵害行为的样态与侵害程度、被害人利
益的性质与内容、侵害行为所具有的公共性或公益必要性的内容
和程度等，还要考虑侵害行为的开始与持续经过及状况、损害防
止措施之有无及其内容、效果等情况，应该在综合考虑这些后作
出决定"。

　　2. 公共性。

　　（1）阻止请求。在判断"阻止请求"的忍受限度论时，该设施
322　的公共性是考虑要素，对此几乎没有异议。不管设施有多高的公共

---

〔1〕　西埜《损失补偿》199 页。
〔2〕　高木光："事业损失"，载《法律人》1992 年 993 号 150 页。

性，都不能给人的健康产生重大危害，此时，即使在与阻止请求的关系中，也必须以"超越忍受限度"来认可阻止。

　　无论如何都要回避阻止，但又不能将噪音减轻到忍受限度以内时，也就只能收购该受害人的宅地，让其搬迁。本来在布局时就应该考虑到不引发"超出阻止请求中的忍受限度"的损害，但因各种情况，在超出其范围内还是有民房的话，就应该作为事业用地收购它。

　　（2）损害赔偿请求。在⑤中，即使在判断损害赔偿请求的忍受限度时，该设施的公共性也被考虑了。容忍过去损害赔偿请求的判决几乎都一样。但它们在"公共性有多重要"方面存在思维上的分歧。

　　很多判例只作为忍受限度的考虑要素来谈论公共性，与此相对，⑤中的栗本、藤崎、本山、横井等四位法官在少数意见部分说道，"因执行有高度公共性的国家事业而导致第三人受损时，为了将加害行为视为违法，只说产生了超出一般私人事业中忍受限度的损害是不够的。应该对应该事业之公共性的性质、内容来考虑忍受限度的界限，必须是公共性越高，忍受限度的界限也就越高"。

　　⑧在表达了同样的见解后，判道，"一国的防卫是为了保障国家的存在与安全，促进国民经济的发展和国民福利，是与紧要事项、世界和平与安全相关的政治外交上的重要问题，国民的自由与基本人权也通过防卫得到保障。鉴于此，对具有此等高度之公共性的国家防卫相关行为导致的某种范围的牺牲，国民需要忍受，这是对比事情的重要性与必要性后不得已而为之的"。

　　所以，越明显强调公共性，忍受限度就越高，就导出否定过去损害赔偿请求的结论。

　　但是，作为其最高法院判决的⑲说道：厚木机场导致的噪音等损害即使只是⑧所认定的情绪损害、睡眠妨碍、生活妨碍，也不能说是上诉人必须当然忍受的轻度损害，依据⑧的认定，受到该损害地区的居民人数较多；在比较考量上诉人的受害程度与本机场的公共性或公益上之必要性时，有必要探讨本机场周边居民因本机场的存在而获得的利益与所受的损害之间是否是互补关系，⑧不但没有对这一点作任何判断，从其认定的事实中也看不出在本案中有此种关系；关于被上诉人所采取的损害对策及其效果，根据⑧的认定，原则上只对 1 室或 2 室实施了住宅隔音工程，故没有充分防止噪音。在搬迁措施中，从现实的不动产交易价格看，补偿额也是相当低，噪音损害的改善也没有达到预想的效果，绿地建设也很难说是救济、改善飞机噪音等严重损害的直接有效对策，基本不能期待自卫队飞机与美军飞机的噪音会减轻，变更飞行线路等噪音防止措施的效果也是有限。并判道：⑧在判断本案机场导致的侵害行为的违法性时，没有在充分比较考量上述判断要素后作出综合性判断，只是从本案机场具有高度公共性出发，认为上诉人的损害处于忍受限度的范围内，应该说此判断是错误地解释和适用了不法行为中侵害行为的违法性法理，是违法的，很明显该违法影响了判决的结论。

关于过去损害赔偿请求，显得比较突出的判决⑧被⑲撤销了。这样一来，今后就不会出现如下判决了：即使是在自卫队飞机、美军飞机所使用的机场，因过度强调公共性，而对严重的损害否定过去损害赔偿请求。

但是，⑲在判断损害赔偿请求的忍受限度时，也并没有否定公共性是考虑事由。也有判例认为在与损害赔偿请求的关系中，不应该考虑公共性。东海道新干线诉讼的③就是这样。该判例是例外，它认为基于以下理由，在判断损害赔偿请求的忍受限度时，一般不应将公共性作为考虑要素。

第一，在事业损失成为问题的案子中，通常受益人与被害人不同。以机场、高速公路这样的设施为例，受益人是道路使用人，他们遍及全国（有时是世界），但事业损失却集中于特定地区。

所以，"将全体国民所享受的利益与特定地区少数人所遭受的损害相比较，前者超过后者，故可以不给后者以任何救济"的想法在民主主义社会下是完全不能容忍的。

关于这一点，⑤也判道，"很明显居民'因机场而获得的利益'与'因机场而遭受的损害'之间的关系不是'后者增加，前者就必然增加'这样的彼此互涨的关系。结果是前述公共利益只能建立在含被上诉人在内的周边居民这样有限的、部分少数人的特别牺牲上，不能否定这里存在不该忽视的不公平"。

第二，忍受限度论与经济学上的费用便宜分析相对应。为了说其有公共性，作为最低限度的条件，需要"便宜超过费用"。所以，即使支付了赔偿，也还存在社会纯剩余。

况且，公共性高时，不但便宜的绝对值高，社会纯剩余也高，所以，应该没有"以公共性为由而拒绝支付赔偿"的理由。[1]

第三，在受益人与受害人相分离，外部不经济未被内部化的状态中，用需求的大小为公共性提供基础，这在逻辑上是矛盾的。因为当不负担损害防止费用、损害赔偿费用时，可以相应地设低使用费，结果就可以创造出超出社会最适合程度的需求。外部不经济被内部化，最终转嫁为受益人的负担，但剩余的需求正可以为公共性提供基础。[2]

但以上考虑的情况都是像受益人与受害人相分离的大规模交通设施这样的事例。若两者基本一致的话，情况会是如何。关于这一点，有参考意义的是前揭"东京地判昭51·9·29下民27·9~12·617"。

在该案中，小区居民以通行于该小区内的定期巴士的噪音损害为由，提起了损害赔偿诉讼。该判决说道"不能否定的是本案的道路也让原告们享受到了有形无形的方便"；并判断其处于忍受限度内。

这样，对受益人与受害人大体一致的小区配套设施，开发利益与事业损失相互抵消，提高忍受限度的思维也是成立的。若在别的地方实施了开发利益之公共还原的，本来是不允许通过与事业损失相抵这一形式来双重计算开发利益，但我国一般没进行开发利益的

325

---

〔1〕　浜田宏一：《损害赔偿的经济分析》，东京大学出版会 1977 年版，第 112 页以下。

〔2〕　岩田规久男："新干线诉讼判决中利益衡量的经济学检讨"，载《法律人》1985年 840 号 14 页。

公共还原。[1]

但是，当开发利益的发生地区广于事业损失的发生地区时，就会出现"只在事业损失的发生地区，通过相抵方式吸收开发利益"这一不均衡问题。

3. 侵害行为的样态。在诉讼中事业损失成为问题时，最多的侵害行为样态是噪音。但也有像西淀川诉讼那样，汽车尾气的侵害行为被追究。

另外就是嫌弃设施。例如，核电站建成时，"因传言而导致地价下跌"这一"传言损害"是否也可以作为事业损失，请求《国家赔偿法》第2条的赔偿？此时，与赔偿相比，作为补偿问题来处理的话就更适当。在核安全协定中，对这种传言损害，有的规定了损失补偿。但是否可以说这样的规定已经认可了损害补偿请求权，还需要慎重讨论。

4. 被侵法益。事业损失导致的损害各种各样。我国事业损失的损害赔偿请求的一般特色是：不是主张地价下跌等财产性法益的侵害，而是主张非财产性法益的侵害。

关于非财产性法益，多数认为不仅是精神损害、生活妨碍，还包括身体损害。在精神损害中，不仅是不快乐，还包括像自卫队基地飞机坠落等的恐怖感。关于生活妨碍，也不仅是噪音导致的睡眠妨碍、交谈中断等，还包括增加交通事故的危险等。身体损害包括噪音导致的重听、耳鸣、肠胃障碍等。

精神损害与身体损害不能明确分离，精神压力的积蓄也经常发展成肠胃障碍这样的身体障碍。身体损害被认可的话，即使其较轻微，也可以在其与损害赔偿请求的关系中，认定为超过忍受限度。若发生了重大的身体伤残，那在与"阻止请求"的关系中，可以说超出了忍受限度。

即使是尚未达到身体损害的情绪损害、睡眠妨碍、生活妨碍，

---

〔1〕 日本住宅综合中心：《开发利益返还论》，日本住宅综合中心1993年版，第35页以下（宇贺克也执笔）。

在其与损害赔偿请求的关系中，可以超出忍受限度。这是被⑲认可的。

5. 靠近危险理论。②判道"只要居民不被认为是'因特别想利用公害问题而有意靠近'，那就不适用所谓的靠近危险理论"。⑤判道：即使没有这样的意图，"此人意识到了危险，容忍了其导致的损害时，并非没有视情况而允许加害人免责的可能"。

⑤接着说道：虽然知道有飞机噪音，但容忍噪音损害而居住于此，其损害只是噪音导致的精神痛苦或生活妨害，而不是直接与生命、身体相关时，参考本机场的公共性来看的话，只要没有出现像"入住后实际所遭受的损害程度超过入住时被其意识到的噪音损害程度"、入住后噪音程度大大增加这样的特别情形，就应该忍受该损害。

其中，对像②所说的那种有意靠近的例子，没有必要认可损害赔偿请求，对此大家几乎没有异议。问题是如⑤所说的那样，是否可以广泛认可靠近危险理论。

一般认为后入住者在搬进来时就享受了"事业损失导致地价下跌"的好处，所以只要没有出现像搬进来后"因地价再跌而遭受损害"的情形，就不能以财产性法益受到侵害为由而请求损害赔偿。

另外，像⑩、⑪那样，关于精神痛苦、生活妨碍导致的损害赔偿，也可以将"容忍了损害"一事作为减额事由来考虑。

但只因"容忍了损害"，就在与这些人的关系中否定瑕疵的话，会导致如下结果：在与先入住者以外的人的关系中，给予该设施以环境垄断权。

本来，为了给予这种环境垄断权，《特定机场周边飞机噪音对策特别措施法》（以下称《特噪法》）规定：可以在城市规划中规定飞机噪音损害防止地区与飞机噪音损害防止特别地区（第4条）；在前者地区建设学校、医院、住宅时，有义务采用防噪音结构（第5条第1款）；原则上禁止在后者地区建设这些建筑物（第5条第2款）；同时，应该采取公用限制与补偿机制，如有义务补偿该限制所通常导致的损失（第7条）。

实践中，根据该法律，被指定为特定机场的只有新东京国际机场，即使在此，现在也还尚未作出城市规划决定。被指定为"《飞机噪音损害防止法》的周边整备机场"的大阪机场、福冈机场也不是《特噪法》的指定机场。所以，即使在"周边整备机场"中，也有《飞机噪音损害防止法》的第二种区域、第三种区域的搬迁空地被卖给第三人，新建房屋的情况。对此，仅有的例子是在建筑确认阶段，通过行政指导予以处理。

关于公共设施使用所导致的事业损失，在与损害赔偿请求的关联中超出忍受限度的地区，即使既有建筑物被认可，也禁止新建建筑物，并进行相关损失补偿，这才合乎道理。根据事业损失减轻对策，可以缩小超过忍受限度地区的话，也就可以相应地缩小公用限制地区。

不采取这样的措施，对"自由建筑状态"置之不理，原则上不认可对后来入住者的赔偿，这会在事实上创造出无赔偿义务之事业损失的先占领域，这是不适当的。另外现在，在《飞机噪音损害防止法》第一种区域中，在公告日后对住宅实施隔音工程的补助。

另外，与《宅地建筑物交易业法》第35条第1款第2项相对应的该法施行令第3条第5项之2，就《特噪法》第5条第1款的航空器噪音损害防止地区、该法第5条第2款的航空器噪音损害防止特别地区，向宅地建筑物交易业者课赋了"向顾客作说明"的义务，还期待就"《飞机噪音损害防止法》的区域指定已经实施"的事实及其意义，向宅地建筑物交易业者课赋说明义务。因为也有"在短时间内，无法充分认识长期生活中所生损害的性质、程度"的情况。

（七）将来损害赔偿请求

除②以外，没有认可将来损害赔偿请求的。②判道"本案的将来请求是以将来不法行为的成立与损害发生为前提的，在从过去到现在，权利侵害状态长时间持续的本案情形中，只要不久将来侵害或损害的发生会被停止的盖然性没被被告证明，就应该推定将来还会持续发生同样的侵害状态与损害，所以，作为请求权发生之基础的事实关系在现在时点可以确定，可以认可请求。另外，尽管在将来发生损害的程度等方面有部分不确定的地方，但不妨碍在可确切预测的范围内命令损害赔偿，而且在长时间持续侵害的本案中，将不确定部分所致的不利都归于原告是不公平的，在左右损害的发生及其数额的新情况出现时，只要被告举证该事实，以此阻止执行就可以了"。 329

另外，③判道，"如本案，权利侵害状态长时间持续至今，并推定这样的状态还将持续下去，所以现在，其基础性关系已经存在，而其权利内容在时间上也可以与过去的抚慰金请求权接续上，只是发生时间是口头辩论结束后，所以没有理由对两者进行不同理解，权利内容是明确的"。关于将来的抚慰金，说道：很难说被告不会适时履行，故缺失请求的必要性。

关于这一点，⑤说道，"将来侵害行为是否违法、被上诉人有无受到损害及其程度等被如下复杂多样的因子所左右：为防止、减轻被上诉人等机场周围居民的损害，上诉人今后所实施的各种对策的内容、实施状况，每个被上诉人各自生活状况的变动等。而且，只有在经过利益衡量，被认为超过被害人应忍受限度时，这些损害才成为赔偿对象，所以必须说很难把握'应通过明确具体标准来实施赔偿的'损害的变动状况"。

⑤的旨趣是可以理解的，但实践中"阻止请求"被认可的空间极小，所以即使获得了过去的损害赔偿（即使周边对策等得以实施），但还常能用较高的盖然性预见几乎同样的事业损失会持续到将来。另外，一想到提起、追加诉讼要花费很多的时间、经济、精神成本，就很难想到同一原告会在将来再次提起过去损害赔偿诉讼。另外，③所期待的将来损害赔偿的适时履行也难以在现实中实施。

所以，否定将来损害赔偿请求，在结果上会容易变成在事实上否定"生效判决的口头辩论终结后所生"事业损失赔偿的可能性。 330
从"激励人们防止损害"的角度看，这也是个问题。

所以，忍受限度通过判决得到明示，当处在低于该限度的状态时，若被告应该通过举证来阻止执行的话，那有时也不妨认可将来损害赔偿请求。这让将来损害赔偿请求起到了间接强制的作用，激励人们去防止损害。

（八）事业损失的预防与减轻

以上是以"已发生的事业损失的金钱填补问题"为中心展开论述的。毋庸置疑，最重要的是为避免发生事业损失而完善宏观层面的土地利用规划、微观层面的公共事业实施规划的制定程序。另外，有必要通过"地区土地利用限制制度"的方法来防止事业损失的扩大。而且，必须配合发生源对策、周边对策，尽量减轻事业损失。

遭人嫌弃的"大规模设施"会超越个人水平，给小区带来严重影响。有必要完善"不仅只有个人补偿，还考虑小区整体"的利害调整机制。[1]

第八节　费用负担者

一、官营公费事业中的责任人

（一）战前的判例

《国家赔偿法》第 1 条对"公权力行使"——在战前可适用国家无答责法理——规定了国家责任；第 2 条规定了起因于公共设施设置管理瑕疵的国家责任——战前的判例、学说并不统一。接着第 3 条规定，"在国家或公共团体根据前两条之规定而承担损害赔偿责任的情形中，公务员的选任或监督者、公共设施的设置或管理者，与公务员工资及其他费用的负担者、公共设施的设置或管理费用的负担者不同的，费用负担者也承担该损害赔偿责任（第 1 款）。在前款情形中，损害赔偿的实施者在内部关系中对损害赔偿责任人有追偿权（第 2 款）"。

众所周知，第 3 条的目的是通过立法来消除判例、学说在战前官营公费事业之国家赔偿上的不统一和混乱状态。即在战前，对官

331

----

〔1〕　关于这方面的详细情况，参见宇贺克也："赔偿与补偿"，载《法律人》1986年866号20页；同"飞机噪音问题之管见"，载《法时》1992年64卷8号66页以下。

营公费事业所引起的损害请求赔偿时，存在管理者说与费用负担者说的对立，判例也没有形成统一意见，所以出现了弄错被告，进而请求不被认可的事例。

例如，在有名的德岛小学浪桥事件（"大判大5·6·1民录22·1088"）中，依据《民法》第717条，对官营公费事业，认可了市的责任，而同是小学的案件，"大判昭4·4·18民集8·286"关于《民法》第715条的适用，没有认可市町村的损害赔偿责任。即关于小学代课老师违法地给学生造成伤害的事件，其判道：不能因为代课老师从市町村获得工资，就说该代课老师是市町村的"雇工"。

另外，在公共设施的设置管理瑕疵成为问题的案件中，很多判例也以官营公费事业中的设施是国家设施为由，不认可针对市町村的诉讼请求。"大判昭3·9·22新闻2901·5"就是一例。对官营公费事业认可府县、市町村责任的判例是少数。

（二）战前的学说

管理者说的代表人物是渡边宗太郎博士，其主旨是损害赔偿请求是向人的行为追究责任，费用负担与瑕疵只不过是间接关系，所以管理者应承担责任。[1]该学说比较受实务部门的支持。

费用负担者说的代表人物是美浓部达吉博士。美浓部说源于公企业主体与经济事业主体的二元论，认为之所以承担损害赔偿责任，是因为"经济事业主体＝费用负担者"。[2]

332

但是，将美浓部说称为费用负担者说是否妥当，并非没有疑问。原因是：如对小学设施的占有，同时存在作为教育事业主体的国家占有与作为财产管理者的公共团体占有，美浓部说主张《民法》第717条的"占有者"是后者。

所以，与其说是费用负担者说，不如说是以"公企业管理与财产

---

〔1〕 渡边宗太郎："道路管理瑕疵与损害赔偿请求"，载《论丛》1936年34卷1号196页。

〔2〕 美浓部达吉："官营公费事业及其法律特色"，载《法协》1990年48卷9号57页；同"市立小学校舍设施瑕疵与市的赔偿责任"，载《评释公法判例体系》（下卷），有斐阁1933年版，第314页。

管理二元论"为前提的财产管理者说更恰当。但本书依据一般说法，将其称为费用负担者说。费用负担者说在学界获得多数支持。但受支持的理由未必一致。也存在折中式的见解——可以起诉管理者与费用负担者的任何一方。[1]

二、《国家赔偿法》第 3 条的审议过程

（一）政府提出法案

审议国家赔偿法案的临时法制调查会的第三分会与司法法制审议会起初想依据当时有影响的学说——费用负担者说来立法。所以，政府提出的法案第 3 条规定，"公务员的选任或监督者、公共设施的设置或管理者与公务员工资及其他费用的负担者、公共设施设置或管理费用的负担者不同的，费用负担者承担该损害赔偿责任"。

但是，在制作政府案时，好像也有人对单用费用负担者说方式持犹豫态度。[2]

（二）国会上的修改

第 3 条的规定在国会两院上受到了极为严厉的批评。在政府案中，存在过失责任主义的规定，还存在在国会中遭受批评而被迫提交修正案的条款，但持费用负担者说的第 3 条受到最严厉的批评。

在这种状况下，在众议院司法委员会上，自由党委员提出了修正案：将"费用负担者"改为"费用负担者也"。拟消除管理者与费用负担者难以区分所引发的弊端。但该提案在没有遭到什么反论的情形中，被否定了。

但在参议院司法委员会上，第 3 条的修正案再次被提交。参议院司法委员会上提交的修正案将"费用负担者"改为"费用负担者也"。这与众议院司法委员会上的修正案一样，与后者不同的是添加

333

---

〔1〕 宗宫信次："府县道路的保存瑕疵与责任人"，载《民商》1932 年 2 卷 6 号 108 页。

〔2〕 国家赔偿法研究会："国家赔偿请求权的一般问题——总括（小泽文雄发言）"，载《法资》1981 年 21 号 159 页。

了一款，即"在前款情形中，损害赔偿的实施者在内部关系上，对该损害的赔偿责任人具有求偿权"。这获得了全体通过。

提出该修正案的松村委员对管理者说有好感，修正案的目的不是否定费用负担者说，而是可以将管理者与费用负担者的任何一方作为被告，以此来方便被害人救济。松村委员的想法是：最终的费用负担者是谁，这是个内部关系问题，没有必要通过立法来为管理者说与费用负担者说的对立作出结论。[1]

获得参议院大会通过的修正案被送交众议院，也毫无异议地获得了通过。

三、向外支付与内部费用负担

（一）战前的费用负担者说

以上述讨论为基础，下面讨论一下与《国家赔偿法》第 3 条相关的法律问题。先讨论第 3 条第 1 款。

首先，这里所说的"费用负担者"是单指向外部支付费用者，还是也包括在内部承担费用者。战前，法令使用"负担费用"这一表述时，应该理解为上述何者，判例没有统一意见。

例如，关于旧《道路法》第 33 条，"大判昭 10·5·31 民集 14·988"认为"负担费用"这一表述不意指费用的支付，而同事件的一审判决认为意指费用支付者。

其次，大家推测美浓部博士的费用负担者说只将费用支付者作为费用负担者。这是因为：他在关于小学代课老师不法行为的"大判昭 4·4·18 民集 8·286"的评析中说道：假如在该事件中适用《民法》第 715 条，那不是国家，而是只有作为费用负担者的市町村才能成为被告；[2]而对小学教育，依据《市町村义务教育费国库负

334

---

〔1〕　《第 1 次国会参议院司法委员会会议录》1947 年 22 号 10～12 页。

〔2〕　美浓部博士的立场是：儿童教育和惩戒不是经济作用，而是权力作用，故不适用民法不法行为法。美浓部达吉："市立小学校舍设施瑕疵与市的赔偿责任"，载《评释公法判例体系》（下卷），有斐阁 1933 年版，第 371 页。

担法》来提供国库支持。若美浓部博士的费用负担者说中的费用负担者也包含在内部支出负担金的人，那在该事件中适用《民法》第715条的话，国家也应该可以成为被告。

（二）国家赔偿法中的解释

即使该推测是正确的，那也没有必要将《国家赔偿法》第3条第1款中的"费用负担者"限定在费用支付者上。因为立法者的理解是"费用负担者"也包含内部费用负担者。

如前所述"二（二）"，在参议院司法委员会上提出修正案的松村委员反对政府案的理由是：虽说是费用负担，但负担的程度、范围多种多样，原告对此难以认识。这表明松村委员认为政府案中的"费用负担者"不限于费用支付者；修正案中的"费用负担者"也包含内部费用负担者。

今日的判例（"最判昭45·8·20民集24·9·1268"）、通说所采用的解释是：第3条第1款的"费用负担者"也包含内部费用负担者。

四、补助金支出者

"费用负担者"不仅限于费用支付者，也包含《地方财政法》第10条、10条之4的负担金支付者，这没有异议，但是否也包含同法第16条的补助金支出者，存在多种说法。下面讨论一下这几种说法。

（一）负担金、补助金等同说

《国家赔偿法》第3条第1款规定了外部性损害赔偿责任主体，内部性损害赔偿费用负担比例即使为零也无妨，所以作为第3条第1款的一种旨在消除难以选择被告之状态的解释，如下学说也是一种可成立的立场：应该尽量广泛地理解"费用负担者"概念，没有必要区分负担金与补助金。

该说的优点是：没有必要区分被害人难以区分的负担金与补助金，被告的范围最广泛，有利于被害人救济。

335

但该说有以下问题：广泛理解外部性损害赔偿责任主体有利于被害人，相反，对被告而言，即使内部费用负担比例为零，也不得不站在被告席上。这是个很大的负担，而且万一内部性损害赔偿费用负担者没有资力，那就不得不成为最终费用负担者。

在考虑该负担时，适用该法第 3 条第 1 款，不问多寡，都将补助金（自愿扶助金）与负担金（义务性经费）等同视之，这是否妥当，需要慎重讨论。

（二）外表负担金限定说

该说主张《国家赔偿法》第 3 条第 1 款的"费用负担者"包含"在外表上难以与负担金相区别"的补助金的支付者。这一方面是在考虑"被告身份"的负担，避免将补助金与负担金等同视之；另一方面是在补偿金——在外观上难以与负担金相区别——被支付的情形中，通过消除被告选择上的困难来方便被害人。

现实中，地方财政法上的负担金有时也称为补助金，有时也相反，对一般人而言，只从名称来区分是负担金，还是补助金是困难的。但因这样的例子不多，所以依据该说，包含在"费用负担者"里的补助金支付者是相当有限的。

（三）实质负担金限定说

1. 负担金与补助金的形式与实质。与外表相比，该说更重视实质，认为实质上与负担金等同的补助金的支付者包含在"费用负担者"内。

在地方财政法上，负担金是义务性经费，而补助金是自愿扶助金。义务与自愿，两者有本质差异。但两者的实质区别并不总是很明确。

即使是负担金，也有像《船员保险法》第 58 条第 4 款规定"在预算的范围内负担"的情况。即使是补助金，也有像《理科教育振兴法》第 9 条第 1 款、《森林法》第 194 条那样不是规定"可以补助"，而是规定"补助"的情况，不是总能明确划清两者的界限。

另外，从支出比例来看，负担金并不总是比补助金大，相反的情形也不少。

336

鉴于以上的实际情况，如下解释是可以成立的：不采用"是负担金，还是补助金"这一形式，而应该将在实质上与负担金等同视之的补助金的支付者看作《国家赔偿法》第 3 条第 1 款的"费用负担者"。

2. 鬼城事件判决。"最判昭 50 · 11 · 28 民集 29 · 10 · 1754"（以下称"鬼城事件判决"）也采取该立场。该判决所持的前提是：除对该设施设置费用承担法律负担义务的人以外，在实质上可与负担金支付者等同视之的补助金支付者也是"费用负担者"；在此前提下，列举了实质负担金的如下三个要件：①负担了与"法律上的设置费用负担义务者"相同或相近的设置费用，②被认为在实质上与法律上的设置费用负担者一起执行着该设施的事业，③可以有效地防止该设施瑕疵导致的危险。

3. 共同执行性。其中，最为本质的是要件②。原因是：负担金之所以被视为义务经费，是因为该事业与负担金支付者的利害紧密相关，存在应共同管理的实体，若基于共同责任观点而支付补助金，那也可以将其看作是实质负担金。

那么，要件②具体会在怎样的情形中得到满足？鬼城事件判决重视的是：《自然公园法》第 14 条第 1 款规定与国立公园相关的公园事业由国家执行，同法第 14 条第 2 款规定地方公共团体在获得厚生大臣（事故当时，现在是环境厅长官）的认可后，执行与国立公园相关的公园事业的一部分。

鬼城事件的调查官解说也指出：在补助事业或事务方面，本事件的射程被限定在"根据法律规定，国家成为行政主体"的情形中。[1]

即国立公园事业本来就应该由国家执行，国家让地方公共团体代替自己执行后，即使在国家只支付补助金的情形中，也可以认可共同事业执行性。此法框架的采用确实能成为"旨在认可共同事业性"的重要标识。

---

〔1〕 柴田保幸："判批"，载《曹时》1976 年 28 卷 3 号 433 页。

但若将该法框架视为必要条件，那补助金支付者被视为"费用负担者"的情况将受到明显限制。

4. 设置费用的负担。关于要件①，像鬼城事件判决那样，不应视为与②相并列的要件，其地位应该是判断②时需要的一个下位标准。[1]

实际上，鬼城事件判决后的下级法院判例不重视要件①。即与秩父多摩国立公园内人行道翻落事故相关的"东京地判昭53·9·18下民33·1~4·285"将补助人行道设置费用之35%的国家作为"费用负担者"；在支笏洞爷国立公园的登别温泉地狱谷散步时，因表土塌陷导致火伤事故，与该事故相关的"广岛高判昭57·8·31判时1605·144"在毫无言及要件①的情况下作出了判决。

另外，与吉野熊野国立公园大台原的吊桥翻落事故相关的"神户地判昭58·12·20判时1105·107"判道：国家的补助金即使只有全部费用的五分之一，也被认可为"费用负担者"。

但是，"最判平元·10·26民集43·9·999"认为："被认为有设置管理瑕疵"的设施是"构成复合设施"的各个设施时，是否是《国家赔偿法》第3条第1款的"费用负担者"？对此，原则上应该在考虑该个别设施的费用负担比例等后作出判断；基于如下理由，认为其未满足要件①，进而阻止了该要件的缓和倾向，即国家对吊桥的费用负担比例是整体的五分之一、没有为吊桥架设提供补助、四次修补工程中只有本事故10年以前交付过一次补助金、该补助金数额很小等。

5. 危险防止。主张实质负担金限定说时，要件①②具有意义，那要件③如何？鬼城事件判决之所以需要该要件是因为其认为《国家赔偿法》第3条的基础是危险责任法理。

但参照立法过程来看，该看法是有问题的。若费用负担者的责任根据是"可实施危险管理"的话，那管理者说与费用负担者说的

---

[1]　宇贺克也："国家赔偿法上的费用负担者概念（二）"，载《自研》1990年66卷7号32页。

对比就不成立。

另外，负担金与补助金在《补助金等的预算执行合理化法》中被统称补助金等，服从同样的规制。都道府县向国家直辖事业支付负担金情形与国家向都道府县事业支付补偿金情形相比的话，难以断定负担金支付者比补助金支付者更能有效地实施危险管理。所以持实质负担金限定说时，不需要要件③。

（四）补助金除外说

第四种学说是"费用负担者"不包含补助金支付者。鬼城事件判决的高十法官的少数意见就属于此。该说认为负担金与补助金在性质上就根本不同，对"后者根据多寡和频率而将性质转向前者"一事抱有疑问。

对实质负担金限定说说道：被害人一方极难理解要件①②，"课赋这些要件"有悖于《国家赔偿法》第3条第1款的立法宗旨——消除"难以选择被告"的困难。

但该条款旨在扩大被害人救济，所以可以从这一点出发，对"最狭义理解被告范围"的本学说提出疑问。

但是，因《国家赔偿法》第3条第1款而带来实益的事例是：就国家的机关委任事务，错误地将都道府县作为管理者，根据同法第1条第1款或第2条第1款提起诉讼，诉讼途中，变更为同法第3条第1款的请求。在此情形中，现在几乎不会只告费用负担者，所以依据本学说，不太会给被害人救济产生实质障碍。

（五）小结

讨论补助金支付者是否是"费用负担者"的以上学说都可作为解释论而成立，但判例采用了实质负担金限定说。实质负担金限定说虽没有受到特别的异议，但在鬼城事件判决中出了问题，这在前面已经指出。采用该学说时，要着眼于共同执行性要件，补助金的负担比例应看作是判断共同执行性要件的一个要素，不应该将负担比例作为主要判断要素。

五、利息补给金、低息无息融资

有关补助金的论述也适合像工业用地整理补给金、"新产业城市建设事业债调整部分的利息补给金"这样的利息补给金。但根据《资金运用部资金法》第 7 条第 1 款第 6 项，给地方公共团体的低利息融资，以及根据《通过活用日本电信电话株式会社的股权销售收入来促进社会资本整备的特别措施法》第 2 条第 1 款第 2 项，给地方公共团体的无利息融资虽发挥了与补助金相同的作用，但它们是消费借贷，采用任何一种学说，都难以理解为"费用负担者"。

六、间接补助事业

"大阪地判平元·1·20 判时 1304·25"的立场是：实施间接补助事业的国家与作为间接补助事业者的町没有直接关系，所以不是《国家赔偿法》第 3 条第 1 款的费用负担者。

在该事业中，工程费用的 45% 来自国家的间接补助，可以说是满足鬼城事件判决中要件①的案件。实际上，同判决也说道"有可能看成被告（国家）在实质上负担着本事业开设工程的近过半费用"。但没有满足要件②③。

间接补助事业者在《补助金等的预算执行合理化法》上，被课赋了根据法令规定与间接补助金之交付目的而执行的义务（第 3 条第 2 款、第 11 条第 2 款），但没有"国家对间接补助事业者直接采取监督纠正措施"的机制（参照第 13 条、第 16 条等），所以这样的结论也是不得已。

340

七、内部关系中的费用负担

（一）管理者说与费用负担者说的对立

根据《国家赔偿法》第 3 条第 2 款，在内部关系中负担费用的人是谁？对此，立法者没有为管理者说与费用负担者说的对立作出了结，而是委托给了判例、学说，但至今尚未有判例。

在所谓的新岛漂流炮弹爆炸事件（"最判昭59·3·23民集38·5·475"）中，支付了全部赔偿金的国家向东京都请求支付赔偿额的四分之一，这通过和解方式得到解决（参照"讼月33·1别册·2"）。在学说中，管理者说与费用负担者说也对立着。

（二）管理者说

管理者说在以下两点上有说服力，即损失直接起因于管理中的过失或瑕疵；在为激励人们避免将来发生损害上，让管理者承担责任更有效果。

但实际上，例如，对应公务员选任上之过失与监督上之过失的作用度来分配赔偿费用是极为困难的。但诉讼被提起后，法院会像一般的共同不法行为那样，判断作用度，没有必要只在《国家赔偿法》第3条第2款情形中，以作用度判断困难为由而放弃。

国家赔偿法制定后已历经约50年，仍没有第3条第2款的判例，可见，几乎没有起诉的可能性。那么，国家、都道府县、市町村是否可以平等对话，对应作用度来解决责任分配问题？对此难以期待。[1]

（三）费用负担者说

鉴于这样的现实，对应费用负担比例来分担内部赔偿费用似乎更现实。内阁法制局的法制意见也采用费用负担者说。[2]

《地方财政法》规定国家与地方公共团体应负担的经费比例必须通过法律或政令规定（第11条），所以不会产生费用负担比例不明确的问题，即使补助金支付者包含在《国家赔偿法》第3条第1款的"费用负担者"内，赔偿费用负担比例的计算也是容易的。所以，依据费用负担者说，可以不进行"旨在判定赔偿费用负担比例"的

341

---

〔1〕 阿部教授考虑到这种状况后，提倡导入会计检查院等第三人机关的裁定制度，是一种值得倾听的立法论，见阿部64页。

〔2〕 前田正道编：《法制意见百选》，ぎょうせい1986年版，第266页；关根谦一："法制意见解说"，载《时法》1969年697号49页。

复杂调整，可以减轻制度运行的成本。

但只说实际便利，不足以充分抵抗来自管理者说的批判。费用负担者虽没有法律上的管理权限，却被迫承担了最终赔偿费用，其根据是什么？对此，应该作如下考虑。

向无法律上管理权限者课赋费用负担是因为，在实质上这是一项与国家、公共团体双方，或者多个公共团体的利害紧密相关的事务，本来应该有一个共同管理的实体。可以这样看：义务经费的比例反映出了实际的、潜在的管理责任比例。

尽管是这样的实体，但若法律将管理权限集中于单一的国家或公共团体的机关，那对应费用负担比例来分担最终损害赔偿费用是具有合理性的。

这样为费用负担者说提供根据的话，与其说其在理论上与管理者说根本对立，还不如称其为潜在性管理责任者说。

第九节　民法的适用

一、《国家赔偿法》第 4 条的意义

（一）国家赔偿法与民法的分立

《国家赔偿法》第 4 条规定："就国家或公共团体的损害赔偿责任，除依据前三条的规定外，依据民法规定。"

该规定有两个意思，一个是区分适用国家赔偿法规定与民法不法行为规定。

342

即国家或公共团体的公务员的违法职务行为所引起的损害，不符合《国家赔偿法》第 1 条第 1 款的公权力行使时，就不适用该条，而适用《民法》第 715 条。

另外，当国家或公共团体所有土地上的工作物的设置或保存瑕疵所引起的损害，不符合《国家赔偿法》第 2 条的公共设施时，不适用该条，而是《民法》第 717 条的问题。

（二）适用国家赔偿法的情形

《国家赔偿法》第 4 条的另一个意思是不适用国家赔偿法时，对国家赔偿法没有规定的事项，依据民法规定。

《国家赔偿法》是全文共 6 条的简洁法典，绝不是自我完整的法典。对像消灭时效、过失相抵等可以适用民法不法行为规定的部分，还在国家赔偿法中设置同一规定的话，显得繁琐，所以在立法技术上，通过设置"依据民法规定"这样的规定来处理。

关于上面"（一）"中的"区分标准"，前面已经论述（第四节二、第六节二），这里不再重复。以下对第二点进行若干检讨。

二、民法典的规定

（一）委托

在第二个意思中，《国家赔偿法》第 4 条规定，"依据民法规定"意指关于损害赔偿的范围、过失相抵、时效等，依据民法规定，不是指也应该考虑《民法》第 657 条、第 665 条的委托关系（"最判昭 43·1·22 讼月 5·3·370"）。

（二）适用规定

在民法的规定中，第 416 条（损害赔偿范围）、509 条（债务因不法行为而产生的，该债务人不能用抵消来对抗债权人）、710 条（非财产损害的赔偿）、711 条（近亲的抚慰金请求权）、719 条（共同不法行为人的责任）、720 条（正当防卫、紧急避难）、721 条（胎儿的特例）、722 条（损害赔偿的方法、过失相抵）、723 条（名誉毁损的恢复原状）、724 条（损害赔偿请求权的消灭时效）也适用于国家赔偿请求，这几乎没有异议。

（三）责任能力

1. 未成年人的责任能力。关于第 712 条（未成年人的责任能力），缺乏责任识别能力的未成年人不会担任国家公务员、地方公务员，故其适用不会成为问题。

但《国家赔偿法》第 1 条的公务员没有必要是国家公务员法、

343

地方公务员法上的公务员，只要是被委托了该法的公权力行使的人即可，故不能因为不担任国家公务员、地方公务员，就直接说其不能成为《国家赔偿法》第 1 条的公务员。但现实中，向缺失责任识别能力的未成年人委托公权力行使的情况几乎不可能。

2. 精神病人的责任能力。第 713 条（精神病人的责任能力）是否也适用于《国家赔偿法》第 1 条，是个论题。禁治产者、准禁治产者是国家公务员、地方公务员录用时的不合格事由；虽然国家公务员、地方公务员的身心障碍是免职的理由，但还是有可能发生错误录用，或者在觉察异常并给予免职前，因精神失常而实施加害行为。

另外，《国家赔偿法》第 1 条的公务员不仅限于国家公务员法上、地方公务员法上的公务员，故在此意义上，也有可能将公权力行使委托给精神病人。

这些精神病人不能成为《国家赔偿法》第 1 条第 2 款的求偿对象，这是没有异议的。问题是对第 1 条采用代位责任说时，实施加害行为的公务员精神不正常，该公务员不承担责任，那么，国家或公共团体不能代位承担该公务员的责任吗？

在德国，《民法》第 827 条第 1 句的意思是在精神不正常状态下实施加害行为的人不承担个人道义角度下的损害赔偿责任；但《民法》第 829 条规定可以让其承担一种衡平责任。所以，即使职务责任采用代位责任主义，也可以通过该衡平责任的代位，肯定被称为职务责任的国家责任。[1]

在我国，没有这种衡平责任的规定，但公务员因精神失常而实施加害行为后，否定国家或公共团体的责任是不妥当的。即使从代位责任说角度看，只要欠缺对"平均公务员"所要求的客观注意义务，就构成过失，处于监督地位的人在让精神病人工作这一点上构成过失，故也应该认可国家或公共团体的责任。

第 714 条规定了无责任能力人的监督人的责任，有学说主张这

344

---

〔1〕　宇贺《分析》75 页。

里所说的"在无能力人无责任时，对此予以监督的法定义务人"包含国家或公共团体。[1]

（四）订做人的责任

在与《国家赔偿法》第 1 条的关系上，可以适用第 716 条（订做人的责任），但在与《国家赔偿法》第 2 条的关系上，是否可以这样适用，需要讨论。

即也可能会有如下解释：在《国家赔偿法》第 2 条中，不是过失，而是瑕疵被作为要件，所以作为订做人的国家或公共团体即使在订做或指示上没有过失，也要承担瑕疵责任，根据同条第 2 款，向"其他就损害原因应承担责任者"求偿。

（五）动物占有人的责任

可以讨论一下是否应该适用第 718 条（动物占有人的责任）。虽尚未有判例，但已有主张像警犬这样的动物也属于《国家赔偿法》第 2 条的"公共设施"的学说。[2]但《民法》第 718 条但书的免责基本没被认可，适用该条与适用《国家赔偿法》第 2 条在实际中是否会出现差异，尚无定论。[3]

三、民法附属法规

（一）《国家赔偿法》第 4 条与第 5 条

《国家赔偿法》第 4 条说的"民法"是只指民法典，还是包括民法附属法规，对此有不同的意见。"最判昭 53·7·17 民集 32·5·1000"、"最判平元·3·28 判时 1311·66"主张后者。所以，像《失火责任法》、《汽车损害赔偿保障法》这样的民法附属法规也可以是这里的"民法"。

另外，即使这里的"民法"只指民法典，但因第 5 条规定道

---

〔1〕 《注民 19 卷》430 页（乾昭三执笔）。对此予以反对的有古崎《诸问题》286 页。

〔2〕 今村 124 页、古崎 215 页。

〔3〕 远藤《中》461 页。

"就国家或公共团体的损害赔偿责任，民法以外的其他法律有特别规定的，从其规定"，故失火责任法可以看作是这里的"民法以外的其他法律"。这样一来，对这一点不管作如何理解，虽有《国家赔偿法》第4条、第5条的差异，但在国家赔偿请求中，可以适用失火责任法。

是《国家赔偿法》第4条的问题，还是第5条的问题，完全不影响结果吗？对此还需要讨论。有见解认为作为第4条问题来看待时，"除依据前三条的规定以外，依据民法的规定"，公务员的过失要件规定在《国家赔偿法》第1条第1款中，不可能通过作为补充适用的民法（含民法附属法规）来修改。[1]而站在此立场上，作为第5条问题来看待的话，通过特别法来修正过失要件是可能的。

另外，不能将第4、5条理解为可以适用有悖于国家赔偿法旨趣的"民法"、"民法以外的其他法律"的规定，所以不能离开各个法律的旨趣来决定何者是这里的"民法"、"民法以外的其他法律"。所以，最终还是需要对失火责任法的适用是否违反国家赔偿法旨趣作实质性判断。

（二）适用《失火责任法》的判例

有判例持适用否定说，认为失火责任法的宽恕精神不能直接适用于以消防员的消防过失为由的国家赔偿责任（"秋田地判昭47·11·10下民23·9~12·616"、"名古屋高判昭52·9·28判时870·76"）。一方面，在采用适用否定说的判例中，有的说道：在判断有无过失时，应该充分尊重失火责任法的精神，即使在一般被视为有过失的情形中，也可依程度而视为无过失（前揭"秋田地判昭47·11·10"）。而另一方面，在持适用肯定说的判例中，也有的判道：消防员需要有高度的注意义务，据此，对一般视为无重大过失的案子，可视为有重大过失（"名古屋地判昭50·10·7判时808·90"）。所以，适用肯定说与适用否定说之间是否有实质性差异，尚

346

----

[1] 阿部175页，阿部泰隆、森本宏：《消防行政的法律问题》，全国加除法令1985年版，第111页。

无定论。

但是，在前揭"最判昭 53·7·17"采用了适用肯定说之后，适用肯定说在判例中已得到确立，如作为其发回重审的"名古屋高判昭55·7·17判时 987·57"那样，呈现出"极为限制性地理解重大过失"的倾向。适用肯定说与适用否定说的实质性差异很大（前揭"最判平元·3·28"也确认了适用肯定说的立场）。

采用适用肯定说的前揭"最判昭 53·7·17"不只是因《失火责任法》符合《国家赔偿法》第 4 条的"民法"，而说《失火责任法》当然适用于国家赔偿请求，好像还作了实质性判断。但是，也只判道"即使鉴于《失火责任法》的旨趣，也没有合理理由只对行使公权力的公务员的过失所导致的国家或公共团体的损害赔偿责任，排除该法的适用"，而就为何如此，没有说明理由。

（三）适用《失火责任法》的学说

1. 《国家赔偿法》第 1 条第 1 款的情形。对在国家赔偿请求中，是否适用失火责任法，学界没有一致的看法，除适用肯定说、适用否定说外，还有适用限定说。[1]

适用否定说对行使公权力的一般公务员否定《失火责任法》的适用，而适用限定说重视消防员在火灾方面的专业知识与消防任务，只限在消防员行使公权力时，否定该法的适用。

消防员的消火过失是否是《失火责任法》上的失火，这本身就有疑问。前揭"最判平元·3·28"的伊藤正己法官的意见说道：即使是消防署的职员，其值夜班时失火，造成火灾的，适用《失火责任法》，但因参加救火的消防署职员的消火活动不充分而余火再燃的，就不是《失火责任法》上的失火，不适用该法。该意见令人关注。即使消火过失也被肯定为《失火责任法》上的失火，但从《失火责任法》的立法旨趣来看，对国家赔偿请求适用该法是不妥当的，不管是依据《国家赔偿法》第 4 条，还是依据第 5 条。

---

〔1〕 各学说的根据因论者不同而不同。详细情况可参见泽井裕：《失火责任法的法理与判例》，有斐阁 1989 年版，第 160 页以下。

因为《失火责任法》是《民法》第 709 条的特别法，其目的是保护失火者个人。只有当"雇工对失火存在重大过失"这一情况成为《民法》第 715 条之雇主责任的前提时，才发挥出保护雇主的作用，但这不是其直接目的。

这也可以从"最判昭 42・6・30 民集 21・6・1526"的判旨——认为对雇主不需要重大过失——看出。该判决判道，"《失火责任法》是规定失火者的责任条件，不是规定雇用失火者的雇主归责条件，故应理解为失火者有重大过失，雇用失火者的人对选任监督有疏忽时，根据《民法》第 715 条，雇主承担赔偿责任，而不应理解为只在对选任监督有重大过失时，雇主才承担责任"。

这样一来，在"公务员个人不用站在诉讼被告席上（判例、通说），求偿也被限定于有故意、重大过失情形"的《国家赔偿法》第 1 条的请求中，过失责任法的旨趣——失火者个人只是轻微过失，也被迫承担责任的话，就太苛刻了——就不妥当了，适用否定说是适当的。

2. 《国家赔偿法》第 2 条第 1 款的情形。关于《国家赔偿法》第 2 条第 1 款的责任，是否适用《失火责任法》，对此，学说也分立。"神户地伊丹支判昭 45・1・12 判夕 242・191"肯定该法的适用。

但以保护失火者个人为目的的《失火责任法》不应适用于《国家赔偿法》第 1 条第 1 款的责任，所以在规定国家或公共团体之自己责任的《国家赔偿法》第 2 条第 1 款的案件中，应该用比第 1 条第 1 款之情形时更强烈的理由来否定该适用。

348

但或许应该这样理解：根据同条第 2 款求偿时，参照失火责任法的旨趣，需要失火者存在重大过失。但失火者是公务员时，就不用搬出《失火责任法》的旨趣，而是从与《国家赔偿法》第 1 条第 2 款保持均衡出发，将同法第 2 条第 2 款的求偿只限于公务员有故意、重大过失的情形。

第十节　特别法的适用

一、《国家赔偿法》第 5 条的意义

《国家赔偿法》第 5 条规定，"对国家或公共团体的损害赔偿责任，民法以外的其他法律有特别规定的，从其规定"。这里的"民法以外的其他法律有特别规定的"是指对国家或公共团体的损害赔偿责任，适用民法规定不适当，所以民法以外的其他法律作了特别规定（"东京高判昭 49·9·25 东高民报 25·9·154"）。

即指如下情形：关于国家或公共团体的损害赔偿责任的要件与效果，民法以外的其他法律的规定重于或轻于《国家赔偿法》第 1 条或第 4 条的规定。（"东京地判昭 49·6·27 行集 25·6·694"）。

所以，像《自行车竞技法》第 12 条之 6（"《民法》第 44 条、第 50 条与第 54 条的规定准用于日本自行车振兴会"）那样，只单纯准用《民法》第 44 条，不对民法作任何特别规定，与《国家赔偿法》第 1 条或第 4 条相比，没有加重或减轻日本自行车振兴会的损害赔偿责任要件和效果者不是《国家赔偿法》第 5 条的"特别规定"（前揭"东京高判昭 49·9·25"、前揭"东京地判昭 49·6·27"）。

另外，国家赔偿法规定了日本国、日本国公共团体的公权力行使或者日本国、日本国公共团体的公共设施的设置、管理瑕疵所引起的损害赔偿责任，不将外国的公权力行使或者外国的公共设施的设置、管理瑕疵导致的损害赔偿作为对象。所以，民事特别法原本就与国家赔偿法有着不同的对象，不是修正国家赔偿法，所以不是《国家赔偿法》第 5 条的"民法以外的其他法律"。

另外，通过国家赔偿法以外的途径获得救济时，设置"损益相抵"规定的情况并不少见（《协助警察职务者之灾害给付法》第 7 条、《刑事补偿法》第 5 条第 3 款、《国家公务员灾害补偿法》第 5

349

条第 1 款等）。

但是，对同一损害，通过其他路径已获得救济的，损害就会减少，为防止双重救济而实施损益相抵也是当然的，无需明文规定。所以，没有必要将它们看作是《国家赔偿法》第 5 条的"民法以外的其他法律"。

二、特别法的类型

（一）责任加重型

1. 责任加重型的例子。在《国家赔偿法》第 5 条的"民法以外的其他法律"中，与《国家赔偿法》第 1 条或第 4 条相比，有加重责任者，有减轻责任者，有一面虽加重、但另一面却减轻者。

加重责任的例子是《消防法》第 6 条第 3 款、《国税征收法》第 112 条第 2 款、第 159 条第 11 款等的无过失责任。日本国《宪法》第 17 条不禁止无过失责任主义，实际上，在国家赔偿法的立法过程中，对是否采用无过失责任主义，也进行过讨论。在有特别理由的情形中，通过个别立法修正过失责任原则，采用无过失责任并不违反该条，也并不违宪。

但作为立法政策问题来考虑，在现行过失责任原则之下，采用无过失责任原则时，应该提供能与其他情形相区别的合理理由。

2.《消防法》第 6 条第 3 款。《消防法》第 6 条第 3 款规定："整修该法第 5 条之防火对象物"的命令被判决撤销的，用时价补偿该命令导致的"损失"。但命令之所以被判决撤销，是因为该命令违法，所以可以将该规定看作规定了无过失损害赔偿，而不是损失补偿。

为保护国民安全，有时不得不紧急发布该法第 5 条之防火对象物的整修命令，这提高了违法命令发生的可能性。对此情形，判决以命令违法为由予以撤销，在不问有无过失的情况下救济了受害人，这一方面有利于促使相关部门迅速果敢地发布命令，另一方面有利

350

于较好救济被害人。[1]

但也有人认为：无过失责任的规定让人担心自己的命令会引起赔偿义务，这有悖于立法旨趣，反而会抑制该法第 5 条之命令的发布。[2]

该规定站在"撤销诉讼中行政行为的违法与国家赔偿诉讼中行政行为的违法相同"这一前提下，认为命令被判决撤销的话，那它在国家赔偿法上也违法，所以采取无过失责任主义，让其直接产生赔偿义务。

但是，命令被一审判决撤销后，在二审中也产生赔偿义务吗？此时，一审判决被二审判决撤销的话，赔偿的接受者是不是必须返还赔偿？还是这里的"有撤销命令的判决时"意指撤销判决已经生效？这些都尚无定论。

另外，不是判决，而是被行政复议撤销时，或者即使是被与该复议无关的职权撤销时，还适用《消防法》第 6 条第 3 款吗？不以违法，而以不当为由，通过行政复议或职权而撤销时，还承担无过失责任吗？对此，立法尚无定论。

在文字表述上，只限于被判决撤销的情形，但鉴于其旨趣是采用无过失责任主义，那不管是被职权撤销的情形，还是被行政复议撤销的情形，都难以找出让它们与"被判决撤销的情形"在结论上不同的理由。被职权撤销、被行政复议撤销后的结果就是，"当没有被判决来撤销的机会时，否定《消防法》第 6 条第 3 款的适用"这一解释也太拘泥于文字了。因败诉判决确定无疑，故行政厅有可能在败诉前作出职权撤销，从而免于无过失责任，这实际上是不合理的。

与此相对，让其在以不当为由的撤销情形中也承担无过失责任并不是立法者的意思。"命令被判决撤销的"只限于命令违法时，应该不包括不当的情形。

---

[1] 雄川："行政上的无过失责任"，载《法理》411 页。

[2] 阿部泰隆、森本宏：《消防行政的法律问题》，全国加除法令 1985 年版，第 43 页。

实际上，该法第 5 条的命令本身几乎不会被发布，通常通过行政指导予以应对，所以好像也没有该法第 6 条第 3 款的补偿例。[1]

另外，实践中可能不被想到的是：对命令的接受，受命者有故意或过失时，该如何看待？受命者有故意时，虽没有明文规定，但或许应理解为不适用该法第 6 条第 3 款。

而受命者只有过失的，只要没有像《国税征收法》第 112 条第 2 款那样的明文规定，就在适用《消防法》第 6 条第 3 款的基础上，作过失相抵即可。但如下解释是可能的，即"只要认可受命者有'无过失责任'这一特权，那不管有无明文规定，受命者都无过失"成为前提。

3.《国税征收法》第 112 条第 2 款。《国税征收法》第 112 条一方面规定：与"拍卖的动产或有价证券"相关的出售决定的撤销不能对抗已交付价款的善意买受人（第 1 款）。另一方面又规定：因第 1 款规定而不能对抗买受人，因此出现受害人时，受害人有故意或过失情形除外，国家承担通常所生损失数额的赔偿责任（第 2 款）。

该制度通过保护善意买受人来维护交易的安全，维护拍卖制度的对外信用，同时，对为此目的而遭受牺牲者，认可公务员的损害赔偿责任——即使公务员无过失，据此来调整利害关系。

该规定只写道"撤销"，所以很明显不限于被判决撤销，也包括被行政复议撤销、被职权撤销。另外，不仅对以违法为由的撤销，还对以不当为由的撤销，产生无过失损害赔偿义务。[2]

即《国税征收法》第 112 条第 2 款不但对拍卖决定违法情形（此时，原则上是无过失责任），还对合法情形（或者不当情形）进行了规定。所以，说该规定规定了无过失责任（在本书中，只限于侵害构成违法时，才使用该词汇）未必正确，或许应该说其是这样的规定，即不管拍卖决定违法，还是不当，都在被撤销时承担结果

352

---

〔1〕 古崎《诸问题》299 页。

〔2〕 吉国二郎、荒井勇、志场喜德郎：《国税征收法精解》，大藏财务协会 1987 年版，第 814 页。

责任〔在本书中，在如下意义上使用"结果责任"一词，即不管侵害是违法还是合法，应该填补作为结果而生的损害（损失）〕。

另外，若拍卖决定被撤销，就会因公益理由而剥夺本来应具有的动产或有价证券的返还请求权，所以看作对特别牺牲的损失补偿也并非不可能。[1]

而且，与《消防法》第 6 条第 3 款不同，《国税征收法》第 112 条第 2 款明确规定受害人有故意或过失时，不产生无过失责任。

4.《国税征收法》第 159 条第 11 款。《国税征收法》第 159 条第 11 款规定：作为同条第 1 款所规定的应纳国税额而确定的金额未达到扣押保证金额时，扣押的接受者因扣押而受到损害的，国家承担该损害赔偿责任。该规定一般被理解为无过失损害赔偿。[2]

确实，"保全扣押"违法时，即使无过失，国家也承担责任，在此限度内规定无过失责任。"应纳国税额未达到扣押保证金额时"，是不是所有保全扣押都当然违法？对此需要慎重讨论。

353   因为关于行政行为，即使不采取职务行为基准说，而采取公权力启动要件缺失说时，也很难说《国税征收》法第 159 条第 1 款会完全不认可"超出客观准确国税缴付额"的保全扣押。

即同条第 1 款将如下限度的保全扣押授权于征收人员，即"被推测确定的国税金额中，为保证其征收而需要预先执行滞纳处分的金额"；所以，与一般情形不同，可以对国税金额进行估算。

所以，综合考虑保全扣押时的各种资料，按照合理的判断过程，"被推测确定的国税金额"即使超过"应纳国税额"，也不当然说保全扣押违法。

从公权力启动要件缺失说立场来看，这与如下情况相同，即作出无罪判决并不当然视起诉为违法。在逮捕—起诉—判决的一连串过程中，各种局面所要求的嫌疑程度在制度上不同。同样，保全扣

---

〔1〕 阿部 325 页。

〔2〕 吉国二郎、荒井勇、志场喜德郎：《国税征收法精解》，大藏财务协会 1987 年版，第 958 页。

押时，与确定时不同，并不要求客观地确定国税金额，并以此为基础规定保全扣押金额。

这样一来，说《国税征收法》第 159 条第 11 款也规定了无过失责任就未必正确，只是规定作为应纳国税额没达到保全扣押金额时，不管保全扣押是否合法，都承担责任——结果责任。

补充一点，从否定职务行为基准说，将公权力启动要件缺失作为违法的立场来看，对未使用"被推测确定的国税金额"这一表述的一般课税行为和滞纳处分，单以纳税人未协助税务调查，缺乏客观资料为由，作出客观上错误行为的话，将构成违法。因纳税人不合作等而作出客观上错误行为也是迫不得已，将此事由作为过失问题来处理即可。

5. 《国税通则法》第 38 条第 4 款。《国税通则法》第 38 条第 4 款对"提前保全扣押"，准用《国税征收法》第 159 条第 11 款，对提前保全扣押，也使用"被推测确定的国税金额"这一表述（通税第 38 条第 3 款），可以看作是结果责任的规定。

354

6. 结果责任。这样，有的规定是可理解为其规定了结果责任，也有的规定是明确规定了结果责任。本章第七节的事业损失的个别地方所言及的《特损法》第 1 条第 1 款、《环境整备法》第 13 条就是例子。

结果责任的规定也包含侵害合法情形，故关于这一部分，原本就与国家赔偿法有不同的对象，不是国家赔偿法的特别法。

但是，因也包含侵害违法情形，所以仅就这部分而言，其具有国家赔偿法之特别法的地位。因为对侵害违法情形而言，规定结果责任就意味着规定无过失责任。

另外，不少情况是结果责任的规定不仅规定了责任成立的实体要件，还在程序方面规定国家赔偿法的特例。即将结果责任予以法定的规定通常都会明示补偿（赔偿）请求的行政路径。

（二）责任减轻型

1. 《邮政法》第 68 条。《邮政法》第 68 条第 1 款规定，只要依据法律规定或该法律基础上的省令规定而寄出的邮件符合下列各项之一的，邮政大臣赔偿其损害：遗失或毁损挂号邮件的全部或部分（第1项）；在不催促付款的情况下交付了货到付款方式下的邮件（第2项）；遗失或毁损包裹邮件（挂号者或省令规定者除外）的全部或一部分（第3项）。该条限定了损害赔偿责任的范围。

所以，对普通邮件，规定不承担损害赔偿责任。另外，挂号邮件的延迟到达也不是损害赔偿的对象（"高松高判昭40·2·25高民18·2·143"、"山形地判昭45·7·16判时606·78"）。

同条第2款让损害赔偿责任发生时的赔偿额定型化了。

355 《邮政法》第68条是《国家赔偿法》第5条的"特别规定"，这已被判例反复认可（前揭"高松高判昭40·2·25"、"东京地判昭45·5·18法律人485·7"、前揭"山形地判昭45·7·16"、"水户地判昭51·11·19判夕357·289"、"大阪高判昭52·11·30判时884·66"、"东京高判昭55·6·23判时973·94"、"东京地判昭62·11·30判时1282·136"、"大阪高判平6·3·15判时1525·71"）。

应该这样理解《邮政法》第68条所规定的国家责任的限制：就该责任的发生原因，在债务不履行与不法行为之间没有设置形式区别，对不法行为下的损害赔偿，也课赋同条的限制（前揭"大阪高判昭52·11·30"）。可以说，同样的情况也发生在旧《公众电气通信法》第109条（"东京高判平2·7·12判时1355·3"）。

2. 与《宪法》第17条的关系。与加重责任的情形不同，减轻责任的情形是否违反日本国《宪法》第17条，这需要讨论。前揭"东京高判平2·7·12"判道：在与旧《公众电气通信法》第109条之责任限制相关的事件中，"承接《宪法》第17条之规定而制定的法律规定除在如下情形外，不能因其内容是限制国家等的损害赔偿责任，就直接说有违宪、无效问题：其内容出现像'无条件或无限制地否定或近乎否定国家针对公务员不法行为而承担的损害赔偿责任'这样的明显不合理，且明显超越国会所给予的裁量范围"。

邮政事业的目的是用尽量低廉的价格，普遍、公平地提供邮政服务，据此增进公共福利。有限的工作人员在迅速、公平且谁都可以使用的便宜价格处理大量邮件时，不可能完全不发生邮件遗失、毁损情况，对因此而发生的所有损害都赔偿时，在处理、支付上明显需要大量费用，这会转嫁到收费上，加重一般消费者的负担，所以，《邮政法》第 68 条作出了责任限制（前揭"水户地判昭 51·11·19"、前揭"大阪高判平 6·3·15"）。

参照上述理由，该条的责任限制不能说违宪。同理，旧《公众电气通信法》第 109 条也不违宪（前揭"东京高判平 2·7·12"）。

3. 有故意、重大过失时。邮政人员有故意或重大过失的，是否应该认可责任的减轻？对此有讨论。作为解释论，如下说法恐怕有些困难：在无明文规定的情况下，对故意或重大过失情形，不适用责任减轻规定。

如认可上述例外，那就会主张故意或重大过失，进而出现大量请求。接着，国家就必须围绕有无故意或重大过失，进行争论，赔偿请求处理成本就有可能变得很大。这样一来，《邮政法》第 68 条责任限制的宗旨就会消失。

前揭"东京高判昭 55·6·23"、前揭"大阪高判平 6·3·15"也判道：只要没有《铁道营业法》第 11 条之 2 第 3 款、第 12 条第 4 款那样的特别规定，即使工作人员有故意或重大过失，《邮政法》第 68 条的责任限制也适用［但作为前揭"大阪高判平 6·3·15"之原审判决的"奈良地判平 5·8·25"（判例集不登载）与之相反］。同样，广岛"高判昭 37·2·27 高民 15·2·124"也判道：关于旧《公众电气通信法》第 109 条，只要没有像"工作人员有故意或重大过失的，就不适用"这样的明文规定，那对此情形，就不能依据民法规定请求损害赔偿。

4. 纯粹的责任限制型。也有像《邮政汇兑法》第 15 条、《邮政储蓄法》第 27 条、《邮政转账法》第 16 条那样，规定只在一定情形下不产生责任。它们被称为纯粹的责任限制型。

（三）折中性质

有必要留意的是：《邮政法》第 68 条、旧《公众电气通信法》第 109 条在减轻国家、旧日本电信电话公社之责任的同时，在法定赔偿额的范围内，不要求受害人证明国家、旧日本电信电话公社

356

（在不法行为情形中）有故意过失（但就《公众电气通信法》第 109 条认可不可抗力所致的免责），在此也可以说是加重了责任。即将其看作是责任减轻型与责任加重型的混合型也并非不可能。

第十一节　对外国人的适用

一、立法经过

357　　《国家赔偿法》第 6 条规定，"外国人是受害人时，只限有相互保证的，才适用本法律"。

　　在司法法制审议会初期的国家赔偿法草案中没有该规定，在该审议会最后的草案形成阶段导入了该规定。没有看到该审议会对设置该规定的是与非，花时间进行讨论的迹象。

　　或许是参照了德国《联邦责任法》第 7 条的相互保证主义的规定。

　　有意思的是在该法律实施一年后的 1948 年 10 月，GHQ 对《国家赔偿法》第 6 条发出了照会。当时的法务厅在对照会的回答中说道：《国家赔偿法》第 6 条不违宪，但作为立法政策没有必要存在，打算在下次一般国会上提出删除该条的法案。[1] 该修改为什么没有实现？颇有意思，但无定论。

二、与《宪法》第 17 条的关系

　　日本国《宪法》第 17 条规定，"任何人因公务员的不法行为而受到损害时，都可以根据法律的规定，向国家或公共团体请求赔偿"。所以，说《国家赔偿法》第 6 条采取了相互保证主义，违反宪法的讨论从当初起就存在。[2]

---

　　〔1〕　佐藤达夫文书（《国家赔偿法第 6 条的问题》）（1948）。

　　〔2〕　Supreme Commander for the Allied Powers, Political Reorientation of Japan, Report of Government Section, Vol. 1（1968），220.

在国会的审议过程中，就有人对《国家赔偿法》第 6 条提出疑问，政府对此的答辩是《宪法》第 17 条规定道"根据法律的规定"，相互保证主义的采用没有超越《宪法》第 17 条所认可的立法裁量范围。

《宪法》第 17 条的"任何人"意思是说日本人中的任何人，还是也包括外国人，对此并不明确，国家赔偿法的立法者解释说是前者之意。对此虽有疑问，但也没怎么出现《国家赔偿法》第 6 条违宪说。

358

确实，我国没有必要向无法保护本国国民的国家的国民给予积极保护，这有一定的道理。另外，相互保证主义也能激励外国保护日本国民。

《国家赔偿法》第 6 条即使不违宪，但作为立法政策来考虑时，相互保证主义是否妥当，还值得讨论。在国际社会要求尊重个人人权的呼声不断高涨的今天，我国应该率先采用内外平等主义。

三、适用民法不法行为规定的情形

相互保证主义只在国家赔偿法适用的事例中被认可，不适用于国家或公共团体根据民法的不法行为规定而应承担责任的情形。

其结果是在与无相互保证的外国人的关系中，如下情况在理论上可成立：狭义理解《国家赔偿法》第 1 条第 1 款的"公权力行使"、第 2 条第 1 款的"公共设施"更有利于救济。

四、适用相互保证主义时的公务员个人责任

有学说认为：因相互保证主义而无法向国家或公共团体请求损害赔偿的外国人可以公务员个人为相对人，请求损害赔偿。[1]可以推测其实践意图是：尽可能减轻在立法政策颇有疑问的相互保证主义的弊端，扩大被害人救济。

但适用国家赔偿法时，公务员个人即使有故意，也只在极为例

---

〔1〕　杉村章三郎：《行政法学概要》（全订版），有斐阁 1963 年版，第 267 页以下。

外的情形中承担责任〔第四节十一（七）〕。基于此，只在与无相互保证的外国人的关系中认可该例外，这在解释论上是困难的。因为"不让公务员个人站上被告席"这一国家赔偿法立法政策也应该适用于该情形。

五、外国人

（一）外国法人

359 关于《国家赔偿法》第6条的"外国人"的涵义，存在解释上的问题。

"外国人"不仅是自然人，还包括法人，这是没有异议的。实践中，在与旧西德（"东京地判昭51·5·31判时843·67"）、挪威（"东京地判昭44·10·25讼月15·10·1185"）的法人关系中，有法院审查有无相互保证的例子。

（二）具有日本和外国之双重国籍者

对具有日本和外国之双重国籍者，只要具有日本国籍，他就不是"外国人"。有日本国籍就意味着承担作为日本国民的义务，也享受权利，这一点不因同时具有外国国籍而有所变化。

（三）无国籍者

无国籍者是否属于"外国人"是个问题。对此，有不同的解释。

一方面，国家赔偿法基本上是对日本国籍基础上的义务承担者给予权利，在有相互保证的限度内，作为附加项，扩大了权利。若是如此，就没有必要向"不承担日本国籍基础上的义务，又无相互保证的无国籍者"给予国家赔偿法上的保护。

而另一方面，若重视"相互保证主义在促使该外国人的母国向日本国民给予同样保护方面"之功能的话，那对不可能有该功能的无国籍者主张相互保证主义也就没什么意义。这样一来，如下主张也可成立，即从尽量缩小在立法政策上颇有疑问的相互保证主义之适用范围的角度说，无国籍者应不在"外国人"内。

另外，也有学说认为：若无国籍者被认为是"外国人"，且相互保证完全没有可能的话，那就应该回到《民法》第 2 条的为外人平等主义的原则上。[1]

现在没有关于这一点的判例。但如后所述"（六）"，《难民地位条约》（以下称《难民条约》）下的"立法上的相互主义"的适用免除理由使该难民不享有外国保护的话，[2] 那对无国籍者，也可以依据相同的理由，不适用相互保证主义。

（四）无日本国籍的多国籍者

不具有日本国籍的多国籍者当然是"外国人"，在判断有无相互保证时，就产生了其属于哪个国家的问题。

假如某个外国人具有日本以外的 A 国、B 国国籍。若 A 国、B 国都有相互保证，那对该人，应该适用我国的国家赔偿法；若 A 国、B 国都没有相互保证，那就没有必要给予我国国家赔偿法的保护。

问题是 A 国有相互保证，而 B 国没有时。此时，就我国国家赔偿法的保护，若采用肯定说，就会甘愿忍受与 B 国的不均衡；若采用否定说，就会产生与 A 国之间的不均衡。这样，不管采取何种学说，都有问题。所以，更加重视与哪个国家的不均衡将导致结论的不同。

作为立法政策，从期待内外人平等主义的立场出发，或许应该这样认为：没有必要重视与无相互保证国（B 国）之间的不均衡，相反，不能在与有相互保证的国家（A 国）之间产生不均衡。所以，只要 A 国给予了相互保证，那对该外国人，就应该给予日本国家赔偿法的保护。

也有判例认为：是多国籍的，只要其中某一国家有相互保证，就足矣。

（五）尚未统一的国家的国民

朝鲜人如何看待自己的母国。我国与朝鲜之间没有建立外交关系。有的判例，如前揭"京都地判昭 48・7・12"判道，"因在朝鲜

360

---

〔1〕　古崎《理论》239 页。

〔2〕　南敏文："难民条约与国际私法"，载《民月》1981 年 36 卷 11 号 2 页。

361 没有支配所有领土的统一政府与统一法规，所以只要将北朝鲜与南朝鲜看作两个国家，就可将朝鲜人看作是双重国籍者"，依据双重国籍时的思维予以了处理。

另外，也有判例回避双重国籍这样的话语判道：当有两个政府时，不管受到何者支持，可通过某一方政府的相互保证，来适用《国家赔偿法》第6条的相互保证。

"东京地判昭32·5·14下民8·5·931"就是这样的例子，关于北朝鲜与韩国的关系，其说道"在一国内相互对立、相互否认的政府所维持的法律制度这一点上，不能说与'两个国家或一国内不同法域的两个地方的法律制度'完全相同"；并判道"被害人因某种理由而同时服从两个不同的法律制度时，若一方法律制度有相互保证，另一方即使没有，也可以认为具有了《国家赔偿法》第6条的相互保证"。

"广岛地福山支判平4·4·30判例地方自治104·76"也判道"就朝鲜、韩国这样的分裂国家，若某一方政府的法令上有相互保证，不管原告支持哪个政府，应该说都具有同法第6条的相互保证"。

另外，在"大阪地判昭46·2·25判时643·74"中，原告自己主张是朝鲜民主主义人民共和国国民，法院认定原告的原籍处于韩国的实际施政地区，所以为了让原告适用国家赔偿法，韩国实施了相互保证的话，就可以。该判决可被理解为以"控制原籍所在地的政府的法制"为标准来判定有无相互保证，与前揭"东京地判昭32·5·14"、前揭"广岛地福山支判平4·4·30"的立场不同。

另外，即使是尚未统一的国家，对德国统一前的旧西德的法人（前揭"东京地判昭51·5·31"）、日中建交前的中国台湾地区的外国人（"东京地判昭47·6·26判夕285·266"），认定道旧西德、中国台湾地区有相互保证，适用了我国的国家赔偿法，而毫无谈及旧东德、中华人民共和国的法制。

362 有判例（例如，"名古屋高判昭51·9·30判时836·61"）在认定有韩国籍后，专门论述了韩国有无相互保证。从判例集来看，该判例在事实关系上未必明确，但与在日朝鲜人有关。这样，关于在日朝鲜人，不少情况也是以不踏入"两个政府"论、"双重国籍"论的方式予以了处理。

（六）难民

关于难民，如前面所涉及"（三）"的那样，《难民条约》第7条第2款规定，"所有难民在某个缔约国的领域内居住3年后，在该缔约国的领域内，不适用立法上的相互主义"。这里的"立法上的相互主义"不是条约，而是国内法规定的相互主义，《国家赔偿法》第6条也与此相符。

在难民中，无国籍者并不稀奇，若采用对无国籍者也给予国家赔偿法保护这一解释的话，那无需《难民条约》第7条第2款，也可以予以救济。另外，对这一点若采用否定说，则可依据"居住3年"来免除《国家赔偿法》第6条的制约。

（七）特别永住者

如下解释并非不可能：像《基于与日本国签订之和平条约而脱离日本国籍者的出入国管理特例法》第3条的法定特别永住者、同法第4、5条之特别永住许可的获得者那样，因历史原因而应获得特别保护的外国人，与一般的外国人不同，不用看有无相互保证，就可以和日本国民一样，受到我国国家赔偿法的保护。至少作为立法论，应该对这些人不适用相互保证主义，而应该给予与日本国民相同的保护。

六、相互保证的方式

（一）根据性规范下的分类

在相互保证主义中，有以条约为根据的"外交上的相互保证主义"；以法律、命令为根据的"立法上的相互保证主义"；以判例、行政先例等为根据的"事实上的相互保证主义"。但不管怎样，只要认可相互保证，就应该适用我国的国家赔偿法。

（二）"外交上的相互保证主义"

"外交上的相互保证主义"得到认可的例子有前揭"东京地判

昭 44 · 10 · 25"。在此，《日本国与挪威通商航海条约》第 2 条 e
款、第 4 条 1 款的国民待遇、最优惠国待遇是相互保证主义的根据。

（三）"立法上的相互保证主义"

在"立法上的相互保证主义"得到认可的例子中，与韩国国家
赔偿法相关者可谓是压倒性多数（"大阪地判昭 48 · 9 · 19 下民 24 ·
9 ~ 12 · 650"、"大阪地判昭 49 · 7 · 25 判时 755 · 90"、"名古屋地丰桥
支判昭 50 · 12 · 15 判时 812 · 90"、前揭"名古屋高判昭 51 · 9 · 30"、
"大阪地判昭 53 · 2 · 27 判时 903 · 72"、"大阪高判昭 54 · 5 · 15 下民
33 · 1 ~ 4 · 439"、"冈山地判平元 · 2 · 15 判例地方自治 61 · 37"等）。

（四）"事实上的相互保证主义"

"事实上的相互保证主义"这一分类还有讨论的余地。但前揭
"东京地判昭 47 · 6 · 26"基于如下理由而判决有相互保证，即当时
的中国台湾地区没有国家赔偿法（中国台湾地区于 1981 年制定了
"国家赔偿法"），但遭受损害的人可以根据"民法"第 284、184、
186 条，对国家或公共团体提起民事诉讼，请求赔偿（中国台湾地
区"最高法院"民刑庭总会 1961 年第二次会议决议），对外国人也
认可与之几乎相同的解释（参照中国台湾地区"涉外民事法律适用
法"第 9 条）。在此情形中，将其分类为基于民法的"立法上的相互
保证主义"或许更好。

七、相互保证主义的涵义

在相互保证主义中，大致有三种思维。

（一）总括形式的相互保证主义

若日本人在该外国人的母国，在国家赔偿上，无条件地或"以
相互保证为条件"地受到与国民平等的对待，那就视为有《国家赔
偿法》第 6 条的相互保证，这被称为总括形式的相互保证主义。

（二）个别形式的相互保证主义

与此相对，有个别形式的相互保证主义。即日本人在该外国人的
母国，在国家赔偿上受到了与国民平等的对待；对加害行为，在母国

不可请求国家赔偿的，在日本也对该外国人不认可国家赔偿请求。

　　例如，该外国人的母国（A 国）的国家赔偿法采用了相互保证主义。在 A 国，以检察官的公诉违法为由的国家赔偿请求未被认可的，在我国，也不允许该外国人以检察官的公诉违法为由请求国家赔偿。

　　采用该学说的有前揭"东京地判昭 51・5・31"。另外，前揭"东京地判昭 32・5・14"、"前揭东京地判昭 44・10・25"、前揭"大阪地判昭46・2・25"、前揭"东京地判昭 47・6・26"、前揭"大阪地判昭 48・9・19"、前揭"大阪地判昭 49・7・25"、前揭"冈山地判平元・2・15"、前揭"广岛地福山支判平 4・4・30"是该立场或者是前述总括形式的相互保证主义。

　　（三）实质的相互保证主义

　　多数说认为：只有在该外国人的母国，在具体事例中，日本人所能获得的保护在实质上等于或高于在我国所能获得的保护时，视为有相互保证。

　　持该立场的判例有前揭"京都地判昭 48・7・12"、前揭"名古屋地丰桥支判昭 50・12・15"、前揭"大阪地判昭 53・2・27"。但对有无"实质的相互保证"的审查并不容易，法院要走出条文层面上的表面比较，这很困难。

　　但是，即使是相同表述的规定，其实际运用也可能不同，尤其是赔偿额，极大受国家经济实力、人权意识等左右。另外，采用实质的相互保证主义后，该外国人的母国即使采用内外平等主义、相互保证主义，而我国否定其救济的情况很多，相互保证实际得到认可的国家极为有限，从国际礼让来看，这妥当吗？也是个问题。

　　但在实践中，采用实质的相互保证主义的判例对实质的相互保证的有无，不进行严格审查，予以广泛认可。例如，前揭"名古屋地丰桥支判昭 50・12・15"看到韩国国家赔偿法呈现赔偿额的定额化倾向，并判道即使在保护上有若干差别，这也不妨碍将其认定为有相互保证。

　　前揭"大阪地判昭 53・2・27"一直说韩国国家赔偿法采用了定额赔偿制度，还说因无法知晓其实际运行状况，故在暂不管这一点的情况下进行了判断。前揭"京都地判昭48·7·12"为保护受害人，也作出了同样的判旨。

365 　　这样，在实质的相互保证主义下，进行灵活运用也是一种方法，而法院自身能够认识到无法对实际状况进行调查的话，那似乎用形式的相互保证主义来得出结论就更好。

　　此时，是应该采用总括形式的相互保证主义，还是个别形式的相互保证主义，还值得讨论。作为立法论，废除相互保证主义，采用内外平等主义更好，所以作为解释论，也应该尽量与之接近，总括形式的相互保证主义的主张也并非不能采用。

　　但现在的立法政策采用了相互保证主义，作为与外国判决效力相关的《民事诉讼法》第200条第4项（新民诉118条4项）之"有相互保证"的解释，"最判昭58·6·7民集37·5·611"判道：在类型上与我国法院判决相同之判决的效力在"在本条各项所规定的条件与重点上无差异"这一条件下被认可。参照该判决后就会发现，总括形式的相互保证也有若干不合理。作为解释论，个别形式的相互保证主义没有太大地背离立法宗旨，法院也可以在实际中运用它。

八、针对在外外国人的不法行为

　　以上的论述所考虑的都是针对在日外国人的不法行为。原则上不认可我国的公务员在外国行使公权力，但获得该外国的同意，或者有国际法上的根据时，我国的公权力例外性地在外国行使的情况也并非完全不可能。此时会有一个问题，即可以根据《法例》第11条第1款，以不法行为地的法律为基础请求损害赔偿，还是可以适用我国的国家赔偿法。处于外国的我国设施的设置或管理的瑕疵所引起的外国人受害也有同样的问题。[1]

　　《法例》适用于有较高国际共通性的涉外私法关系，能否说公权力行使所引起的国家赔偿原本就不适合《法例》的适用？对此，将

---

〔1〕　住田裕子："国际私法与国家赔偿法的关系"，载《判时》1995年1539号20页。

来如何暂且不管，但至少在当下，难让人持肯定说。 366

另外，在战后赔偿问题上，针对在外外国人之不法行为的《法例》的适用具有重要意义。就战时我国军人在海外，针对他国国民所实施的不法行为，是否适用《法例》第 11 条第 1 款，还需要讨论。

第十二节　安全考虑义务

一、安全考虑义务的含义

安全考虑义务是"在基于某种法律关系而进入特别的社会性接触关系中的当事人之间，作为该法律关系的附随义务，当事人的一方或双方在诚实信用原则上对相对人所承担的义务"（"最判昭 50·2·25 民集 29·2·143"）。本来是雇主对劳务过程中的雇工所承担的义务，一直作为附随于雇佣合同的义务，为大家所讨论。因"考虑"有恩惠之感，所以也有人使用安全保证义务这一表述。

二、导入我国

（一）学说

德国《民法》第 618 条明文规定了雇主对雇工的保护义务，联邦官吏法也有相同意思的规定。在学说层面，鸠山秀夫博士介绍了德国的上述规定，并暗示将该法理导入我国的可能性。

（二）判例

判例让雇主承担违反安全考虑义务后的债务不履行责任是近年的事情。暗示其可能性的先驱性判例有"东京地判昭 45·1·27 判夕 247·279"，而实际上，原告的诉讼请求得到认可的最早判例是"福冈地小仓支判昭 47·11·24 下民 31·1~4·69"。

三、对公务灾害的适用

（一）适用事例的扩张

这样，安全考虑义务理论开始适用于民间劳动案件，"最判昭50·2·25民集29·2·143"显示也可适用于公务灾害。此后，出367现了相当多的判例，有的将承包合同（"东京地判昭50·8·26下民31·1~4·87"）、在校合同（"山形地判昭52·3·30判时873·83"）、积极的债权侵害（"神户地判昭53·8·30判时917·103"）作为违反安全考虑义务后的债务不履行责任，予以了处理。

在公务灾害中，就自卫队队员（前揭"最判昭50·2·25"、"东京地判昭52·11·29判时896·62"、"东京地判昭53·8·22下民31·1~4·231"、"东京地判昭53·8·29判夕375·119"、"东京高判昭55·2·27下民31·1~4·311"、"东京地判昭55·3·24下民31·1~4·321"、"东京高判昭55·5·14下民31·1~4·341"、"东京地判昭57·3·29判时1053·123"、"东京高判昭57·12·23判时1070·29"、"最判昭61·12·19判时1224·13"）、营林署职员（"告知地判昭52·7·28下民31·1~4·119"）、法院事务官（"大阪地判昭55·4·28判时978·118"）、运输部职员（海事职务）（"新潟地判昭55·7·18判时974·21"）、消防署特别救助队队员（"宫崎地判昭57·3·30判时1061·97"）、邮政局职员（"横浜地判昭58·5·24判时1085·112"）、保姆（"横浜地判平元·5·23判夕709·181"）的损害，认可违反安全考虑义务。

（二）公务员以外的人

也有的如"高松高判昭63·1·22判时1265·31"那样，认为私设消防团团成员、一般的协助人员很难说与地方公共团体之间有明确形式的法律关系，但只要在救助现场负责指挥的消防团副团长接受他们的劳务，让他们从事救助工作，那私设消防团成员、一般的协助人员也承担安全考虑义务（但否定其违反了义务）。

（三）第二次安全考虑义务

下面是个稍微特殊的事例。对在美军设施内工作的日本工人的劳务灾害，国家作为行政协议缔结当事人，有要求美国进行安全考虑的职责，不实施该要求，或者实施后没有效果的，国家承担第二次安全考虑义务。进行这样判决，认可国家责任的有"横滨地判昭54·3·30下民31·1~4·251"。

（四）学校事故

在如下判决中，对公立学校的学生事故也肯定了违反安全考虑义务后的地方公共团体的责任。"福冈地甘木支判昭62·9·25判时1267·122"、"福冈地判昭62·10·23判时1267·122"、"福冈高判平元·2·27高民42·1·36"、"静冈地沼津支判平元·12·20判时1346·134"、"浦和地判平3·12·13判时1435·109"。

但是，国公立学校的在校关系不是合同关系。据此，对安全考虑义务理论的适用展现消极姿态的有"东京地判昭55·3·25下民31·1~4·330"、"盛冈地判昭52·2·10判夕360·232"。但后者对安全考虑义务成立的可能性，保留了最终判断。

368

（五）强制预防接种事故

在一些例子中，就强制预防接种事故，虽没有进入法院审理，但原告主张违反安全考虑义务（"东京地判昭59·5·18判时1118·28"等）。关于"基于某种法律关系而进入特别的社会性接触关系中的当事人"的涵义，也没有形成完全一致的看法。

四、保护法益

在我国，安全考虑义务的保护法益一般限定在生命、身体等非财产性事物。而德国的保护义务、法国的保安债务也将财产作为保护法益。对这一点，今后还有讨论的余地。[1]

---

〔1〕饭原一乘："不法行为责任与违反安全考虑义务后的损害赔偿责任"，载下森定编：《安全考虑义务法理的形成与展开》，日本评论社1988年版，第89页。

五、履行辅助者

通说、判例认为：为了认可其违反安全考虑义务，需要"履行辅助者"违反安全考虑义务。但也有学说认为：在判断债务不履行时，没有必要将"债务人是否使用了履行辅助者，该履行辅助者是否懈怠了债务人的债务"作为问题。[1]

履行辅助者是否必须是管理职务者，对此有讨论。至今为止的判例对"将管理职位以外者认定为履行辅助者"一事颇为慎重。例如，"东京地判昭 53·7·20 下民 31·1~4·213"判道，自卫队的训练生不是履行辅助者，故即使训练生有驾驶过失，只要该过失不被认为是源于（履行辅助者的）不适当指导，就不违反国家的安全考虑义务。"东京地判昭 53·8·22 下民 31·1~4·231"也说道：只是接受上司的指示命令而从事职务的人不包含在履行辅助者之内。

六、安全考虑义务的内容

369   "最判昭 58·5·27 民集 37·4·477"认为：驾驶员根据道路交通法及其他法令而当然因承担的通常的注意义务不是安全考虑义务的内容。有的认为即使是第三人故意的加害行为，有时也被认为违反了安全考虑义务（"东京高判昭 57·12·23 判时 1070·29"、"最判昭 61·12·19 判时 1224·13"）。

七、与国家赔偿请求的关系

（一）请求权的竞合

自"最判昭 50·2·25 民集 29·2·143"认可国家对国家公务员的安全考虑义务以来，在以前作为国家不法行为责任问题来处理的事例中，债务不履行后的损害赔偿请求与国家赔偿请求一起，或

---

〔1〕 后藤勇："安全考虑义务及其履行补助者"，载《判夕》1980 年 410 号 46 页。

者被单独提起的情况就多了起来。

对以违反安全考虑义务后的损害赔偿请求为主位，以国家赔偿请求为次位而进行主张的事件，作出判决的有"东京地判昭56·9·30下民31·1~4·385"，对相反情况的事件作出判决的有"东京高判昭55·11·19下民31·1~4·361"。另外，两者被选择性地主张为主位请求的有"浦和地判昭56·8·19判时1023·92"等。只主张违反安全考虑义务的例子也不少。

判例采用安全考虑义务理论，有利于扩大被害人救济，但产生了"与不法行为法关系怎样"等理论上的难题，有必要明确其射程。判例在积累，理论研究也在深化，但仍然还有不少应该解析的论题。

（二）消灭时效

根据《民法》第167条第1款，违反安全考虑义务后的债务不履行责任的消灭时效期限是10年。国家是债务人的，不适用《会计法》第30条，这在前揭"最判昭50·2·25"已经明确。[1]

所以，关于消灭时效，一般而言，债务不履行的处理方式比不法行为的处理方式更有利于被害人（不知道损害或加害人时，采用不法行为方式的话，除斥期限是20年，所以这样更有利）。

在不请求国家赔偿，只主张违反安全考虑义务的案子中，很多是因为国家赔偿请求权发生了时效消灭。实际上，在前揭"最判昭50·2·5"以前，公务中死亡的自卫队队员的一大半家属认为不能在《国家公务员灾害补偿法》与《防卫厅职员工资法》第27条的灾害补偿以外，通过诉讼请求赔偿。该判决作出后，不断有人提起赔偿诉讼，好像有不少已经过了国家赔偿请求权的消灭时效期间。但在消灭时效以外的点上，在什么情况下，主张违反安全考虑义务比追究不法行为责任更有利于被告，仍不明确。

（三）主张、举证责任

"最判昭56·2·16民集35·1·56"让原告承担了确定安全考

---

〔1〕 也有学说认为应适用《民法》第724条。圆谷峻："产品责任与安全考虑义务"，载《Law School》1980年27号35页；新美育文："'安全考虑义务'的存在意义"，载《法律人》1984年823号104页。

虑义务的内容，对违反义务的事实进行主张、举证的义务。

（四）延迟损害金的起算日

在不法行为情形中，延迟损害金的起算日一般是不法行为作出时；而在违反安全考虑义务的情形中，延迟损害金的起算日是请求履行时（"最判昭 55·12·18 民集 34·7·888"）。

在朝霞驻屯地自卫官被杀事件中，原告们也请求了始于被害人死亡时的延迟损害金。"东京高判昭 57·12·23 判时 1070·29"命令从诉状送达的第二日起支付延迟损害金。"最判昭 61·12·19判时 1224·13"没特别谈及该问题，驳回了上诉。在这一点上，比不法行为的处理方式更不利于原告。

（五）家属固有的抚慰金请求权

前揭"最判昭 55·12·18"也没有认可家属固有的抚慰金请求权，在这一点上，对原告而言，也是不法行为的处理方式更有利。

但死者的抚慰金请求权的继承得到认可的话，除像继承人以外的近亲属成为原告这样的情形（在不法行为中，一般认可《民法》第 711 条以外的人也可请求固有抚慰金）外，实际上不太会出大的问题。前揭"东京高判昭 57·12·23"也命令支付死者对抚慰金请求权的继承部分。

（六）债权的抵消

在不法行为中，不认可"针对被害人的"债权与损害赔偿债务之间的抵消（《民法》第 509 条）。违反安全考虑义务的，不适用《民法》第 509 条，这还是对原告不利。关于这一点，有不同的意见。

（七）律师费用

关于律师费用，因安全考虑义务这一债务不是金钱债务，故不适用"最判昭 48·10·11 判时 723·44"（该判决判道依据《民法》第 419 条，不能作为金钱债务不履行所致损害赔偿来请求律师费用）的法理，一般认为可以请求。前揭"东京高判昭 57·12·23"也命令国家支付律师费用，前揭"最判昭 61·12·19"对这一点也未持异议，驳回了上诉。

371

（八）总括

通过以上的讨论来看，在适用国家赔偿法时，将其构建为债务不履行后，除消灭时效这一点外，几乎没有实益。

但在像国公立学校事故的事例中，请求国家赔偿的，一般主张教师个人的过失。这有可能在教师与受害儿童及其监护人之间产生严重的感情对立，破坏两者间的信赖关系，妨碍良好教育。

即使债务不履行被主张，一般也是追究"作为履行辅助者的"教师对安全考虑义务的懈怠。另外，在国家赔偿请求中，判例一般也不认可针对公务员个人的请求，所以也很难说与前者相比，后者会明显让教师畏缩不前。

但是，对债务不履行持"不需要应归责于债务人的事由"（《民法》第415条）这一立场的话，[1]责任被认可的余地会变大。[2]

第十三节　与损害赔偿责任保险的关系

一、行政主体与损害赔偿责任保险

在法理上，行政主体加入损害赔偿责任保险本来就是可能的吗？　372

国家赔偿制度原本就有如下一面：国民、居民将公权力、公共设施的设置管理信托于公务员，为应对必然的违法行为、瑕疵所引发的损害，用税金的形式支付保险费，受害人通过赔偿的形式获得保险金。国家赔偿制度所具有的被害人救济功能、损害分散功能可以作为该制度的损害赔偿责任保险功能而得到说明。

该想法也出现在欧美各国，例如，霍姆斯提议国家自己设立相互保险公司，向全体国民分配事故的负担；在法国的奥里乌、狄骥的

---

〔1〕　伊藤进："不法行为法的现代课题"，综合劳动研究所1980年版，第37页。

〔2〕　关于安全考虑义务的详细情况，可参见下森定编：《安全考虑义务法理的形成与展开》，日本评论社1988年版；高桥真：《安全考虑义务研究》，成文堂1992年版。

社会保险论中也可以看到保险视角下的国家赔偿。[1]

但这并不从论理上禁止如下行为，即为了切实支付损害赔偿，或者缓和损害赔偿给财政的影响，行政主体加入民间的损害赔偿责任保险。

二、国家

至今为止，国家采取的方针是不加入损害赔偿责任保险。因为从国家的财力来看，缺乏为预防意外的大额损害赔偿支出而加入损害赔偿责任保险，分散风险的必要性。

另外，国家一般都设置、管理着足以让大多数规则正常运转的公共设施。与"加入民间损害赔偿责任保险，支付保险费"相比，"用自我保险的思维来应对"更有利于国家经费的有效使用。

国际上也基于同样理由，对国家适用自我保险原则。

国家以"赔偿偿还及退还金"这一预算名目，支付损害赔偿。例如，"登记特别会计岁出预算科目"的"事务处理费（项）的赔偿偿还及退还金（目）"的支出事由是国家赔偿法的赔偿金、《政府合同的支付延迟防止法》的赔偿金、因国家或受国家委托者的不法行为与债务不履行及其他侵害行为而向受害人支付的赔偿金、具有损害赔偿金性质的慰问金等。

该名目下的预算不足时，可以在获得大藏大臣的许可后，使用预算的同一"项"中的"目"的财源（《财政法》第33条第2款）。而且，在获得内阁或大藏大臣所作的预备费使用书决定后，支付损害赔偿也是可能的（《财政法》第35条第3款）。万一这仍然不够的话，那就编制补充预算。

但是，当将来出现"大多数规则不能正常运转，且对一次事故，被迫支付让财政都不稳的庞大损害赔偿"的情形时，也就有讨论投

---

〔1〕 详细论述国家赔偿与保险之关系的有宇贺克也："国家责任的功能"，载《行政分析》423页以下。

保的可能性了。1994 年 8 月技术试验卫星没有进入预定轨道，1995
年 1 月火箭发射失败。以此为契机，宇宙开发委员会讨论了加入宇
宙保险，尤其是发射保险的问题，对实用卫星的投保，展现出了积
极的姿态。

三、市町村

在地方公共团体中，"补偿、填补与赔偿金"这一节中的赔偿金
被用于损害赔偿（《地方自治法施行规则》第 15 条）。如这还不够，
可以在目节间拆借。只有当预算执行上有必要时，才根据预算规定，
认可项与项之间的拆借（《地方自治法》第 220 条），另外还有"使
用预备费"这一方法（《地方自治法》第 217 条）。

预备费的充当、预算的拆借是地方公共团体首长的权限，首长
必须迅速通知会计（《自治令》第 151 条）。以上措施无法应对时，
则进行编制补充预算。

但是，我国的市町村几乎都加入了损害赔偿责任保险。这是因
为不少市町村都财力匮乏，想通过加入保险来缓和高额损害赔偿给
财政带来的冲击。

（一）道路赔偿责任保险

在市町村之间慎重讨论损害赔偿责任保险的契机是 1974 年发生
的飞弹川巴士倾覆事故诉讼二审判决（"名古屋高判昭 49・11・20
高民 27・6・395"）。道路管理者败诉，没有再上诉，判决生效。在
该事件中，被告是国家，不是地方公共团体。

道路本身即使没有像坑坑洼洼这样的物理瑕疵，但因懈怠阻止
通行等避难措施而认可道路管理瑕疵，这给管理道路的很多市町村
带来了冲击。

而且，在同年 3 月 20 日甲府地方法院作出的山梨县南巨摩郡早
川町道落石事件判决（"道路法相关例规集 11・7053"）中，对道路
旁陡峭斜面落石导致的死亡事故，该町被要求支付 1480 万日元的赔
偿，成为财政上的巨大负担。这也让不少市町村认识到加入道路赔

374

偿责任保险的必要性。[1]

山梨县町村会以该事件为契机，向全国町村会请求开会讨论对策。在全国町村会上，讨论了①《地方自治法》第263条之2的相互共济事业方式，②设立基金，借贷赔偿资金方式，③加入损害保险公司的设施赔偿保险方式。而③被认为最合适。

全国市长会、全国市有物件灾害共济会也收到了同样的讨论要求，得出了与全国町村会相同的结论。

这样，第二年（1975年），全国町村会与全国市有物件灾害共济会加入了道路赔偿责任保险。全国町村会的道路赔偿责任保险在1984年被纳入了综合赔偿补偿保险之中。[2]

（二）学校灾害赔偿补偿保险

学校事故较多，也有像横滨市游泳池事故那样，案件金额超过1亿日元的。对此，1975年全国市长会、全国町村会各自加入了学校灾害赔偿补偿保险。全国町村会的学校灾害赔偿补偿保险在1985年被纳入综合赔偿补偿保险之中。

学校灾害赔偿补偿保险由学校赔偿责任保险与学校灾害补偿保险构成，前者以损害赔偿责任为前提。

虽然有"日本体育学校健康中心"的灾害共济事业，但市町村对学校灾害赔偿补偿保险的需求很大。

（三）预防接种事故赔偿补偿保险

全国市长会、全国町村会的双方都加入了预防接种事故赔偿补偿保险，全国町村会的预防接种事故赔偿补偿保险在1984年被纳入综合赔偿补偿保险之中。

预防接种事故赔偿补偿保险由①预防接种赔偿责任保险、②法定救济措施费用保险、③行政措施灾害补偿保险三者构成。纯粹具有损害赔偿责任保险性质的是①。

---

[1] 山下阳生、代田正："新型责任保险"，载《现代契约法大系6卷》，有斐阁1984年版，第265页。

[2] 关于市町村的道路赔偿责任保险，古崎《理论》211页以下可谓是先驱性研究，因其撰写于1979年，所以统计内容有些陈旧。

②是通过预防接种法与结核预防法上的健康损害救济措施，填补市町村所负担的费用，③旨在填补给付金——针对（作为鼓励接种而实施的）预防接种所引发的损害。

（四）综合赔偿补偿保险

全国町村会于 1984 年加入了综合赔偿补偿保险——统合了道路赔偿责任保险、学校灾害赔偿补偿保险、预防接种事故赔偿补偿保险、居民体育灾害赔偿补偿保险。

综合赔偿补偿保险由赔偿责任保险与补偿保险构成，以"町村等产生国家赔偿法、民法上之损害赔偿责任"为前提的是前者。

后者的补偿保险是针对参加町村等所实施的各项活动的居民所遭受的激烈、偶然的外来事故，不管町村有无赔偿责任，都应填补基于《町村综合灾害补偿规程》所支付的补偿（慰问）金。

赔偿责任保险的重要免责事项有地震、火山喷发、洪水、海啸或类似于此的自然现象所导致的赔偿责任、自治体业务的不作为所引发的赔偿责任、强制执行或即时强制所引发的赔偿责任等。

另外，身体障碍与财产损坏才是保险的对象，身体障碍以外的非财产性法益的侵害（侵害隐私等）不是保险的对象。

全国市长会于 1982 年将 1977 年开始的市民体育灾害赔偿补偿保险制度改为市民灾害赔偿补偿保险制度，1986 年成为市民综合赔偿补偿保险制度，但其覆盖范围与全国町村会综合赔偿补偿保险制度相比，还更受限制。

如前所述，全国市长会是以独立于市民综合赔偿补偿保险制度的形式，加入了学校灾害赔偿补偿保险、预防接种事故赔偿补偿保险；关于道路赔偿责任保险，市有物件灾害共济会成为保险合同人。另外，市的上水道与下水道设施的设置或管理瑕疵各自使用日本水道协会保险、日本下水道协会保险。

四、都道府县

都道府县没有采用全国知事会成为保险合同人的团体合同形式，

各个都道府县个别地加入保险。关于道路赔偿责任保险，每年通过竞标方式选定保险公司，几乎所有的都道府县都加入了该保险（1995 年度，投保率超过 9 成）。

五、加入损害赔偿责任保险后的影响

道德危险一般被认为是损害赔偿责任保险的弊端，回到行政主体上，倒没有必要那么担心。因为对行政主体而言，过失、违法或瑕疵被认定本身就具有重要意义。

保险公司参加谈判后，不会形成降低损害赔偿额的倾向吗？或者相反，通过投保，不会形成自治体职员轻易支付赔偿的倾向吗？进入诉讼后，投保的事实不会影响过失、瑕疵的认定吗？对这些还需要实证研究。因此也希望能不断公布事例。

第十四节　国家赔偿诉讼上的问题

一、"定位为二次救济手段"的是与非

（一）德国制度

德国采用的法制度是：在传统上，将抗告诉讼这样直接消除违法侵害作为第一次救济手段，将国家赔偿这样用金钱填补损害作为第二次救济手段。尽管前者的行使可以减轻或避免损害，但受害人因应归责于自己的事由而予以懈怠的，国家赔偿请求将得不到认可，或者实施过失相抵。[1]

其基础性思维是：在法治国家，国民必须被赋予消除违法侵害的救济手段，行使它不仅是国民的权利，也是责任，对懈怠该责任者，没有必要认可国家赔偿请求。

377

---

〔1〕　宇贺《分析》165 页以下。

另外，通过采用这样的制度，也可以促进第一次救济手段的活用，期待私人对违法状态的纠正。

在此形成了不沉睡于权利之上，而是积极地参与实现法治国原理的国民形象。

（二）强制执行法上的救济

在我国，也有在特殊事例中展现类似思维的判例。

如在"第五节二"中所述的那样，"最判昭57·2·23民集36·2·154"判道，"在不动产强制拍卖事件中，法院依据债权人的主张、登记簿的记载及其他记录所表达出的权利关系的外形，作出了执行决定，结果有可能与相关人之间的实体权利关系不相符，这可在执行程序的性质上，依据强制执行法所规定的救济程序得到纠正。所以，有'执行法院自己应纠正该决定'等特别事由的，另当别论，无特别事由的，因权利人在依据上述程序寻求救济上有懈怠，产生损害时，不能向国家请求赔偿"。

本判决考虑到上述不动产拍卖程序的特殊性，在与国家赔偿请求的关系上，将救济程序——对拍得决定的即时抗告、分红异议——的使用作为原告的义务。本判决的射程仅限于强制执行程序。

即强制执行程序因其外形主义而会产生与实体权利关系不相符的情况，这是被当然预想到的，并可以通过执行程序内的救济程序予以纠正。所以，与执行法院相比，相关当事人更是承担着保证强制执行适当的责任。

这样，强制执行法上的救济程序是第一次救济手段，对懈怠其行使者，不认可作为第二次救济手段的国家赔偿请求。

（三）上诉

这一思维是否也同样适用于懈怠上诉的情形？有肯定说。

例如，染野教授说道：只要三审制的目的是救济可能产生的误判，而在不进行该救济的情况下就认可国家赔偿请求的话，那会完全失去三审制的意义。[1]

---

〔1〕　染野义信：《续民事诉讼法判例百选》，有斐阁1972年版，第21页。

另外，"东京地判昭41·2·25判时446·47"判道：我国的审判采取所谓的三审制，法官的独立得到了宪法的认可，据此，只有在下列情形下，非上诉法院的判断才能优越于其他法院的认定或违法判断，即法官对当事人带着明显敌意作出上述措施，且当事人没有故意过失，无法通过上诉来消除损害。

根据该判决，在争论裁判违法时，上诉是第一次救济手段，国家赔偿请求是第二次救济手段。只有在下列情形下，才可以行使第二次救济手段：该法官有明显敌意，且对"不能通过第一次救济手段来消除损害"，没有应归责于当事人的理由。

但"最判昭57·3·12民集36·3·329"在前揭"最判昭57·2·23"作出后不久，对以"因未上诉而已生效的判决"违法为由的国家赔偿请求，作出了判决，没有采用"因懈怠上诉而不能请求国家赔偿"这一思维。所以，在法效果上区分了强制执行法上的救济程序的懈怠与上诉的懈怠。

都是以法院的判断有错误为前提，共通点是通过当事人的主动来实现纠正。在前者中，因需要效率、快速，所以依据外在表征进行判断是前提，而后者是依据细致的证据来慎重地作出判断。

所以，在为避免损害而对当事人所期待的主动性方面也有差异，前者的救济程序的懈怠成为丧失国家赔偿请求权的事由，而对后者的上诉懈怠作不同的处理也并非没有合理性。

但作为立法论，关于上诉，还是十分有可能采用与强制执行之救济程序的使用懈怠相同的制度。

（四）课税决定、养老金给付决定

前揭"最判昭57·2·23"的结论不是来自法院的作用，而是基于如下理由，即其依据权利关系的外形得出了判断。若是如此，因要迅速处理大量事务，行政行为也只停留于形式审查，此时对行政复议的懈怠，是否也可以适用同样法理？这是个问题。

关于课税决定、养老金给付决定，制度上并非只预定了形式审查。但考虑到行政任务重，实践中无法进行充分的实质审查，又考虑到会出现相当数量的错误决定，为减轻法院的负担，所以采用了复议前置程序。

并非没有作如下理解的可能：从前"揭最判昭 57·2·23"的法理来看，在前述情形中不经过行政复议就请求国家赔偿是不被允许的。

但课税决定、养老金给付决定与金钱债权债务相关，撤销诉讼与国家赔偿诉讼在实质上发挥着相同的作用。所以，无需援用前揭"最判昭 57·2·23"的法理，不经过行政复议就请求国家赔偿的话，是在规避"对撤销诉讼设置复议前置主义"这一宗旨，是不被允许的。

（五）公证事务

像登记这样的公证事务原则上只进行形式审查，所以若广义理解前揭"最判昭 57·2·23"之旨趣的话，懈怠复议的人所实施的国家赔偿请求也有可能被视为不合法。

380

采用这样的解释后，因不动产登记法没有采用复议前置主义，故在与撤销诉讼的关系上，可以在不作复议申请的情况下，直接起诉，但在与国家赔偿请求的关系上，实际产生了复议前置义务。

（六）一般抗告诉讼

即使在我国，也并非没有意见主张将前揭"最判昭 57·2·23"的法理扩大到一般抗告诉讼。它们想通过解释来采用德国法制度。

德国法制度的采用或许能强力刺激国民使用行政救济制度，一方面，增进对行政的监督；但在另一面，很有可能让国民承担沉重的负担，导致连金钱赔偿——法治国家的终极救济手段——都被否定的结果。

鉴于彼此在行政诉讼的使用方便度、[1] 国民意识上的差异，对扩大解释前揭"最判昭 57·2·23"的法理必须要慎重。下面将在如下前提下推进论述，即将前揭"最判昭 57·2·23"的射程限定在强制执行法的救济程序上。

---

[1] 木佐茂男：《人的尊严与司法权》，日本评论社 1990 年版，第 313 页以下。

二、公定力

（一）抗告诉讼与国家赔偿诉讼的不同

以行政行为违法为由，提起国家赔偿诉讼时，因行政行为有公定力，所以，不首先在撤销诉讼中撤销该诉讼的话，是不能提起国家赔偿诉讼的。这与"一"的问题相似，但层次完全不同。

行政行为有导致无效的瑕疵时，不适用"撤销诉讼排他性管辖"，当然可以直接提起国家赔偿诉讼。所以，即使过了撤销诉讼的起诉期间，或者在复议前置主义情形中，没有将复议前置，也不妨碍请求国家赔偿。

381　　问题是当只有导致撤销的瑕疵时。即使此时，原则上也可以在不撤销行政行为的情况下，请求国家赔偿。因为国家赔偿请求是争论责任的有无，不是直接否定行政行为的效力。所以，不服从撤销诉讼排他性管辖。

所以，不会因撤销诉讼的起诉期间已过而不能请求国家赔偿。关于这一点的判例已经确立（"岐阜地大垣支判昭 30·7·30 判时 59·11"、"岐阜地判昭 31·7·16 下民 7·7·1910"、"德岛地判昭 31·12·24 行集 7·12·2949"、"山口地判昭 35·9·5 行集 11·9·2641"。但"福冈地判昭 26·2·28 行集 2·2·305"反对）。

另外，即使在与撤销判决的关系中采用复议前置主义，也可以不经过复议就请求国家赔偿（"前桥地判昭 32·6·4 下民 8·6·1063"）。

相反，以行政决定违法为由，请求国家赔偿时，不必预先有该行政行为的撤销判决、无效确认判决。所以，在只作国家赔偿请求这一目的下，没有对行政行为请求撤销或无效确认的法律利益（"最判昭 36·4·21 民集 15·4·850"）。

（二）课税决定

但是否总是可以这样断言，还有些疑问。在像课税决定、养老金给付决定那样，以金钱的缴纳、支付为直接目的的行政行为中，应该认可例外。此时，若不适用撤销诉讼排他性管辖，可以直接请求国家赔偿的话，那撤销诉讼排他性管辖的旨趣就有可能被抹杀。

例如，在收到增额决定的情形中，若认可"对该决定所致损害，直接提起损害赔偿请求"，那在实质上就产生了与"在不撤销行政行为的情况下就认可不当得利返还请求"相同的效果。

换言之，复议前置主义的旨趣、撤销诉讼排他性管辖的旨趣都因国家赔偿请求而被摆脱了。

但也有判例持如下立场：就课税决定，可在不履行复议前置或 **382** 不撤销行政决定的情况下，请求国家赔偿。

"浦和地判平 4·2·24 判时 1429·105"在以课税决定无效为前提的国家赔偿请求案中，判道，"原告们具备了适用减税特例的必要条件，但市长（被告）没有适用该特例，作出了课赋固定资产税的决定，该决定违反了《地方税法》第 349 条之 3 之 2 第 1 款、第 2 款，是有瑕疵的，但该瑕疵是在课税程序上漏看了特例措施，与课税要件的本质不相关，故不能说是重大瑕疵，不能认为该固定资产税的课税决定当然无效"；明确说其只有应撤销的瑕疵。

但接着判道，"被告认为违法的租税课赋决定应该通过专门的行政复议、撤销诉讼等来纠正。它们是专门争议租税课赋决定的效力，与此相对，以租税课赋决定违法为由的国家赔偿请求不是追究租税课赋决定的效力，而是想恢复因违法的租税课赋决定而遭受的损害。两者在制度旨趣、目的上不同，虽然都与租税决定相关，但也没有理由理解为只要具备该要件，国家赔偿请求就不被允许"。

这样，该判决认为即使课税决定只不过是有应撤销瑕疵，而非无效瑕疵时，撤销诉讼排他性管辖也不达至国家赔偿请求。

（三）拒绝支付养老金的行政决定

不撤销"拒绝支付养老金"之行政决定的情况下，对"因该行政决定而无法获得养老金"的损害赔偿请求予以认可的话，不会产生与如下行为相同的结果吗？即撤销该"拒绝决定"，认可其申请。

但"鸟取地判昭 55·3·13 判时 969·103"采取的立场是即使在这样的情形中，国家赔偿请求也不服从撤销诉讼排他性管辖。在该案中，原告以"停止支付养老金的决定"违法为由请求损害赔偿， **383**

但没有提起撤销该决定的诉讼，也没有主张该决定无效。

法院也没认定说该决定无效，只判道其违法，认可了过失的存在，认可了国家赔偿请求。

所以该判决的思路是：对"停止给付金钱的行政决定"所提出的国家赔偿请求，也不服从撤销诉讼排他性管辖。

三、诉的合并

（一）学说

对同一侵害行为，评价为违法的话，就是国家赔偿问题，评价为合法的话，就是损失补偿问题。将侵害行为视为违法呢，还是合法呢，在就此很微妙的案例中，不少情况是起初只请求国家赔偿，而后侵害行为即使合法，也可追加性地合并损失补偿请求。这种预备性的、追加性的合并是否被允许？在此有不同的学说。

肯定说否定公法、私法的区分，认为损失补偿诉讼与民事诉讼没有本质上的不同，请求基础相同的话，就没有理由拒绝合并。

否定说认为：这样的损失补偿诉讼是实质当事人诉讼，是行政诉讼，而行政诉讼允许追加性地合并关联请求（含国家赔偿请求）到撤销诉讼中（《行诉法》第 19 条第 1 款），而没有相反的规定，对实质当事人诉讼也是如此（《行诉法》第 41 条 2 款）。

接着认为这是行政诉讼中心主义的表现，不可以将损失补偿诉讼——实质当事人诉讼——合并到国家赔偿诉讼——民事诉讼——中。

还认为只要请求的基础没有变化，就还可以认可《民事诉讼法》第 232 条（新民诉第 143 条）之诉的追加性变更，作为民事诉讼的国家赔偿请求与作为行政诉讼的实质当事人诉讼是不同的请求，请求的基础不一，故不被允许。

折中说认为：可以将像因预防接种事故而请求损失补偿那样的、具有赔偿与补偿的中间性质者合并到国家赔偿请求中进行审理。

（二）下级审判例

在下级审判例中，既有采用折中说的（"名古屋地判昭 60・10・

384

31 判时 1175·3"、"大阪地判昭 62·9·30 判时 1255·45"、"福冈地判平元·4·18 判时 1313·17"），也有采用否定说的（"札幌高判昭 61·7·31 判时 1208·49"、"福冈高判昭 63·5·26 判时 1474·74"等）。[1]

（三）最高法院判决

大坝的设置运营等导致营业上的损害，在一审中对该损害提起了国家赔偿请求，在二审中申请预备性地、追加性地合并损失补偿请求。对此，"最判平 5·7·20 民集 47·7·4627"判道，"上述损害补偿请求与作为主位请求的《国家赔偿法》第 1 条第 1 款下的损害赔偿请求有着相同的被告，而且都是在平等的当事人之间请求金钱给付，其所主张的经济损失的内容也相同，请求额也适当；起因于同一行为，发生原因在实质上也共通，相互有着紧密的关联性。所以，可以作为请求基础相同者，准用《民诉法》第 232 条（新民诉第 143 条）规定下的诉的追加，向前述损害赔偿请求追加损失补偿请求"。

民事诉讼、实质当事人诉讼基本上依据相同的程序审理，不会有太大的差别，而且，在作为实质当事人诉讼之基础的公法私法二元论本身已被通说否定的今天，否定说不妥当。前揭"最判平 5·7·20"所述的条件得到满足的话，应该认可向国家赔偿请求追加损失补偿请求。

但前揭"最判平 5·7·20"说道，"考虑到损失补偿请求应该作为公法请求而依据行政诉讼程序审理，就有必要考虑相对人的审级利益，所以在二审中变更诉求时，需要相对人的同意"。这或许是考虑到与如下情况保持平衡，即在二审中将国家赔偿请求追加性地合并到损失补偿请求时，需要相对人的同意（《行诉法》第 41 条第 2 款、第 19 条第 1 款、第 6 条第 2 款）。

---

[1]　对否定说的判例作了批判的有阿部泰隆："公法上的实质当事人诉讼与预防接种事故诉讼"，载《判夕》1987 年 621 号 2 页。

四、既判力

（一）撤销诉讼

385　　撤销诉讼生效后，其既判力是否达至国家赔偿请求？"大阪地判昭 35·12·19 讼月 7·2·447"、"横浜地判昭 58·10·17 判时 1109·121"对此予以了肯定。

　　相反，"札幌地判昭 45·4·17 判时 612·48"、"东京高判昭 62·8·31 讼月 34·4·656"认为：撤销诉讼中行政行为的违法性被否定，诉讼请求被驳回，此判决生效后，原告受既判力的影响而不能在国家赔偿请求中主张该行政行为违法。

　　基于"行政行为撤销诉讼中的违法与该行政行为在国家赔偿请求中的违法相同"这一本书立场，支持上述结论。

　　而且，在情势判决的情形中也应该作如下理解：因在判决主文中宣告了违法，所以在行政行为违法上已经产生了既判力，不能通过国家赔偿请求来主张行政行为合法。

　　但也有的像"东京地判平元·3·29 判时 1315·42"那样，虽认为行政行为违法，但否定国家赔偿法上的违法性。若持此立场，撤销判决即使生效，其既判力也不达至国家赔偿请求。

　　无法赞成作为其基础的职务行为基准说，这已在"第四节六"中说过。

（二）无效确认诉讼

　　在无效确认诉讼中请求被驳回，该判决生效后，不能在国家赔偿请求中主张该行政行为的违法。持此立场的判决有"大阪地判昭 50·5·19 讼月 21·7·1425"、"东京地判昭 61·7·30 判时 1232·127"。但后者说道"至少在行政行为的无效确认诉讼中，法院因不认可'作为无效原因而被主张'的违法，而驳回了诉讼请求，该判决生效后，在此后对前述行政行为所提起的国家赔偿法上的损害赔偿诉讼中，主张同一违法的话，将与前述无效确认诉讼的已生效判决的既判力相抵触，不被允许"；并不是判决说因无效确认诉讼中被驳回诉讼请求的判决已经生效，故当然不允许国家赔偿请求。

"那霸地判昭 61·10·28 讼月 33·10·2445"认为：在无效确认诉讼中作出驳回诉讼请求判决的理由是行政行为合法时，可与撤销诉讼中的驳回诉讼请求判决等同视之，故在"行政行为合法"这一点上，产生了准既判力的效力，不能在国家赔偿请求中主张行政行为违法。

另外，"高松地判昭 50·3·31 讼月 21·6·1239"判道：无效确认诉讼中驳回诉讼请求的判决即使生效，也不妨碍在国家赔偿请求中主张行政行为违法。在该案无效确认诉讼中，以没有无效的瑕疵为由驳回了诉讼请求，没有对是否有应撤销的瑕疵进行判断。此情形下，在行政行为违法方面当然不产生既判力。

（三）不作为的违法确认之诉

认为不作为违法确认之诉的违法判决的既判力达至国家赔偿请求的有"熊本地判昭 58·7·20 判时 1086·33"。作为其二审判决的"福冈高判昭 60·11·29 判时 1174·21"也判道，"上述生效判决对上诉各个被上诉人而言，得以确定的是 1976 年 7 月 21 日——上述事件的口头辩论终结时——知事的不作为是违法的，在此限度内有既判力"。

但作为该事件的最高法院判决的"最判平·3·4·26 民集 45·4·653"好像是这样理解的：不作为的违法确认之诉中的违法与以不作为违法为由的国家赔偿请求中的违法不同。不赞成此立场的情况已在"第五节四（一）"中说过。

386

第二章
损失补偿

第一节　补偿的涵义与沿革

一、涵义

（一）合法性

387　　损失补偿没有统一的概念。按照最大公约数的理解，它是指合法的公权力行使使财产权受到侵害，为维护公平，对其中的特别牺牲者，在全体负担中用金钱予以填补。

　　其中，"合法性"要件成为与违法侵害的国家赔偿相区别的标志。对此，也并非没有异议，即从受害人角度看，侵害是合法还是违法并不重要，值得关心的是损害（损失）是否得到填补，所以有见解认为没有必要将合法侵害作为损失补偿的要件。还有的像山田准次郎博士那样，认为针对过失（含故意）的责任是损害赔偿，针对公益上特别牺牲的责任是损失补偿；否定将侵害的违法与合法作为损害赔偿与损失补偿的区分标准。[1]

　　在德国，判例、学说创设了"基于类似征收侵害"的补偿制度，该制度不仅限于违法无过失的侵害，还适用于违法有责的侵害，这佐证了统一补偿理论——不管侵害合法还是违法——的妥当性。

　　但是，即使在德国，在统一补偿理论下，特别牺牲概念也呈现

---

〔1〕　山田准次郎：《国家的无过失责任研究》，有斐阁 1986 年版，第 8 页。

二元化，在违法侵害情形中，若是违法的话，就被认定为特别牺牲。这就意味着承认"基于类似征收侵害"的补偿是有关"违法侵害财产权"的无过失责任。1981 年德国《国家赔偿法》将违法性作为国家赔偿的标志，就基本权受到的侵害，认可无过失责任，这让作为无过失责任的"基于类似征收侵害"的补偿、"基于类似牺牲侵害"的补偿实定法化了。

388

1981 年 7 月 15 日德国联邦宪法法院判决（BverfGE 58，300）似乎否定了"基于类似征收侵害的补偿"这一范畴。之后，联邦普通法院虽然基本上维持了"基于类似征收侵害"的补偿请求权，此处考虑的是从与《基本法》第 14 条的关系中解放出来的"基于违法财产权侵害"的补偿，而"类似征收侵害"这一称呼就变得不适当了。[1]

所以有必要留意的是：作为无需损失补偿之侵害合法性的理由而列举德国统一补偿理论的话，未必妥当。

另外，从受害人角度看，侵害的合法、违法具有重要意义，损害（损失）不是简单的金钱填补就可以的。如前所述（序章第二节），国家赔偿具有受害人救济功能、损害分散功能，同时还具有制裁功能、违法行为抑制功能、违法状态排除（合法状态恢复）功能；侵害合法时，不存在后面这些功能。

在法治国家，侵害合法与否具有重要意义。即使在国家赔偿请求中，原告也经常对国家赔偿请求得到支持的判决，期待制裁功能、违法行为抑制功能、违法状态排除（合法状态恢复）功能。对损失补偿放弃合法性标志与对国家赔偿放弃违法性标志相关，有可能损害"国家赔偿作为法治国原理保障手段"的功能。

所以，还是应该坚持将侵害的合法性作为损失补偿的要件。其实这并不否定侵害合法与违法不明了、混合存在的情况，而且，也不否定基于个别需要而让结果责任主义——不管侵害是合法，还是违法——下的补偿制度立法化。

389

---

〔1〕　宇贺《分析》286 页以下。

（二）公权力行使

在损失补偿中"公权力行使"这一标识意味着不含如下情形，即如物品的政府采购合同那样，行政主体与私人基于相互合意而签订合同，结果是行政主体承担支付对价的义务。

但是，对像以征收权为背景的土地取得合同那样，形式上虽是自由买卖，但实质上未必是的情形，多数认为属于损失补偿。

在实务上，1962 年内阁会议通过的"一般补偿基准"在与"旨在取得公共用地"的民事合同的关联中，也使用了"损失补偿"一词。若着眼于公共用地取得合同背后的强制因素，就会理解这一点。

（三）财产权侵害

讨论最多的是是否将财产权侵害作为损失补偿的要件。这与损失补偿的根据也密切相关，而《宪法》第 29 条第 3 款明确将私有财产作为对象。

但是，若认为损失补偿的根据是"为维护公平，作为整体负担，向为公共利益而遭受特别牺牲的人调整其损失"的制度，那作为根据，应该援用《宪法》第 14 条，其对象并不必然被限定在财产权上。

这样一来，例如，公共设施导致了事业损失，事业损失导致身体、精神受损，对该受害人，就有可能通过损失补偿法理，而非损害赔偿法理给予救济（在此情形中，超过一定限度的事业损失应该是不法行为）。

另外，在为预防而作的强制接种中，虽无过失但产生副作用损害时，也有可能通过损失补偿法理予以解决。

但是，为公共利益而牺牲生命、身体、健康等法益的政策是不被允许的。所以，如果将"有侵害特定个人法益之意"作为损失补偿要件的话，那生命、身体、健康等法益的侵害就不是损失补偿问题了，而应该考虑通过国家赔偿等其他制度予以救济。

与此相对，"有侵害特定个人法益之意"不是损失补偿的要件，而只要特定人的法益在结果上为公共利益作出了特别牺牲即可的话，那即使是财产权以外的法益侵害，也可以考虑通过损失补偿制度予

390

以救济。

所以，是否将财产权侵害作为损失补偿的要件这一问题，与"有侵害特定个人法益之意"是否是损失补偿的要件这一问题有不可分的关系。在理论上，哪种立场都成立。

但当要对像生命、身体、健康这样的法益侵害，认可直接基于宪法的损失补偿请求时（只要《宪法》第 29 条第 3 款将"私有财产"作为对象），仍存在其实定法的根据问题。

但是，日本国宪法并不是与财产性法益相比更轻视生命、身体、健康等的法益，所以只要对财产性法益，可以以《宪法》第 29 条第 3 款作为根据而直接请求损失补偿，那对生命、身体、健康等法益，说不能依据《宪法》第 29 条第 3 款的话，就会失去平衡。此方面的理论建构多种多样，后面还将论述［第三章第二节一（二）］。

如以上看到的那样，损失补偿具有为公共利益而遭受特别牺牲的被害人的救济功能，以及全体负担调整下的损失分散（Loss spreading）功能。该损失分散功能与作为国家赔偿功能的损害分散功能相对应。

不管采取何种学说，都认为损失补偿主要保护的法益是财产权。毫无疑问，损失补偿制度具有私有财产制的终极保障手段之功能。

即为了调和私有财产制的保障要求与将私有财产用于公共目的之必要性，当私有财产被公共使用时，有必要填补其交换价值，交换价值得到填补后，损失者可以购入同类替代物（存在同类替代物时）。

二、用语的不统一

（一）将非学术上的损失补偿说成损失补偿的例子

1. 结果责任。实定法上，损失补偿这一用语并不仅限于学术上的损失补偿之意。在若干法律中，有在不问侵害合法、违法的结果责任的意义上使用损失补偿一词的情况。《特损法》第 1 条、《环境整备法》第 13 条第 2 款就是这样的例子。有学说认为《消防法》第

29 条第 3 款也规定了结果责任。[1]

2. 无过失的不法行为责任。《消防法》第 6 条第 3 款规定，判决撤销《消防法》第 5 条规定的命令时，要填补因命令所致的损失，但命令被判决撤销出现在其违法的情形中，所以可以看成作为国家赔偿法的特例，规定了无过失责任。

3. 基于债务不履行的损害赔偿。可以在《渔业登记令》第 50 条第 2 款中看到"《信托法》第 27 条（受托者的损失补偿义务）"这样的表述，《信托法》第 27 条使用了"损失的填补"，此处的"损失的填补"一般被理解为债务不履行导致损害赔偿。这样一来，《渔业登记令》第 50 条第 2 款的"损失补偿"也意指债务不履行导致损害赔偿。

4. "将损失发生作为停止条件"的补助。如《水银等导致水产动植物污染后受害渔民融资特别措施法》第 3 条、《煤矿重建整备临时措施法》第 10 条、《船舶整备公团法》第 27 条之 3、《因天灾而受害农林渔民融资暂定措施法》第 3 条、日本《银行特别融通及损失补偿法》第 4 条等所使用损失补偿一词都意指：公益性事业者出现损失时，国家或地方公共团体予以填补。

5. 保险金的支付。政府基于原子能损害赔偿补偿契约而实施的"损失"的"填补"（《原子力损害赔偿法》第 10 条、《原子力损害赔偿补偿合同法》第 2 条）是以原子能工厂缴纳补偿费为前提的，具有"基于保险合同而支付保险金"的性质。

（二）用其他词汇来表达学术上损失补偿的例子

392　　1. "损害"的"补偿"。在我国实定法上，"损害"的"补偿"这样的表达多使用于公务灾害补偿及其类似情形中（《国家公务员法》第 93 条第 1 款、《地方公务员法》第 45 条第 1 款等），但《公有水面填埋法》第 6 条与第 15 条、《建筑基准法》第 11 条、《渔港法》第 41 条、《狂犬病预防法》第 6 条等中的"损害"的"补偿"意指学术上的损失补偿。

---

　　[1] 原田尚彦："即时强制补偿的性质"，载《时法》1964 年 502 号 47 页。

2. 对价。《农地法》第 11、50、56、57 条，《保安林整备临时措施法》第 6 条的"对价"意指学术上的损失补偿。

（三）改善的必要

从上可见，实定法上"损失"的"补偿"这一表述在多种意义上使用，不能因使用了该表述，就立即断定其是学术上的损失补偿，也不能反过来，因没使用该表达，就立即断定不是学术上的损失补偿。今后应该努力纠正这种用语上的不统一。[1]

三、沿革

（一）私有财产制的必然结果

本来，损失补偿制度就是以"私有财产的侵害应该伴随补偿"这一思想为后盾发展而来，在欧美先进国家的宪法中，其作为私有财产制的必然结果而被规定。此时，因侵害行为合法，所以没有受到主权免责法理、官吏个人责任教义——违法行为不属于国家，而属于官吏个人——的影响，这是损失补偿制度比国家赔偿责任早早得到普及的一个原因。

（二）《大日本帝国宪法》

但在我国，《大日本帝国宪法》第 27 条第 1 款规定"不得侵害日本臣民的所有权"，私有财产制得到了保障，但同条第 2 款只说道"为了公益，依据法律规定实施必要的处理"，没有规定私有财产用于公共目时的损失补偿。

所以，战前的通说认为损失补偿不是宪法上的义务，是否认可它是个立法政策问题。[2]这说明战前我国私有财产制的保障是不充分的。

当然，也不是不能采用与通说相异的解释，即损失补偿在宪法

───────────

〔1〕　法令对补偿内容的规定也不统一，关于这一点请参见宇贺克也："损失补偿的行政程序（1）"，载《自研》1993 年 69 卷 1 号 38 页以下。

〔2〕　美浓部达吉：《日本行政法》（上卷），有斐阁 1936 年版，第 357 页；同《逐条宪法精义》，有斐阁 1927 年版，第 386 页。

393

上被义务化了。《行政裁判法》第 16 条规定"行政法院受理损害索赔诉讼"。这里的"损害索赔"不止是损害赔偿，还包括损失补偿。

另外，损失补偿请求被视为公法上的请求，只要没有特别的法律规定，司法法院就不能管辖。但也不是完全没有判例（"大阪地判昭 11·10·23 法律新报 452·26"）基于如下理由认可了司法法院管辖：不是指定的民事案件，但又没有其他的救济手段。

即使可以向司法法院提起诉讼，在法院没有违宪立法审查权这一通说性解释之下，也不允许主张"缺失补偿规定的法律"违宪，无效。

也有意见认为：即使在战前，也没有充分根据表明应该将"法律的沉默"当然理解为否定补偿。但持该立场的田中二郎博士也认为：即使在无实定法明文规定的情形中肯定补偿，也因《行政裁判法》第 16 条的缘故，其作用也只不过是在具体适用法所认可的损失补偿时为必须采用扩张性解释来提供理由。[1]

但是，明治二十二（1889）年出版的《帝国宪法皇室典范义解》写道"公益征收行为的要件是对私产进行相当的补偿"，[2] 这表明《大日本帝国宪法》的立法者也认为私有财产为公共使用时给予损失补偿是合乎道理的。

394 实际上，即使在战前，损失补偿得到认可的许多情形中都存在损失补偿规定。[3] 其中，也有像《土地征收法》那样，作为指定的民事案件，开辟出通过司法法院进行争议的途径。

所以可以说，在战前的我国，就公权力行使所引发的不法行为，适用国家无答责、官吏无答责，与此相比，损失补偿制度已相当发达了。

（三）《日本国宪法》

《日本国宪法》第 29 条第 3 款规定"私有财产在正当补偿下可

---

〔1〕 田中二郎："关于公法上的损失补偿"，载《赔偿补偿》225～226 页。

〔2〕 伊藤博文：《帝国宪法皇室典范义解》，国家学会 1889 年版，第 50 页。

〔3〕 关于实例，参见田中二郎："关于公法上的损失补偿"，载《赔偿补偿》230 页以下。

以为公共所用"，关于其涵义，起初存在立法指针说。但该学说在今天已被克服了。关于该条的解释，违宪无效说与请求权发生说相对立，但不管如何，在《日本国宪法》下，损失补偿具有宪法上之制度的地位。

第二节　补偿的实定法根据

一、违宪无效说与请求权发生说

违宪无效说——宪法上必须补偿，但课赋特别牺牲的法律却没有补偿规定的，该规制违宪无效——曾经很有影响。但现在，请求权发生说——宪法上必须补偿的，可以直接基于《宪法》第 29 条第 3 款而请求补偿——成为通说。[1]

在判例中，"东京地判昭 34・3・25 下民 10・3・566"、"东京地判昭 39・10・5 夕170・234"、"东京高判昭 44・3・27 高民 22・1・181" 等采用了请求权发生说，而 "东京高判昭 40・1・30 高民 18・1・56" 等否定请求权发生说，形成了对立。

但 "最大判昭 43・11・27 刑集 22・12・1402"（名取川事件）在刑事案件的旁论中，就 "江河附件土地限制令" 第 4 条第 2 项的限制，说道不能因为该条没有关于损失补偿的规定，就将该条理解为全面否定所有情形下的一切损失补偿，并非完全不能 "具体地主张、证明该损失后，直接以 "宪法" 第 29 条第 3 款为根据，请求补偿"。自该判决暗示请求权发生说以来，请求权发生说就占据了支配地位。此后，最高法院在 "最判昭 50・3・13 判时 711・37"、"最判昭 50・4・11 判时 777・35" 中引用了 "最大判昭 43・11・27"。

在德国，宪法规定在实施以宪法上的补偿为条件的规制时，法律应该设置有关补偿样态、程度的规定；通说认为其采用了违宪无

395

----

〔1〕　参见今村 44 页。

效说。[1]

与此相对，在美国，根据《合众国宪法》修正案第5条，可以直接请求补偿。即使在德国，关于《魏玛宪法》第153条，请求权发生说也是通说。

二、两说的长处与短处

（一）国会意志的尊重

这两种学说各有短处。通过违宪无效说，可以尊重国会对如下问题的看法：即使给予补偿，是否还实施规制？

即国会认为宪法上不需要补偿后，实施了规制，而法院判断说需要补偿。对此情形，依据该学说，在不发生非预期的补偿请求的情况下，国会再次获得了对"即使支付补偿，也还要继续该规制吗？"进行判断的机会。

但是，即使依据该学说，也难以避免因违宪的规制性法律所致损害而发生赔偿请求的情况。但若以"最判昭和60·11·21民集39·7·1512"的立场为前提，国会议员的立法活动只要不出现像"尽管立法内容违反了宪法的无歧义表述，但国会还是斗胆进行该立法"这样难以预想的情形，就不会受到国家赔偿法上的违法评价，国家赔偿请求就不会被认可。

另外，在主张请求权发生说的情形中，国会在无"支付补偿后实施规制"之意的情况下，判断无需补偿后作出了规制，而法院作出了不同判断，这样一来，国家就不得不对"废止该规制而修改法律"所致的损失，承担未预备的财政支出。

而且，有关"是否要补偿、补偿内容是什么"的判断会随着社会普遍观念的变化而变化，不应只由立法者意志来决定。立法时认为不需要的，在当时不能说是错误的判断，但此后法院也有可能认

---

〔1〕 栋居快行："《波恩基本法》14条3款（公用征收）中的Junktimklausel"载《小林直树老师还历·现代国家与宪法原理》，有斐阁1983年版，第603页以下。

为需要补偿。

要避免这样风险，就会面对两个问题：法院多少有可能认为需要补偿的话，会不会助长放弃该规制的倾向，产生连"公益所需、无需补偿"的规制都被抑制的效果？法院会不会担心因自己的判断而产生国会未预备的庞大财政支出，就对"无需补偿"的判断过于谨慎？[1]

（二）对过去损害的救济

从受到违宪规制的国民视角来看会有如下短处：根据违宪无效说，对过去的损害不能请求损失补偿，国家赔偿请求也可能在实践中不被认可，救济的道路就被关闭了。

在采用违宪无效说的德国，判例法上存在"基于类似征收侵害的补偿"这一补偿制度，该制度的论理是连合法侵害都要补偿，那更何况是违法侵害；据此制度来尝试限定违宪无效说的射程。但我国没有这样的制度。

与此相对，请求权发生说在补偿过去损失方面显现出优势。

（三）规制遵守的确保

似乎可以说在确保遵守该规制方面，请求权发生说表现出色。这是因为：对违反规制的行为适用处罚时，依据该学说，即使法院判断需要补偿，也因该规制没有违宪而无效，不管是否需要补偿，都可以依据刑罚的威力，强制其遵守规制。

依据违宪无效说的话，未遵守该规制而被起诉，法院判断需要补偿时，因该规制违宪无效，故可不遵守该规制，而有可能在刑事诉讼中争论根据性法规的合宪性。

（四）二者取其一的否定说

这样，两者各有问题，很难一概而论地说谁更出色。所以暗示"不能二者取其一，要对应状况选择二者"的见解才引人注目。[2]这或许也是一种方法。

397

---

〔1〕　阿部266页。
〔2〕　阿部268页。

只是此时，没有选择标准的话，就有可能产生混乱，所以有必要提出区分的明确标准。另外，会在采用请求权发生说的案例与采用违宪无效说的案例之间产生不平等，所以必须提供让不同处理正当化的合理性根据。

（五）请求权发生说与立法裁量

要让请求权发生说恰当地发挥作用，有个前提：不能在补偿内容上认可立法裁量。即若对"在怎样的状态下进行何种程度的补偿"有立法裁量，那法院就会进入该立法裁量，对补偿进行判断未必恰当，或许应该根据违宪无效说，向立法者寻求对此的判断。

但如后所述［第四节二（五）］，关于补偿内容，即使认为相当补偿说是妥当的，那也仅限于极其例外的情形，所以在此的前提是，《宪法》第 29 条第 3 款的"正当补偿"是完全补偿，且适合法院作判断。

（六）非财产性法益的损害

被权力性事实行为所侵害的法益是生命、身体等非财产性事物，对此能根据补偿法理寻求救济的话，就有必要摸索建构"通过请求权发生说，向无法通过赔偿理论获得救济者进行补偿"的理论，因为此时最应该重视受害人救济。

（七）土地利用规制

另外，在土地利用规制情形中，被规制者很多，若采用请求权发生说，就有可能被迫产生预想外的高额费用。实际上在德国的《魏玛宪法》之下，在请求权发生说下就发生过这样的事情，这成为《波恩基本法》设置违宪无效说式规定（附带条款）的一个原因。

此时，即使采用请求权发生说，一方面，所补偿的损失也仅限于土地利用受到限制所产生的部分；而另一方面，可能会存在如下看法：为避免出现"议会担心预想外支出而对无补偿的规制产生犹豫"这一情况，所以应该采用违宪无效说。

但反过来看的话，即使采用违宪无效说，只要是以完全补偿说为前提，那作为立法者，在事前将补偿的内容具体详细地规定于法律之中几乎不可能。所以作为立法者，就如在我国许多土地利用限制的立法中所看到的那样，只能规定道：补偿"伴随规制而通常产生"的损失。

多数情况下，将高于上述规定的规定在事前设置到法律中是在为难立法者，所以若这种程度的规定可以免于违宪判决的话，那对"通常产生的损失是什么"的判断最终只能交由法院。

实际上，在我国违宪无效说很有影响的时代，为了避免违宪判决，多数法律规定了所谓的通损补偿规定——补偿通常产生的损失，但实际上对"什么是通常产生的损失"并不明了。行政实务上，基于该规定进行补偿的事例极为例外，很多的通损补偿规定完全没有被使用。所以，除去部分情况外，不但是补偿内容，就连是否要补偿，最终也不得不在提起诉讼后仰仗法院来判断。

这样，很难在立法过程中，就土地利用规制中是否要补偿、补偿内容等规定具体的标准，多数情况是必须通过各个案件的判例来解决问题，所以用请求权发生说来处理似乎更好。

的确，立法者有时会想"因要补偿，所以就不规制了"。此时应尽快修改法律来予以应对，这与如下情况不同：是否允许对过去宪法应补偿而未补偿的损失置之不理（但损害赔偿被认可的话，就另当别论）。

另外，如前所述，采用请求权发生说的话，有可能犹豫于无补偿的规制。对此，如前所述，为以防万一而设置了通损补偿规定，实际上是否需要补偿，则交由法院判断，据此可以避免违宪判决的话，就没有必要有上述担心了。

但也有可能出现如下批判，即在是否补偿、补偿内容不明的情况下，就设置通损补偿规定是立法者的怠慢。这也是对如下学说的批判，即对"是否补偿、补偿内容"无法提供明确标准。

但是，不能提供具体详细标准的责任不能只归于学界的怠慢，这反映出补偿法理的内在局限。

399

第三节　是否补偿

一、田中说

一般而言，要综合考虑①侵害行为的特殊性、②侵害行为的强度、③侵害行为的目的等后，判断是否实施损失补偿。关于这一点，人们常常将田中二郎博士的学说与今村成和教授的学说进行对比，所以这里首先对两种学说略作讨论。

田中二郎博士说，"我认为是不是特别牺牲，其界限必须在客观、合理判断以下两个要素后决定，一是侵害行为的对象是不是一般性的，换言之，是以广大的一般人为对象呢，还是以特定人或属于特定范畴内的人为对象——被害人在整体中是怎样一个比例（形式标准）；一是侵害行为的强度是否达到了侵害财产权本质内容（Wesensgehlt）的程度，换言之，从社会普遍观念来看，该侵害是否达到了其作为'财产权的内在社会制约'而必须忍受的程度（实质标准）"。[1]一般认为这是对①②进行综合判断。

但是，田中博士在别的地方说道，"或许可以这样理解：为'维持公共安全与秩序、保障安全的社会共同生活等'消极目的而在最小限度内作必要的、比较一般的财产权限制（若剥夺财产权的本质，即使是为了消极目的，也必须补偿）的，不是这里所说的特别牺牲，原则上不需要损失补偿；与此相对，为产业、交通及其他公益事业的发展、国土综合利用与城市开发发展等积极目的而对特定的财产权作必要的征收及其他限制（或许有'对轻微的财产权限制，不需要补偿'的情形）的，是这里的特别牺牲，需要损失补偿"。[2]在此对②③进行了综合判断，而没有明确言及①。

所以，即使在田中说中，也是综合考虑①②③，其中①的比重

---

〔1〕　田中《行政法》（上）214～215页。
〔2〕　田中《行政法》（上）215～216页。

较低。

二、今村说

今村教授说：应该这样理解，（A）对像剥夺财产权或妨碍该财产权本来作用之发挥这样的侵害，只要权利人一方没有应予以忍受的理由，就当然需要补偿；（B）财产权行使上的限制未达到上述程度的，（a）当该财产权为保障社会共同生活的协调而有必要受到限制时，作为财产权内在社会制约的表现而不需要补偿，（b）当为其他的特定公益目的，与该财产的本来社会作用无关系，偶然受到限制时，需要补偿。[1]

其中，（A）多被理解为是侵害强度大的情形，但是否是"像妨碍该财产权本来作用之发挥这样的侵害"，未必只由侵害强度来决定，也必须考虑侵害目的，所以即使在（A）中，也要综合考虑②③。

可以说（B）中的（a）与（b）要依据③的标准来区分。在今村说中，综合判断②③，不考虑①；而在田中说中，①也只是次标准，所以两学说并没有很大的隔阂。

401

三、小结

笔者也认为要综合判断①②③等，侵害性为一般还是特殊，是相对而言的，所以①只能是次标准，要以②③为中心。[2]

四、侵害行为的目的

（一）破坏性消防
有不少立法、判例重视③。

---

〔1〕　今村《入门》179 页。
〔2〕　阿部 282 页也采取了如下立场：主要从规制根据、目的（③）与规制程度（②）之间的相互关系这一角度来检讨是否补偿。

即对破坏性消防进行规定的《消防法》第 19 条第 1 款规定，"可以使用、处理火灾要发生或已发生的消防对象物及其所在的土地，可以限制它们的使用"。第 2 款规定"可以使用、处理有可能延烧的消防对象物及其所在的土地，限制它们的使用"。没有对这些情形设置补偿规定。

另外，第 3 款规定："可以使用、处理前两款规定的消防对象物、土地以外的消防对象物及其所在的土地，可以限制它们的使用。在此情形中，受损害者要求损失补偿的，要根据当时价格，补偿其损失。"

该条都是消极目的的规定，第 1、2 款的情形之所以不需要补偿，是因为在这些情形中，破坏性消防的建筑物等处于危害公共安全的违警状态中。换言之，因为承担了基于危险状态的状态责任（Zustandshaftung）。

这在第 1 款中也是明显的，关于第 2 款的破坏性消防，也应该作如下理解，即因其目的被限定在"防止延烧"，所以其着眼点是"因特定建筑物自我延烧而进一步扩大火灾"的状态。[1]

但如下说明或许也能成立，即在第 1、2 款的情形中，若置之不理，就会导致烧毁的结果，财产性价值就会消失，所以可以不需要补偿。这也是如下情况的一个理由：尽管是承担状态责任的建筑物，尽管是"破坏"这一侵害程度高的行为，也不补偿。

与此相对，第 3 款的建筑物等尽管不处于违警状态，但因受到破坏，所以需要补偿。

另外，一方面，当消防首长误将第 3 款的消防对象物判断为第 2 款的物件而破坏时，即使以违反第 2 款为由请求国家赔偿，该请求也有可能以没有过失为由而被驳回。另一方面，当消防首长起初就正确判断其符合第 3 款而进行处理时，被害人可以获得损失补偿。

关于第 2 款，若严格理解过失的判例得以确立，那即使在消防首长认为属于第 3 款并进行了处理的情形中，若主张属于第 2 款的

---

[1] 小早川光郎："判批"，载《法协》1975 年 92 卷 1 号 107 页。

话，被害人就难以获得应有的救济。从被害人角度看，存在"救济被几乎无法举证的消防首长的内部意志所左右"的问题。

相反，为了消除该问题，就第 2 款，判例对过失放松认定的话，就有可能担心因自己的判断过失而让国家赔偿请求得到认可，但适当、果敢的（第 2 款的）破坏性消防也会被抑制。

或许基于这样的顾虑，"最判昭 47・5・30 民集 26・4・851"，判道，"为了让因火灾时的消防活动而遭受损害者可以请求损失补偿，已实施的处理是以'发生火灾，或者已发生，或者有延烧可能的消防对象物、其所在土地以外的消防对象物以及土地'为对象的，而且，该处理必须是在为消火、防止延烧或救人而有紧急必要的情况下作出的"。其采用的解释是：不管消防首长的意志，而由法院来判断符合哪一条款。

即消防首长认为是第 2 款财产而实施了破坏，但法院判断是第 3 款财产的话，就有根据第 3 款实施损失补偿的义务。

（二）油罐的转移

主张状态责任的有"最判昭 58・2・18 民集 37・1・59"。

在该案件中，石油公司在获得市长根据《消防法》而颁发的许可后，在邻接国道的自有土地的地下设置了油罐，进行着合法的维护与管理。但国道要新设地下通道，而该油罐位于距离地下通道水平距离 10 米以内的位置，成为违反《消防法》第 10 条第 4 款和《危险物规制政令》第 13 条第 1 项 2 的设施，结果是石油公司不得不实施油罐搬迁工程。

该石油公司认为搬迁工程缘于新设地下通道，所以请求《道路法》第 70 条第 1 款的损失补偿。

征收委员会、一审判决（"高松地判昭 54・2・27 行集 30・2・294"）、二审判决（"高松高判昭 54・9・19 行集 30・9・1579"）认可了同条款的补偿，但前揭"最判昭 58・2・18"认为：《道路法》第 70 条第 1 款只将物理障碍的损失作为对象，法规制障碍下的损失处于对象外。

在该案件中，该石油公司只基于《道路法》第 70 条第 1 款请求

403

损失补偿，所以本最高法院判决只要持上述解释，就没有必要再作更多的判决内容。

但该判决判道，"警察法规对一定危险物的保管场所等规定了以'与保安物件保持一定距离等'为内容的技术标准时，道路施工后产生违警状态，危险物的持有人毫无疑问要转移工作物。因符合上述技术标准而遭受损失的，也只不过是道路施工让'基于警察规制'的损失偶尔变成现实，这样的损失应该不属于《道路法》第 70 条第 1 款所规定的补偿对象"。

404
这让人推测到：该判决认为油罐这一危险物的所有人承担了状态责任，而消除违警状态的责任在危险物的所有人一方。

（三）矿物采掘的限制

1. 管理厅或管理人的认可。与此类似的案件是"最判昭 57·2·5 民集 36·2·127"。"矿业法"第 64 条规定，"矿业权人为在铁路、轨道、道路、水道、运河、港湾、江河、湖泊、沼泽、池塘、桥梁、堤防、水坝、灌溉排水设施、公园、墓地、学校、医院、图书馆、其他公用设施以及建筑物地表下 50 米以内的场所采掘矿物，除根据其他法令规定而已获得许可、认可的外，必须获得管理厅或管理人的认可。管理厅或管理人无正当理由的，不得拒绝给予该认可"。

在该案中，矿业权设定后，原告以町立中学已建成为由，认为自己的矿业权受到了侵害，在请求以不法行为为由的损害赔偿的同时，请求《宪法》第 29 条第 3 款的损失补偿。

关于后者，最高法院判道：《矿业法》第 64 条的限制只不过是"为防止给铁路、江河、公园、学校、医院、图书馆等公共设施与建筑物的管理运营造成障碍，而要求在这些设施近旁采矿时必须获得管理厅或管理人的认可，这种限制是为公共福利服务的一般的、最小限度的限制，任何人都必须甘愿承受，不能说是强加于特定人的特别的财产牺牲，所以即使因该条而遭受了损失，也不能以《宪法》第 29 条第 3 款为根据请求补偿。"

在此也有如下思维，即"采矿这一危险行为"的实施方承担"避免危险"的警察责任。

但在本案中，该矿区的滑石等的埋藏量少，获得收益的可能性小，原告实际上没有采掘，也没有缴纳矿区税。根据这些情况，是否还可以说原告因没有获得《矿业法》第 64 条的认可而遭受了现实的损失？这本身是有疑问的。

405

"高松高判昭 59·12·24 行集 35·12·2333"在原告具有采掘权的土地因国道改建而被征收，遭受《矿业法》第 64 条之限制的案件中判道：道路设施的地表、地下 50 米以内的区域在保护设施的设置方面有地形上的限制，而且需要庞大的经费。明显不可能获得通商产业局局长的认可，因而矿业权事实上被消灭，遭受了巨大的损害，由此提出了补偿请求。在这样的案情中，矿业权是有别于土地所有权的另一项权利，从其只不过是被国家赋予了采掘权这一性质来看，应该说当然受同法第 64 条的限制，所以不能说因采掘限制而有权利侵害。

另外，在该案件中，若设置了充分的保护设施，就应该能获得同法第 64 条的认可，但此时也会出现是否应该补偿保护设施之建设费用的问题。原告也预备性地请求了建设费用的补偿，但没有获得认可。第 64 条的限制若含在矿业权内的话，那就必须为避免该限制而甘愿以无补偿的方式承受工程费用。

2. 矿区减少或矿业权撤销。当矿物采掘被认为危害卫生保健，破坏公共设施，妨碍文化财产、公园、温泉资源的保护，损害农业、林业、其他产业的利益，明显违反公共福利时，通商产业局局长必须根据《矿业法》第 53 条，作出减少矿区、撤销矿业权的决定，这些决定作出后，国家根据同法第 53 条之 2，对通常应产生的损失进行补偿。

在第 64 条的情形中，除预想到公物遭受社会普遍观念上难以承受之实际损害的情形外，不能拒绝"认可"（1958 年 2 月 10 日石局 1289 号通产省石炭局长回答），但会出现以下两种情形之间的失衡问题：损害只停留于预想层面时，基于第 64 条，矿业权即使在事实上消灭，也不能获得补偿的情形；损害发生后（关于同法第 53 条的解释，有学说主张也包括损害发生的可能性很明显时），可以根据第

53 条之 2 获得补偿的情形。

406　　关于这一点，可参考"东京地判昭 41·6·27 下民 17·5 = 6·505"。在该案中，不是《矿业法》第 64 条，而是第 63 条成为问题。在没作同法第 53 条之撤销的情况下命令变更施工方案，在没有支付补偿的情况下限制矿业权，所以发生了损害赔偿请求。判决判道：本来应该实施同法第 53 条、第 53 条之 2 的程序，而不实施该程序，还不给予补偿的，构成不法行为。

该判决虽然被二审判决撤销，但似乎呈现如下倾向，即"在什么情形下实施第 53 条的处理"并不明确，为了免于支付补偿，而用同法第 63、64 条的限制来解决问题。

《矿业法》第 63、64 条没有补偿规定，而第 53 条之 2 有补偿规定，这是有问题的，有必要进行立法上的完善。

（四）贮水池堤防的使用禁止

在著名的奈良县贮水池堤防条例事件中，"最大判昭 38·6·26 刑集 17·5·521"判道：奈良县的《贮水池保护条例》几乎全面禁止"在贮水池堤防之使用上有财产上的权利者"使用它，明显限制了财产上的权利；其侵害的强度虽大，但最终是为了防止灾害，维护公共福利，在社会生活中是不得已而为之，此制约应该说是"在贮水池之使用上有财产上的权利者"必须当然甘愿忍受的一种责任，不需要进行《宪法》第 29 条第 3 款的损失补偿。

即这里的思维是：若是警察目的的规制，即使侵害强度大，也不需要补偿。

但在该案中，如下问题还可再讨论：即使是消极目的的规制，但事实上剥夺了长年耕作者的权利，对"同条例的规制是否是必要的、最小限度的"也尚有疑问。鉴于此，不需要补偿是否妥当？这至少是个在积极损害之填补必要性方面还有微妙之处的案件。

（五）采砂限制

"最大判昭 43·11·27 刑集 22·12·1402"（名取川事件）在类似案件中，在像事实上剥夺既有权利这样的情形中，对积极损害的补偿显示出一定的理解，虽然这只表达在旁论中。

该案件的被告人是采砂业者。根据江河近地限制令，在江河近 407
地采砂需要知事的许可，被告人在没有获得该许可的情况下，持续
采砂，而后被起诉。

最高法院说道：《江河近地限制令》第 4 条第 2 项规定的限制是
在为事前防止妨碍江河管理的事态发生而设置许可制，这种限制是
维护公共福利的一般性限制，原则上任何人都必须忍受。

但接着判道：可以作如下理解，根据《江河近地限制令》，被告
人没有知事的许可，就不能采砂，此前支付租赁费、雇佣劳动力，
投入相当资本而经营就事业无法再经营，所以遭受了相当的损失，
该财产上的牺牲虽说是源于公共利益上的必要限制，但已经超出了
一般应当然忍受之限制的范围，有被视为特别牺牲的可能，参照
《宪法》第 29 条第 3 款的旨趣，从维护与《江河近地限制令》第 7
条——给《江河近地限制令》第 1、2、3、5 条的情形，课赋了损失
补偿义务——的平衡角度说，就被告人的现实损失可以请求补偿。

这可以理解为：因警察规制的导入而丧失期待利益，这作为社
会性限制，不需要补偿，但在不能继续既有经营的情况下，积极性
损害部分可以是特别牺牲。

（六）食品添加剂指定的撤销

但是，不可能继续既有经营，产生积极性损害的，并非总是应
该补偿。

合成甜味料甜蜜素被指定为食品添加剂后，因其有致癌可能性
而撤销了该指定。在对此请求补偿的案件中，"东京高判昭 53 · 11 ·
27 判夕 380 · 94"认为：被指定为食品添加剂后，随着此后自然科
学的发展，其安全性受到质疑，指定被撤销，含有该食品添加剂的
食品禁止销售，这是原本就包含在作为化学合成品的食品添加剂内
的限制，不需要补偿。

《食品卫生法》第 6 条规定："除厚生大臣在听取食品卫生调查 408
委员会的意见后作出决定的情形外，为了不损害人体健康，不得销
售或者为销售而进口、加工、使用、贮藏、陈列添加剂（作为添加
剂而使用的天然香料以及一般作为食品而用于饮食的物质除外）以

及含其的制剂与食品。"

即人本来就没有销售含"有可能损害人体健康之食品添加剂"的食品的自由。甜蜜素本来也不应该指定为食品添加剂。

食品添加剂的生产销售业者的某种产品被指定为食品添加剂后，因损害健康、医学进步而被判明有危险，即使因此其指定被撤销而受到损失，那也必须作为商务中应忍受之风险而接受。

换言之，危险的食品添加剂一开始就处于违警状态，只不过是发现得晚。

但回过来头来看，即使在名取川事件中，如下见解也并非不能成立：本来谁都没有有碍治水的采砂自由，随着江河工学的发展，只是导入了规制的话（虽有些晚），就与甜蜜素使用禁止事件一样，不需要积极损害的补偿。

只是这里有一个论点需注意，即名取川事件是对以前没有的无限制行为导入新的规制，而在甜蜜素使用禁止事件中，限制本身已经存在，甜蜜素指定时对其危险性的认识还不充分，对两者能不能进行完全相同的考量？

而且还有一种思维是：经口摄入，可直接影响人体生命健康的食品添加剂的销售行为，虽然与有可能妨碍治水的采砂行为负有同样的违警责任，但还是有程度上的差异。

（七）目的标准的问题点

这样一来，在不少判例中，"一③"侵害行为的目的在决定是否补偿方面发挥了重大作用，但什么是积极目的，什么是消极目的，因各人的价值观不同而有不同的判断，而且随着时代的发展，社会普遍观念也会发生变化。

例如，对重视景观的人而言，丑陋建筑物导致的景观妨碍是妨碍行为，景观规制可以说是出于消极目的，但轻视景观的人更倾向于认为景观规制源于积极目的。

另外，从重视土地的地域约束性角度出发的话，关于土地利用规制——传统上被视为积极目的下的公用限制，可以得出"没有妨碍其原有功能的发挥，不需要补偿"的结论。

如此一来，是警察限制还是公用限制，是消极目的还是积极目的，它们的区别并不明确，这是③存在的一个问题点。

（八）《自然公园法》的不许可补偿

1. 宪法上的补偿与政策上的补偿。作为目的标准没能有效发挥作用的例子，可以列举《自然公园法》第 35 条第 1 款的"通常所生损失"的不许可补偿。该规定是在规定宪法上的补偿还是政策上的补偿，颇有讨论。

有影响的观点认为：该法制定时，旨在保护自然景观的财产权限制是积极目的的规制，是课赋特别牺牲。立法者采用的是宪法上的补偿说。[1]

判例（"冈山地判昭 53・3・8 讼月 24・3・629"、"东京地判昭 57・5・31 行集 33・5・1138"、"东京地判昭 60・1・30 行集 36・1・42"、"东京高判昭 60・8・28 行集 36・7＝8・1250"、"东京地判昭 61・3・17 行集 37・3・294"、"秋田地判昭 62・5・11 讼月 34・1・41"、"东京高判昭 63・4・20 行集 39・3＝4・281"、"东京地判平 2・9・18 行集 41・9・1471"）也一贯持这样的立场。

2. 补偿例的不存在。尽管行政实务采用了宪法上的补偿说，但实践中并没有实施《自然公园法》第 35 条第 1 款补偿的事例，这在旧国立公园法时代也是一样。

判例也采用宪法上的补偿说，没有认可不许可补偿。所有判例都站在一个前提上，即成为《自然公园法》第 35 条第 1 款之对象的同法第 17 条第 3 款、第 18 条第 3 款、第 18 条之 2 第 3 款的不许可，有时会因限制的样态不同而超越内在制约界限，从而被课赋宪法上的补偿义务。但什么情形下会出现这样情况，多数判例都没有言及。像前揭"东京地判昭 61・3・17"那样，比较详细论述这一点的判例未必获得学说的支持。

这样一来，《自然公园法》第 35 条第 1 款的规定实际上没有完

410

---

[1] 宇贺克也："公用限制与损失补偿（上）"，载《法律人》1989 年 944 号 121 页。

全发挥作用，但这绝非特殊事例，在"课赋土地利用规制，规定不许可补偿"的其他法律中也是同样的状况。唯一例外的是《森林法》第 35 条的指定补偿，根据《保安林指定所致损失补偿与受益者负担纲要》（1959 年 12 月 11 日林野指 6687 号农林事务次官通达），实施了补偿。

3. 地域性、状况约束性。如前所述，围绕《自然公园法》第 35 条第 1 款，学说形成了宪法上的补偿说与政策上的补偿说的对立。后者强调土地的地域性、状况约束性。《土地基本法》第 2 条规定了土地的公共利益优先，第 3 条规定了适当利用与依规划利用。这样，土地利用的地域性、状况约束性的认识不断渗透，这有利于扩大土地利用规制中内在制约的范围。

在彻底贯彻地域性、状况约束性观念的情形中，若以"土地利用规制只不过是地域性、状况约束性的反映"为前提的话，与其相反的使用就会导致外部不经济，无补偿的规制也会被正当化。

但在当前，如下情况让人踌躇不已：在地域性、状况约束性观念下，应甘愿忍受所有土地利用规制的无补偿。即使在土地利用规划中，像用途地域的指定那样，可以对相邻关系的规制不进行补偿，但像《自然公园法》的规制那样，"以有利于国民健康、休息与教育为目的"（第 1 条）者处于全体国民因特定人的土地利用规制而享受"外部经济"的关系之中，所以有可能通过全体国民负担下的补偿来实现公平。

4. 是否补偿的标准。虽然地域性、状况约束性观念会进一步渗透，社会普遍观念会发生变化，但在现在，对像自然公园法那样——很难被视为有警察限制之性质——的土地利用规制是否要补偿进行判断时，必须综合考虑规制的强度、损失的性质与强度等。在此，也要考虑固定资产税的减免措施、土地购买请求制度的有无等。

此时，像德国的目的背驰理论（Zweckentfremdungstheorie）所启示的那样，是否限制从前的使用是重要的考虑要素。只是，若广义理解《自然公园法》第 17 条第 3 款但书（同法第 18 条第 3 款但书、

18 条之 2 第 3 款但书也有同样的规定）所说的"特别地区被指定或者该地区被扩张时已经着手的行为"的话，限制从前使用的不许可决定原本就不会作出。

五、侵害的特殊性

（一）法律规定的损害赔偿额的限制

"一①"之侵害行为特殊性的缺失有时成为否定补偿的重要因素。

例如，在"东京高判昭 59・10・1 行集 35・10・1595"中，因撞船事故而死亡的乘务人员的继承人认为因《船舶所有人责任限制法》的责任限制而受到了损失，向国家请求损失补偿。法官认为："由法律来规定内容的该财产权，不管谁取得，都受其内容制约，这是不言自明的道理。这种一般性制约不是侵害特定人的财产权，不是向特定人课赋特别牺牲，即使因此而受到某种损失，也没有必要进行宪法上的补偿。"

该法虽然只以航海所产生的损害赔偿债权为对象，但若向全部损害赔偿债权附加相等的限制的话，也没有理由不成为一般性限制。另外，不管谁是债权人，都应适用该法之责任限制规定中的限制，而不是只针对小型船的船主或者乘务人员强加特别牺牲，所以在成为一般性制约方面没有任何障碍。该理还附言道：一般性制约的程度再大也一样。

"最大决昭 55・11・5 民集 34・6・765"已经肯定了该法的合宪性，前揭"东京高判昭 59・10・1"理解到：该法的责任限制是根据《宪法》第 29 条第 2 款来规定财产权内容，不产生补偿问题。

作为原审的"东京地判昭 57・2・18 行集 33・1＝2・73"认为该法的责任限制不源于消极目的，而源于积极目的，故不应该将该限制作为内在于损害赔偿债权的社会性制约而忍受；进而判道原告所主张的损害赔偿债权不是该法实施前产生的，而是该法实施后产生的，故原告只取得了被该法所限制的损害赔偿债权，不处于同法

412

侵害原告既得损害赔偿债权这一关系之中。

还附言道：即使有侵害既有财产权的一面，因该法规制的是航海所生的一般损害赔偿债权，不向特定人或特定范围内的人强加牺牲，故在这一点上，不能成为损失补偿。

所以，着眼于附言部分就会发现：前揭"东京地判昭 57·2·18"认为虽是积极目的的规制，但若是一般性规制，也不需要补偿；"一①"之侵害行为的特殊性标准是决定是否补偿的重要标准。

（二）战争损害

同样，在战争损害中，"一①"的标准也成为判例中否定补偿的重要因素。

"最大判昭 43·11·27 民集 22·12·2808"判道："在从战争期间到战后占领时代的有关国家存亡之非常事态中，所有国民多少都忍受了生命、身体、财产的牺牲。这些牺牲都必须作为战争牺牲或战争损害，为国民所平等忍受，如上述为（对日和平条约下）充当在外资产赔偿而产生的损害也是一种战争损害，宪法完全没有预想到要对其进行赔偿。"

同样，在西伯利亚扣留补偿请求事件中，"东京高判平 5·3·5 判时 1466·40"判道："'战争损害'一般是指军人、军属因参加战场中的战斗行为而不可避免地发生的生命侵害、身体损害、私有财产丧失等。此外还有一般国民虽没有直接参加战斗行为，但因敌军焦土战术下的空袭、炮击而死亡、遭受重大伤害，或者个人所有的房屋、家庭财产等被烧毁、剥夺等的各种战争灾难；是有关国家存亡之非常事态——各个阶层的国民或多或少、直接或间接地参加战争——中发生的损害；可以说在性质上，全体国民对此应平等负担，所以虽不能否定因国家的公共目的而遭受损失这一面，但该牺牲不是国家补偿的对象。"

虽说都是针对战争损害的补偿，但国家对开战有责任的情形，与为抵抗侵略而被迫迎战的情形或许不能同日而语。

在后者中，针对侵害国，损害赔偿可成为问题，但对自己国家，一般很难认为可以请求有关战争损害的损失补偿。在前者中，有可能以向国民强加危险为由而讨论补偿。是否可以以置于危险状态，而不是个别侵害行为为由，请求《宪法》第29条第3款的补偿？还可讨论。

前揭"最大判昭43·11·27"也指出战争损害一般会涉及全体国民，在此意义上是一般牺牲。但在战争损害中，也有轻重，原因也多样，所以如该判例那样，一律无补偿是否妥当？还有讨论的余地。

而且，该判例所持的前提是：不但是战争中，战后占领期的行为也应该作为战争损害而甘愿忍受无补偿。这样一来，就会产生一个问题：在农地改革前也有可能有战争损害。

另外，该事件的焦点是因签订对日和平条约而放弃在外资产之权利的行为是否是将私有财产用于公共目的。所以与一般战争损害的性质有较大差异，不是简单地形成战争这一危险状态后导致的损失，而是因签订条约这一法律行为而产生的损失，被害人也是特定集团，所以也有看作特别牺牲的可能。[1]

另外，"最判平4·4·28判时1422·91"对作为日军军人军属而出征、死伤的台湾人或其遗属提出的补偿请求，在引用"最大判昭43·11·27"后作了否定判决。

关于第二次世界大战中的损害，通说认为那时日本国宪法尚未实施，明治宪法没有保障损失补偿请求权。以该主张为前提的话，很难通过解释论来寻求救济，但从社会公正角度来看，也不能否定存在"应通过国民整体负担来予以救济"的特殊战争损害，这有待于立法来解决。

虽然有为数不少的战争灾害救济立法，但还是有不完善的地方。

六、与（其他法令下）不许可决定的关系

（一）有明文规定时

实施某种开发行为时，很多时候需要多个许可。《古都历史风土

---

〔1〕　盐野《Ⅱ》304页。

保存特别措施法》（以下称《古都保存法》）第 9 条第 1 款第 1 项规定：关于特别保存地区中的建筑许可申请，当根据同法第 10 条所规定的法律（《都市规划法》、《建筑基准法》等）而需要许可时，根据该法律作出不许可决定的，不需要《古都保存法》第 9 条第 1 款的不许可补偿。

这里的思维是：《古都保存法》第 9 条第 1 款的不许可补偿是在无法获得同法第 8 条第 1 款的许可时实施的，当没有获得该开发所需要的其他法律的许可时，不管是否实施《古都保存法》第 8 条第 1 款的许可，该开发都不能进行了，所以也没有必要实施古都保存法的不许可补偿。

415　《都市绿地保全法》第 7 条第 1 款第 1 项也有同样的规定。

（二）　无明文规定时

像《自然公园法》第 35 条第 1 款那样，没有明文规定这一点时，是否也可以作与《古都保存法》第 9 条第 1 款、《都市绿地保全法》第 7 条第 1 款第 1 项相同的理解？这因就"其他法令下的不许可决定"是否补偿而不同。

第一，在对"其他法令下的不许可决定"无需进行补偿的情形中，只要不能获得该法令的许可，就无需作自然公园法上的不许可决定。例如，为了某种开发而有必要实施《建筑基准法》上的建筑确认和《自然公园法》第 17 条第 3 款的许可时，只要没有获得前者的确认，不管是否获得了后者的许可，该开发行为都不能进行。因对该建筑确认的拒绝决定无需补偿，所以在没有获得建筑确认时，也无需《自然公园法》第 35 条第 1 款的不许可补偿。

若不这样理解，此前所有的无补偿就会因为自然公园法的规制而可以获得补偿，受到严格内在制约的土地所有人就会享受到更加优厚的财产权保障。

第二，在需要补偿"其他法令下的不许可决定"的情形中，不能因为没有获得该许可或自然公园法上的许可，就可以不补偿。

例如，在开发行为需要《自然公园法》第 17 条第 3 款与《文化财产保护法》第 43 条第 1 款的两个许可的情形中，两者都规定了不许可补偿。当在只受一方规制的区域内能获得补偿，但受到两方规制时，若因没有获得《文化财产保护法》第 43 条第 1 款的许可，故不需要《自然公园法》第 35 条第 1 款的补偿，或者因没有获得《自然公园法》第 17 条第 3 款的许可，故不需要《文化财产保护法》第 43 条第 5 款的补偿的话，就会抹杀两法设置不许可补偿之规定的旨趣。

只是，若主张基于两者的规定而可获得补偿的话，就会获得双重补偿，所以应该只依据一方的规定而请求不许可补偿。

另外，即使在法律没有明文规定不许可补偿时，有时也需要宪法上的补偿，所以在依据其他法令判断是否对不许可决定实施补偿 416 时，必须检讨是否需要宪法上的补偿。

七、公共减幅

土地区划整理事业中的所谓无偿减幅是否违反《宪法》第 29 条第 3 款，对此颇有议论。在该事业中成为减幅对象的人是特定的，很难说是达到了"可否定'一①'的侵害行为之特殊性"程度的一般性制约；成为减幅对象之土地的资产价值一般也不小。另外，"健全市区的建成"（《土地区划整理法》第 1 条）多多少少与传统的警察规制不同。基于以上理由，对无偿减幅的实施，违宪论根深蒂固地存在。

1946 年制定的《特别都市规划法》第 16 条规定，"……区划整理实施后，区划整理区内的宅地总面积比实施前的宅地总面积减少 15% 以上的，根据敕令的规定，就超过该 15% 的部分，向土地所有人以及关系人支付补偿金"。15% 以内属于无补偿减幅，对超过该比例的部分，不视为原来土地与置换地的交换价值问题，采用的是对土地面积的减少进行补偿的机制。

但该条在 1949 年被修改为，"……区划整理实施后区划整理区内的宅地价格总额比实施前的宅地价格总额减少的，就该减少额，向土地所有权人以及关系人支付补偿金"。即使减幅很大，但只要该置换土地的交换价值没有比置换前减少，就不需要补偿。

现行《土地区划整理法》第 109 条采用的不是土地面积主义，而是总价主义，只有在交换价值减少时，才交付补偿金。

该机制认可因土地交换而生的开发利益与减幅所致损失的相互抵消，是旨在一边吸收开发利益，一边建设健全市区的良好方法，其本身没有问题。但不能否定其存在与征收的失衡问题。

417

即某人的土地的一部分被征收的，即使剩余土地产生了开发利益，也不能与征收损失相抵（《土地征收法》第 90 条）；而公共减幅的，可以与因土地置换而生的开发利益相抵，所以方法的不同会产生"有无补偿"的不同。

但是，征收与土地区划整理事业的宗旨不同，所以对如何处理开发利益，可以有差异。此时可参考的是宅地审议会第八次答复所提出的观点，即"城市的根本性设施的建设费用是公共负担，支线设施或宅地周边设施的建设费用是该设施的特别受益者（开发者、土地所有者等）的负担"。

即在前者情形中，不但涉及周边居民，一般还存在广泛的利益。故该负担由全体来分担是适当的，但在后者情形中，只在比较狭小的有限地域内存在利益，故更适合成为地区居民的负担。

所以，在前者情形中，征收的损失补偿与开发利益的吸收可以大体分离，否定两者的相互抵消；而在后者情形中，肯定相互抵消不能说不合理。

这样一来，若征收只适用于前者情形，公共减幅只适用于后者情形的话，两者对开发利益的处理即使不同，在此也能看到大体的合理性。[1]

但是，《土地区划整理法》第 120 条第 1 款认可了以"干线街道以及政令规定的其他重要公共设施的土地供应"为主要目的的土地区划整理事业，所以在建设干线设施时，是否可以在开发利益的相

---

〔1〕 原田尚彦：《土地征收判例百选》1968 年版，第 139 页；藤田宙靖：《西德的土地法与日本的土地法》，创文社 1988 年版，第 236 页。

互抵消方面，设置征收情形与公共减幅情形的差异，仍有疑问。对此，很难有合理的说明。

该法规定，此时土地区划整理事业的实施者可以向公共设施的新建或改建的实施者，在取得该公共设施用土地时所需全部费用的范围内，依据政令的规定，要求承担该土地区划整理事业所需的全部或部分费用。

418

该"公共设施管理者负担金制度"旨在消除只让实施区域内的居民承担公共设施——主要为实施地区外的居民所使用——用地费用所带来的不公平。但该制度并不能完全消除无偿减幅问题。

第一，可以向公共设施管理者要求的是事业费用的全部或一部分，当事业费没有达到公共设施用地费用的全额时，事业费的数额就成为负担金的上限。所以没法保证对公共减幅的全部实施补偿。

第二，在该制度下可以向公共设施管理者请求负担金的是土地区划整理事业的实施者，不是各个土地所有者。因向事业者支付了负担金而有可能减少保留地的减幅，但无法保障公共减幅的减少。

在德国无偿减幅只限于支线设施，根据土地区划整理事业而建设干线设施时，有义务提供替代土地。即使以此为参照，"我国的无偿减幅是'无补偿征收'"这一批判也并非是无的放矢。

调整金、减价补偿金制度也不能消除征收与公共减幅的不均衡。首先，调整金是调节因土地区划整理事业所致的实施地区内土地所有者之间的相对不均衡，没有课赋公共减幅的正当补偿义务。

另外，有人主张应该与征收情形一样，在不考虑开发利益的情况下，对应公共减幅的面积实施正当补偿。针对该主张，"抵消开发利益后仍有损失的，应支付减价补偿金"的说法显然也不是有效的反论。

应该积极推进开发利益的吸收，现行无偿减幅制度虽不直接违反《宪法》第29条第3款。但干线设施建设的无偿减幅与征收情形相比较后，不能否定违反《宪法》第14条的可能性。

八、行政财产使用许可的撤回

（一）有归责于被许可人的事由时

行政财产使用许可被撤回后，是否需要补偿？这是实务上极为重要的课题，时常产生纠纷。

但是，当因归责于被许可人的事由而撤回许可时，可以看做是因"为避免持续使用给公益造成妨碍"这一消极目的而为，"东京地判昭 47·3·13 东京都法务资料 12·1·2"认为不需要补偿，这是判例的立场，实定法也将不补偿此情形中的许可撤回视为当然前提（《道路法》第 72 条第 1 款、《河川法》第 76 条第 1 款、《海岸法》第 21 条第 3 款、《都市公园法》第 12 条第 1 款）。

下面考察一下无"归责于被许可人"之事由的情形。

（二）（无归责于被许可人的事由时）使用权的补偿

1. 传统学说。撤回行政财产使用许可后，需要对使用权本身进行权利对价补偿吗？使用权是财产权，若公益理由下的许可撤回是在为公共利益而使用该财产，那就应该和渔业权消灭、征收的情形一样实施权利对价补偿。以前的通说持该立场。[1]

大极光明事件的一审判决（"东京地判昭 39·10·5 判夕 170·234"）、二审判决（"东京高判昭 44·3·27 高民 22·1·181"）也遵从了当时的通说。

2. 对传统学说的批判。与此相对，有学说认为当有公益上的必要时，行政财产的使用权可以被撤回，这是其内在制约，不需要权利对价补偿。

原田教授认为：公物使用权是在"法律当然预想到了'有公益上的必要时，随时都可以要求返还'"这一基础上成立的权利，所以行使解除权（许可的撤回）后，应该视为权利本身当然消灭，与公

---

〔1〕 田中《行政法》（上）156 页；原龙之助：《公物营造物法》（新版），有斐阁1982 年版，第 326 页。

用征收不同，不需要权利对价补偿。[1] 　　　　　　　420

阿部教授也认为：公物使用特许的撤回只是剥夺"因设权行为而特别获得"的利益，让其成为一般人，与剥夺私人本来享有的权利、自由，让其承担特别牺牲不同。[2]

3. 判例的转变。或许是受到这些有力批判的影响，之后的判例在关于基于公益的必要而撤回行政财产使用许可的问题上，原则上朝着否定权利对价补偿的方向转变。

接着，作为大极光明事件最高法院判决的"最判昭49·2·5民集28·1·1"也判道：行政财产的使用权有内在制约，即没有规定期限的，当产生该行政财产之本来用途或目的上的必要时，原则上应在该时点消灭，所以不需要权利对价补偿。

但该判决保留了例外。即在如下特别情形中，肯定了权利对价补偿的可能性：像"获得使用许可时支付了对价，但在'该行政财产的使用收益被认为不足于偿还该对价'的期间内，产生了该行政财产之本来用途或目的上的必要时，或者关于使用许可，有特别规定时"这样，尽管产生了该行政财产之本来用途或目的上的必要，但足以认定使用权人有实质理由来继续拥有该使用权。

但认为：接受使用许可时，原告答应支付整地费用的约定不是上面说的特别情形。

此后的大部分判决都沿袭了上述最高法院判决，否定权利对价补偿。

4. "认可特别情形，肯定补偿"的判例。也并非完全没有站在与大极光明事件最高判决相同的立场，认可特别情形的存在，并命令补偿的判决。

"横浜地判昭53·9·27判时920·95"一边认为都市公园设施管理许可被撤回的人，只要不存在特别情形，就应作为内在制约而甘愿忍受管理权的消灭，一边又对部分土地肯定有"特别情形"。

---

〔1〕　原田尚彦："判批"，载《判评》1969 年 127 号 14 页。

〔2〕　阿部泰隆："判批"，载《法律人》1969 年 435 号 78 页。

421　　　　原告和被告（市）一起，向相关机关陈情说该土地应免于农地解放，努力说服参加反对运动的耕作农民，不但付出了这样的人力，还作出了经济贡献——几乎支付了全部失业补偿费，这些成为认可"特别情形"的理由。

　　5. 福原"护村堤"诉讼。即使在前揭"最判昭 49·2·5"以后，也并非没有"不将是否符合该判决所言'特别情形'"作为问题而肯定权利对价补偿的判例。

　　"名古屋地判昭 53·4·28 行集 29·4·889"、"名古屋高判昭 58·4·27 行集 34·4·660"、"最判昭 63·1·21 判时 1270·67"就是例子。

　　在该事件中，因江河改造工程而撤回了护村堤的占用许可，由此产生的损失补偿额成为争点。从一审到最高法院判决，关于堤防地基的所有权价格应该得到补偿这一点没有变化，被告也没有在此引发争论。

　　虽是占用许可的撤回，但却实施权利对价补偿，而且还依据所有权价格来实施，这明显与前揭"最判昭 49·2·5"以后的一般倾向相背离，但这里有如下特殊情况。

　　关于该护村堤，早在江户时代，原告的祖先在缴纳地租后获得许可，投入私人财产进行设置管理，通过继承变为原告所有。但随着旧河川法的实施，该护村堤的一大半被认定为堤防地，而且被认定为江河附属物，私人权利在无补偿的情况下被消灭了。

　　之后，原告根据旧《河川法施行规程》第 9 条，获得了该护村堤的占用许可。即使在根据 1965 年 4 月 1 日实施的《河川法施行法》第 4 条，该护村堤归国家后，原告根据同法第 19 条，仍然继续占用着。

　　所以，即使就占用许可之撤回所致的补偿，也应该下发旧《河川法施行规程》第 10 条规定的"相当补偿金"。"相当补偿金"的主旨是"不仅补偿地上现存物，还补偿与土地相当的价格"（明治 35 年 3 月 28 日土甲 13 号各地方长官收土木局长通牒）。

422　　　　基于上述沿革，在该案件中，尽管在形式上是占用许可的撤回，但实质上以类似土地征收的方式予以了处理。

6. 小结。除福原护村堤诉讼这样的例外情形外，现在的判例都认为：因行政财产本来目的上的需要而撤回时，行政财产的使用权被消灭，这是内在制约，原则上不需要权利对价补偿，只在有"在偿还'获得许可时所支付'的对价前撤回的，或有获得许可时作了特别规定等"特别情形时，才需要权利对价补偿。

以特别情形为基础的对价支付只有在下列场合中才被认可：用整地费用（前揭"最判昭49·2·5"）、建设费用（前揭"横浜地判昭53·9·27"）的出资额还不够，只有"支付了失业补偿费"这一事实也不够（"东京地判昭53·6·26行集29·6·1197"），为该土地的取得，在经济方面作出了很大的贡献（前揭"横浜地判昭53·9·27"）。

但各个判例都以案件的具体事实关系为背景，所以在"提炼使用费、整地建设费用、失业补偿费的具体数额以及其他事项，使其一般化"方面必须慎重。

7. 与租地权的不同。对以上的判例，有赞成的学说，也有从传统的通说出发予以反对的学说，但判例的方向基本上是妥当的，理由如下：

行政财产使用权与租地权的重点不同。在租地权的合同期间内，不会出现如下情况，即尽管租地人没有归责事由，但会因租地权设定方的事由而解除合同。而行政财产使用权即使在许可期间内，若有公益上的必要，随时都可撤回许可。而且，行政财产使用权在通融性这一点上，比租地权更受限制。故不能平行考虑行政财产使用权与租地权。

8. 附解除条件或不确定期限的权利。上面所讲的可以成为"否定向行政财产使用权支付与租地权相同的权利对价补偿"的证据，但作为全面否定权利对价补偿的根据，尚不充分。基于公益理由，可以随时撤回许可，这与是否进行损失补偿是另一层面的问题，因为从前者无法导出否定权利对价补偿的结论，即使对通融性受到限制的权利一般也进行权利对价补偿。

423

为了否定"行政财产使用权因该财产本来目的的需要而撤回"时的权利对价补偿，或许需要构建"附带'该权利在基于上述需要而撤回时被当然消灭'这一解除条件或不确定期限"的权利。即撤回的效果不是使用权的征收，而是确定期限届满。

前揭"最判昭 49·2·5"也基本上持同样的思维。该判决说"在没有规定期间的情况下，使用权原则上在该行政财产的本来用途或目的之必要性产生时，应该消灭"。之所以不说"消灭"，或许是因为即使必要性产生，使用权也不自动失效，只要没有被撤回，就一直存续。

联系到"判断是否需要补偿"时的三要素来说的话，关于公益理由下使用许可的撤回，从侵害行为的特殊性、侵害行为的目的角度来看，似乎应该肯定权利对价补偿。但是，侵害行为的强度比租地权征收时要弱，尤其是为了能让使用权本身因出现解除条件或期限届满而消灭，很难将其说成侵害行为，这些是否定权利对价补偿的理由。

9. 权利对价补偿被认可后的弊端。从避免权利对价补偿被认可后的弊端角度看，前揭"最判昭 49·2·5"的判旨也是妥当的。

在对行政财产的使用实施许可时，一般不存在类似礼金的授受关系，使用费，尤其是公物的占用费相当低廉。这本身是否妥当暂且不管，在此现状下，即使在基于公益理由而撤回时也需要权利对价补偿的话，补偿额也经常大大超过使用费收入。

这有可能产生如下情况：对"合理情形下行政财产使用的许可，以及本来目的下许可的撤回"产生犹豫，阻碍行政财产的有效使用。另外，行政财产的使用许可与巨大利益挂钩的话，很难保持其中立和公正性。而且，因为是在比租用私有地更有利的条件下使用行政财产，所以即使否定权利对价补偿，也未必就对被许可人不利。

但是，当使用权人在获得许可时支付了特别的对价，或者使用费与一般的租金没有太大差别时，有必要进行更加慎重的讨论。只是此时，关于必要补偿，与考虑权利对价补偿的内容相比，更应该考虑附随损失的补偿。

10. 新申请的拒绝。在不许可决定不被视为拒绝更新，而被认为只不过是拒绝新申请的情形中，[1]因许可期间届满，故该不许可决定在实质上不是许可的撤回，不需要权利对价补偿。

11. 与行政财产本来目的不同的目的下的撤回。因行政财产本来用途或目的而撤回许可的情形，与因其他公共目的而撤回许可的情形会有差异。

关于后者的判例，有"东京高判昭 51·4·28 判时 828·46"。在该案中，江河地基的占用许可被撤回是因为新干线的建设，而不是江河地基本来的用途或目的。

但同判决没有特意区分是江河工程的撤回，还是其他公益必要性下的撤回。

另外，"东京地判昭 47·8·28 判时 691·40"一边认为为了该道路管理者以外的首都高速道路公团的道路而撤回了许可，所以不应该作为《道路法》第 71 条第 2 款第 1 项、第 3 项之情形来处理；一边还是否定了占用权本身的权利对价补偿。作为二审判决的"东京高判昭 49·2·28 东京都法务资料 14·1·15"、"最判昭 52·2·24 东京都法务资料 17·1·6"也肯定一审判断是正当的。

所以，现在的判例就与江河、道路相关的权利对价补偿，并不区分是该行政财产之本来用途或目的下占用许可的撤回，还是此外公益理由下占用许可的撤回。⁴²⁵

像前揭"东京高判昭 51·4·28"、前揭"东京地判昭 47·8·28"那样，不管是内在的，还是外在的，都否定权利对价补偿也并非没有合理性。向用低廉使用费而使用行政财产者实施权利对价补偿有可能引发使用权的牟利化，这不会因使用权之消灭原因是内在还是外在而不同，区别内在、外在本身有时并不容易。

但难以断言的是：即使是在与该行政财产的本来用途或目的无

---

〔1〕 在什么情况下应理解为许可因"拒绝更新"而被撤回？就此的详情可参见宇贺克也："行政财产使用许可的撤回与损失补偿（上）"，载《法律人》1993 年 1016 号 54 页以下。

关，完全基于公益的一般需要时，也有使用权应该消灭这一内在制约。另外，只要认为不管在什么场合都不需要权利对价补偿，那《土地征收法》第 5 条第 3 款明确规定江河地基的使用权就失去了意义。

使用权即使附解除条件——因该行政财产之本来用途或目的的必要而应消灭——或附不确定期限的权利，也不是当然就说被附上了"有与该行政财产之本来用途或目的无关的公益上的必要时，应该消灭"这一解除条件或不确定期限。

所以，"因'作出占用许可决定的公务管理人'以外的第三人的情况而有必要撤回该许可时，需要权利对价补偿"这一想法也未必不能成立。

（三）附随损失的补偿

1. 肯定判例。在前述大极光明事件中，只有权利对价补偿成为争点，所以与该事件相关的判例完全没有言及附随损失。

而且，"东京高判昭 50·7·14 判时 791·81"原则上否定了使用权的权利对价补偿，也没有认可搬离补偿，但认为建筑物与工作物的转移费、营业损失、整地费等的损失补偿是可能的。"最判昭 51·9·6 东京都法务资料 16·3·23"完全肯定了原审的判断，驳回了上诉。所以，最高法院也认可了物件补偿、营业损失的补偿。

另外，前揭"东京地判昭 47·8·28"在旁论部分说道：《道路法》第 72 条的"通常应受损失"的补偿是指对建筑物拆除、搬迁地调查所需费用、营业中止所致损失、为行使占用权而投资后无法收回成本等损失而实施的最大限度的补偿。

前揭"横浜地判昭 53·9·27"认为建筑物价格与建筑物搬迁费用是《都市公园法》第 12 条第 1 款的"通常应受损失"，并作出了补偿的命令。

与使用权人请求损失补偿这样的一般案例不同，在以损失补偿违法为由而提起居民诉讼的案例中，"千叶地判昭 62·11·9 判时 1303·64"以及作为其二审判决的"东京高判平 3·7·30 行集 42·6＝7·1253"都判道：市在搬迁中央批发市场时向"获得旧市场设施使用的批发业者"实施的附随损失补偿——在批发业者自己花钱购置的设备、附属品中，有的无法搬入新市场，就此产生的资本损失——不违法。

从以往的判例来看，多数情况是：在实质上被视为许可的撤回时，认可附随损失补偿。

2. 否定性判例。也并不是没有否定附随损失补偿的判例。

前揭"东京高判昭 51·4·28"判道：只要没有"与预期完全相反的短期的使用权消灭等"特别情形，就不能对恢复原状所需费用、设施的搬迁、修复等损失，请求补偿。

前揭"东京地判昭 53·6·26"认为：公物的占用者在占用期间届满后，一般都有恢复原状的义务，所以与该不许可相关的原状恢复费用也应由原告承担。

后者有个前提，即"足以实现占用目的"的期间结束后，占用权因许可期间届满而消灭，此后的不许可决定实质上是许可的撤回。该前提成立的话，那因资本已被回收且获得了利益，所以"将搬迁费用作为占用权者的负担"的说法对占用权者而言也并不苛刻。

肯定附随损失补偿的各个判例的射程仅限于被视为许可撤回的事例，不与前揭"东京地判昭 53·6·26"发生矛盾。

问题出在前揭"东京高判昭 51·4·28"。在该案中，许可期间届满时原告的占用许可失效，没有继续更新许可的理由是江河管理者持不认可更新的态度，故在实质上与《河川法》第 75 条第 2 款的撤回等同视之。但该判决判道：并不当然认可附随损失的补偿，只限在如下特别情形中才认可：在完全有悖于预期的短期间内，占用权被消灭等。

3. 质疑否定性判例。但是，有期间规定的，在该期间内；被视为无期间规定的，在用使用目的而推导出的一定期间届满前，许可因公益理由而被撤回的，是否可以完全否定附随损失的补偿，仍有疑问。

前揭"最判昭 49·2·5"作为一般论，对"公有行政财产的使用许可服务于该财产之本来目的"这一理由下的撤回，肯定了《国有财产法》第 19、24 条的类推适用。有附随损失补偿的思维。实际上，前揭"最判昭 51·9·6"就肯定道给予附随损失补偿的原审判决是正当的。

4. "无补偿拆除"的附款。在行政实务上，很多情形是在附款中规定：只要公益需要，随时都可以撤回许可，不实施任何补偿。在判例中，有的像"葛城简判昭 38·3·5 判夕151·140"那样，认为有相对人的同意，可以免除补偿义务。一般认为这样的附款应理解为格式条款。

前揭"葛城简判昭 38·3·5"关于这一点，作为先例引用了"最大判昭 33·4·9 民集 12·5·717"。后者认为：站前广场之土地上的建筑许可即使被附上"知事命令搬迁的，必须在 3 个月内拆除建筑物、不要求其损失补偿等"内容的附款，那也被认为是为实施城市规划事业而不得已为之，而且该附款已预先得到了申请人的认可，不能说该附款违反了《宪法》第 29 条。该案件有别于行政财产使用许可的撤回。

九、部分征收

在对被套上征收"命运"的土地，课赋像"不得妨碍将来的公共事业"这样的土地利用规制的情形中，在征收实施阶段，就如"最判昭 48·10·18 民集 27·9·1210"所判道的那样，被征收地将获得"未受到土地利用规制"时所具有价值的补偿。

但这不是对"土地利用规制发生后，征收实施前，该土地利用受限而产生"的损失（如租金的损失）进行补偿。土地利用规制期间较短，规制程度较小时，该损失虽然可不被视为特别牺牲，但长期受到较大限制时，可视为特别牺牲。

在德国，依据部分征收理论，补偿请求在该情形中会被认可。

十、特别牺牲理论的问题

（一）"从一极端走向另一极端"的解决

以上就是否需要宪法上的补偿，概述了特别牺牲理论下的判断标准。但不少情况是：关于有无特别牺牲，无法形成明确的、一义性的判断，观点不一。

特别牺牲与内在制约的界限不明了。只要一说不需要补偿，就不进行任何的损失补偿，这样的从"一个极端走向另一极端"的解决在很多情况下是缺失实质妥当性的，尤其是在土地利用规制领域。

规制是连续的模拟型，而"是否需要补偿"是源于如下思维的问题：以有无特别牺牲为指标，用"从一极端走向另一极端"的方式来处理的数字型思维。

（二）模拟型补偿理论

对该问题有两个对策。一方面，就是否需要宪法上的补偿，克 429 服"从一极端走向另一极端"的数字理论，采用模拟理论——可以向连续性规制作连续性补偿。

已经有这样的尝试，《宪法》第 29 条第 3 款的"私有财产"被理解为取得价格加"所有人因自己努力而附加"的价值的总和（以下称"取得价格等"），"正当补偿"被理解为规制所致市场价格低于取得价格等时差额部分的填补。

另一方面，土地利用规制带来的地价下降可以看作是完整所有权的部分出售，征收 100% 的资本利得税，但当地价跌至低于取得价格等的数额时，在征收资本利得税时要扣除"减去取得价格等后"的那一部分。以此实现不当得利部分之开发利益的公共返还。[1]

若能够导入 100% 的资本利得税的话，该理论在财政上也是切实

---

〔1〕 岩田规久男：《土地与住宅的经济学》，日本经济新闻社 1977 年版，第 239 页；福井秀夫："阪神大震灾复兴计划的法课题"，载《都市住宅学》1995 年 10 号 37 页以下。

可行的，值得倾听。

在我国，开发利益的公共返还实施得极为不够。[1]所以可以看到从财政角度应对土地利用规制所致损失补偿的消极性判例、行政实务正在产生。

但这又进一步扩大了不平衡。其作为抵抗日益强化的土地利用规制的重大力量而出现，给我国的土地利用、城市规划产生不好影响。从这样的宏观角度看，与开发利益之公共返还配合在一起的模拟型补偿理论也还需要再检验。

（三）政策性的利害调整

从"一个极端走向另一极端"式的解决缺失实质上的妥当性，对付该缺失的方法之一是以既有补偿理论为前提，导入政策性利害调整机制。

430　　这里除支付政策补偿金外，还有固定资产税、城市规划税的减免等租税特别措施、土地买进制度、TDR（可移转开发权）等措施。为了实现这些措施，有必要进一步推进开发利益的公共返还。

第四节　补偿的内容

一、自愿收购

在我国，通常通过自愿收购的方式来为公共事业取得土地。或许有人认为，在自愿收购中，因以当事人都接受的价格签订合同，故收购价格妥当与否不会成为法律问题，交给私人自治即可。

虽说是自愿收购，但为公共事业取得土地时，总有征收权在背后待命。对私人而言，失去该土地已是命中注定。多数为公共事业而出卖土地的人都意识到了该强制因素。[2]

---

〔1〕　关于其理由，参见宇贺克也："法理论对社会返还的制约"，载《开发利益返还论》，日本住宅综合中心1993年版，第23页以下。

〔2〕　足立忠夫：《土地征收制度的问题点》，日本评论社1991年版，第59页。

一方面，在该强制之下，即使以合同方式买卖土地，也和征收一样，应该给予正当补偿，私人通过该正当补偿是否可以重新建立生活，成为人们关心的重要事项。[1]

另一方面，对开发商而言，只要土地作为项目用地被规划，那实际上就失去了选择的余地，还有预算执行上的限制，还会发生卖方市场下"唠叨得便宜"的情况。

但因为背后有征收权，故如前所述，实际上卖方也有脆弱性，考虑到事业认定申请、征收裁决申请带来的沉重项目负担、征收权导致的社会摩擦等，应该尽量发挥自愿收购方式下取得土地时的强力物质激励的作用，这样有可能产生过大的补偿。考虑到补偿费用来自公费，所以尽量避免过大补偿也是当然的事情。

即使是在私人企业成为开发商的情形中，因项目有较高的公共性而被赋予公用负担特权，此时即使是自愿收购，正当补偿也应该得到保障，而过大补偿很有可能通过公共费用上涨的方式转嫁给国民，故应避免。

从公平角度看，由开发商与土地所有人的实力对比关系左右补偿数额并不是什么好事。所以，即使在公共用地的自愿收购中，也应该在统一标准之下，实施不多不少的补偿。尽管是自愿收购，一般还使用"补偿"一词，这也反映出公共用地取得的特殊性。

基于以上认识，开发商之间不统一的补偿标准得到了统一，这就是 1962 年内阁会议通过的一般补偿标准。

几乎所有的公共用地都是通过自愿收购方式取得的。如上所述，即使是自愿收购，也含有强制之意，而且支出公款。这样就很有必要从法学视角检讨自愿收购中的补偿问题。在以下章节中，也是在考虑自愿收购事例后展开讨论的。

431

---

〔1〕 关于公共用地自愿收购与征收的关系，可参见藤田宙靖：《西德的土地法与日本的土地法》，创文社 1988 年版，第 212 页以下。

二、权利对价补偿

（一）完全补偿说与相当补偿说

《日本国宪法》第 29 条第 3 款规定"私有财产在正当补偿下可以为公共所用"。这里的"正当补偿"是什么，对此形成了完全补偿说和相当补偿说。有必要留意的是在这些理论框架中存在如下限制。

（二）财产权补偿与生活权补偿

两者在思考"正当补偿"时都想到了财产权补偿。在此基础上，讨论财产性损失的完全填补是否有必要？若不必完全填补，那给予相当补偿是否就可以了？

"正当补偿"本来不是财产权补偿，让被征收人过上与未被征收时一样的生活状态的生活权补偿才是"正当补偿"。财产权补偿也只不过是上述目的下生活权补偿的一部分，[1] 如持这样的立场，那从生活权角度看，作为财产权补偿的正当补偿也只不过是相当补偿。

（三）权利对价补偿与附随损失补偿

即使仅限于财产权补偿来思考的话，在完全补偿说中，有的只进行完全的权利对价补偿就足够，而有的不补偿附随损失，这都不能说是完全补偿。从后者的立场来看，前者不是完全补偿说，而是相当补偿说。

（四）学说射程的明确化

这样，即使在完全补偿说之间，就补偿对象的外延、内涵，都没有达成一致。所以有必要明确如下射程，即此前的完全补偿说与相对补偿说的对立是财产权补偿层面，而且是权利对价补偿层面的争论。

（五）农地收购判决

就权利对价补偿，提倡相当补偿说的重要契机是农地改革。"最

---

[1] 高原贤治：《财产权与损失补偿》，有斐阁 1978 年版，第 163 页。

大判昭28・12・23民集7・13・1523"判道，"《宪法》第29条第3款所说的财产权为公共所用时的正当补偿可理解为：基于当时经济状态下成立的价格而合理算出的数额，并不需要总与其价格完全一致。因为财产权的内容在本质上要求符合公共福祉，并由法律规定（《宪法》第29条第2款），为增进或维护公共福祉而有必要时，会受到财产权之使用、收益、处分方面的限制，或者受到财产权之价格方面的特定限制而不认可自由交易所确定的价格"。

为让该最高法院的判决正当化，就必须依据相当补偿说。"地主的农地所有权明显受到使用、收益、处分方面的限制，很快法律就控制了该价格，而后几乎就不存在市场价格了"。所以"此农地所有权的性质变化是一直以来'以创造自耕农为目的'之国策下的法律措施，易言之，是《宪法》第29条第2款所说的'法律为符合公共福祉而规定'的农地所有权内容"。若是如此，也并非完全不能看成：社会制约的结果是向跌落的财产价值完全地实施了补偿。

该说明有些勉强，依据与在外资产丧失相关的"最大判昭43・11・27民集22・12・2808"的表述来看，"战败后，我国接受了波茨坦宣言，签署了投降文书，服从联合国的占领管理，我国的主权不得不置于联合军总司令部的完全支配之下"，所以作为占领政策——通过创造自耕农来推进农业民主化——而推行的农地改革是极为特殊的事例，不能以此事例为例来让相当补偿说一般化。

所以，除了这样极为例外的情形，权利对价补偿应该是完全补偿。

（六）与请求权发生说的关系

不以此为前提的话，原本就很难适用请求权发生说。怎样的补偿是"正当补偿"？立法者对此虽有裁量，但在立法者没有明示的情况下，法院就必须决定。

（七）政策上的补偿

即使是在农地收购这样的、今村教授所说的"对某种财产权——构成既有财产法秩序——的社会评价发生了变化，基于该变化而实施的以变革该权利关系为目的的侵害行为"[1]以外的情形中，就《传染病预防法》第19条之2第3款的"津贴"等，也不需要完全补偿，这是因为应该这样看：被传染病污染的建筑物处于违警状态，原本可以不用补偿，只是基于政策角度而给予了一定补偿。

（八）受城市规划限制、城市规划事业限制的土地被征收时的权利对价补偿

"最判昭48·10·18民集27·9·1210"就受城市规划限制、城市规划事业限制的土地被征收时的权利对价补偿，也判道，"土地征收法中的损失补偿的目的是当土地为特定公益事业而被征收时，让征收所致的土地所有权人等的特别牺牲得以恢复，完全补偿就是为让被征收人的财产价值在征收前后相等而进行的补偿，用金钱补偿时，补偿金额能够让被征收人可以在附近获得与被征收地相同的替代土地"。

还判道：该道理即使在土地为城市规划事业而被征收的情形中也没有什么不同。根据土地征收法，应补偿的数额是被征收人当没有受到城市规划限制、城市规划事业限制时，在裁决时被认为所具有的价格。

（九）宪法上的补偿与土地征收法中的权利对价补偿

该判决是直接针对土地征收法上的权利对价补偿，故在理论上会出现低于或者高于宪法上"正当补偿"的情形。在"低于"情形中，可以依据请求权发动说，直接依据《宪法》第29条第3款的规定，请求补偿不足部分。

但是，土地征收法上"通常所受损失"的补偿是宪法上的补偿，还是政策上的补偿，对此虽仍有讨论的空间，但对"权利对价补偿让宪法上的要求法定了"这一点没有异议。

前揭"最判昭48·10·18"说土地征收法之损失补偿的目的在于恢复特别牺牲，该表述也是以该法的补偿与宪法上的补偿一致为前提的。这样一来，该判决也是如下立场，即公用征收中的权利对

---

〔1〕 今村《损失补偿》74页。

价补偿若不是完全补偿，就不能说是《宪法》第 29 条第 3 款的"正当补偿"。

（十）残地补偿

1. 征收损失。《土地征收法》第 71 条第 1 款规定，"征收、使用同一土地所有人的一块土地的一部分，致使残地价格下降，并产生其他与残地相关的损失时，必须补偿该损失"。在该残地补偿中除征收损失外，是否也包括事业损失？对此有议论。而关于征收损失，有时应这样看：其是权利对价补偿，对其进行完全补偿是宪法上的要求。

因为同一土地所有人的一块土地一般因其整体而使使用价值得 435 以提高，交换价值也得以提高。其中的某一部分被征收后，只有成为事业用地的被征收部分被剥离出，被评价，只对被征收部分进行完全补偿的话，实际上也不是完全补偿。

例如，当价值 100 的一块土地的一半被征收时，只剥离出被征收部分来评价的话，该部分的评价不是 50，而是 40。同样，残地的评价也减为 40。这样一来，权利对价补偿本来应是 50 的地方，只支付 40，所以作为残地补偿，只有按照算式"50 − 40 = 10"来支付的话，才是完全的权利对价补偿。

这样，征收补偿中的残地补偿有时具有完善权利对价补偿的性质。此时，其不是土地征收法上的政策补偿，即使没有《土地征收法》第 74 条，也可理解为是宪法所认可的补偿。[1]"京都地判昭 48·1·26 判时 705·47"对此也予以了肯定。

2. 事业损失。事业损失是否包含在残地补偿中，对此，行政实务与判例有分歧。规定含残地补偿在内的一般补偿标准第 41 条但书规定"事业的实施导致遮阳、臭气、噪音等，并导致不利或损失的，不补偿"（否定说）；而判例的主流立场是事业损失包含在残地补偿中（肯定说），"最判昭 55·4·18 判时 1012·6"也是以此为前提进行判决的。

---

[1] 柳濑良干：《公用负担法》（新版），有斐阁 1971 年版，第 285 页。

事业损失不是只伴随残地而生的，依据肯定说的话，被征收人以外的第三人无法获得事业损失的补偿，只有被征收人能获得，这有失均衡。

但与一般补偿标准之实施相关的"内阁会议了解三"写道：在一定情形下，也不妨在事前对事业损失进行赔偿。事实上，关于遮阳、电视电波信号受阻、水枯竭等，可以基于"事务次官通知"予以事前赔偿。在这些情形中，被征收人以外的第三人、残地所有人都可以获得事前赔偿，所以没有将事业损失纳入残地补偿的实益。

但没有进行事前赔偿的，被征收人以外的第三人很有可能在事后请求补偿，或者被迫提起诉讼，所以持肯定说——残地补偿包含事业补偿——的话，就会遗留"被征收人以外的第三人与被征收人之间不均衡"的问题。但被征收人以外的第三人也不是没有救济的途径。另外，若与"被征收人以外的第三人与被征收人之间的均衡"相比，更重视对"公共事业给被征收人所致损失"进行完全补偿的话，那就应该采用肯定说。

此外，在事业损失中，还有种解释也是可能的，即从征收委员会的专业能力出发，将地价下降与身体被害、生活受到妨碍等区别开来，只有前者包含在残地补偿中。[1]

关于"沟垣补偿"，被征收人根据《土地征收法》第75条，被征收人以外的第三人根据同法第93条获得补偿，两者间没有不均衡的问题。

同法第90条禁止残地损失与开发利益的相互抵消。前揭"最判昭55·4·18"判道，"就事业的实施给残地价格造成的影响，无法明确区分利益与损失时，要对它们进行综合考虑，这与同法第90条禁止相互抵消的规定不抵触"。

同法第90条的意义是：在一般都无法充分吸收开发利益的现状下，若允许开发利益与残地补偿相抵消，就可以避免只有残地所有人无法享受开发利益的不公平。若采用该最高法院判决的思路，则

---

〔1〕 小泽《征收法》（下）120页。

会产生第 90 条之旨趣无法充分落实的问题。

作为损害赔偿问题来处理事业损失也是可能的，但在用损失补偿法理予以应对时，还是应作为宪法上的补偿来构建。此时，对地价下降等财产性法益的侵害，可以《宪法》第 29 条第 3 款为根据；对妨碍生活所致的精神损害，可以《宪法》第 13 条、第 14 条第 1 款、第 29 条第 3 款为根据。

（十一）补偿额的计算方法

1. 一物四价。如上所述，作为宪法上的补偿而实施权利对价补偿时，原则上需要完全补偿。因补偿额的计算方法不同，价格会出现差异，有必要就此进行探讨。

正如一物四价所说的那样，土地有时价、公示价格、路线价和固定资产税评价额，各不相同。但权利对价补偿的目的是能获得近旁类似土地，所以应该以时价为依据。

2. 鉴定方法。时价的鉴定标准本身也很多，有交易事例比较法、收益还原法、原价法等。因标准不同，补偿额会出现差异，一般而言，交易事例比较法是妥当的。因为被征收人的补偿要求是能取得近旁类似土地，交易事例比较法下的补偿与该要求相一致。

3. 实测土地面积与公簿土地面积。在土地区划整理事业中，多数情况是通过"实施规程"来规定公簿土地面积下的"换地预定地指定行为"、"换地行为"。此时，若不补偿与实测土地面积的差额部分，就有可能产生违反《宪法》第 29 条第 3 款的问题。

"最大判昭 32・12・25 民集 11・14・2423"判道：土地区划整理事业中的"换地预定地指定行为"不以原地的实测土地面积为标准，而是依据土地台帐上的土地面积；当两者有差异时，因在换地行为中支付了相当于实际土地价额的价款（换地、调整金），故不是无偿剥夺该差额面积。

"最判昭 40・3・2 民集 19・2・177"所采取的立场是：就"换地预定地指定行为"，若能依据土地台帐上的土地面积，为有相关强烈要求的人开辟出了"通过实测土地面积来计算其费用"之途径的话，也就不违宪了。

另外，关于换地行为，"最判昭 62·2·26 判时 1242·41"判道，"实施土地区划整理事业时，以原地的实测土地面积为标准落实此后的规划、决定自然是合理的，当土地区划整理事业显得紧迫、实施的地区很广时，以实测土地面积为标准就需要庞大的费用和劳力。而且，因明显推迟规划的实施，故原则上通过公簿土地面积来规定标准土地面积也是迫不得已，若为有相关强烈要求的人开辟出了实测土地面积之途径的话，该方法下的换地行为也不违反《宪法》第 29 条"。

但正如前揭"最判昭 40·3·2"所指出的那样，在换地行为的时点，原地已经被破坏，难以实测时，原则上应以公簿土地面积为标准。在"换地预定地指定行为"阶段，应该设置申请实测的机会。

（十二）补偿额计算的基准时间

补偿额计算的基准时间也会给补偿额带来很大的实际影响。1967 年修改了《土地征收法》，关于基准时间，由裁决时改为事业认定公告时。

该修改的目的是吸收事业认定公告以后的开发利益，防止"唠叨得便宜"。但也有人质疑：若不吸收近旁类似土地的开发利益，就不能通过补偿额来取得近旁类似土地，也就不能说是"正当补偿"。

为此，同法第 39 条第 2 款规定：若有事业认定公告，土地所有人可以请求开发商作裁决申请。同法第 46 条之 2 第 1 款规定：即使在裁决前，也具有补偿金支付请求权。同法第 46 条之 4 第 1 款规定：开发商收到请求后，必须在 2 个月内支付自己估算的补偿金。所以，"广岛地判昭 49·5·15 判时 762·22"等判例认为土地征收法修改所导入的"事业认定公告时主义"合宪。

三、附随损失的补偿

439　　《土地征收法》规定：不仅实施权利对价补偿，还实施沟垣补偿（第 75 条）、搬迁费补偿（第 77 条）。另外，还对失业费、营业损失、房屋搬迁所致租赁费方面的损失、土地所有人或关系人因征收或使用土地而通常遭受的损失进行补偿，一般称为通损补偿。

这些附随损失的补偿是否属于《宪法》第 29 条第 3 款的"正当补偿"？对此有讨论。在私人间的土地交易中，搬迁费、搬迁导致的营业损失，原则上由出让人自己负担（即使事实上会追加到出让价格之中）。

但在公用征收中，并不是自愿搬迁、自愿歇业，而是为公共事业被迫所为，所以从平等原则——损失补偿的基础——出发，有必要作为整体负担来填补该损失。

若不这样解释，被征收人就会被人们期待用"权利对价补偿减去附随损失后"的所得额来取得替代土地。这样一来，实际上就不符合"最判昭 48・10・18 民集 27・9・1210"所说的"让被征收人取得'近旁的、与被征收地相等的替代土地'所需金额的补偿"。所以，附随损失的补偿也符合《宪法》第 29 条第 3 款的"正当补偿"，不应看作是政策上的补偿。

另外，《取得公共用地时的损失补偿标准》（1962 年 10 月 12 日中央用地对策联络协议会理事会决定，以下称"用对联标准"）第 28 条第 2 款规定，"不补偿基于《建筑基准法》及其他法令之规定而有必要改善——建筑物搬迁时，为代替木制建筑物而构筑耐火建筑物等——的既有设施的改善费用"。对法令设施改善费用是否补偿，颇有讨论，但至少该费用提前支出后的利息应该作为"通常所受损失"（《土地征收法》第 88 条）或"通常所生损失"（《一般补偿标准》第 43 条）而受到补偿。

不是因法令，而是因强力的行政指导，导致在事实上不得不支出设施改善费用，对此应如何理解是一个论点。"大阪高判平 6・11・29 行集 45・10＝11・1900"判道：工厂搬迁中，只要从客观社会角度看，被认定必须支出结构设备的改善费用，那就可以将"支出被提前的期间内的运营利益额"视为"通常所受损失"。

440

四、生活权补偿

（一）定义

《宪法》第 29 条第 3 款规定：为公共目的而使用私有财产的，实施"正当补偿"。只靠财产权补偿的话，会出现无法维持此前生活水平的情况。对是否需要生活权补偿，学界很早就有讨论。

但对生活权补偿的定义，学说并未形成一致，最广义的观点将财产权的权利对价补偿包含其中。即补偿的终极目标是重建从前生活，权利对价补偿也只不过是实现该目的的手段之一。[1]

的确，损失补偿的终极目的原本应该是尽可能地重建从前生活状态，最广义的定义有说服力，但现行法制并不以此为前提。在本书中，权利对价补偿与精神损失补偿不包含在生活权补偿之内。

（二）一般补偿标准

1. 生活权补偿的一般性否定。作为《一般补偿标准》之基础的 1962 年 3 月的"公共用地审议会答复"规定"在水库事业等中，与一般性营业补偿等不同，'生活权补偿'成为问题，若财产性补偿得到了恰当落实，那就没有必要再另外设置这样的补偿项目"；否定了生活权补偿。

2. 第三人补偿。但《一般补偿标准》第 45 条规定了少数残存者补偿——对象是因土地被用于项目而脱离生活共同体的人。第 46 条规定了离职者补偿——土地上的雇工因土地的变化等而失去工作后，在再次获得工作前的期间内无法获得收入时；对第三人的生活权补偿也给予了一定的考虑。

但两条的立场是从社会政策角度出发，例外性地主张第三人补偿，不是肯定了补偿请求权。另外，实际上，少数残存者补偿的案例几乎只限于水库建设情形。

从以上分析可知，很难看到一般补偿标准对生活权补偿的积极

---

〔1〕 高原贤治：《财产权与损失补偿》，有斐阁 1978 年版，第 173 页。

姿态，学说对其的评价也很一般。

3. "通常所生损失"的补偿。前述公共用地审议会所使用的"生活权补偿"一词却是狭义的，若主张搬迁费、营业补偿、农业补偿等的"通常所生损失"补偿也包含在生活权补偿之中的话，那就可能是另外一种评价了。

以营业补偿为例，有废止补偿（第31条）、歇业补偿（第32条）、规模缩小补偿（第33条）等，有了很细致的应对。将这些"通常所生损失"的补偿也看作生活权补偿的话，就会形成一种评价：一般补偿标准整体都立足于生活权补偿说。[1]

在私人间的买卖中，"通常所生损失"的补偿应该由卖方承担；而在公共用地的买卖中，参照强制性后，要考虑让其能维持以前的生活。

4. 权利对价补偿。可以看到权利对价补偿旨在让其能取得近旁类似土地，进而能重建以前的生活。

即《一般补偿标准》第7条第1款规定：用正常交易价格，对取得的土地进行补偿。同条第3款规定：因土地上预定的项目而导致该土地的交易价格下降的，要依据不受该项目影响时的该土地的正常交易价格。后者之所以否定以往的判例、通说，是因为若不这样做，就很难取得与以前同样的土地。此处也可窥见通过财产补偿来重建生活的思想。

442

5. 实物给付。《一般补偿标准》第6条第2款规定：土地等的权利人要求取代金钱，通过土地或建筑物的提供、耕地或宅地的修整及其他金钱以外方式获得给付的，要努力实施这些给付。这是考虑到用金钱补偿很难重建生活时，可以通过实物补偿来重建生活。这样一来，说一般补偿标准整体都立足于生活权补偿说，也并非是过大的评价。

6. 问题点。尽管如此，依据现行的《一般补偿标准》，并非总

---

〔1〕　宫崎贤："损失补偿的目的与内容——生活权补偿说下的检讨"，载《不动产鉴定》1988年25卷10号27页。

能很好地重建生活。理由如下：

（1）权利对价补偿。关于权利对价补偿，如从"公共用地审议会答复"中所窥见的那样，《一般补偿标准》第7条的基础是一个假定，即土地获得正常交易价格之补偿的话，土地卖方原则上会取得近旁类似土地，重建从前生活。但不断有人指出，很多情形下该前提不妥当。

不少情况是不存在近旁类似土地，即使存在，也会因替代土地需求而地价高涨，很难通过补偿获得。[1]所以，即使用正常的交易价格卖掉了作为居住、营业场所的土地，也并非总能根据该权利对价补偿获得近旁类似土地。即使在审议一般补偿标准的公共用地审议会上，这样的情况也被人认识到了，建议应该实施比土地交易价格略高的补偿，但该建议未被采纳。

但如前所述，《一般补偿标准》第6条第2款规定了实物给付，"该要求被认为适当，且确实迫不得已的，只要情况允许，就要努力实施这些给付"；实物给付是例外性的。而且其只是倡导性规定。

只要没有赋予开发商以取得替代土地的征收权，那将实物给付作为努力义务也就迫不得已，当连开发商都无法提供适当替代土地时，私人自己也就几乎无法取得，就不得不放弃获取近旁类似土地的念头。

（2）"通常所生损失"的补偿。虽然对"通常所生损失"的补偿有很细致的考虑，但也并非总是充足的补偿。

例如，关于营业废止补偿，《一般补偿标准》第31条第1款第4项规定了改行通常所需期间内的收益额（个人营业时，为其收入额）的补偿，《用对联标准》第43条第1款第4项规定该时间为2年以内。的确，一般2年内能够改行，但高龄者、身体有障碍者等很难再就业，该期间过后，很有可能难以维持以前的生活。

（3）离职者补偿。关于离职者补偿，《一般补偿标准》第46条只规定可以补偿的数额是在再就业通常所需期间内的、与此前工资

---

〔1〕 华山谦：《补偿理论与现实》，劲草书房1969年版，第108页。

数额相当的范围内被认为妥当的数额。《用对联标准》第 62 条规定该时间为 1 年以内，所以会产生与营业废止补偿相同的问题。

（4）少数残存者补偿。少数残存者补偿的要件是"被认为产生了超出忍受范围的明显损失"（《一般补偿标准》第 45 条），不符合该要件的损失不是补偿对象。

（5）生活重建措施。一般补偿标准也并不指望通过所规定的补偿，都可以重建以前的生活。这从前述公共用地审议会答复中的如下表述中可以窥见，"伴随公共事业的实施而有人失去生活基础的，在必要时，要采取职业指导、环境改善等生活重建措施"。

一般补偿标准或许是从"生活重建措施是社会政策问题"这一认识出发，而没有设置这样的规定。但一般补偿标准将少数残存者补偿、离职者补偿作为社会政策观点下的补偿进行了规定。所以或许可以这样看：虽同为社会政策性措施，但对职业指导、环境改善等生活重建措施采取了更加消极的态度。

（三）土地征收法中的生活权补偿

1. 实物补偿。《土地征收法》一边在第 70 条采用金钱补偿原则，一边就替代土地之提供以及其他方法，认可了（依据第 82 ~ 86 条的规定，有征收委员会的裁决时）实物补偿。

该法第 82 条规定，"补偿损失时，土地所有人或关系人可以向征收委员会要求用土地或土地所有权以外之权利……来取代向'被征收土地或该土地所有权以外之权利'所支付的补偿金的全部或部分"（第 1 款），"土地所有人或关系人指定开发商所有的特定土地，提出前款规定的要求时，征收委员会认为其要求适当，且替代土地的转让不影响开发商的事业或业务之执行的，可以在权利取得裁决中作替代土地的补偿裁决"（第 2 款）。

另外，"土地所有人或关系人在没有指定土地，或者指定非开发商所有土地的情况下提出第 1 款之要求时，征收委员会认为其要求适当的，可以劝告开发商提供替代土地"（第 3 款）。"对开发商基于劝告而拟提供的替代土地，土地所有人或关系人表示同意的，征收委员会可以作替代土地的损失补偿裁决"（第 4 款）。

444

"发生第 3 款规定的劝告后，作为开发商的国家或地方公共团体认为地方公共团体或国家所有的土地中有公用目的以外、且适合作替代土地的，可以向征收委员会申请承担转让方面的协调工作"（第5 款）。"发生申请后，征收委员会认为该申请适当的，可以劝告国家或地方公共团体转让替代土地"（第 6 款）。

445　　　第 2 款、第 3 款中征收委员会所认可的"其要求适当"是指被认为通过金钱补偿无法维持以前的生活水平，其基础是生活权补偿思想。

在第 2 款中，"替代土地的转让不影响开发商的事业或业务之执行"也成为要件。只要满足该要件，尽管有"可以作补偿裁决"这样的表述，也必须作替代土地的损失补偿裁决，这是判例（"大阪高决昭 30·12·21 行集 6·12·2963"）的立场。

另外，在第 3 款的情形中，只要不被认为是替代土地的征收，那当开发商无法作替代土地的损失补偿时，即使替代土地的要求被认为适当，也应该看作没赋予"劝告其提供替代土地"的义务。

《土地征收法》第 83 条规定了耕地的修整，第 84 条规定了代行工程的补偿，第 85 条规定了代行搬迁的补偿，第 86 条规定了宅地修整。这些实物补偿都是考虑到了被补偿人通过补偿金很难实施这些修整、工程，在这一点上显示出生活权补偿思想。

但开发商也可以要求代行工程的补偿、代行搬迁的补偿，这表明考虑到了开发商的方便。

但有必要留意的是：以上土地征收法规定的实物补偿只在金钱补偿评价额的范围内才被容许。

即同法第 82 条第 7 款规定，"开发商提供的替代土地必须综合考虑土地用途、土地面积、土性、水利、权利内容等后，与以前土地或土地所有权以外之权利相对应"；没有肯定超出金钱补偿之评价额的替代土地补偿。所以，即使在对替代土地补偿作了裁决的情形中，"因替代土地有需求而地价高涨等"理由下，还是有可能出现"与以前相比，土地面积减少"等使用价值下降的情况。

《实施公共事业时的公共补偿标准纲要》（以下称《公共补偿标

准》）在采取金钱补偿原则（第 4 条）的同时，将恢复既有公共设 446
施功能作为目的。例如，当在工地以外实施既有公共设施之功能恢
复的，要补偿为取得如下土地而需要的费用，即为"在合适的建设
地点建设替代既有公共设施的公共设施或者将既有公共设施搬迁到
合适的搬迁地"而必要的土地（第 7 条第 1 款）。该费用可以超出此
前土地的交换价值。

虽然一般补偿标准也考虑到了从前生活的恢复，但必须承认其
与公共补偿标准的"功能恢复原则"之间，还存有重要差别。

2. "通常所受损失"的补偿。《土地征收法》在第 88 条规定
"必须补偿失业费、营业损失、建筑物搬迁所生租赁费损失、其他征
收或使用土地所致土地所有人或关系人通常所受损失"。如在论述一
般补偿标准时所述，这也可看作是生活权补偿的规定，但是否实施
足以维持以前生活的补偿，还要讨论。

3. 第三人补偿。《土地征收法》缺失《一般补偿标准》中有的
少数残存者补偿与失业者补偿的规定。《一般补偿标准》对这些第三
人补偿也只是从社会政策角度实施补偿，并不认可补偿请求权。可
能是因为《土地征收法》没有必要对社会政策角度下的补偿进行
规定。

但有学说认为：少数残存者补偿、失业者补偿得到了《土地征
收法》的认可。根据之一是该法第 93 条，根据之二是该法第 88 条。
例如，高原教授认为少数残存者补偿的法根据是《土地征收法》第
93 条，失业者补偿的法根据是该法第 88 条。[1]

但少数残存者、失业者不管是用征收，还是用自愿收购，都接
受一般补偿标准的适用，所以不能说是征收，就当然否定少数残存
者补偿、失业者补偿。

实际上，与土地所有人（《土地征收法》第 8 条第 2 款）、关系
人（同条第 3 款）不同，第三人对"是否答应自愿收购"没有选择 447
余地，征收也好，自愿收购也好，损害都是一样的，所以在征收情

---

〔1〕 高原贤治：《财产权与损失补偿》，有斐阁 1978 年版，第 174～175 页。

形中，少数残存者补偿、失业者补偿得不到认可是令人奇怪的。这样一来，也就没有必要类推适用《土地征收》第88条、第93条了。

但该法第88、93条之类推适用论的意图是：不是作为单一的社会政策性补偿，而是作为法权利，来建构少数残存者补偿、失业者补偿。这样一来，在产生同样损害的情形中，土地所有人、关系人在与少数残存者、失业者的意志完全无关的情况下答应自愿收购的话，那第三人就没有补偿请求权，若是征收的话，就有补偿请求权，这有失均衡。

但第88、93条的类推适用论若认为即使在自愿收购情形中少数残存者补偿、失业者补偿在宪法上也作为权利得到了认可，那不管是自愿收购，还是征收，都存在补偿请求权，失衡也就不存在了。

但是，在自愿收购情形中也产生宪法上的补偿请求权的话，那其在征收情形中也当然被肯定，所以可以说《土地征收法》没有在实体上为少数残存者补偿、失业者补偿提供基础。但在征收委员会是否有必要审理、裁决少数残存者补偿、失业者补偿这一程序方面，《土地征收法》第88、93条的类推适用论是有实益的。

4. 职业训练等。土地征收法没有规定职业训练等措施。但该法在1967年修改时，众议院、参议院都通过了旨在充分考虑生活重建措施的附带决议。

另外，不管是征收，还是自愿收购，《公共用地取得特别措施法》第47条都为"为特定公共事业提供必要土地而失去生活基础"的人规定了生活重建措施。

（四）与生活权补偿相关的对策

1. 一般补偿标准的灵活运用

（1）经验验证的必要性。对上述有关现行生活权补偿的问题，有些可以通过《一般补偿标准》的灵活运用来应对。充实生活权补偿的现实方法是：通过"充分反映对在现行补偿标准之下的补偿问题有着切身感受的现场土地交涉人员的意见"的形式，有弹性地修改补偿标准。这不是否定宪法论的必要性。补偿标准的妥当性不仅要有理论的角度，还要通过经验予以验证。

在我国，公共用地几乎都是通过自愿收购的方式取得，故在自愿收购中恰当对待生活权补偿极为重要。此时，要根据《一般补偿标准》、中央用地联络对策协议会的《用对联标准》、《细则》、《实施协议》来实施补偿。所以，多数情况是不用论述《宪法》、《土地征收法》的解释，而依据这些标准的修改，就可以应对行政实务。

从生活权补偿角度看，现行的补偿标准还不够的话，那与被收购人直接交涉的工作人员就会切实感受到这方面的不满。因为有这些不满，用地交涉无法顺利进行，所以开发商有修改补偿标准，实施适当生活权补偿的积极性。

所以确立如下体制很重要：通过"充分反映现场工作人员对现行补偿标准的疑问、意见"的方式，尽快修改《一般标准》、《用对联标准》、《细则》等。

对为公共事业而失去以前生活基础者所实施的补偿本来就应该以重建此人生活为理念。在财产权补偿原则下不能重建生活的人通过司法请求生活权补偿时往往困难重重，所以，极有必要在行政层面为其采取充分的生活重建措施。

难以重建以前生活的补偿标准往往会引发财产权补偿的增加。生活权补偿被否定，只靠财产权补偿无法维持从前生活的，要求增加财产权补偿从某种意义上说是自然的，将此一律作为"唠叨得便宜"予以否定是有问题的。[1]

（2）实物补偿的扩大。在权利对价补偿中，金钱补偿原则有很大问题，而扩大实物补偿是有效的对策。关于这一点，即使不修改《一般补偿标准》第6条，也可以通过灵活解释这一条来应对。

实际上，开发商认识到了替代土地问题的重要性，并进行了各种努力。但问题是只依靠开发商的努力，很难解决替代土地问题。所以完善旨在"建构国家与地方公共团体的合作机制、促进替代土地的先行取得"的各种政策是重要的。

对策之一是创设先买制度——在替代土地需求预计很大的城市

449

---

[1]　三边夏雄："取得公共用地时的生活补偿"，载《行政分析》400页。

规划区域内，让开发商有可能尽早作为替代土地而取得公共设施预定地的周边土地。

已经在讨论的方案是：关于道路，道路预定地外侧的一定范围被指定为"道路结合地区"，允许道路事业者作为替代土地，先行购买。

即使是现在，依据《公有地扩大推进法》来取得替代土地也是可能的，而且 1992 年设立了特定公共用地先行取得资金融资制度，国家向土地开发公司低息融资，不仅让其先行取得国家、公团的特定的大规模事业用地，还让其取得替代土地。但该制度有个前提，即地方公共团体要配上与国家融资额相等的资金，地方公共团体不融资的话，该制度不能发挥作用。

这样，土地开发公社的替代土地取得也有若干制约。或许有必要同时推进"认可开发商直接先行购买的制度"和"促进土地开发公社取得替代土地"。另外，还应该同时扩充替代土地信息库。

（3）"通常所生损失"之补偿期间的延长。关于《一般补偿标准》第 43 条的"通常所生损失"的补偿，《一般补偿标准》本身并没有规定具体期间，故没有必要修改它，可通过修改《用对联标准》来应对。原则上维持现行最大期间，同时，在迫不得已的情形下也认可其延长。

（4）第三人补偿的扩充。将少数残存者补偿、失业者补偿作为社会政策性措施是有问题的，因《一般补偿标准》上有规定，故通过"尽量灵活解释它"的方式予以应对的余地很大。

2. 个别法的生活重建措施

有在个别法令中规定一般补偿标准所没规定的职业指导、环境改善等生活重建措施的例子。

（1）水源地域对策特别措施法。1973 年的《水源地区对策特别措施法》第 8 条规定：相关行政机关的首长、相关地方公共团体、大坝的建设者、水源地区整备规划下事业（整备事业）的实施者，对大坝建设或整备事业实施后失去生活基础者，有必要实施下列生活重建措施的，要基于本人的申请，协调实施生活重建措施：①取得宅地、开发后可作农地的土地及其他土地，②取得宅地、店铺及其他土地，③职业介绍、指导或训练，④因没有合适土地而搬迁至环境明显不好土地时的环境改善。

"本法的目的是：在因大坝或湖沼水位调节设施的建设而使基础条件发生明显变化的地区，为改善生活环境、产业基础，防止大坝贮水池的水质污浊，保护湖沼的水质而制定水源地区整备规划，采取推进该规划实施的特别措施。据此，维护居民生活安定，提高居民的福利水平，进而促进大坝及湖沼水位调节设施的建设、水资源的开发、国土保护"（第1条）。

"大坝建设或整备事业实施后失去生活基础者"不仅限于地权人，还包括事实上受其影响的人。

关于该法规定的生活重建措施，值得注意的是不仅指大坝建设，451 还包括整备事业实施后失去生活基础者。另外，同法第8条的规定一般被认为是倡导性规定（"岐阜地判昭55·2·25行集31·2·184"）。

而且，为弥补《水源地区对策特别措施法》的不足，自1976年利根川荒川水源地区对策基金以来，设立了很多水源地区对策基金。这些基金弥补了水淹地居民替代土地的取得费用、营业资金等的融资与利息。

水源地区对策基金有一个好处，即也将没有达到水源地区对策特别措施法规定的大坝要件的大坝、河口堰等设施作为对象。例如，渡良濑游水池不适用《水源地区对策特别措施法》，但可以通过利根川荒川水源地区对策基金来实施生活重建对策事业（芦苇收割场、集会设施）、地区振兴对策事业（六个运动公园）。

另外，在一些例子中，基金补充性地使用于水源地区对策特别措施法的大坝。阿木川大坝就是一例，依靠木曾三川水源地区对策基金，补充了利息、调查费，支付了特别援助金，实施了地区振兴对策事业（土地改良、道路等）。从这个例子可以看到：水源地区对策基金不仅用于像吸纳与补充利息这样的柔性对策，还用于像设施改善这样的硬性对策。

（2）《公共用地取得特别措施法》。《公共用地取得特别措施法》第46条规定：特定公共事业用土地的提供者要求给付实物，该要求被认为适当的，特定公共事业的实施者只要情况允许，就必须努力满足其要求。

虽然这也是倡导性规定，但没有《一般补偿标准》第6条第2款的"被认为确实迫不得已的"这一要件，而且，《一般补偿标准》第6条第2款使用的表述是"要努力"，而上述第46条使用的"必须努力"，从而在实物给付方面，采取了比一般补偿标准更积极的姿态。

452　　同法第47条第1款规定，"因提供特定公共事业用土地而失去生活基础者，在提出前条之要求时有必要的，或者为配合所受补偿而有必要的，可以请求都道府县知事协调实施下列各项旨在重建生活或改善环境的措施"。该款列举了与《水源地区对策特别措施法》第8条相同的措施。

都道府县的知事收到申请后，认为申请适当的，要与申请者或其代表、特定公共事业的实施者相协调，编制生活重建规划（《用地取得特别措施法》第47条第3款），"特定公共事业的实施者必须在生活重建规划中，向特定公共事业用土地的提供者，实施补偿事项"（同条第4款），"国家与地方公共团体在法令以及预算的范围内，只要情况允许，就必须努力实施生活重建规划"。

（3）《促进大都市地区住宅与宅地供给特别措施法》。《促进大都市地区住宅与宅地供给特别措施法》第86条的情形稍微有些特殊，该条规定，"对一般住宅具有所有权、地上权、永佃权以及其他使用或收益权利的人中（以下在本条中称"一般宅地的所有人等"）因住宅街区整备事业而失去生活基础的人，有必要采取生活重建措施的，或有其他特别情形的，实施者必须依据标准、规约、章程、施行规程的规定，向一般宅地的所有人等，给予获得'实施者因住宅街区整备事业而取得'的设施或住宅之一部分的机会"。

（4）其他。《国土开发干线汽车道路建设法》第9条、同法施行令第5条第1款、《都市规划法》第74条、《琵琶湖综合开发特别措施法》第 7 条也规定了生活重建措施。

不少情况是：大型公共事业的建设大大影响了社区，居民失去了以前在社区中所享受的生活便利。一般补偿标准被内阁会议批准后，各种法律也设置了与生活重建措施相关的规定，这可以看作是"只靠财产性补偿无法重建以前生活的情况不少，懈怠生活重建措施后，公共设施的选址也无法平稳推进"这一认识得到渗透的反映。但这些规定一般被认为是倡导性规定，因此在这一点上有局限。

3. 土地征收法的灵活运用

（1）实物补偿。如前所述"（三）1"，用替代土地来实施土地的权利对价补偿时，原则上不认可超过金钱补偿数额的替代土地。这样就难免出现替代土地面积少于以前土地，使用价值大大降低的情况。另外，为取得同等面积的替代土地而不得不向远方搬迁，进而失去以前的生活基础。

所以如下情况或许应得到认可：在地权人与开发商有合意的情况下，将与让出裁决相关的补偿金额的全部或部分移至权利对价补偿，提供超出被征收土地之评估价格的替代土地。

（2）"通常所受损失"的补偿。关于"通常所受损失"的补偿，《土地征收法》本身没有细目规定，对征收委员会而言，《一般补偿标准》、《用对联标准》等标准是重要的判断资料。但征收委员会在法律上不受这些标准的约束。参照事实上的影响力，通过实务找出问题点，进而修改这些标准，这不仅在自愿收购情形中，也在征收情形中，有利于扩充生活权补偿。

也可能通过弹性解释《土地征收法》第 88 条来扩充生活权补偿。例如，靠权利对价补偿不能取得"足以维持以前生活"的替代土地。因此，融资购买高于权利对价补偿额的替代土地的，利息部分可以让开发商作为"通常所受损失"的补偿来承担。[1]

4. 作为宪法上的请求权来建构

（1）行政实务。若能为生活权补偿提供宪法基础，那就可以超

453

454

---

〔1〕 小泽《征收法》（下）274 页。

越《一般补偿标准》、《土地征收法》的制约。但行政实务一般不认为生活权补偿具有宪法上的根据。成为一般补偿标准之基础的 1962 年 3 月公共用地审议会答复也表达了这样的认识。

（2）判例。"生活权补偿有无宪法上的根据"成为争点的是德山大坝诉讼。诉讼的原告主张在《水源地区对策特别措施法》第 8 条规定的生活重建措施中，土地取得、建筑物取得的协调是受宪法保护的正当补偿，以违反《水源地区对策特别措施法》和《宪法》第 29 条为由，提起了"阻止大坝建设工程"的无名抗告诉讼。

前揭"岐阜地判昭 55·2·25"判道，"《宪法》第 29 条第 3 款所说的正当补偿是特定私有财产为公益而被征收、使用所致的损失补偿，并不意味着在所有意义上都是完全补偿，而是参照该征收或使用的必要性，从社会经济角度看被认为合理的补偿"。

接着，认为"因大坝建设而失去生活基础者的补偿与公共用地取得时的一般损失补偿无异，也是来源于财产权保障的财产性损失补偿，即其根本是金钱补偿，本来应该将此称为前面说到的合理性补偿，且这样就已足够；但只是这样的话，会产生财产权损失以外的社会摩擦、生活不安，所以考虑通过前述《水特法》（《水源地区对策特别措施法》）的各项规定来缓和或减轻它们，设置了有别于财产损失和补偿的规定，尤其是在《水特法》第 8 条规定了生活重建措施的协调。简单说，上述规定只不过是为相关居民的福利而在补充完善意义上采取的有别于补偿的行政措施"。

而且说道"上述生活重建措施的协调不包括在《宪法》第 29 条第 3 款所说的正当补偿之中，所以，即使这能概括为'懈怠导致的某种损害'，也不能据此说是违反《宪法》第 29 条而导致的损害，不能成为无名抗告诉讼下阻止本案大坝建设行为的根据"。

该判决与"《宪法》第 29 条第 3 款是否为生活权补偿提供基础"直接关联。从判决中很难读出宪法的其他条款也提供了生活权补偿之意，否定了宪法上的生活权补偿。

（3）学说

第一，自愿收购时。有的学说也尝试为生活权补偿寻找宪法基

455

础。但这些学说只考虑征收情形，还是也考虑自愿收购情形，并不清楚。

来讨论一个自愿收购的例子。土地所有人认为补偿不足以重建以前生活的，理论上可以拒绝签订买卖合同，故此时没有必要为生活权补偿寻找宪法基础。但实际上，因背后有征收权，存在强制的可能，所以寻求生活权补偿的宪法基础还是很有意义的。

另外，因第三人原本就没有拒绝合同的自由，所以确立自愿收购中生活权补偿的需求就进一步变大。

第二，征收时。在征收情形中可以这样说：假如《宪法》要求生活权补偿，而《土地征收法》是让其具体化的法律的话，那当然可以作宪法上的请求，而且还可以在《土地征收法》的框架内实现生活权补偿。

但因此就很难从解释论角度，从同法的损失补偿规定中读出少数残存者补偿、失业者补偿、生活重建措施等生活权补偿。对《土地征收法》无法覆盖的部分，就必须直接依据《宪法》。

第三，有生活重建措施的规定时。特别法规定了生活重建措施的，可以其为根据请求实施，但这也只是倡导性规定，不能据此直接产生请求权。

但以该规定为基础，签订了生活重建措施合同的，可以向开发 456
商请求债务履行。生活重建措施的协定很多，它是合同还是君子协定，必须具体情况具体分析。

此情形中，若能为生活权补偿提供宪法基础的话，就能克服个别法中存在的生活重建措施的纲领性问题。

第四，《宪法》第25条。此时，可粗略地分成两种思路。一种思路是《宪法》第29条第3款只考虑财产权补偿，《宪法》第25条为生活权补偿提供基础。

此时，是否可以基于《宪法》第25条直接导出补偿请求权成为问题。与一般情形不同，在有必要填补国家、地方公共团体的积极行为所致损失的情形中，完全可能认为该条的纲领性不妥当。[1]

第五，《宪法》第25、29条说。还有一种思路是：联系《宪法》第25条来解释《宪法》第29条第3款后，依据《宪法》第29条第3款进行生活权补偿。该学说的好处是：关于《宪法》第29条第3款，请求权发生说已成为判例、通说，所以关于生活权补偿，也容易肯定"直接基于宪法"的请求。[2]

第六，《宪法》第13、14、25、29条说。第25条说也好，第25、29条说也好，在理论上都是可能的。生活权补偿的目的是重建以前的生活状态，所以不仅是以"健康的、有文化的最低生活"保障为目的的第25条、以私有财产权保障为目的的第29条，还有倡导个人尊重的第13条、规定法律面前人人平等的第14条在"为补偿提供宪法基础"方面都具有重要意义。

《宪法》第25条说、《宪法》第25、29条说的旨趣也不是在否定《宪法》第13、14条。[3]

另外，作为生活权补偿而请求金钱补偿的情形暂且不说，通过法院请求职业指导、替代土地等生活重建措施是有技术困难的，并不容易实现。[4]

457

五、精神损失

（一）行政实务

一直以来，否定精神损失补偿的见解很有影响力，有关一般补偿标准之实施的"内阁会议了解"也写道，"不要实施以往部分实施了的精神损失补偿、合作奖金及其他与此相类似的名目不明确的补偿措施"。

---

〔1〕　盐野宏："国土开发"，载《未来社会与法》，筑摩书房1976年版，第160页。

〔2〕　盐野《Ⅱ》293页。

〔3〕　西埜《损失补偿》179页。

〔4〕　盐野《Ⅱ》293页。

（二）判例

判例对精神损失补偿也采取消极态度。福原护村堤诉讼中的"最判昭 63·1·21 判时 1270·67"对此就有表示。

在该事件中，护村堤的占用许可被撤回后，该护村堤的文化财产价值是否是补偿对象就成为问题。形式上是占用许可撤回的案件，但如前所述［第三节八（二）5］，实质问题是因符合土地征收，故《土地征收法》第 88 条的"通常所受损失"补偿是否也包括针对该护村堤文化财产价值之丧失的补偿。

前揭"最判昭 63·1·21"认为：《土地征收法》第 88 条所说的"通常所受损失"是从客观、社会角度看被认为基于征收而让被征收人当然受到的经济性、财产性损失，无意将非经济性价值的特殊价值作为补偿对象。并判道，给市场价格的形成产生影响的文化财产价值本身就不适合经济性评价，在土地征收法上不能成为损失补偿对象。

即在文化财产的价值影响市场价格的范围内，其作为权利对价补偿的一部分得到补偿，在不影响市场价格的范围内，不是补偿对象。

该判决直接与《土地征收法》第 88 条的"通常所受损失"相关，人们推测该判决的前提是：宪法上也不需要对"不被市场价格反映"的特殊价值进行补偿。所以其对精神损失的补偿也持否定态度。[1]

（三）对行政实务、判例的质疑

但近来也出现了很多质疑上述见解的见解，精神损失补偿否定说未必就是通说。在背靠公用征收、征收权的自愿收购情形中，被认为是精神损失的有："离开住惯了的土地"所致的精神痛苦、搬迁准备所致的精神痛苦、对生活变化的不安等。视这些精神损失都处于忍受义务范围内是不妥当的。

让损失补偿成为义务的不只是财产权保障理念，还有平等原则，

458

---

〔1〕 盐野《Ⅱ》291 页。

特定人为公共事业而受到超出忍受范围的精神损失的，当然要在全体负担中获得调整。

精神损失补偿额的计算有困难，这与损害赔偿一样，但不能以此为理由而否定精神损失补偿。

在福原护村堤诉讼中，自江户时代初期祖先投资设置该堤以来，代代管理至今，其文化财产的价值获得广泛认可。即使说因其不是交易对象，其特殊价值没有反映到市场价格，也还是可以看作该丧失含有特别精神损失，对该精神损失，也应该得到宪法上的补偿。

（四）迁出住惯土地

不是任何精神损失都应该获得补偿，而是仅限于超出忍受限度者。"离开住惯土地"对任何人来说都是痛苦的，尤其是对高龄者而言。这不仅源于对土地本身的热爱，还源于"离开有着邻里交往的社区"所伴随的精神痛苦。

土地对农民而言有着特别的意义。因为土地不但是居住的场所，还是生产的场所。华山博士说"对农民而言，土地是其将自己劳动力转换为金钱的唯一的稳定工作，同时也是从父到子，从子到孙，持续继承的一种保险制度"。[1] 所以，尤其对没能获得替代土地的农民，除"其无意继续从事农业"这一情形外，非常有必要实施精神损失补偿。

（五）机会费用

因烦躁于土地交涉、搬迁准备等而产生的精神痛苦多被看成处于忍受义务的范围内，但并不绝对，也有补偿的可能。这些烦躁不仅是简单的精神痛苦，还意味着失去了原本能用于休闲、劳动等的时间。正如经济学上的机会费用（opportunity）概念所说的那样，做某件事需要时间，不得不牺牲别的事情。正所谓"时间就是金钱"，从经济角度换算逝去时间的效用也是合乎道理的。但这有技术方面的难度，所以"着眼于丧失时间带来的痛苦，用精神损失补偿这一范畴来补偿该痛苦"会被允许。

459

---

〔1〕 华山谦：《补偿理论与现实》，劲草书房1969年版，第116页。

关于这一点，可参考"福岛地郡山支判平元·6·15 判夕713·116"。该案与规划担保责任有关。协助市街地再开发事业的地权人因新市长在实质上改变原规划而遭受损失后，请求了财产性精神损害赔偿。

该判决在驳回财产损害赔偿请求的同时，认可了抚慰金的请求。该地权人为协助该规划而投入了很多劳力，未必投入了资本，因此很难认定积极损害，但可以认可抚慰金。在该案中提出的是损害赔偿请求，但对损失补偿，也可以进行同样的思考。

然而，该判决在二审中被撤销。二审判决（"仙台高判平6·10·17 判时 1512·53"）将这些精神损害置于忍受义务的范围内。在该判断中，对市街地再开发事业之特殊性的认识占据了很大比重，无意将一般用地交涉等所致的精神损失都置于忍受义务的范围内。

460

（六）对未来生活的不安

因公用征收而搬迁时，对未来生活抱有不安的情况不少。其原因还在生活权补偿的不足，生活权补偿的程度决定该精神损失补偿的有无。

（七）宪法上的地位

因征收而受到超出忍受限度的精神痛苦时，为了让损失补偿请求权具有宪法上的根据，应该进行何种建构？因伴随财产权侵害而发生，故可以通过《宪法》第29条第3款的扩大解释予以应对，参照被侵法益的性质来看，为此情形中的损失补偿请求权提供实体性根据的是《宪法》第13、14条，在程序上类推《宪法》第29条第3款——判例对财产性侵害采用请求权发生说，根据《宪法》第13、14条，第29条第3款来为精神损失的"损失补偿请求权"确立宪法地位也是适当的。

（八）生命身体侵害与精神损失的补偿

在预防接种诉讼中，类推适用《宪法》第29条第3款的"东京地判昭59·5·18 判时 1118·28"判道：参照本案的各项事实，在本诉讼中，损失补偿中的正当补偿额的计算可以依据与一般事件赔偿额计算相同的方法进行；认可了抚慰金请求。

另外，在相同的预防接种诉讼中，依据《宪法》第 29 条第 3 款的当然解释而认可了请求的"大阪地判昭 62·9·30 判时 1255·45"、"福冈地判平元·4·18 判时 1313·17"也判道：被侵害法益是生命、身体的，当然需要通过抚慰金的方式予以补偿。

通过损失补偿法理来救济强制预防接种案件是否妥当？这是个问题。"东京高判平 4·12·18 高民 45·3·212"等持否定态度。损害赔偿法理下的救济有理论局限，另外，虽说预防接种健康损害救济制度通过 1994 年的修改得到了扩充，但并不覆盖现实中发生的所有损失，所以仍有必要依据损失补偿法理予以救济。

461　　如何建构这些情形下的损失补偿，交由后述"第三章第二节一（二）1"。即使作为补偿，而不是赔偿来建构的话，也应该肯定抚慰金请求。如前所述，只要认为财产权侵害所致的精神痛苦也可以是补偿对象，那牺牲生命、身体者或其遗属就当然可以就此所致的精神痛苦请求损失补偿。此时的宪法根据是第 13、14、25 条，第 29 条第 3 款。

另外，前揭"大阪地判昭 62·9·30"判道：想到不法行为所致损害赔偿情形中的抚慰金，考虑到损害赔偿与损失补偿的不同后，就很容易实施预防接种事件中的抚慰金；鉴于没有过失，将抚慰金数额算得很低。的确，加害人有无过失可以反映到抚慰金数额中，但考虑到强制导致损害这一点后，就不能当然地将抚慰金数额低于一般不法行为情形中的抚慰金数额。

六、土地利用规制所致损失补偿

土地利用规制所致损失补偿在什么情形下是宪法上的需要？如前所述"第三节四（八）"，这需要议论。宪法上所需要的补偿应该是什么内容的补偿？关于此问题，围绕《自然公园法》第 35 条第 1 款的"通常所生损失"的涵义存在若干学说、判例。

（一）逸失利益

1. 相当因果关系说。该说认为：与土地利用规制有相当因果关系的所有损失应该都是补偿对象；不仅是积极损害、地价下降，只要相当因果关系得到认可，逸失利益也可以得到补偿。

但个别地计算地价下降与逸失利益是否妥当，是个问题。因为在地价因土地利用规制而下降的情形中，依据收益还原法，下降价格是"土地未被规制时用最佳方法使用后所得利益"的价值减去"规制后所得利益"的价值的差额，结果就是逸失利益也被反映到地价下降中了。

但地价由多种因素决定，所以土地利用规制所致逸失利益未必就这样以地价下降的形式被反映。尤其当以前土地的利用形态被限制或禁止或被认为是"当初合格，现在不合格"时，地价上涨即使被抑制，地价有时也未必下降。

所以，对请求损失补偿的原告而言，相当因果关系说的魅力在于可以直接请求高额的逸失利益。在实践中，原告主张相当因果关系说时，不将积极损害作为问题，而只请求逸失利益。鉴于此，或许可以将相当因果关系说称为逸失利益说。

对相当因果关系说，有人指出其短处是：补偿额受请求人主观情形所左右，而且补偿额有时大大高于地价。在实际的诉讼中，有时会请求极高的逸失利益。但不少情况是因为原告过高地评价了预期收益，过少地评价了经费。

若能参照"地域性、状况约束性"之理念，严格理解在该地区能客观获得的收益的话，就没有认可法外逸失利益的余地。

在法律中，《古都保存法》第9条第1款第2项、《都市绿地保全法》第7条第1款第2项等明文规定：与许可申请相关的行为从社会普遍观念看被认为明显违反与特别保存地区（《古都保存法》）、绿地保全地区（《都市绿地保全法》）相关的城市规划之旨趣的，没有必要实施"不许可补偿"。

2. 申请权的滥用。即使在没有上述明文规定的情形中，也可以用申请权滥用法理驳回请求。如"东京地判昭57·5·31行集33·5·1138"、"秋田地判昭62·5·11讼月34·1·41"、"东京高判昭63·4·20行集39·3＝4·281"、"仙台高秋田支判平元·7·26讼月36·

1·167"。

援用申请权滥用法理也是有疑问的。[1]对明显违反土地利用规制之旨趣的许可申请，可以根据"内在制约论"来否定"不许可补偿"。

3. 补偿被认可的例子。所以，需要补偿逸失利益的情况被限定在如下这样的例子中：一直以来经营林业，后被指定为特别地区，树木砍伐被禁止，此情形下的既有树木的市场价值；被指定为特别地区，旅馆业者又不被允许改建老化的建筑物，不得不搬迁，此情形下的歇业期间的营业补偿。

4. 一次性支付与定期支付。土地利用规制开始实施，一直以来的林业经营无法继续，在补偿"因出售既有林木而可得"的逸失利益时，与一次性支付相比，当事人更希望分期支付。

因为不许可决定作出后，随着社会普遍观念的变化、政策的变化，同一内容的申请有可能获得批准，规制也可能被解除。

在这种情形下，逸失利益之一次性支付的获得者再作同一内容申请时，有可能作为权利滥用而被禁止，这样一来就无法对应政策的变化。另外，再申请被认可的话，那过去一次性支付的逸失利益补偿就成了过大补偿。

为应对于此，像瑞典《自然保护法》那样认可补偿金返还请求诉讼也是一种思路，但补偿金有可能已经花光。所以，有种思路或许是妥当的：使用定期支付，在获得许可的时点停止支付。

即使在土地转让情形中，不用一次性支付，而用定期支付，也可以回避复杂问题。作为林木砍伐的不许可补偿而获得逸失利益补偿者 A 向 B 转让了土地，若还有未补偿的林木，B 在受让的时点再次申请许可后，若不许可，则可向 B 补偿遗留部分的逸失利益，停止向 A 补偿，这或许是适当的处理方法。

在此事例中，若向 A 作一次性支付的话，那就应该完善不许可补偿的公示制度，对已经获得不许可补偿的土地，不能在同一理由

---

[1] 详情参见宇贺克也："公用限制与损失补偿（下）"，载《法律人》1989 年 945号 89 页以下。

下获得补偿。此时，B 在"不能销售林木"这一前提下，以低价购 464
入土地，所以即使不给 B 补偿，也不能说不公平。但是，此后政策
发生变化，有可能向 B 给予许可，此时存在调整 B 的利益的问题。
所以，还是采用定期支付方式更好。

（二）地价下降

判例认为应该补偿地价下降部分。前揭"东京地判昭 57・5・
31"判道，"对土地利用限制的损失补偿应该是在客观评价土地利用
价值下降给土地所有人带来什么损失后实施，土地利用价值下降最
终反映到利用限制所致的地价下降中，故《公园法》的不许可补偿
只能是在'客观计算该不许可决定所致土地利用限制有无导致地价
下降'后，以此结果为补偿标准"。

"东京地判昭 60・1・30 行集 36・1・42"就地价下降部分的补
偿请求，说道"原告所主张的上述损失是因不能获得《自然公园
法》'第 35 条第 1 款规定的第 17 条第 3 款……的许可'而受到的损
失"；主张应该补偿地价下降部分。但两判决实际上都没有补偿地价
下降部分。

对地价下降部分的补偿，还可指出如下事项。

第一，在像国立公园或国定公园的特别地区这样交易较少的场
所，很难计算"交易事例比较法"——我国的一般性不动产鉴定方
法——下的近旁类似土地平均交易价格。但这一点可以通过提高鉴
定技术来一定程度地克服。

重要的是地价的形成因素复杂，土地利用规制导致的不利未必
直接表现为地价下降。另外，即使地价实际下降，也不容易区分是 465
土地利用规制导致的下降，还是其他因素导致的下降。

尽管伴随土地利用规制而受到了损失，但因还有其他原因，故
地价有时也未必下降。相反，有可能只是与土地利用规制无关的因
素造成地价下降，所以只着眼于地价下降来实施补偿有时会不公平。

第二，伴随土地利用规制，地价没有下降，只是与未规制地区
相比，规制使地价上涨受到抑制，这该如何看待？是个问题。

即使将"地价上涨被抑制部分"作为补偿对象的话，那将与未

规制地区相比的差额作为补偿对象有时也未必适当。因为未规制地区与规制地区在地域性、状况约束性方面都有程度上的差异，有时会在"是否实施规制"方面形成差别。在这样的事例中，原本就不能说是在与近旁类似土地相比较。

第三，拟将该土地无规制情况下上涨的预想价格与现实价格相比较时，也不容易算出该预想价格。

这样一来，补偿地价下降部分的思维就是一种理论立场。原告很难证明土地利用规制所引发的地价下降、地价上涨的抑制。

另外，作为规制缓和的结果，在"不许可补偿"后实施了许可的，或者该土地被转让给第三人的，若一次性支付了地价下降部分的补偿，那就会产生与前述逸失利益部分相同的问题。

（三）积极损害

一般认为"东京地判昭 61·3·17 行集 37·3·294"所持的立场是：在《自然公园法》第 35 条第 1 款——承接《宪法》第 29 条第 3 款——之下，必要的补偿是积极损害的填补。

该判决判道：可以认为《自然公园法》第 35 条第 1 款的"通常所生损失"是指如下损失，即"与'被指定为自然公园前的该土地用途'有着连续性的，或者'从其从前用途来看可预测'的该土地利用行为被限制后产生的损失；该利用行为下的现状改变与'该土地被指定为自然公园'的旨趣相协调只有技术上的可能性，此情形下该利用行为受到限制后产生的损失；在被迫要实际支付失业费、物件转移费等无法预计费用的情形中，这些积极、现实的支出所导致的损失等"。

466　　该说的优势是不但可以避免规制缓和情形下、土地被转让情形下所生的复杂问题，因其补偿额一般较少，所以还可以避免"因为财产有限而不实施土地利用规制、建筑等的不许可决定"的情况出现，还有就是补偿额的计算一般比较容易。

但如自然公园法那样，在"对已着手的行为，不需要许可"这一情形中，本来就有"是否会有积极损害"这一问题。此问题与如何理解《自然公园法》第 17 条第 3 款但书的射程相关。先不管《自然公园法》的规定，只从一般论角度来考虑的话，应该补偿"积极目的的土地利用规制导致既有投资落空"这一情形中产生的拆除费、搬迁费等积极损害。

七、行政财产使用许可的撤回与补偿

撤回行政财产使用许可时是否需要补偿，已在"第三节八"中讨论过。在大极光明事件中，最高法院判决（"最判昭49·2·5民集28·1·1"）判道，使用权人虽然在接受使用许可时支付了对价，但只要没有如下情形，而有该行政财产本来用途或目的上之必要性时，就内含了该使用权应消灭这一制约：因"在该行政财产的使用收益被认为不足以偿还该对价的期间内，产生了该行政财产本来用途或目的上之必要性，或者使用许可时有特别规定"，就足以认可使用权人对行政财产有使用权。

正如该判决所启发的那样，在"获得许可时被许可人支付了整地费用、失业补偿费"的事例中，在无法用该行政财产的使用收益来偿还这些费用的期间内，许可因公益理由而被撤回的，应该补偿未偿还部分。

另外，因支付了较高的使用费，所以在因公益而撤回的时点前，无法回收所投下的使用费的，也要补偿未偿还部分。

"东京高判昭50·7·14判时791·81"一边原则上否定针对使用权的权利对价补偿，一边又认可搬迁费、营业损失、整地费用等的损失补偿。

正如该判决所指出的那样，在不足以偿还"已投向建筑物的对价"的期间内被要求返还、搬迁的，应该以搬迁费用为限度（若已搬迁），或者以许可撤回时的时价（二手货价格，若已交付）为限度进行补偿。

在收回投资前被迫搬迁，营业受影响，营业利益下降的，有必要进行营业补偿。

但也有像"横浜地判昭53·9·27判时920·95"那样否定营业

467

补偿的。在该事例中，通过别的途径对使用权本身实施了高数额的权利对价补偿，这给营业补偿的否定造成了影响。

相反，投资已经收回，再申请的拒绝不被视为使用许可的撤回时，没有必要补偿原状恢复费用（"东京地判昭 53·6·26 行集 29·6·1197"）。

项目用租地权（《租地租房法》第 24 条）的期间届满后，租地权人有"用自己的钱来恢复原状"的义务，而不会有房屋补偿，所以对"在足以实现行政财产使用目的的期间内，推进项目，而后许可期间届满"的人，给予比项目用租地权人还高的保护是不合理性的。

八、租税特别措施

在讨论补偿内容时，税制问题很重要。即使获得了足以重建以前生活的补偿，若对补偿金课税，也会产生仅靠税后数额无法重建生活的情况，最终还是补偿额不够。

基于此，《租税特别措施法》规定了如下内容："随着征收而取得替代资产"情形下的课税特例（第 33 条）、征收交换等情形下的转让所得的特别扣除（第 33 条之 4）。

九、社区政策

（一）"超越个人补偿框架"的协商政策的必要性

以上以个人补偿问题为焦点展开了论述。公用事业不仅对事业用地内的个人，还对周边居民、该事业用地的地方公共团体带来不小影响。在这些影响中，有开发利益这样的积极影响，此时如何将其返还于公共，是一课题。

另外，还有消极影响，其中不仅有噪音、震动等，在大坝建设这样的情形中，还会产生"过疏化"、产业衰退、交流丧失等问题。

即使在一般补偿标准中，也规定了少数残存者补偿、失业者补偿这样的第三人补偿，但只靠这个无法完全消除上述消极影响。只以个人为对象的补偿是无法充分应对的，有必要采取着眼于社区的政策。

早在 1966 年 3 月 16 日的"公共用地审议会答复"中就有人提议应该讨论如下情况：从社会公平角度看，"无视大型公共事业所致的社会经济影响"明显不适当时，国家、地方公共团体等要为公共事业采取优先性预防措施、行政援助措施等。但该提议没有写进 1967 年 2 月内阁会议通过的《实施公共事业时的公共补偿标准纲要》（《公共补偿标准》）。

（二）《公共设施周边地区整备法》的诞生

但是，出现了如 1972 年的《琵琶湖综合开发特别措施法》、1973 年《水源地区对策特别措施法》、1973 年《发电用设施周边地区整备法》等那样，让如下机制法制化的例子：缓和大型公共事业给周边地区带来负面社会经济影响，并让受益者（受益地方公共团体）返还开发利益。

（三）《琵琶湖综合开发特别措施法》

《琵琶湖综合开发特别措施法》的主要目的是：缓和琵琶湖水资源开发后水位变动所致的负面影响。生活重建措施（第 7 条）、国家负担或补助比例的特例（第 8 条）、国家普通财产的转让（第 9 条）、国家在财产上或金融上的援助（第 10 条）的规定也引人注目。尤其值得关注的是规定"受益地方公共团体之负担"的第 11 条。在此，因公共事业而受到积极影响的地方公共团体向受到负面影响的地方公共团体实施的"利益还原机制"被法制化了。

（四）《水源地区对策特别措施法》

第二年制定的《水源地区对策特别措施法》也规定了生活重建措施（第 8 条）、国家负担或补助比例的特例（第 9 条）、国家普通财产的转让（第 10 条）、国家在财产上或金融上的援助（第 11 条），同时还规定了下游负担（第 12 条）。所以，对《水源地区对策特别措施法》而言，《琵琶湖综合开发特别措施法》发挥了先导性、实验性功能。

469

（五）《发电用设施周边地区整备法》

《发电用设施周边地区整备法》与《电源开发促进税法》、《电源开发促进对策特别会计法》一起，并称电源三法。电源选址对策补助金作为整备规划下的事业经费，被支付给发电用设施周边地区的市町村。

不是像《琵琶湖综合开发特别措施法》第8条、《水源地区对策特别措施法》第9条那样的负担率、补助率的提高方式，而是综合补偿金方式，这或许是长处。但《发电用设施周边地区整备法施行令》第7条第1款第2项对"国家负担或补助部分经费的事业"原则上不交付补助金，即禁止"补助内使用"。对此，地方公共团体有很多不满。[1]但这不只是电源选址对策补助金的问题，而是一般补助金的问题。

（六）缓和政策

这些"公共设施周边地区整备法"[2]在将社区纳入视野方面，以及在进一步缓和公共事业之负面影响（mitigation）——用传统补偿（compensation）概念无法包含——方面，有着重要的进步。

而且，在如下方面还要做进一步的努力，即多目的、高效率地使用"以往被认为不给当地带来利益"的公共设施后，公共事业也给当地带来积极影响。将"一直以来只限于治水利水目的"的大坝作为观光资源加以利用而形成的山水观光事业是上述努力的一部分。

（七）社区政策的留意点

470 在推进这些社区政策时应该留意的是：不能随着社区政策的广泛实施，而轻视原本应给个人的补偿。即社区政策是补偿以前补偿制度的不足，而不是替代。

将"社区整体纳入视野"的利害调整终究以"向每个被害人作完全补偿"为前提，旨在缓和个人补偿无法完全覆盖的社区负面影响。

---

〔1〕 宇贺克也："电源三法交付金的问题点"，载《近年电源布局及其课题》，日本能源法研究所1995年版，第34页以下。

〔2〕 远藤博也："论公共设施周边地区整备法"，载《北法》1981年31卷3~4号233页以下。

尤其需要注意的是：在只以提高居民合意程度为目的而实施社区政策的情形中，容易产生让社区里最受影响者孤立于社会，对其予以救济的意识更加淡化这一负面效果。

十、公共补偿

（一）《公共补偿标准》的制定

根据《公共补偿标准》第 2 条，公共补偿是针对"因公共事业的实施而有必要废止或中止其功能"的项目地内公共设施等（以下称"既有公共设施等"）的补偿，或者针对公共设施损伤等的费用负担。

早在 1962 年 3 月 20 日的"公共用地审议会答复"中，就有人建议应该确立公共补偿标准。结果是先制定并实施了一般补偿标准，暂缓制定公共补偿标准。但是，在公共补偿的实施上明显不统一，而且，还出现了以既有公共设施管理人的强势为背景，补偿额过大的例子。所以，1965 年 10 月 19 日建设大臣就公共补偿标准的制定向公共用地审议会进行了咨询。在收到该审议会的答复后，1967 年 2 月 12 日公共补偿标准在内阁会议获得通过，同日，关于其实施的细则也获得了内阁的认可。

但在该审议会答复的事项中，没有前面"九（一）"提到的"关联公共事业之推进"，也没在公共补偿标准中规定调解程序。

（二）公共补偿的特色

公共补偿的大特色是：对既有公共设施等的补偿旨在恢复功能（《公共补偿标准》第 6 条第 1 款）。其理由是：鉴于既有公共设施等所具有的公共功能，需要恢复它，并让其不被中断。

471

所以，若在项目地以外恢复既有公共设施等的功能的话，就要补偿为取得如下土地而需要的费用，即为在建设地点建设既有公共设施等的替代设施，或者为将既有公共设施等搬迁至合理搬迁地而所需土地（《公共补偿标准》第 7 条第 1 款）；就要站在与一般补偿标准——只补偿市场价格即可——不同的原理上。

　　另外，当法令规定有义务将该公共设施做成一定结构的事物时，在该必要限度内，也认可超出功能恢复部分的补偿（《公共补偿标准》第 12 条）。

　　另外，依据一般补偿标准来实施如下情形中的补偿（《公共补偿标准》第 13 条）：废止、中止既有公共设施等后，不妨碍公益。

　　关于公共补偿方法，在公共补偿标准上，金钱补偿是原则（《公共补偿标准》第 4 条），实际上也经常进行实物补偿。

（三）公共补偿的意义与问题点

　　一方面，公共补偿标准所采用的功能恢复原则也给一般补偿带来很多启发。在后者中，也应该从恢复以前生活角度出发，认可超出市场价格的补偿，公共补偿标准的思维不仅限于公共设施，还应该进一步一般化。

　　另一方面，现行的公共补偿标准在纠正"不统一"问题上作出了一定的贡献，但有的地方也过于概括，所以很难说不会被国家、地方公共团体的权力关系所左右。

　　公共用地审议会答复说道，本来它要与调解制度一起建立，所以只能是概括性标准。但既然调解制度没有建立，那公共补偿标准中的裁量标准就应该更加详细化、具体化。应该讨论的是：是导入中立的第三机关的调解制度，还是谋求公共补偿标准中的裁量标准的具体化。

　　另外，在一般补偿中，实际所支付的补偿额与个人隐私相关，而公共补偿没有这样的问题，所以应该公开含补偿额在内的信息。充分公开有关公共补偿之实际状态的信息，是讨论如何完善补偿制度的基本前提。

472

第五节　补偿的时间

一、《宪法》第 29 条第 3 款

　　《宪法》第 29 条第 3 款的旨趣是否是连事前补偿、同时补偿都予

以保障。对此进行争论的是"最大判昭 24・7・13 刑集 3・8・1286"。

该案的被告人接到了向政府交售大米的通知，在交售期日前，分摊量的一部分尚未卖给政府，之后以违反旧《粮食管理法》而受到刑事追究。被告人认为：政府基于旧《粮食管理法》而要求交售大米时，根据《宪法》第 29 条第 3 款，要在交售日支付价款（补偿），而实践中是约 2 个月后才实施补偿，故本案的分摊交售违宪。

最高法院判道，"宪法虽然规定了'正当补偿'，但没有明确规定补偿的时间，所以，补偿应该与财产的交售同时、互换性地实施，不是宪法所保障的地方。补偿明显晚于财产交售的，产生'迟延导致的损害'的填补问题，但不能因此就理解说宪法保障了补偿的同时履行"。

此后的下级判例也采取了同样的立场（"高知地判昭 26・10・24 行集 2・10・1789"、"宇都宫地判昭 28・1・23 行集 4・1・173"、"东京高判昭 33・9・13 行集 9・9・2096"）。

《日本国宪法》第 29 条第 3 款确实与法国《人权宣言》第 17 条、《普鲁士宪法》第 9 条不同，没有让事前补偿成为义务的明确表述。但不能据此就认为《日本国宪法》第 29 条第 3 款将补偿时间完全委任于立法者。在"正当补偿"这一表述中，也包含了关于补偿时间的一定要求。

473

即使在仅从"填补财产权的交换价值"角度、平等原则角度来实施损失补偿的情形中，若是事后补偿，也有必要填补损失发生后的利息。

也有例子像《土地征收法》第 93 条的沟垣补偿——事后补偿——那样，用补偿法理来处理原本具有损害赔偿性质的事物。在赔偿情形中，如下说法是不合理的：因为用补偿法理处理过了，所以不能获得不法行为发生后产生的迟延利息。

即使在不具有赔偿性质的事后补偿情形中，只有在损失发生的时点作了"填补该损失"的补偿，才可以说是"正当补偿"，即使具有不得已而作事后补偿的理由，也不能不补偿"损失发生后的利息"。

即使立法政策是只有发生请求后才产生补偿义务，但若宪法认可补偿请求权的话，那相关规定也只不过是规定实现宪法上补偿请求权的程序，而不能成为"'正当补偿'的数额不包括'损失发生后、实际补偿前'这一期间的利息"的理由。

另外，从生活权补偿角度看，不实施事前补偿或同时补偿的话，明显难以维系以前的生活水平，这不能说是"正当补偿"，所以违宪嫌疑很重。

二、《土地征收法》

（一）事前补偿或同时补偿

《土地征收法》原则上采用"无补偿就无征收"的事前补偿或同时补偿原则。这与《宪法》第 29 条第 3 款的精神相吻合。

即《土地征收法》第 95 条第 1 款规定：开发商必须在"权利取得裁决"所规定的权利取得时前，支付权利取得裁决中的补偿金、合算金、怠慢金，转让、交付或建造替代土地。

另外，关于"让出裁决"的补偿，该法第 97 条第 1 款规定：在让出裁决规定的让出期限前，必须支付让出裁决中的补偿金，代行搬走物件或者制造宅地。

开发商在"权利取得裁决"规定的权利取得之前没有履行支付补偿金等第 95 条第 1 款所规定之义务的，权利取得裁决视为失效，裁决程序之开始决定视为被撤销（第 100 条第 1 款）。

同样，开发商在"让出裁决"规定的让出期限前没有履行支付让出裁决中的补偿金等同法第 97 条第 1 款所规定之义务的，让出裁决失效（第 100 条第 2 款）。

即使在农地收购情形中，国家没有在收购命令书所记载的收购时间前支付或信托收购命令书所记载的对价的，该收购命令书无效（《农地法》第 13 条第 3 款）。《森林法》第 62 条也采用了同样的制度。

（二）事后补偿

1. 测量、调查等所致的损失补偿。《土地征收法》中也有采用

474

事后补偿主义的规定。第 91 条规定，"……因进入土地或工作物、测量、调查，清除障碍物，或者勘探土地而导致损失的，开发商必须向受损人补偿该损失"。如"导致损失的"这一表述所显示的那样，主张的是事后补偿主义。同样的规定还有《道路法》第 69 条、《河川法》第 89 条第 8 款等。

在这些测量、调查中，导致损失的情况并不多，即使导致损失，也多为轻微，一般不会出现因该损失而大大影响以前生活的情况，所以采用事后补偿主义并不违宪。

但测量、调查所致损失可具体预见，损失额可以事前估算，所以采用事前补偿主义更好。

2. 事业废止或变更等所致的损失补偿。《土地征收法》第 92 条关于事业废止或变更等所致的损失补偿，规定说土地所有人或关系人"受到损失时"，开发商必须补偿，采用了事后补偿主义。

此时，谁会产生多大程度的损失？很难在事前确定并给予补偿，不能说对此采用事后补偿主义就直接违宪。 475

但当损失可具体预见，事前支付补偿并不妨碍事业时，事前补偿更好。

3. "征收或使用土地"以外的土地的损失补偿。在《土地征收法》第 93 条的沟垣补偿中，也常常难以事前估算损失，不徒已采用事后补偿原则。但事前完全可以预见损失之发生的，应该认可事前补偿请求。

4. 非常灾害时土地使用与紧急事业时土地使用的损失补偿。《土地征收法》第 124 条对非常灾害时土地使用与紧急事业时土地使用的损失补偿，也规定了事后补偿。同样的规定还有《灾害对策基本法》第 82 条、《道路法》第 69 条、《河川法》第 22 条、《水防法》第 21 条等。在这样的紧急事态中，不采用事前补偿主义也是迫不得已，不能说违宪。

另外，关于紧急事业时土地使用的损失补偿，规定：土地使用许可作出后，土地所有人与关系人有请求的，开发商必须支付自己估算的损失补偿额；缓和了事后补偿主义（《土地征收法》第 123 条第 4 款）。

5. 建造耕地。根据《土地征收法》第 83 条第 2 款，在对耕地建造所致损失补偿作出了裁决的情形中，有可能规定开发商完成工程的时间晚于权利取得的时间，此情形下事后补偿得到认可。

这是因为：①在"自权利取得后，至让出期限到来"之间，土地所有人可以一如往常在被征收地上耕作；②耕作具有季节性，让出期限到来后有时还需要进行一段时间的农耕，并不需要急急忙忙地建造耕地；③耕地的建造工程需要相当时间的，姑且让开发商只实施作为补偿重点的替代土地的转让、交付，而后再建造耕地也是妥当的。[1]

但耕地建造的补偿要基于土地所有人或关系人的要求，只要在参照①②③后其合理性得到认可，就不能说事后补偿直接违宪。

另外，在裁决耕地建造损失时，若开发商是国家以外者，征收委员会认为有必要的，可以作出以"开发商必须同时提供耕地建造担保"为内容的裁决（《土地征收法》第 83 条第 3 款）。

开发商在工程应完工期内没有完工时，不是"权利取得裁决"失效，而是土地所有人或关系人在获得征收委员会的认可后取得该担保的全部或部分。此时，开发商在获得征收委员会的认可后，免除耕地建造所致损失的补偿义务。

6. 代行工程所致的补偿。关于《土地征收法》第 75 条规定的残地的沟垲补偿，可以在"让出裁决"中裁决"代行工程所致损失的补偿"，在此也认可事后补偿（《土地征收法》第 84 条第 2 款）。只要存在如下情形，就有认可事后补偿的合理性：若不是在征收地或使用地让出后，就不可能在物理上实施该工程。

开发商在工程应完工期内没有履行义务的，让出裁决不会失效，土地所有人或关系人就获得了取得担保的权利（《土地征收法》第 84 条第 3 款）。

---

〔1〕 小泽《征收法》（下）225 页以下。

三、《公共用地取得特别措施法》

《公共用地取得特别措施法》第 20 条第 1 款规定，"在因特定公共事业的'让出裁决'延迟而有可能妨碍事业实施的情形中，开发商提出申请的，即使《土地征收法》第 48 条第 1 款与第 49 条第 1 款各事项中有未审理的损失补偿，征收委员会也可以作权利取得裁决与让出裁决（尚未作权利取得裁决时），或者让出裁决（权利取得裁决已经作出）"。

同法第 21 条第 1 款规定：紧急裁决决定应该实施损失补偿，但对补偿方法或金额尚未审结的，必须决定估算下的临时补偿金。同法第 30 条第 1 款规定：对紧急裁决时尚未审结的损失补偿事项，征收委员会必须继续审理，毫无延迟地作出补偿裁决。

补偿裁决决定的补偿金额与紧急裁决决定的临时补偿金额有差异的，必须用金钱予以清算，必须支付年 6 分的利息（《公共用地取得特别措施法》第 33 条）。

此以临时补偿金为条件的紧急裁决制度是否违反宪法，对此有讨论。

判例一贯持合宪说（"东京地判昭 59・7・6 行集 35・7・846"、"东京地判昭 63・6・28 行集 39・5＝6・535"、"东京高判平 5・8・30 行集 44・8＝9・720"）。

参照如下情况后，就不会说紧急裁决制度直接违宪了：仅限于与公共利益有特别重大关系且有紧急实施的必要时；支付临时补偿金；事后支付补偿金的，已清算该事后补偿金与临时补偿金的差额部分；支付利息。

但或许可以这样理解：虽说事后已清算，但当临时补偿金额太低，妨碍当前生活的，可在补偿裁决前，直接基于《宪法》来请求补偿。

477

第六节　补偿的行政程序

一、行政程序法定化后可否基于《宪法》第 29 条第 3 款提出请求

（一）作为赔偿义务人的行政厅作补偿决定时

478　　宪法上需要补偿时，根据作为判例、通说的请求权发生说，可以直接基于《宪法》请求补偿，但这出现在补偿的行政程序尚未法定的情形中，当实定法规定了补偿程序时，不能不依据该程序而直接基于《宪法》第 29 条第 3 款提出请求。

在未能获得《自然公园法》第 17 条第 3 款之许可的人没有经过该法第 35、36 条规定的程序，直接基于《宪法》第 29 条第 3 款提出请求的案件中，"东京地判昭 60・1・30 行集 36・1・42"、"东京高判昭 60・8・28 行集 36・7＝8・1250"、"最判昭 62・9・22 裁集民 151・685 判"道：未经过法定程序而直接基于《宪法》第 29 条第 3 款提出请求是不合法的。

（二）行政厅作为第三人作裁决或裁定时

即使在行政厅作为第三人作裁决或裁定的情形中，补偿的行政程序被法定化的，也不能不经过该程序而直接基于《宪法》第 29 条第 3 款提出请求。

相关的判决有 "大阪地判昭 33・7・15 下民 9・7・1291"、"东京地判昭 39・12・17 行集 15・12・2447"、"新泻地高田支判昭 41・10・29 讼月 13・2・170"、"熊本地判昭 42・7・27 讼月 13・10・1198"。

（三）立法裁量的尊重及其边界

即使主张请求权发生说，也不否定对补偿程序的立法裁量。只要补偿程序的立法裁量被认为具有合理性，就不能忽视它。

在行政过程中简易、迅速地处理案件不仅有利于补偿义务人、

补偿请求人，也有利于减轻法院的负担。即使在提起了诉讼的情形中，经由行政厅决定后，争点也得到了整理，专业性、技术性事项的司法审查也就变得更容易。

但如下看法也不妥当：补偿的行政程序被法定后，不允许一切例外。

实际上这也是不可能的。例如，尽管前述《公共用地取得特别措施法》的紧急裁决所规定的临时补偿金额太低，难于维系生活，但补偿裁决还是延迟了。此时作为立法政策可以考虑视紧急裁决无效，但因这样会影响公益，所以也认可在补偿裁决前直接依据《宪法》提出请求。

（四）设定补偿金上限的行政上的补偿制度

在行政上的补偿制度中，有的如预防接种健康损害救济制度（《预防接种法》第11条以下）那样，设定补偿金的上限，在该范围内寻求简易、迅速的救济。但不应该作如下理解：在此情形中，只要没有相反旨趣的明文规定，那在诉讼提起前使用它就是一种义务。

该制度不是以损害的完全填补为目的，超出"行政二之补偿金额的限度"的受害人对该超出部分（只要行政厅进行争议）就只能依靠诉讼救济。若是如此，就没有足够理由来否定"对整个损害数额通过一次诉讼予以解决"。

但是，对被害人而言，在法定补偿金额上限的范围内，使用行政上之补偿制度也是有利的，所以通常作了行政上的补偿请求后，通过诉讼来请求不足部分。

二、损失补偿之行政程序的重要性

（一）行政程序前置

即使主张请求权发生说，如前所述，在损失补偿的行政程序被法定了的情形中，补偿请求人原则上也必须将其作为前置程序，在此意义上，该行政程序合理是有重要意义的。

（二）诉讼成本

480　　行政程序没有被法定的，可以依据请求权发生说，直接基于《宪法》请求补偿。但考虑到诉讼成本，很有必要在行政程序中开辟简易、迅速且低廉的请求补偿的路径。

在国家赔偿请求诉讼中，"期待通过'司法对侵害的违法性作出判断'来实现制裁、抑制违法行为、排除违法状态等功能"有时成为诉讼的动机。在以侵害的合法性为前提的损失补偿请求中，没有这样的动机，因此，诉讼成本问题就有了重要意义。

（三）行政复议的排除

关于损失补偿，在广义的行政程序中，事前程序具有重要意义。因为对损失补偿的决定、裁决、裁定，一般都通过"当事人诉讼"进行争议，根据《行政复议法》第 4 条第 1 款第 5 项，不适用该法。

但如《自卫队法》第 105 条第 7 条的"异议申诉"那样，也有特别认可行政复议的例子，但极少。

这可以说是促使行政过程中的事前程序进一步完善的要因。

三、与《行政程序法》的关系

（一）审查标准透明性的保障

《行政程序法》想在"'基于法令的补偿请求权'得到认可"方面，进行很大的程序完善。

以前，即使法令认可补偿请求权，也只是规定补偿损失、补偿通常应生损失，很少规定审查标准；另外，即使规定了审查标准，多数也是内部规定，不公开。因此，即使请求补偿，也不知道如何估算损失。

若适用《行政程序法》第 2 章的规定，原则上就有制定、公布审查标准的义务，就可以解决上述问题。但有两个问题。

（二）申请权的缺失

481　　问题一是：在行政厅作为补偿义务人作补偿决定时，"基于法令的申请权"不被认可的情况也不少。这就缺失了"适用《行政程序法》上的应申请行政行为"的前提。

（三）第三人的裁决、裁定

问题二是：对"以调整对立利益为目的、基于法令之规定而作出"的裁决程序，不适用"行政程序法上的应申请行政行为"的规定（《行政程序法》第 3 条第 1 款第 12 项）。

所以，行政厅作为第三人作裁决、裁定时，不适用《行政程序法》上的审查标准规定。这样，在补偿程序中，行政厅作为第三人作裁决、裁定的情况就非常多。

四、申请权的赋予

在关于损失补偿的实定法中，像《国有财产法》第 31 条之 2 那样，完全没有程序规定的情况很少。此时，补偿请求权人可以直接基于宪法请求补偿，但最好不要让补偿请求权人负担诉讼成本。

若"向行政厅提起的补偿请求权"被法定，那就可以使用行政程序法上的应申请行政行为的规定。另外，从促进行政过程的简易、迅速且低廉救济的角度看，也应该法定"向行政厅提起的补偿请求权"。

但是，"向行政厅提起的补偿请求权"被法定后，原则上，经过该程序就成为义务，作为立法政策，这是否妥当还要讨论。是否采用不经过该程序而直接提起诉讼的自由选择主义，也值得讨论。

五、告知

赋予申请权时，应该告知如下事项：①可以申请损失补偿；②接收申请书的行政厅；③申请书提交期限；④申请程序前置于诉讼程序。

在现行法对裁决申请期间规定得很短的情况下，③尤其重要。例如，《自然公园法》第 12 条第 3 款规定：估算补偿金的接受者对数额不服的，必须在收到补偿金之日起 30 日内向征收委员会申请裁

482

决。过了裁决申请期限的，将丧失在征收委员会，甚至法院争取补偿金的机会，所以很有必要告知③。

六、征收委员会裁决程序前的程序

有时允许"对行政厅决定的补偿金额不服"的人向征收委员会提出裁决申请。《测量法》第 20 条第 2 款就是一例。但在这样的事例中，征收委员会裁决程序前的"首次补偿决定"的程序如何？由哪个机关作决定？对此，法令都没有规定。这样的例子其他地方也有。

应该法定的是：明确"首次补偿决定"的申请权，开辟不作为的不服申诉、不作为违法确认诉讼的道路；经过相当期间后也没有作首次补偿决定的，可以向征收委员会申请裁决。

七、请求权的除斥期间

同样是有关"进入"的损失补偿请求，有像《河川法》第 89 条那样未规定请求权之除斥期间者，也有像《土地征收法》第 91 条第 2 款那样规定"自知道损失之日起 1 年"这样的除斥期间者，很难找出它们作不同处理的合理根据。

关于事业废止、变更等的损失补偿请求权，《土地征收法》第 92 条第 2 款准用该法第 91 条第 2 款的规定，规定"自知道损失之日起 1 年"这样的除斥期间，而《森林法》第 59 条第 1 款没有规定除斥期间，呈现出不统一的状态。

有必要纠正这一点。

八、裁决程序中补偿请求权人的意见陈述权的保障

在行政厅作为第三人裁定补偿的情形中，有时赋予赔偿义务人和补偿请求权人双方以裁定申请权。关于《道路运输法》第 69 条第

3 款的损失补偿，汽车道路事业者与损失承担者之间没有达成协议或者无法协议的，都道府县知事可以根据申请作裁定（《道路运输法》第 69 条第 5 款），此时，任何一方都可以申请裁定。

483

补偿义务人先提交了裁定申请书，裁定程序开始后，补偿请求权人就无法通过裁定申请书陈述意见了。另外，也没有给予补偿请求权人以其他在裁定程序中陈述意见的机会。实际上，即使给予非正式意见陈述机会，也无法保障意见陈述权，这一点需要完善。

征收委员会作裁决时，有口头意见陈述权、询问知情人等较好的程序保障。与此相比，征收委员会以外的行政厅作为第三人作裁定时，有不少程序问题。

对此，可以将"当事人协议"前置于裁定前，在此阶段可以口头陈述意见，但不能据此就否定裁定机关里的口头意见陈述权。

补偿原本就不是不利行政行为，获得"正当补偿"是财产权侵害的前提，在"宪法上的权利"这一点上，与支付补助金这样的授益行为有性质上的差异，在其是"财产权被积极侵害后的对价"这一点上，与营业许可不同。鉴于此补偿请求的性质，十分有必要保障口头意见陈述权。

九、专业性、中立性的保障

行政厅对损失补偿进行判断时，多数情况下不是采取第三人立场，而是作为"承担补偿义务"的行政主体来作决定。这里有决定机关的中立性问题。[1]另外，很多情况下需要专业技术知识来计算补偿额，行政厅在作决定时要听取专家的意见，该意见听取制度[2]尚未法定的情况不少。

所以，应该尽量建立起"听取专业性与中立性机关的意见"的

---

〔1〕　小泽道一："损失补偿程序与救济程序（3）"，载《自研》1988 年 64 卷 9 号 44 页。

〔2〕　具体的例子可参见宇贺克也："损失补偿的行政程序（2）"，载《自研》1993 年 69 卷 2 号 34 页以下。

机制。向审议会咨询时，委员中应该有专业知识人员。

484　　　另外，可以考虑对具有专业知识的鉴定人、评价人采用特别委任方式。只是在此情形中，最好让补偿义务人和补偿请求权人能指定数额相等的鉴定人、评价人。

　　　也有时将相关地方公共团体的首长作为"经由机关"，让"经由机关"添加意见书。在此情形中，也最好像《家畜传染病预防法》第 58 条第 3、4 款那样，听取专业性、中立性机关的意见。

　　　也有像作为机场设置者的《航空法》第 49 条第 5 款的运输大臣的裁定那样，在形式上，国家、新东京国际机场作为第三人作裁定，但实际上裁定权人并不中立。在此情形中，最好还是设置听取专业性、中立性机关意见的规定。

十、说明理由

　　　在有关损失补偿的规定中，规定说明理由的有准用《土地征收法》第 66 条第 2 款的情形、《河川法施行令》第 22 条第 3 款的情形等，很少。但最好是让补偿决定或裁定有说明理由的义务。

　　　第一，行政厅作为具有补偿义务的行政主体机关作决定时，法律一般没规定要事前协议，也没有保障决定程序中补偿请求权人的意见陈述权。所以，有时无法充分理解决定的理由。但"基于法令"的申请被认可后，就要适用《行政程序法》第 8 条的说明理由规定，所以该问题可以解决。但"基于法令"的申请没被认可时，问题还是无法解决。

　　　第二，在征收委员会以外的行政厅作裁定的情况下，一般认可当事人间的事前协议，但与裁定权人的事前协议未被法定，裁定程序中意见书提交权得到保障的也只是少数，口头的意见陈述权未被认可。所以，会出现不理解裁定理由的情况，对第三人的裁定，不可以适用《行政程序法》上应申请行政行为的规定，所以有必要在个别法上设置说明理由的规定。

十一、来自补偿义务人的信托

关于《森林法》第53、55条的裁定，在裁定规定的补偿金支付 485 期限内未支付或信托的，裁决失效（《森林法》第62条）；而且，认可"土地的使用、征收人对裁定的补偿金额可进行争议（《森林法》第60条）"，但不认可"土地的使用或征收人因不服裁定的补偿金额而予以信托（《森林法》第61条）"。

所以，在土地的使用、征收人不服裁定的补偿金额而提起减额诉讼的情形中，在裁定所规定的补偿金支付期限内不支付的，该裁定失效。

《土地征收法》第95条第2款第3项规定开发商对征收委员会裁定的补偿金额不服的，可以信托补偿金；同条第3款规定补偿金等的接收人提出请求的，开发商必须支付自己所估算的金额，信托"与裁决所定补偿金"的差额。通过该信托，开发商可以避免裁决的失效（《征收法》第100条第1款）。

在减额诉讼中，补偿义务人即使胜诉，也有补偿金已经消耗，事实上无法回收的情况，故在森林法中，也应该设置像土地征收法第95条第2款第3项以及同条第3款的规定。

十二、补偿金支付的快速化

（一）申请权

如第5节所述那样，在若干事例中，不得不事后补偿，此时也必须尽快地支付补偿。

在行政厅作为补偿义务人决定补偿的事例中，只要基于法令的补偿申请得到认可，就可以适用《行政程序法》第2章的规定，根据标准处理期间等，在某种程度上可期待补偿决定的快速亿。

问题是：法令中未规定"补偿申请"的情况很多，此情况中的申请权不被认可的话，就不能适用《行政程序法》上的应申请行政行为的规定。所以，应该通过在法令中认可申请权来让其进入行政程序法之中。另外，也应该讨论"补偿申请"的告知义务。

（二）补偿金支付时间的明示

有像《航空器噪音防治法》第 13 条那样，规定法定补偿金支付时间的；也有像同法第 16 条第 4 款那样，在裁定中规定补偿金支付时间的。人们期待这些机制有利于补偿金支付的快速化，并得到广泛运用。

（三）估算补偿金

也有例子是：达不成协议或不能协议的，不直接让其向征收委员会申请裁决，而让补偿义务人承担支付估算补偿金的义务。为了迅速获得补偿，应该扩充该机制。[1]当估算补偿金过少，或者懈怠支付时，可像《土地征收法》第 90 条之 3 那样，课赋合算金的话，那其实效性就会得到提高。[2]

十三、多数当事人程序

在损失补偿程序中，补偿请求权人为多人的，应该考虑建立旨在避免程序明显延缓的多数当事人程序。这有利于实现补偿的快速化。但该问题不应仅限于补偿程序，而是应该作为行政程序的一般问题来讨论。

十四、行政复议

补偿的决定、裁决、裁定可以在当事人诉讼中被争议，但一般不是行政复议的对象。但在行政厅作为补偿义务人而决定补偿的事例中，有特别认可"异议表达"的例子。

---

〔1〕 小泽道一："损失补偿程序与救济程序（3）"，载《自研》1988 年 64 卷 9 号 45 页。

〔2〕 关于此情形下双重支付的预防问题，参见宇贺克也："损失补偿的行政程序（3）"，载《自研》1993 年 69 卷 3 号 38 页以下。

此时，也有的像《日本国与美利坚合众国间相互合作与安全保障条约第 6 条下的设施、区域，以及与日本国内合众国军队地位协定之实施相关的土地使用特备措施法》第 12 条第 2 款、同法施行令第 3 条之 2 那样规定：有"异议表达"的，必须听取防卫设施中央审议会的意见。但一般都不会设置这样的咨询规定。

在有咨询规定的情形中，对"异议表达"也可认可某种程度的实效性；在无咨询规定的情形中，几乎不能期待其实效性。要废止这样的"异议表达"规定吗？至少可以废止复议前置主义。487

但实际上，对没有咨询规定的"异议表达"，采用了复议前置主义；相反，对有咨询规定的上述例子，则采用了自由选择主义。无法合理说明两者的差异。

另外，在补偿义务人本身作出了首次补偿决定的情形中，允许向征收委员会申请裁决是有意义的，应该更加广泛地采用该机制。

第七节　补偿诉讼上的问题

一、形式当事人诉讼的性质

（一）给付确认诉讼说与形成诉讼说

在"行政厅作补偿决定、裁决、裁定"这一机制下，对该决定、裁决、裁定不服时，一般通过形式当事人诉讼来争议。

关于该形式当事人诉讼，形成了给付确认诉讼说与形成诉讼说的对立，判例也分立着，最高法院也尚未形成可称为先例的判决。

（二）补偿决定、裁决、裁定的行政行为性

在给付确认诉讼说中，有的以请求权发生说——损失补偿请求权直接依据《宪法》第 29 条第 3 款而直接产生——为前提，否定补偿决定、裁决、裁定的行政行为性。

但是，关于政策上的补偿，请求权发生说的基本前提并不妥当，另外，可以采用"通过行政行为来确定已客观发生的债权"这一机制，[1]所以不能以请求权发生说为根据，否定补偿决定、裁决、裁定的行政行为性。

488　　另外，补偿的行政程序被法定后，原则上不经过该程序，就不得提起诉讼，若否定决定、裁决、裁定的行政行为性，那就不能提起不作为的复议、不作为违法确认诉讼了。

而且，决定、裁决、裁定不是行政行为的话，就不能适用《行政程序法》上的应申请行政行为的规定，从补偿请求权人的程序性保护这一角度看，这是不好的。

（三）补偿决定、裁决、裁定的公定力

补偿决定、裁决、裁定是行政行为，有公定力，而"形成诉讼说"的思维是必须排除该公定力，但行政行为性与公定力并不直接相连。

原本没有必要先验地给行政行为以公定力，公定力只不过是为认可"撤销诉讼之排他性管辖"而产生。是否采用"撤销诉讼之排他性管辖"是个立法政策问题。

对补偿决定、裁决、裁定不服者所提起的诉讼是争议行政行为的诉讼，但作为立法政策，其被例外性地排除在"撤销诉讼之排他性管辖"之外，没有必要将形式当事人诉讼强行作为决定、裁决、裁定之撤销诉讼来建构。

即使作为形成诉讼来建构的话，当法院与征收委员会的判断不同时，也不会发回（重审）给后者，而是法院直接决定补偿额，所以这样的理论建构没有实益。[2]

是给付确认诉讼，还是形成诉讼，这样的问题本身就没有什么建设性，[3]将其看作是根据立法政策而创造出的有别于"典型的给

---

〔1〕 盐野宏、原田尚彦：《演习行政法》（新版），有斐阁1989年版，第197页（盐野宏执笔）。

〔2〕 盐野宏、原田尚彦：《演习行政法》（新版），有斐阁1989年版，第198页（盐野宏执笔）。

〔3〕 小早川光郎："行诉法4条前段的诉讼"，载《法教》1993年149号59页。

付确认诉讼与形成诉讼"的独立诉讼即可。[1]

二、告知

与征收等权利取得相关的公益裁决，与补偿相关的私益裁决一 489
起实施的话，对前者可以申请行政复议；在该行政复议口，不能对
后者提起不服，对后者的不服通过当事人诉讼进行争议。

对前者适用《行政复议法》第 57 条第 1 款的一般告知制度，告
知义务仅限于如下事项：①对与征收等权利取得相关的裁决等可以
复议之意，②受理复议的行政厅，③复议时间。在对前者的复议申
请中，经常对补偿表达不服。

这也给建设大臣增加了处理"不合法复议请求"的成本，而对
补偿请求权人而言，可招致更重大的事态。因为在作出"对私益性
裁决事项的复议请求不予认可"这一裁决的时点，很有可能已经过
了"就补偿提起当事人诉讼"的起诉期限。

在"1983 年 2 月 7 日建设省计划局总务科发各征收委员会事务
局收"的实务联络中，要求附带如下内容的文书：对征收裁决中的
损失补偿不服的，自收到裁决书正本之日起 3 个月内，可以开发商
为被告提起损失补偿诉讼（《土地征收法》133 条）；关于损失补偿
的不服，只能通过当事人诉讼来争议，不能通过复议（《土地征收
法》129 条）、"裁决的撤销诉讼"来争议。其他情形中，在作补偿
决定、裁决、裁定时，也应该厉行同样的告知。

三、补偿诉讼的当事人

（一）行政机关作为当事人被法定的情形

在补偿诉讼中，国家、地方公共团体等具有法人资格者是当事

---

〔1〕　南博方编：《条解行政事件诉讼法》，弘文堂 1987 年版，第 157 页（碓井光明
执笔）。

人，像《航空法》第 49 条第 7 款那样，将行政机关作为当事人来规定的例子也不是完全没有。

在此情形中，以该行政机关所归属的行政主体为被告而提起的补偿诉讼不应理解为不合法。此时的行政机关应看作是行政主体的代表机关，不应认为以行政主体为被告的补偿诉讼不被允许。

（二）《土地征收法》第 133 条第 2 款的开发商

1. 行政主体与行政机关

《土地征收法》第 133 条第 2 款的开发商是行政主体还是行政机关，判例对此有分歧。主张前者的有"东京地判昭 47·2·29 行集 23·1=2·69"，主张后者的有"名古屋地判昭 45·7·14 行集 21·7=8·1024"，主张两者皆可的有"广岛高松支判昭 49·7·31 行集 25·7·1039"。

参照同法第 9 条、第 17 条第 1 款、第 68 条等开发商的表述，同法第 133 条第 2 款的开发商也应理解为行政主体，同法施行规则附记样式第 5 备考 2 规定：在国家实施的事业中，"开发商的名称"是对事业实施有权限的行政机关的名称。征收裁决申请也使用了行政机关名，所以多数情况是可以提起以该行政机关为被告的当事人诉讼。

这些诉讼也应该以不合法为由被驳回，而是行使解释权，作为合法诉讼来处理。

2. 国家与地方公共团体

（1）双方负担费用时。补偿费用可以说是该公共事业的经常性经费，所以在国家与地方公共团体双方负担费用的公共事业中，应该对应经费负担比例，分担补偿费用。

但对外支付人已被法定为那一方的，补偿诉讼的被告也应该是该支付人。但此时，就向"对外支付人以外的费用负担者"所提起的诉讼，直接以不合法来处理是否妥当还需讨论。

（2）官营公费事业。战后，几乎不存在纯粹的官营公费事业，但考虑到补偿费用是该公共事业的经常性经费的一部分，就应该可以"作为费用负担者的地方公共团体"为被告而请求损失补偿。

为了排除被告选择上的困难，如下思维也是成立的：不应该直接视"以国家为被告的诉讼"不合法而予以处理。

四、补偿决定、裁决、裁定错误时

（一）补偿请求权已消灭

也会有这种情况：行政厅弄错权利人而实施了补偿决定、裁决、 491
裁定后，真正的补偿请求权人虽想请求补偿，但补偿请求权也因消灭失效、除斥期间而消灭。此时，可以向错误地收到补偿的人请求返还不当得利，或许还可能请求不法行为的损害补偿，这因方法不同而不同。

另外，补偿决定、裁决、裁定的错误也可能成为国家、公共团体的不法行为。一般而言，补偿请求权消灭的，国家赔偿请求权也消灭。作为例外，也不是完全没有前者已消灭，但还可以行使后者的情况。

（二）可行使补偿请求权

1. 基于误认而无"应归责于真正的补偿请求权人"的事由。基于误认而无"应归责于真正的补偿请求权人"的事由时，即使是再小的错，只要某人被判明是真正的补偿请求权人，那补偿义务人就应该向其支付补偿。这样一来，补偿义务人就被迫支付了双重补偿。但可以向错误地受到补偿的人请求返还不当得利，有时还可以请求不法行为的损害赔偿。

但存在"错误地受到补偿的人已经花掉补偿金，缺乏支付能力"这样的风险。所以，该风险是由补偿义务人来承担，还是让真正的补偿请求权人承担，是个利益衡量问题。在基于误认而无"应归责于真正的补偿请求权人"的事由的情形中，不应该让真正的补偿请求权人承担该风险。因为与补偿义务人被迫承担双重支付风险相比，更应该重视真正补偿请求权人无法获得补偿的风险。

2. 基于误认而有"应归责于真正的补偿请求权人"的事由。相反，基于误认而有"应归责于真正的补偿请求权人"的事由时，不应该让补偿义务人承担"被迫双重支付"的风险。真正的补偿请求权人可以向错误地受到补偿的人请求返还不当得利，有时还可以请求不法行为的损害赔偿。

3. 起诉期间的起算点。像《土地征收法》第 48 条的权利取得裁决那样，与权利取得相关的裁决同与补偿相关的裁决一起实施的，真正的补偿请求权人首先面临的问题是：若不启动以自己为收件人，以"与前者的公益裁决事项相关的部分撤销或无效确认"为内容的裁决，就不能请求补偿。

真正的补偿请求权人对征收或使用本身并不是不服，而只是想获得补偿时，应该可以不争议公益裁决事项，而可以直接基于《土地征收法》第 133 条请求补偿。这与土地征收法的旨趣——区分公益裁决与私益裁决事项，在当事人之间争议后者———致。

从不明裁决制度也可以看出：土地征收中该土地的所有人、关系人是谁，对此，公益角度并不具有决定性意义。这可以通过如下规定得到证明，即《土地征收法》第 48 条第 4 款将应获得补偿金的土地所有人与关系人的姓名与住所作为与同条第 1 款第 2 项"土地或与土地相关的所有权以外的权利的损失补偿"相关的事项。

但是，在"真正的补偿请求权人可以直接基于《土地征收法》第 133 条而请求补偿"的情形中，问题是如何理解起诉期间的起算点。这是因为《土地征收法》第 133 条第 1 款规定"征收委员会裁决中的损失补偿的诉讼必须在收到裁决书正本之日起 3 个月内提起"，而真正的补偿请求权人知道自己土地被征收或使用时，有可能起诉期间已经过去。

这样的结果自然不合理。所以，只要认为真正的补偿请求权人可以不争议公益裁决事项，而直接请求补偿，那此情形下的起诉期间的起算点就应该是真正的补偿请求权人知道裁决产生时。[1]

---

〔1〕 小泽《征收法》（上）581 页。

五、不明裁决（决定、裁定）

（一）将 AB 中之一作为权利人时

一方面，在作出了"将 AB 中之一作为权利人"的不明裁决（决定、裁定）后，补偿义务人只要实施信托就可以了。另一方面，A 或 B 为了请求信托金，有必要通过以 B 或 A 为被告的民事诉讼来确认此事。

A 或 B 认为不明裁决（决定、裁定）所说的补偿金额过小的，可以单独或共同提起以补偿义务人为被告的增额诉讼。但是，若在 AB 间的民事诉讼中不被认为是真正的权利人的话，增额即使被认可，也不能请求支付包括增额部分在内的信托金。相反，补偿义务人认为不明裁决（决定、裁定）规定的补偿金额过大的，可以 A 和 B 为被告提起减额诉讼，就得到认可的减额部分，可以请求取回信托金。

（二）权利人完全不明时

1. 信托金的支付。真正权利人以补偿义务人为被告，提起补偿诉讼后，法院认为其是真正权利人的话，可以获得信托金。增额请求也可以在同一诉讼中一并进行。

2. 减额诉讼。补偿义务人即使认为不明裁决（决定、裁定）规定的补偿金额过大，在权利人完全不明的情况下，也不能作为当事人诉讼提起减额诉讼。只要权利人完全不明，信托金就不可能被支付、花掉，但如下情况也是不妥的：减额诉讼之路被关闭，必须不断地信托"被补偿义务人认为过大"的补偿金额。

这是立法不够完善的地方，为了避免这种不合理状态，可以考虑如下解释，即认可以征收委员会为被告的减额诉讼（虽有悖于文理）。[1]作为立法论，应该像《著作权法》第 73 条但书那样，设置如下内容的明文规定：补偿请求权人完全不明的，可以在对"征收委员会的裁决"所提起的复议、抗告诉讼中，争议补偿金额。

494

---

〔1〕　小泽《征收法》（下）634 页。

六、残地征收的请求

在旧《土地征收法》中，"补偿金额"事项被视为私益性裁决事项，但 1951 年制定的《土地征收法》使用的不是"补偿金额"，而是"损失补偿"。所以，不但金钱补偿，就连对实物补偿的不服也当然包含在私益性裁决事项中。

那么，残地征收请求被拒绝后，对此的不服是公益性裁决事项，还是私益性裁决事项，"残地征收是否得到认可"与征收土地的区域相关，所以可看作是公益性裁决事项。

但"区分公益性裁决事项与私益性裁决事项，将后者委托给当事人诉讼"本来就是为了避免"与公共事业之执行无直接关系之事项"的纷争影响公共事业的执行。这样一来，"残地征收请求的是与非"也是"与事业用地无关"的纷争，是残地补偿的延伸问题，所以应看作私益性裁决事项，应通过当事人诉讼来处理。

七、强制执行

只要在收到裁决书之日起 60 日内不提起"不服补偿金额"的当事人诉讼，那关于强制执行，就可将《土地征收法》第 94 条的裁决看作是《民事执行法》第 22 条第 5 项的债务名义（《土地征收法》第 94 条第 10 款）。在理论上，该机制可能会让补偿请求权人对增额诉讼的提起产生犹豫。因为提起增额诉讼的话，会失去以裁决为债务名义的强制执行的机会。

补偿义务人不提起减额诉讼可以理解为补偿义务人对裁决的补偿额并非不服，所以应该朝着如下方向修改法律：补偿请求权人即使提起了增额诉讼，也认可"以该裁决为债务名义"的强制执行。

在补偿义务人提起了减额诉讼的情形中，裁决整体失去债务名义的性质，但没有必要连补偿义务人认可的部分，也否定债务名义的性质。

第三章
国家补偿的盲区

第一节　盲区的存在

一、违法无过失

（一）依据公权力启动要件缺失说时

《国家赔偿法》第 1 条第 1 款将违法与过失作为要件。关于此违法的涵义，如前所述（第一章第四节六），形成了不同的解释；另外，违法概念因类型不同而呈现多元化，这也已经指出过（第一章第五节）。但是，在实施行政行为的情形中，应该用公权力启动要件的缺失来理解违法，用"应认识到违法，却没认识到"来理解过失。

在这样作违法与过失之二元判断的情形中，会产生虽违法，但却没有过失的情况。这就是所谓的"违法无过失"类型，是国家赔偿盲区的典型。因为若没有过失，就不构成《国家赔偿法》第 1 条第 1 款的损害赔偿责任，而损失补偿以侵害合法为标识，也就无法作损失补偿。

（二）依据职务行为基准说时

在采用职务行为基准说的情形中，因会作违法一元判断，所以公权力启动要件缺失说下的"违法无过失"类型在抗告诉讼中即使违法，但在国家赔偿法上却合法了。此时，若能作为合法侵害，给予损失补偿的话，国家补偿盲区就不存在了。

495

关于这一点，职务行为基准说什么也没讲。该说只是没有公权力启动要件缺失说所说的过失，在此意义上，该说的目的只是避免如下情况，即当难以责难公务员个人时，就作出"在国家赔偿法上违法"这一评价；而在与损失补偿的关系上，该说将"满足了公权力启动要件"这一意义上的"合法侵害"作为要件。这样一来，采用职务行为基准说后，传统的"违法无过失"类型虽然在国家赔偿法上合法了，但却成为不能给予损失补偿的领域，还是国家补偿的盲区。

二、规制权的不作为

如前所述［第一章第四节七（四）］，在规制权不作为的情形中，违法性若被肯定，那过失也会被认可。此时，预见可能性、结果避免可能性等要件进入违法要件中，所以当缺失预见可能性、结果避免可能性时，国家赔偿不被认可，也不能通过损失补偿予以救济。

三、瑕疵的不存在

根据《国家赔偿法》第 2 条第 1 款，公共设施的设置或管理瑕疵成为问题时，若认为瑕疵比过失更广泛，那为了该规定下的损害赔偿责任能成立，虽不需要过失，但也需要瑕疵的存在。所以，即使是公共设施的某种缺陷所引发的损害，但瑕疵若被否定，那公共设施设置或管理的责任也就难被认可。

此时，可考虑根据《国家赔偿法》第 1 条第 1 款，追究公务员的不作为责任，但若在"大多数判例都认为公共设施设置或管理包括人的要素"这一前提下，就很难想象第 2 条第 1 款的责任被否定后，第 1 条第 1 款的责任会被肯定。

四、非财产性法益的侵害

对合法的财产权侵害，可以根据《宪法》第 29 条第 3 款，直接请求损失补偿，这为判例、通说所认可。对非财产性法益的侵害，是否也类推适用或当然解释该条款，认可《宪法》上的损失补偿请求，在预防接种事故诉讼中得到讨论。

除此以外，还作了种种尝试来为"基于《宪法》第 25 条的请求"等的"宪法上的补偿请求权"提供基础。若损失补偿请求不被认可，那即使在强制预防接种中遭受副作用损害，也因没有过失而不能根据《国家赔偿法》提出请求，也无法损失补偿，作为行政补偿制度的预防接种健康损害救济制度也不能填补所有损害，所以产生国家补偿的盲区。

497

五、特别牺牲的不存在

根据通说，财产权即使受到侵害，但若无特别牺牲，不能请求《宪法》第 29 条第 3 款的补偿。补偿被否定后，让该损失成为被害人的全面负担是否妥当，对此并非没有疑问。它本来就不能请求国家赔偿，所以这里是国家补偿的盲区。

而且，对"国家或公共团体置私人于危险状态"所引发的损失，是否应该允许直接适用《宪法》第 29 条第 3 款来请求损失补偿？对此也有疑问。

例如，国家开始战争后，私人遭遇空袭而死亡。此时，直接的加害行为源于敌国，对国民而言，国家的责任是形成了危险战争状态，与损害稍微有些间接关系；另外，在这样的危险状况中，产生了很多的战争损害，这能否称为特别牺牲，还可以讨论。

但是，对某种战争损害需要救济，也是事实。这也要求人们将其作为国家补偿的盲区问题予以解决。

第二节　解释论的应对

一、违法无过失

（一）来自损害赔偿的进路

1. 过失推定与举证责任的转换。有必要填补国家补偿的盲区吗？这是可以讨论的，对该必要性，需要进行个别检讨。

首先，在"违法无过失"的领域，有损害赔偿的进路和损失补偿的进路。取前者时，可以通过缓和过失要件来缩小"违法无过失"的盲区。

另外，原告承担过失的举证责任是原则，但让在专业知识方面、财力方面均劣于被告的原告承担该责任的话，客观上即使有过失，也无法举证，结果是被害人承担损害，所以有必要在一定情形下转换举证责任。

2. 预防接种事故。

（1）通过国家赔偿解决。通过过失推定、举证责任的转换来填补国家补偿盲区的例子有预防接种事故。在实施强制预防接种时，即使十分注意，在现今医学水平下，也难以完全预见副作用。所以，在以前的预防接种事故集体诉讼中，很难通过国家赔偿的路径，为所有原告提供救济。

在东京预防接种事故诉讼中，"东京地判昭 59・5・18 判时 1118・28"只对 62 名受害儿童中的 2 名认可了医生等的过失。在其他集体诉讼中，"名古屋地判昭 60・10・31 判时 1175・3"只对 24 名受害儿童中的 15 名，"福冈地判平元・4・18 判时 1313・17"只对 9 名受害儿童中的 5 名认可了医生等的过失。到"大阪地判昭 62・9・30 判时 1255・45"时，对 48 名受害儿童中的 47 名都否定了医生等的过失（对剩下的 1 名，也否定了因果关系）。所以，探究旨在救济全部受害人——含过失被否定，国家赔偿请求不被认可者在

498

内——的法理论成为重大课题。

但是，作为东京预防接种事故诉讼二审判决的"东京高判平4·12·18高民45·3·212"以懈怠"为不向禁忌者实施预防接种而采取充分措施"的义务为由，肯定了厚生大臣的过失，除一人的损害赔偿请求权因过了除斥期间而消灭外，对其他人的情况都认可了国家责任。让此成为可能的是两个最高法院判决。

（2）禁忌者的推定。小樽种痘事故诉讼中的"最判平3·4·19民集45·4·367"认为预防接种导致严重后遗症的原因有：①被接种者是禁忌者，②被接种者有易发生后遗症的个人因素。

并判道①的可能性远远大于②的可能性，故在预防接种导致后遗症后，只要没有以下特别事由，都可推定是原因①：（ⅰ）虽作了为识别禁忌者所必须的预诊，但还是未能发现"认可其为禁忌者"的事由，（ⅱ）被接种者有易发生后遗症的个人因素。

该判决所说的（ⅱ）的举证是极为困难的。这是因为：如果随着医学的进步，能够确定、诊断（ⅱ）的个人体质的话，那个人体质就应该与过敏体质的情形一样，被作为禁忌事由来看待，站在"禁忌事由的设定是适当的"这一前提上，说其符合（ⅱ）就意味着很难用现代医学水平来确定、诊断它。

（3）高度注意义务。关于（ⅰ），"最判昭51·9·30民集30·8·816"说道：负责预防接种的医生有义务具体询问"能让被询问人确切回答"的、"足以识别禁忌者"的如下具体问题，即有无《预防接种实施规则》（1958年9月17日厚生省令27号，根据1970年厚生省令44号而修改前的规则）第4条所规定的症状、体质因素以及有无让它们表现于外部的各项事由。该判决课赋了高度注意义务。

所以，东京预防接种事故诉讼的原告们若以接种时预诊的实际状况为前提的话，那被告难以举证（ⅰ），"因懈怠预诊义务而向禁忌者实施了接种"这一推定就很容易成立。

（4）过失的推定。但不能说因向禁忌者实施了接种，就总会产生严重的后遗症。关于这一点，前揭"最判昭51·9·30"也判道：因没有作适当问诊而在禁忌者判断上出现错误后，实施了预防接种，在此情形中被接种者因预防接种的异常反应而死亡或患病的，原则上可以作如下推定：负责接种的医生应在接种时预见该结果，但由于过失，没有预见。

（5）举证责任的转换。而且，关于地方公共团体的责任说道，"应该说，作为'该预防接种的实施主体、上述医生之雇主'的地方公共团体只要不能证明如下事由，就难免有不法行为责任，即依据当今医学水平而无法预见被接种者死亡等异常反应；即使根据医学信息可以知道'发生预防接种死亡等结果'的病例，但其发生的盖然性非常低，医学上通常都是否定性地预测该具体结果的发生；比较衡量该被接种者预防接种的具体必要性与预防接种的危险性后，该接种是适当的（《实施规则》4 等的但书）等"。

（6）过失认定的容易度。所以，在对照前揭"最判平3·4·19"与前揭"最判昭51·9·30"后就会理解到：可以预诊不充分为由而广泛认可过失（在可预见严重异常反应的情形中，因可通过不实施接种来避免损害，故结果避免可能性得到肯定）。

原审判决认为不能向国家赔偿请求预备性地、追加性地合并损失补偿请求，对此，前揭"最判平3·4·19"没有作出任何判决。这或许是因为其有个基本判断，即无需论述损失补偿，原则上可以通过国家赔偿途径救济被害人。

这样，前揭"东京高判平4·12·18"根据前揭"最判平3·4·19"、前揭"最判昭51·9·30"，通过国家赔偿路径，向"以前被认为是国家补偿盲区"的领域给予了救济。

（二）来自损失补偿的进路

1. "基于类似征收侵害"的补偿。与过失的客观化、过失推定等方法不同，从损失补偿面来解释填补"违法无过失"这一国家补偿盲区也是值得考虑的。德国判例、学说所创造的"基于类似征收侵害"的补偿就是如此。

即在德国，连合法侵害也作补偿，更何况是违法侵害。根据此"何况理论"，对基于"违法无过失"侵害的损害，创造出了判例法上的救济手段。

对违法有责的侵害，使用职务责任这一实定法上的救济手段，与"基于类似征收侵害"的补偿相比，不能说前者在所有方面都对被害人有利，故对违法无过失的侵害认可"基于类似征收侵害"的补偿的话，那就通过"更何况是违法有责侵害"这一理论，对后者也认可了"基于类似征收侵害"的补偿。其结果是对违法有责的财产权侵害，实现了职务责任请求权与"基于类似征收侵害"之补偿请求权的竞合。

2. 预防接种事故。在我国，也有例子努力从解释论角度，从损失补偿角度来填补"违法无过失"的盲区。

在预防接种事故诉讼中，前揭"东京地判昭59·5·18"判道，"参照《宪法》第13条后段、第25条第1款之旨趣来看，在被课赋财产上特别牺牲的情形与被课赋生命、身体上特别牺牲的情形中，完全没有允许对后者作不利处理的理由。所以，即使在被课赋生命、身体上特别牺牲的情形中，被强制类推适用《宪法》第29条第3款，遭受这样牺牲者可以直接根据《宪法》第29条第3款，向作为被告的国家请求正当补偿"；也是想通过对非财产性法益的侵害类推适用《宪法》第29条第3款来填补国家补偿的盲区。接着，前揭"大阪地判昭62·9·30"与前揭"福冈地判平元·4·18"也通过《宪法》第29条第3款的当然解释认可了损失补偿。

3. 法律补偿规定的扩张解释。

（1）江河工程时的爆破。在江河工程中使用了爆破，导致鳗鱼池中的鳗鱼大量死亡，为此，向养鳗池的经营者作了损失补偿，而后以该损失补偿违法为由产生了居民诉讼。对这一事件，"神户地判昭61·10·29判夕637·99"认为"河川法"第89条第1款的"进入"应该也包括如下情况，即为江河工程而不得已使用爆破，因此让他人所有土地遭受到冲击、震动等，作为特别牺牲给土地所有人带来重大损失。该判决判道根据同条第8款，可以补偿因本案事故而遭受的损失。

此时作为《国家赔偿法》第1条第1款的问题来处理的话，有可能因无过失而驳回请求，若作为损失补偿问题来处理的话，就不

501

会有这样的担心。不可否认的是，不论从文理角度还是参照立法者意志，解释《河川法》第89条第1款都很难。通过这样的扩张解释，扩大了救济范围。但该案是居民诉讼，判旨处于"已实施的补偿是否合法"这一文脉中，而并不是通过判例来开辟"行政实务上已被否定"的损失补偿途径。[1]

（2）破坏性消防。"最判昭47·5·30民集26·4·851"认为：是《消防法》第29条第2款（无补偿）的问题，还是第3款（补偿）的问题，不是由消防首长等来判断，而是法院客观判断其符合哪条。有见解认为这也是通过同条第3款的扩张解释来填补国家补偿的盲区。

因为适用哪一条款由消防首长等的意志来决定的话，当消防首长认定适用同法第29条第2款，并实施了破坏性消防，而该认定错误时，损失补偿就得不到实施；无过失的话，也不能通过《国家赔偿法》来获得救济。

对处于同样状态的建筑，消防首长等正确判断其是同法第29条第3款的，实施补偿，错误判断其是同条第2款的，完全不实施救济，这明显是不合理的国家补偿盲区。前揭"最判昭47·5·30"也是持这样的认识而作出了前述判决。[2]

4. 法律补偿规定的类推适用。

（1）公有行政财产使用许可的撤回。《国家财产法》第19条规定：撤回行政财产使用许可的，准用普通财产借贷合同的解除补偿规定（第24条第2款）。对此，《地方自治法》没有行政财产使用许可撤回的补偿规定。

但是，"最判昭49·2·5民集28·1·1"判道，"当时的国有财产法已经设置了借贷普通财产情形中借贷期间内合同解除所致损失补偿的规定（同法第24条），将其准用于行政财产（同法第19条）后，不论国有，还是东京都所有，在行政财产上没有差别；从公

---

〔1〕 阿部337页。
〔2〕 宇贺克也《百选Ⅱ》320页。

平原则来看，《国有财产法》的上述规定也应该类推适用于东京都所 503
有行政财产的使用许可情形中，这也符合《宪法》第 29 条第 3 款的
旨趣"。

该事件的一审、二审将《宪法》第 29 条第 3 款作为补偿请求权
的根据，而最高法院没有援用《宪法》第 29 条第 3 款，而是通过类
推适用《国有财产法》的补偿规定，导出补偿请求权。这样，在
"状态相同，但一方有补偿规定，另一方没有补偿规定"的情形中，
不用拿出宪法，通过前者的类推适用，也可以消解国家补偿的盲区。

（2）破坏性警察。适用该方法的例子是：在警察为逮捕犯人、
救助人命而需要破坏建筑物等的情形中，类推适用《消防法》第 29
条第 3 款的规定，给予补偿。[1]

二、规制权的不作为

规制权不作为时，会作违法一元性判断，不会产生"违法无过
失"的问题。那么，将预见可能性、结果避免可能性排除在规制权
不作为的违法性要件之外是不适当的。从解释论角度来应对国家补
偿盲区的话，只要对应案件，适当综合考虑法益、预见可能性、结
果避免可能性、期待可能性等各要件就足矣。

三、公共设施的设置或管理

《国家赔偿法》第 2 条第 1 款将公共设施的设置或管理瑕疵作为
损害赔偿责任的成立要件，不认可不问有无瑕疵的结果责任。

但如后所述［第三节二（十二）］，瑕疵即使被否定，有时也有
必要对被害人给予救济。对此，有必要考虑立法上的应对。

---

［1］ 阿部 339 页。

四、非财产性法益的侵害

即使在非财产性法益为公共利益而遭受特别牺牲时，对是否可以作损失补偿，如前所述（第一节四），围绕预防接种事故诉讼进行过讨论。

至今为止的预防接种事故诉讼可以像"东京高判平 4·12·18 高民 45·3·212"那样，通过肯定过失，用国家赔偿路径实施救济。但这并不意味着没有必要从解释论上尝试用损失补偿来给予救济。

这是因为虽然"最判平 3·4·19 民集 45·4·367"判道，在预防接种导致后遗症的情形中只要没有"虽作了识别禁忌者所必须的预诊，但没能发现是禁忌者"这样的特别事由，就可推定被接种者是禁忌者，而最近预诊体制也得到了完善。

所以，将来有认可上述特别事由的可能性。这样，就可以不作禁忌者推定，而作为"有易发生预防接种副作用之个人因素"的人来处理。

问题是此时能否以无过失为由，对被害人的救济置之不理。1994 年的法律修改大大扩充了预防接种健康损害救济制度，[1]但作为行政上的补偿制度的常情，我们不能期待完全的救济。应该参照强制接种或鼓励接种[2]的性质，朝着"即使无过失，也应该给予充分救济"的方向，作解释论上的努力。这样，损失补偿式结构今后也能持续发挥"过失被否定时的后盾"的意义。

五、战争损害

下面看看战争损害，对国家赔偿法实施前的行为，不适用国家

---

〔1〕 西埜章：《预防接种与法》，一粒社 1995 年版，第 206 页。

〔2〕 1994 年法律修改后，以往的强制（义务）接种变为鼓励接种了。西埜章：《预防接种与法》，一粒社 1995 年版，第 59 页。

赔偿法。第二次世界大战前、战中，权力行政处于"国家无答责"状态中，很难通过损害赔偿途径予以救济。同样，一般不认为在旧宪法下，对损失补偿认可宪法上的请求权，以此为前提的话，宪法上的补偿请求也是困难的。

但若能制定向战争受害人实施给付的法律，那就可以此为契机求得救济。例如，适用《战伤病者战殁者遗属援护法》的人与不适用该法的民间灾民在给付额上就有较大差别。在有些案件中，这些差别被认为违反了《宪法》第 14 条，而请求国家赔偿。

但是，"最判昭 62・6・26 判时 1262・100"判道：只有如下不容易想见的例外情形下的立法才构成《国家赔偿法》第 1 条第 1 款之适用上的违法，即立法内容尽管违反了清晰的宪法规定，但国会还是进行了该立法；若以此为前提，那对战争牺牲、战争损害就只能从单一的政策角度予以考虑，不能因没有采取"将民间灾民与'因公务上的疾病而死亡的军人、军属、准军属'进行相同处理"的立法措施，就说其符合上述例外情形。

《战伤病者战殁者遗属援护法》是在"国家补偿精神"（第 1 条）下制定的，与其说是对战争导致的所有损害，认可国家起因性并给予救济，还不如说是国家根据公务灾害补偿精神，对从事危险工作的军人、军属、准军属给予救济。民间灾民与军人、军属、准军属之间的给付差异的根据也在于此。

另外，同法附则第 2 款规定对不适用户籍法的人，暂不适用该法。因此，同为日本军人军属从事军务，但在第二次世界大战后丧失日本国籍的旧殖民地的中国台湾人等就不能适用该法。但因该法是基于公务灾害补偿角度而制定的，故国籍导致的差别很有可能违反平等原则。

但是，若对丧失日本国籍者，通过条约另外再采取同等救济措施的话，或许就不违反平等原则。但像中国台湾地区这样，已经没有了外交关系，不可能通过当初预设的外交途径予以救济，此时，就形成了违反平等原则的状态。

但"最判平 4・4・28 判时 1422・91"判道：作为中国台湾地区

505

506

居民的军人军属之所以不适用该法，是因为根据与日本国签订的"和平条约"以及日华和平条约，台湾居民请求权的处理已被预定为日本国政府与中国台湾地区当局之间的特别约定，这是有十分合理根据的。另外，日中共同声明让该特别约定处于事实上不可能的状态，所以，没有理由说该法的国籍条款违宪。

如该判决所指出的那样，该法制定时以"其是特别约定的对象"为前提，将台湾居民请求权的处理排除在该法的适用对象之外。但园部法官认为该特别约定变得不可能实现后，就应该直率地认可其违反平等原则。该主张有说服力。

但不能因为违反平等原则，就可以说直接产生《宪法》第14条第1款的赔偿（补偿）请求权。对此还需要讨论。

关于一般战争损害，可以指出的是该词在判例中被极其广泛地使用，像战后和平条约的缔结导致在外资产的丧失这样的战后处理问题也属于战争损害，不作为特别牺牲来处理。有必要对广义的战争损害进行分类，对应各种类型进行极为细致的检讨。[1]违反平等原则的状态产生后，必须努力通过解释论或立法论来予以纠正。

第三节　立法论的应对

一、无过失责任主义与举证责任转换

通过解释来填补国家补偿盲区的尝试是重要的，但所有盲区都由解释论来填补是不容易的。所以，需要通过立法来应对。

过失责任主义是否妥当？从立法政策角度看，还需要讨论。但从国家赔偿法之被害人救济功能的角度看，无过失责任主义当然很好。

在过失责任主义下，且在原告承担过失的举证责任的情形中，即使被害人完全没有过错，但若加害人的过失无法被证明的话，被害人

507

---

〔1〕　西埜章："战争牺牲者补偿序说"，载《新泻》1994年26卷4号220页以下。

就得不到救济。对私人而言，以在财力、专业知识等方面一般都处于压倒性优势的国家或公共团体作为对手，举证其过失是太不容易了。

即使在我国，在司法省法制审议会、众参两院的司法委员会的国家赔偿法的立法过程中，也出现了不少要求无过失责任主义、过失举证责任转换的意见，在众议院司法委员会中，连过失举证责任转换的修正案都被提了出来。[1]

尽管如此，还是采用了过失责任主义，这源于与民法不法行为规定保持均衡和财政上的考虑。在许多国家，国家赔偿制度原则上采用过失责任，也基本上是源于同样的理由。

但如下看法也是可能的：若着眼于法治国原理的保障功能——国家赔偿制度的特色，就没有必要将"与民法不法行为规定保持均衡"作为问题。

实际上，旧西德1981年的《国家赔偿法》第2条第1款试图转换过失的举证责任，而且，同条第2款对基本权的侵害，采用了无过失责任主义。这源于《国家赔偿法》法治国国家责任的定位。

从法治国国家责任的立场来看，与行政争讼中过失不是撤销要件一样，在国家赔偿中，也不应该将过失作为要件。

但该法因形式理由——对州的国家赔偿，联邦没有管辖权限——而被认定为违宪无效，之后，联邦议会对再次启动立法工作显得很犹豫，最大理由是担心增加财政负担。

即使采用法治国国家责任这一理论立场，或许也不能无视财政角度下的政策考量。

但财政方面的担心是无统计根据的。无过失责任的一般化对财政的影响确实很难预测。在我国，也几乎没有国家赔偿导致财政负担方面的统计。作为论述无过失责任、举证责任转换导致财政影响的基本前提，有必要对现行的过失责任主义下的财政负担进行实证研究。

对无过失责任，也有人批评其有损于损害抑制功能。但是，不问有无过失，只要不违法，就不产生责任，所以应该能激励人避免

508

---

[1]　众参法制局《第1次国会审议要录》180页。

违法侵害。

即使如此，对无过失责任、过失举证责任的转换，还是有很多谨慎意见。所以，当前的现实是：原则上采用过失责任主义，让原告承担过失的举证责任，但必要性特别大时，在个别法上修正过失责任主义，导入无过失责任主义，或者转换过失的举证责任。例子之一就是前面看到的《消防法》第 6 条第 3 款。但实际上，在同法第 5 条的命令的撤销诉讼中，都是被告胜诉，还没有该命令被判决撤销的例子。

二、结果责任与社会保障

（一）两者的差异

结果责任是不问侵害行为合法还是违法，因其损害（损失）起因于国家（公共团体）行为，故国家（公共团体）承担责任。所以一般而言，被害人的财力等不会是问题。

而社会保障不是国家（公共团体）起因性上的问题，是对实际中存在的贫困、疾病等，从社会连带角度给予救济。很多情况下被害人的财力等是重要因素。

但在现实制度中，结果责任性质与社会保障性质相融合的情况也不稀奇，不可能只由一方的理念来决定所有制度。以下检讨几项代表性制度。

（二）《刑事补偿法》

无过失责任以侵害违法为前提，不将过失作为责任发生要件。与此相对，"不将侵害合法、违法作为问题而对损失予以填补"本来就是可以考虑的。这就是结果责任。前述 ［第一章七节四（二）1］的《特损法》就是例子。在认可结果责任的法律中，不是填补所生损失的全额，而是设定补偿额的上限。《刑事补偿法》就是例子。

也有见解认为刑事补偿法将刑事补偿的性质规定为违法无过失责任。对"公诉的提起、持续"，持结果违法说的话，只要无罪判决生效，那公诉的提起、持续就构成违法，就可以说《刑事补偿法》

规定了无过失责任。

　　但若持公权力启动要件缺失说的话，无罪判决生效后，既会出现"公诉的提起、持续"违法的情形，也会出现"公诉的提起、持续"合法的情形，所以说《刑事补偿法》规定了结果责任。

　　但是，《刑事补偿法》第4条第2款规定在决定补偿额时也要考虑警察、检察、法院等机关有无故意、过失。所以，在是否补偿方面，就不问侵害行为的样态，而在补偿内容方面，侵害行为的样态可以反映到补偿额上。另外，决定补偿额时，必须考虑本人的年龄、健康状况、收入水平及其他事由（同条第4款），社会保障色彩也混在其中。

　　同法规定了补偿额的上限。如果"公诉的提起、持续"违法的话，对超出同法所定数额的部分，还可进行国家赔偿，若不能证明过失，那这部分依然是国家补偿的盲区。

　　另外，在公权力启动要件缺失说下，"公诉的提起、持续"即使合法，超出《刑事补偿法》所定数额的损失也还是国家补偿的盲区。另外，同法没有将"非拘禁补偿"作为对象。

　　（三）嫌疑人补偿规程

　　对"嫌疑人所受的拘留、拘禁"进行的补偿不适用《刑事补偿法》，对此，嫌疑人补偿规程有规定。其要件是在作出不起诉决定后，有充足的理由认定其没有犯罪。所以，在嫌疑人补偿的例子中，很有可能是嫌疑人的拘留、拘禁已经违法，但未必都是这样，所以还是应该看成结果责任。该嫌疑人补偿规程是法务省训令，应该被法制化。

　　（四）《少年保护事件补偿法》

　　在少年审判程序中，因非法事实不存在，所以决定不予处理，对此，以前没有明文规定说要给予补偿。所以，对能否与无罪判决等同视之，从而依据《刑事补偿法》给予救济，成为诉讼的争点。

　　但"最决平3·3·29刑集45·3·158"判道：《刑事补偿法》第1条第1款的"无罪判决"说的是"刑诉法程序上的无罪的生效判决，而不处理决定是与刑诉法程序有着不同性质的少年审判程序上的决定，而且，对经过此程序的事件，不妨碍其进行刑事追究或者交付家庭法院审判，所以，即使'违法事实未被认定'是理由，

510

也不符合《刑事补偿法》第 1 条第 1 款的'无罪判决';这样理解并不违反《宪法》第 40 条和第 14 条"。

但在该判决中，坂上、园部两法官表达了如下意见：从立法论角度看，在这样的情形中设置补偿规定符合《宪法》第 40 条的旨趣。

以该判决为重要契机，《少年保护事件补偿法》于 1992 年制定。这样，关于不处理决定，通过解释论来填补国家补偿盲区的努力虽没有奏效，但通过立法获得了解决。

但该法对该补偿，采取的是家庭法院职权下的补偿，没有认可请求权，这是有局限的。而且，补偿额还有上限，所以损害（损失）不能获得全额补偿。

（五）《预防接种法》

预防接种健康损害救济制度（《预防接种法》第 11 条以下），也是不问侵害合法还是违法的结果责任制度。1976 年 3 月 22 日的传染病预防调查会答复——《关于预防接种的今后发展与预防接种所致健康损害》将预防接种健康损害救济制度定位为基于国家补偿精神而实施救济的制度。

但参与法律起草的人说明道：将其打造成既有相互扶助、社会公正理念，又有公共补偿精神的救济制度。似乎不仅只有国家补偿的性质。[1]

1994 年的法律修改扩充了给付内容，但给付额还是有限度，无法完全填补实际损害，所以即使依据该法获得了给付，也可通过损害赔偿、损失补偿路径，对超出部分提起诉讼救济。也有判决像"高松地判昭 59・4・10 判时 1118・163"那样，认为预防接种健康损害救济制度不允许超出限度地请求损失补偿。但"在以生命、身体侵害为由的赔偿（补偿）上设置上限"的解释是不妥当的。

（六）公务灾害补偿

《国家公务员灾害补偿法》、《地方公务员灾害补偿法》、《法官

---

〔1〕 成田赖明："论预防接种健康损害救济制度的法性质"，载《田上穰治老师喜寿纪念・公法的基本问题》，有斐阁 1984 年版，第 456 页。

灾害补偿法》、《公立学校的校医、校牙医以及校药剂师的公务灾害补偿法》中的公务灾害虽然也可以包含"产生国家赔偿法、安全考虑义务下的损害赔偿责任"这一情形，但并非总是如此。

因存在"起因于公务"这一意义上的间接国家（公共团体）起因性，所以并非完全不能如下这样看，即公务灾害补偿整体具有"国家（公共团体）起因性灾害之结果责任"的性质。此时，结果责任的根据是已将公务员置于危险状态。

但比较（二）（三）（四）（五）的情形，（六）的国家（公共团体）起因性是间接的，同时具有浓厚的社会保障色彩。

（七）对公务协助者的补偿

《协助警察职务者之灾害给付法》、《海上保安员协助援助者等灾害给付法》、《证人受害给付法》、《灾害对策基本法》第 84 条、《消防法》第 36 条之 3、《水防法》第 34 条规定：向为协助危险公务而遭受损害者给予补偿。512

其中很多情况是"人的公用负担等"成为公务协助义务，此时可以说与公务灾害补偿有同样的性质。但是也有的像《协助警察职务者之灾害给付法》第 2 条第 2 款那样规定：即使在协助并未义务化的情形中，也要向协助者提供补偿。

在后者情形中，不能说存在国家（公共团体）起因性，不能看作是结果责任的规定，但可以看作是：对事实上实施了警察职务、想救助人命的人，给予准公务灾害的补偿，据此来回报其辛劳的同时，奖励其行为。

对"行政委托自愿者"是否也设置同样的补偿制度，是个需要讨论的课题。很多例子是通过"地方公共团体、社会福利协议会等承担自愿者保险的保费"这一形式来应对。[1]

（八）《战伤病者战殁者遗属援护法》

《战伤病者战殁者遗属援护法》、《战伤病者特别援护法》各自

---

〔1〕 宇贺克也："行政委托自愿者与灾害补偿、损害赔偿"，载《旨在促进居民自发参加地方公共团体事业的调查研究报告书》，自治省 1988 年版，第 76 页。

在第 1 条使用了"国家补偿精神"这一表述。这意味着这些法律对军人、军属，从作为雇主责任的角度，就战争损害，认可国家起因性（"名古屋地判昭 55·8·29 判时 1006·86"）。即可以说这些法律的基础是公务灾害补偿理念。

（九）《犯罪受害人等给付金支付法》

《犯罪受害人等给付金支付法》也部分具有结果责任的性质，但基本上应看作是社会保障立法。

之所以说具有结果责任的性质，是因为"警察自己是加害人"或者"警察没能阻止犯罪"有时被视为国家赔偿法上的违法。对本来是国家赔偿问题的案件，也可以从结果责任角度给予救济。但这样的情形是例外。

一般而言，防止犯罪是警察的职责，但还不能说是法义务，所以国家赔偿责任不能成立，将犯罪受害人等给付金支付法定位为国家补偿的一环还略显勉强。

另外，因不限于生活穷困者，故断定其是社会福利立法也是有问题的。如下这样看该制度或许更恰当：在尊重自由的国家，犯罪的发生在某种程度上是不可避免的，对加害人个人追究民事责任在故意犯罪情形中常常是缺乏实效性的，所以，全体国民将税金作为保险费，创造出了灾害保险。[1]

但保险中也有责任保险，与有关汽车事故的《汽车损害赔偿保障法》、有关公害的《公害健康损害补偿法》、有关工人灾害的《工人灾害补偿保险法》的情形不同，在犯罪情形中，很难确定潜在的加害人组织，很难让其加入责任保险，所以不得不构建灾害保险。

此外，有时也需要"作为灾害保险"的国家给付，当故意犯罪导致人身受损害时，要向受害人给予救济，这形成了较强的社会共识；人们已认识到随着罪犯待遇的提高，民事责任的追究事实上已不能发挥作用，需要改善"与处于悲惨状态中的受害人"之间的不均衡，可以说这些是让该立法正当化的根据。

---

〔1〕 大谷实、齐藤正治：《犯罪受害给付制度》，有斐阁 1982 年版，第 53 页。

（十）《旧原子弹被炸者医疗法》（以下称《旧原炸医疗法》）

"广岛地判昭 51·7·27 判时 823·17"判道：《旧原炸医疗法》基本上是社会保障法，但同时具有以救济原子弹爆炸受害人——战争牺牲者——为目的的国家补偿法的一面。

"最判昭 53·3·30 民集 32·2·435"也判道：该法是社会保障法，"但同时具有作为战争实施主体的国家对战争损害，通过自己责任而实施救济的一面，不能否定的是在实质上国家补偿方面的考虑是制度的根本"。

原子弹虽不是日本投下的，但日本若不发动战争，就不会产生投下原子弹这样的事态。在此意义上，可以肯定国家起医性，这是此情形中国家补偿性质的根据。

但此情形中的国家起因性与《战伤病者战殁者遗属援护法》的情形相比，是间接性的。另外，战争导致危险状态，危险状态引发了灾害，国家补偿法建构了该灾害后，就会产生如下问题：不需要根据国家补偿理念对一般民间灾民给予救济吗？

这与"《原子弹被炸者援护法》（以下称《被炸者援护法》）制定过程中的、是否使用'国家补偿'一词的"讨论相关联。社会要求对民间灾民，尤其是对被炸者采取优厚的救济政策，这源于受害的特殊性。

《被炸者援护法》没有使用"国家补偿"这一表述，在前文部分规定"国家的责任是：鉴于原子弹投下后产生的辐射所引起的健康损害是与其他战争损害不同的特殊损害，要对日益高龄化的被炸者采取包括保健、医疗以及福利在内的综合援护政策。同时，国家为铭记原子弹所致死亡者的宝贵牺牲，制定本法"。使用了"国家的责任"这一表述，以该表述为根据而说"该法规定了以国家起因性为根据的国家补偿"还是有些困难。

（十一）"女性亚洲和平国民基金"

对被害人而言，采取认可国家起因性的"国家补偿"形式极为重要，持这种看法的例子是从军慰安妇的救济。在该事例中，没有采用"国家补偿"形式，采用的形式是"女性亚洲和平国民基金"（以下简称"基金"）以民间基金为资本金而实施的"赔偿金"支付

514

工程。对此形式也有批判之声。在基金方的努力下，国家决定为了
515 支持医疗、福利，在 10 年内将支出约 7 亿日元，但"国家补偿"的
地位还是未得到明确。

（十二）纯粹的社会保障给付

不少情况是要求通过纯粹的社会保障性质的给付——不以国家
起因性损害为前提——来填补损害。例如水害，江河管理瑕疵即使
被否定，也支付灾害慰问金、灾害伤害抚恤金、灾害援护资金等。
或许需要适时地重新研究这些行政给付的要件、金额等。

三、租税优惠措施

租税优惠措施被称为"隐形补助金"，在实质上具有与公共给付
相同的经济效果。国家补偿虽未被认可，但有必要减轻受害人的损
害（损失），对此采取租税优惠措施的情况不少。

阪神淡路大地震时，也没有从国家补偿角度实施个人补偿，但
采取了如下立法措施：通过修改地方税法来实施"杂损扣除之适用
对象"的特例、固定资产税不动产取得税的特例；通过修改《灾害
受害人的租税减免、缓期征收等法》来扩大该法的适用对象；依据
《阪神淡路大地震受灾人等的国税相关法的临时特例法》来再延长关
税延迟缴纳制度使用人的缴纳期限。

土地利用规制方面也有如下情况：在既不实施指定补偿，不许
可补偿又（在实际上）不被认可的状况下，将固定资产税作为非课
税，据此试图减轻被规制者的损失。国立公园、国定公园的特别区
域中的特别保护地区等就是这样的例子（《地方税法》第 348 条第 2
款 7 之 2 项）。[1]

有必要注意的是：国家补偿制度下的被害人救济功能、损害（损
失）分散功能的局限在某种程度上能被上述租税优惠措施所取代。

---

〔1〕 关于与土地利用规制相关的租税优惠措施的概要，可参见荒秀："土地利用规
制与补偿"，载《行政法大系 6 卷》289 页。

判例索引

（判例后数字系原版书页码，请按本书边码检索）

高等法院

河川关系法令例规集（第一法规）

国家赔偿法的诸问题（追补一下）（法务省讼务局）

选举（都道府县选举管理委员会联合会）

东京都法务资料（东京都总务局法务部）

道路管理瑕疵判例要旨集（ぎょうせい）

道路法关系例规集（ぎょうせい）

判例地方自治（ぎょうせい）

法律新报（法律新报社）

附　录

国家赔偿法

（1947 年 10 月 27 日第 125 号法律）

第一条　行使国家或公共团体之公权力的公务员，就行使其职务，因故意或过失而违法地给他人造成损害的，国家或公共团体承担赔偿责任。

在前款情形中，公务员有故意或重大过失的，国家或公共团体对该公务员有追偿权。

第二条　因道路、江河及其他公共设施的设置或管理有瑕疵，给他人造成损害的，国家或公共团体承担赔偿责任。

在前款情形中，其他人对损害原因应承担责任的，国家或公共团体对其有追偿权。

第三条　在国家或公共团体根据前两条之规定而承担损害赔偿责任的情形中，公务员的选任或监督者、公共设施的设置或管理者，与公务员工资及其他费用的负担者、公共设施的设置或管理费用的负担者不同的，费用负担者也承担该损害赔偿责任。

在前款情形中，损害赔偿的实施者在内部关系中对损害赔偿责任人有追偿权。

第四条　就国家或公共团体的损害赔偿责任，除依据前三条的规定外，依据民法规定。

第五条　就国家或公共团体的损害赔偿责任，民法以外的其他法律有特别规定的，从其规定。

第六条　外国人是受害人时，只限有相互保证的，才适用本法律。

图书在版编目（ＣＩＰ）数据

国家补偿法/（日）宇贺克也著；肖军译. —北京：中国政法大学出版社，2014.3

　ISBN 978-7-5620-5062-9

　Ⅰ.①国… Ⅱ.①宇… ②肖… Ⅲ.①国家赔偿法－研究－日本Ⅳ.①D931.121

中国版本图书馆CIP数据核字(2014)第034943号

出 版 者	中国政法大学出版社
地　　址	北京市海淀区西土城路 25 号
邮寄地址	北京 100088 信箱 8034 分箱　邮编 100088
网　　址	http://www.cuplpress.com （网络实名：中国政法大学出版社）
电　　话	010-58908524(编辑部) 58908334(邮购部)
承　　印	固安华明印刷厂
开　　本	880mm×1230mm　1/32
印　　张	16
字　　数	350 千字
版　　次	2014 年 3 月第 1 版
印　　次	2014 年 3 月第 1 次印刷
定　　价	49.00 元

.